PUBLICATIONS
DE L'ÉCOLE DES LANGUES ORIENTALES VIVANTES

IV

RELATION
DE
L'AMBASSADE AU KHAREZM

LE PUY, IMPRIMERIE DE MARCHESSOU FILS

RELATION

DE

L'AMBASSADE

AU KHAREZM

DE

RIZA QOULY KHAN

TRADUITE ET ANNOTÉE

Par CHARLES SCHEFER

MEMBRE DE L'INSTITUT
PREMIER SECRÉTAIRE INTERPRÈTE DU GOUVERNEMENT POUR LES LANGUES ORIENTALES
PROFESSEUR A L'ÉCOLE DES LANGUES ORIENTALES VIVANTES

PARIS
ERNEST LEROUX, ÉDITEUR
LIBRAIRE DE LA SOCIÉTÉ ASIATIQUE
DE L'ÉCOLE DES LANGUES ORIENTALES VIVANTES, DES SOCIÉTÉS DE CALCUTTA
DE SHANGHAÏ, DE NEW-HAVEN (ÉTATS-UNIS), ETC.
28, RUE BONAPARTE, 28
—
1879

INTRODUCTION

INTRODUCTION

Les géographes orientaux désignent sous le nom de Kharezm la bande de terrain qui s'étend le long des deux rives du Djihoun, depuis l'ancienne ville d'Amol el Mefazèh jusqu'à la mer d'Aral, appelée par les tribus turkes Qara Tenghiz (mer noire) ou Eukuz Souy (l'eau du taureau).

Ce pays forme une oasis qui doit sa fertilité au fleuve et aux canaux qui en sont dérivés. Il est borné, au nord, par la partie du territoire russe qui portait autrefois le nom de Dechti Qiptchaq, et qui était occupée par des tribus nomades dont la plus puissante, celle des Ghouzz, a joué, au moyen âge, un rôle important dans l'histoire de l'Asie centrale; au sud, il confine au Khorassan; à l'est, aux déserts du Qizil Qoum (sable rouge) et du Bataq Qoum (sable dans lequel on enfonce), à l'ouest, au Qara Qoum (sable noir) et à l'ancienne province du Gourgan.

Les Orientaux donnent, pour le nom du Kharezm, des étymologies diverses et sans valeur. Selon les uns, le nom de Khâh rezm (qui recherche les combats) caractériserait l'humeur belliqueuse des habitants. Selon les autres, Khar (nourriture) et Rezm (bois) auraient désigné le poisson pêché dans le Djihoun et le bois qui servait à le faire cuire. Ces mots auraient été prononcés par des indigènes interrogés sur leur manière de vivre, et ils auraient, depuis lors, servi à désigner cette contrée. Enfin, Riza Qouly Khan prétend que le nom de Kharezm fut donné à ce pays par *Key Kaous* à la suite du combat singulier dans lequel il tua *Chidèh* (*Khar Rezm*, combat facile).

Il est plus probable que Kharezm dérive des expressions zendes *Qaïr, Khar* (nourriture, herbe) et *Zem* (terre). Isthakhry et Yaqout nous disent, en effet, que le sol du Kharezm et les sables des déserts qui l'environnent ont quelque ressemblance avec ceux des déserts qui bordent l'Egypte au sud-est, et qu'ils produisent en abondance la plante épineuse appelée « Ghada » par les Arabes et « Khari chou-tour » par les Persans (hedysarum el hagi).

Les notions exactes et détaillées sur le Kharezm avant la conquête musulmane nous font presque entièrement défaut. Hérodote nous apprend que cette province faisait partie de la seizième Satrapie. Arrien donne quelques détails sur l'expédition d'Alexandre, et il fait mention d'un prince nommé *Pharazmane* qui gouvernait cette contrée.

Les anciens géographes chinois ne nous fournissent que peu de renseignements. Hiouen Thsang (a. D. 648) se borne à dire que « le royaume de Ho-lo-si-ma ou de Ki-li-sse-mo (Kharezm) est situé sur les deux rives du fleuve Pou-tsou ; qu'il a vingt ou trente li de l'est à l'ouest et cinq cents du sud au nord. » Il ajoute que « sous le rapport des produits et des mœurs de ses habitants, il ressemble au royaume de Fay-ti (l'ancien district d'Amol el Mefazèh), mais la langue que l'on y parle est un peu différente [1]. »

Abou'r Reïhan Mohammed el Birouny, né dans le Kharezm, avait écrit une histoire de sa patrie depuis les temps les plus reculés. Son ouvrage, qui nous aurait fourni les détails les plus précieux, n'est pas, malheureusement, parvenu jusqu'à nous. Je n'ai pu en trouver de traces ni en Turquie ni en Perse, bien que l'on conserve dans les bibliothèques de Constantinople et de Téhéran un certain nombre des écrits de cet auteur.

Aboul Fazhl Beyhaqy, dans son histoire de sultan Messoud, fils de

---

[1]. *Mémoires sur les contrées occidentales*, traduits du sanscrit en chinois et du chinois en français par Stanislas Julien. Paris, 1857, tome Ier, page 22, et *Histoire de la vie de Hiouen Thsang* traduite du chinois par Stanislas Julien. Paris, 1853, pages 388-389.

Mahmoud le Ghaznévide, a consacré quelques pages aux événements qui surgirent dans le Kharezm lors de la chute de la dynastie des Beni Mamoun et de l'élévation d'Altountach, chambellan du sultan Mahmoud, au gouvernement de cette province [1]. Beyhaqy, dans son récit, s'appuie uniquement sur l'autorité de Birouny dont il avait entre les mains l'histoire autographe.

Un passage de ce livre est également cité par Yaqout dans son dictionnaire géographique. Mais l'exemplaire qu'il avait vu, probablement lorsqu'il exerçait à Bagdad la profession de libraire, n'avait fait que passer par ses mains. Aussi fait-il cette citation de mémoire et prie-t-il le lecteur de la rectifier ou de la compléter [2].

La perte de l'histoire du Kharezm par Birouny est d'autant plus regrettable, que nous ne savons que fort peu de chose sur cette contrée, avant la conquête des Arabes. On peut supposer, d'après les légendes et les traditions qui nous été conservées, que les rives septentrionales du Djihoun ont été anciennement occupées par des hommes d'origine persane, qui y avaient été déportés comme dans un lieu d'exil. Ils s'unirent à des femmes turkes, et cette population mêlée forma la classe connue aujourd'hui sous le nom de Sart, et qui prétend descendre de Persans venus du Khorassan, du Thokharistan et de Balkh. En état de guerre constant avec les tribus qui les environnaient, exposés, quoique musulmans, à être vendus comme esclaves, les Kharezmiens cherchaient encore au XIIIe siècle à se distinguer de leurs redoutables voisins ; pour que leur physionomie différât de celle des peuplades turkes, ils élargissaient, au moyen de sachets remplis de sable, le front et la tête des nouveau-nés.

Dans les temps reculés, le Kharezm eut à se défendre à la fois contre les Turks et contre les Perses. Le Djihoun formait contre ceux-ci une frontière naturelle, et à la suite de longues guerres, il avait été stipulé qu'une bande de terre serait neutralisée sur les deux rives du fleuve, à la distance d'une portée de flèche. Le nord du Kharezm avait, en outre, comme l'indique le nom de la ville de

---

1. The Tarikh-i Baihaki containing the life of Masoud son of the sultan Mahmùd of Ghaznin by Abu'l Fazl al Baihaki. Calcutta, 1862, pages 834-862.
2. *Moudjem oul bouldan*, édition de M. Wüstenfeld, tome II, page 483.

Kât[1], *été protégé contre les incursions des Turks, par une muraille semblable à celle de Qizil Alan au sud du Gourgan et à celle dont on retrouve des traces sur la frontière septentrionale du Khorassan.*

Les habitants du Kharezm subissaient l'influence persane ; le culte du feu avait été introduit dans cette contrée, et les prêtres portaient, comme en Perse, le nom de Mough. Birouny, dans son ouvrage qui porte le titre de « El açar oul baqyêh an il qouroun il Khalyèh » *(Les vestiges qui nous restent des siècles passés), nous a conservé les noms de dix souverains qui régnèrent dans le Kharezm avant l'apparition de l'islamisme ; il nous donne également dans cet ouvrage et dans le traité d'astronomie qu'il composa en 421 (1030) sous le titre de «* Kitab oul tefhim fy ilm il tendjim » *(Le livre qui fait comprendre la science de l'astronomie) les noms des mois, des jours et des fêtes du Kharezm. Ces dénominations sont en général corrompues du persan, et elles se rapprochent des termes qui étaient usités dans le Soghd*[2].

Les géographes el Isthakhry, Ibn Hauqal, el Mouqadessy, Yaqout et Qazwiny nous donnent sur le Kharezm des détails assez étendus et qui nous font connaître ce pays à l'époque de sa prospérité, avant qu'il n'eût été totalement ruiné par les armées de Djenguiz Khan.

Selon le premier de ces auteurs, le Kharezm ne formait point une province distincte du Khorassan et de la Transoxiane; mais, el Mouqadessy assure, d'autre part, qu'une partie du Kharezm relevait du Khorassan, et l'autre du pays de Heïthel (la province de Samarqand). Il confinait au nord au pays des Ghouzz; la frontière méridionale qui longe le territoire d'Amol, portait le nom de Thahirièh en l'honneur de l'Emir Thahir ibn Husseïn, fondateur de la dynastie des Thahirides, qui y avait fait exécuter de nombreux travaux d'utilité publique. C'est à partir de cette frontière que commençaient les terres cultivées qui bordaient les deux rives du Djihoun. Elles

---

1. Voy. pour ce nom la page 150, note 1.
2. D' Ed. Sachau. *Zur Geschichte und Chronologie von Khwarizm*. Dans les *Sitzungsberichte der Kaiserlichen Akademie der Wissenschaften*. Vienne, 1878, LXXIV Band, page 479. *Chronologie orientalischer Völker von al Bérûny* herausgegeben von D' Ed. Sachau. Leipzig, 1878, pages 203, 235 et suivantes.

s'étendaient jusqu'auprès du village de Gharabchinèh où l'on trouvait une zône inculte; puis, au delà de ce village jusqu'à la capitale, les bords du fleuve étaient couverts de cultures et bien peuplés. L'espace cultivé depuis Thahirièh jusqu'à Hezaresp n'avait point une grande largeur, mais, à partir de cette dernière ville, il devenait plus considérable, et, en face de la capitale, il s'étendait jusqu'à la distance d'une journée de marche, puis il se rétrécissait au point de n'avoir plus que deux fersengs. Il prenait fin à un village appelé Kit ou Guit, situé à cinq fersengs de Koudjagh, qui se trouve au pied d'une montagne au delà de laquelle s'étend le désert.

Les canaux qui, au moyen âge, fertilisaient le sol et servaient de voies de communication, étaient ceux de Gao Kharèh, de Guirih, d'Hezaresp, de Kerderan Khach, de Khiva, de Midra, de Wedak et de Bouvvèh. Ces canaux subsistent encore aujourd'hui et portent les noms modernes de Pehlivan âta, de Khanâbad, de Châh âbad, de Ghazyâbad, d'Arna, de canal du Qouch Beguy et de Hilally ou Hilaleïn.

Le sol du Kharezm, généralement sablonneux, ne produisait pas la quantité de céréales nécessaire à la subsistance de ses habitants. Le blé lui était fourni par les provinces voisines et même par celle de Balkh d'où il était transporté par la voie du fleuve.

Tous les fruits, à l'exception des noix, y étaient extrêmement abondants, et les melons jouissaient d'une telle réputation qu'on les expédiait jusqu'à Bagdad, pour être offerts en présent aux Khalifes et aux grands dignitaires de l'Etat.

Les habitants se livraient, pour l'élève des vers à soie, à la culture du mûrier; mais le commerce et l'industrie étaient les sources de la prodigieuse richesse du pays.

On exportait du Kharezm des esclaves amenés du Nord, des chevaux, des fourrures précieuses provenant de la Sibérie et des étoffes de laine et de soie qui jouissaient d'une grande réputation.

Les ouvriers des villes, et surtout ceux de Gourgandj, excellaient dans les ouvrages de menuiserie; ils travaillaient de la manière la plus délicate les métaux précieux, le fer, l'ivoire et l'ébène. Les broderies faites par les femmes atteignaient les prix les plus élevés.

On retrouve encore aujourd'hui, dans les produits de l'industrie de Khiva, la tradition très-affaiblie du goût qui caractérisait les œuvres des temps passés.

La capitale du Kharezm a été jusqu'en l'année 385 de l'hégire (995) la ville de Kât. Elle était quelquefois désignée sous le nom de la province elle-même ou sous celui de Kât Kharezmièh. Elle s'élevait sur la rive orientale du Djihoun, et sa superficie, qui était d'un tiers de ferseng, égalait celle de Nichabour, citée par les historiens arabes du moyen âge, comme une des villes les plus considérables du Khorassan. La grande mosquée de Kât se trouvait au milieu du bazar ; la toiture était soutenue par des colonnes en bois dont la base était en pierres noires et de la hauteur d'un homme.

Le palais du prince était au centre de la ville et non loin de la grande mosquée.

Le fleuve, dans ses débordements, avait emporté une partie des murailles et des maisons construites sur ses bords et, à l'époque d'el Isthakhry, on craignait la destruction totale de la citadelle.

Alp Arslan essaya de relever la ville de ses ruines. En 458 (1065), il fit construire une mosquée et un palais pour son fils Arslan Châh. La ville était traversée par le canal de Djerdjour sur les bords duquel se tenait le marché. Au rapport d'el Mouqadessy, Kât, dont les rues étaient sillonnées par des rigoles destinées à l'écoulement des immondices, était aussi sale qu'Erdebil.

Les empiétements du Djihoun et les circonstances politiques qui se produisirent à l'avénement d'Aboul Abbas Mamoun déterminèrent ce prince à transporter sa capitale à Gourgandj ou Diourdjanièh, située plus au sud. Cette ville était, comme Kât, menacée par les débordements du Djihoun ; pour modifier le cours du fleuve, on avait élevé des palissades formées de poutres et de grosses pièces de bois. Le Djihoun, grâce à ces mesures, se porta à l'est et prit la direction du désert du côté du village de Feratekin. On avait pratiqué sur les bords du fleuve, à Gourgandj, des coupures qui permettaient de faire arriver dans la ville l'eau nécessaire à la consommation des habitants.

Gourgandj était percée de quatre portes. Près de celle de Hedjdjadj,

Mamoun avait construit un magnifique palais dont la porte était réputée pour être la plus belle de toutes celles qui existaient dans le Khorassan. Aly, fils de Mamoun, en avait bâti un autre en face de celui qui avait été élevé par son père. La plaine qui entoure Gourgandj ressemblait à celle de Boukhara, et on y élevait de nombreux troupeaux. Les habitants appartenaient à la secte des Moutazelèh [1] : ils étaient passionnés pour les discussions religieuses, et tous, même les gens de métier, étaient exercés au maniement des armes. Gourgandj était le centre commercial le plus important du Kharezm. Les Ghouzz et les tribus turkes venaient y vendre des esclaves et les produits de leur industrie, et c'est dans cette ville que se formaient les caravanes qui se rendaient dans le Gourgan, sur les bords de la mer Caspienne, dans le Khorassan, la Transoxiane et la Mongolie [2].

Les géographes orientaux citent parmi les villes ou les bourgs fortifiés les plus considérables après Djourdjanièh : Derghan, situé sur la frontière méridionale. On y remarquait une belle mosquée, et les vignobles de cette localité jouissaient d'une grande célébrité. Zamakhchar, petite ville défendue par un château fort et entourée d'un fossé. Les portes des murs étaient revêtues de plaques de fer et précédées de ponts-levis qu'on relevait tous les soirs. Une jolie mosquée s'élevait non loin du marché. Rouzvend, Khiva, Kerderan Khach, Hezaresp, Djiguerbend, Ghardeman, Ikhan, Noukfagh, Kourder, Beratekin ou Feratekin, gros bourg situé dans le désert près d'une montagne d'où l'on tirait les pierres destinées à la construction des monuments publics. Enfin Guit ou Kit, petite ville fortifiée, sur la frontière du pays occupé par les Ghouzz. Telle était, au commencement du XIIIe siècle, la situation du Kharezm auquel les princes de la dynastie des Kharezm Châh avaient annexé

1. Voyez page 102, note 2.
2. Lorsque à l'époque de l'invasion des Mogols, après un siège de six mois, les habitants de Gourgandj demandèrent à capituler, Djoudjy exigea que toute la population évacuât la ville. On fit ranger à part les gens d'arts et de métiers dont le nombre s'élevait, dit Rechid oud Din, à cent mille, et on les fit partir pour la Mongolie. Le reste des habitants fut massacré, la ville pillée, et, pour que sa destruction fût complète, on détruisit les digues, et les eaux du Djihoun la submergèrent entièrement.

les États voisins. Ils avaient donné à leur empire une telle extension que les frontières en touchaient à l'est, à la Mongolie, au sud, à l'Inde et, à l'ouest, aux provinces qui restaient encore sous l'autorité chancelante des Khalifes Abbassides.

Le Khanat de Khiva est aujourd'hui tout ce qui subsiste d'un si puissant État ; son histoire, à mesure que nous approchons de notre époque, offre bien des lacunes et des points obscurs. Je n'entreprendrai pas de retracer, dans une introduction qui ne comporte pas de grands développements, le tableau des événements dont le Kharezm a été le théâtre ou auxquels ont pris part les princes qui l'ont gouverné. Je me bornerai à énumérer très-succinctement les différentes dynasties qui s'y sont succédé.

Les Arabes furent en rapport avec le Kharezm sous le Khalifat d'Omar. Abdoullah, fils d'Amir, gouverneur de Basrah fit, en l'an 30 (650), une expédition dans le Khorassan ; il conclut, avant de s'éloigner, un traité avec les souverains du Kharezm. Sous le règne du Khalife Ommiade Yezid, Selm, fils de Ziad, fut nommé gouverneur général du Khorassan. Les Kharezmiens se soumirent à son autorité et versèrent entre ses mains, à titre de tribut, la somme de quatre cent mille dirhem. Quelques années plus tard, Yezid ibn oul Mouhallib tenta contre le Kharezm une expédition dont les conséquences furent désastreuses. Un froid rigoureux fit périr tous ses soldats, malgré la précaution qu'il avait prise de leur donner des vêtements de peaux.

Les troubles qui éclatèrent bientôt après dans le Kharezm en rendirent la conquête facile. Le souverain qui le gouvernait, incapable de résister à une ligue que son frère Khourzad avait formée contre lui, invoqua le secours de Qouteïbah. Il lui proposa de lui remettre ses trois places fortes et de lui payer tribut.

Qouteïbah envoya au Kharezm son frère Abdour Rahman. Khourzad fut tué dans une bataille et quatre mille Kharezmiens faits prisonniers, furent mis à mort. L'impuissance du Kharezm Châh à contenir ses sujets détermina Qouteïbah à annexer ce pays au Khorassan et à en donner le gouvernement à son second frère Oubeïd oullah.

Le Kharezm fit plus tard partie des États des princes Thahirides et de ceux des descendants de Nasr, fils d'Ahmed, le fondateur de la dynastie des Samanides.

La province du Kharezm releva de Samarqand jusqu'à l'époque où Ilek Khan de Kachghar conquit Boukhara et la Transoxiane (389-998) et massacra tous les princes de la famille des Samanides, à l'exception de l'Emir Moustancir qui se réfugia à Hezaresp et y fut mis à mort cinq ans après.

Le Kharezm devint le partage des princes turks de Kachghar et des descendants de Sultan Mahmoud le Ghaznévide.

Aboul Abbas Mamoun, fils de Mohammed, fils de Mançour qui le gouvernait au nom de l'Emir Nouh, fut le premier chef de la dynastie qui porte son nom et qui compte quatre princes. Le dernier, Aboul Harith Mohammed, fils d'Aly, fut remplacé par Altountach, chambellan de Sultan Mahmoud. Il gouverna, ainsi que ses deux fils, sous la suzeraineté de la cour de Ghaznah.

Le Kharezm passa, en 432 (1040), sous la domination des Seldjouqides. Alp Arslan en confia le gouvernement à son fils Arslan Châh. Sous le règne de Melik Châh, Abou Thahir, gouverneur de Samarqand, fut chargé de l'administration de la province qui, après lui, fut confiée à Izz oul Moulk, le fils du célèbre ministre Nizham oul Moulk. Le Kharezm fut ensuite donné par le même prince à Anouchtekin, esclave de l'Émir Melkatekin qui l'avait acheté à un homme du Ghardjistan. Il était devenu Ibriqdar ou chargé de l'aiguière de Melik Châh et il percevait, à ce titre, les revenus du Kharezm.

Barkiarouk, successeur de Melik Châh, désigna Aqindjy pour succéder à Anouchtekin. Aqindjy fut assassiné à Merv par les émirs Qoudan et Yaraqtach, qui essayèrent de s'emparer du Kharezm. Mais ils furent mis en déroute par les troupes envoyées contre eux, et le fils d'Anouchtekin, Mohammed fut investi du gouvernement avec le titre de Kharezm Châh, 490 (1096).

A la chute de l'empire des Seldjouqides, le Kharezm Châh proclama son indépendance. La dynastie qu'il fonda compte sept princes, qui régnèrent de 490 (1096) à 628 (1230). La conduite altière et imprudente de Mohammed Châh provoqua l'invasion de Djenguiz

Khan qui couvrit l'Asie de ruines et porta au Kharezm un coup dont il ne s'est jamais relevé.

Mohammed Châh, abandonné des siens, alla se réfugier dans l'île d'Abiskoun où il mourut. Son fils, le vaillant Djelal oud Din Mangouberty, essaya de ressaisir le royaume de ses ancêtres; mais il périt assassiné par un Kurde, dans les montagnes d'Amid où il s'était réfugié (628-1230). En lui s'éteignit la race des souverains qui avaient rangé sous leurs lois toute l'Asie centrale, et menacé l'existence du Khalifat des Abbassides.

Dans le partage que Djenguiz Khan fit de ses Etats entre ses fils, le Kharezm échut à son fils aîné Djoudjy, dont la mère, Bouriah Qoutchin, était la fille du chef de la tribu des Qonghourat. Djoudjy établit sa résidence à Seray, dans le Qiptchaq.

Nous ne possédons que fort peu de documents orientaux sur l'état du Kharezm pendant la période des successeurs de Djenguiz. La relation de Du Plan Carpin, le récit de Hayton, les indications de Balducci Pegolotti, la relation du voyageur arabe Ibn Batoutah ne nous apportent que fort peu de lumières sur la situation d'un Etat jadis si prospère et si puissant [1]. *Nous savons seulement que*

---

1. Relation des voyages en Tartarie de Fr. Guillaume de Rubruquis, Fr. Jean du Plan Carpin, Fr. Ascelin et autres religieux de Saint-François et de Saint-Dominique, qui y furent envoyez par le pape Innocent IV, le Roy Saint-Louys. Plus un traicté des Tartares, et le tout recueilly par Pierre Bergeron, Parisien ; à Paris. 1634, in-8.

Ces relations ont été insérées dans le recueil des *Divers voyages curieux*, publié par le libraire Van der Aa à Leyde, en 1729. M. D'Avezac a donné, dans les mémoires de la Société de Géographie (1839, in-4º), une édition très-correcte de la relation de Du Plan Carpin.

Les fleurs des hystoires de la terre d'Orient, compillées par frère Hayton, seigneur du Corc et cousin germain du Roy d'Arménie, par le commandement du Pape. On les vend à Paris en la rue Neufve Nostre-Dame, à l'enseigne de l'Escu de France. In-4º goth. (1517). L'ouvrage de Hayton est inséré en tête du recueil des relations de voyages publié en 1529 par Iehan Sainct Denis, sous le titre de : « L'hystoire merveilleuse et recreative du grand Empereur de Tartarie, seigneur des Tartres nommé le grand Can, contenant six livres ou parties, etc. Imprimé nouvellement à Paris, en l'an mil cinq cens vingt et ix le quinziesme jour du moys d'apvril pour Jehan Sainct Denys. » In-fº goth. Benoist Rigaud en a publié une nouvelle édition à Lyon, en 1585, petit in-12.

La pratica della mercatura scritta da Francesco Balducci Pegolotti, dans le tome III de Della decima e delle altre Gravezze. Lisbona et Lucca 1765-1765, in-4º.

Voyages d'Ibn Batoutah, texte arabe, accompagné d'une traduction, par C. Defrémery et le Dr S. R. Sanguinetti. Paris 1853-1858, tome III, 3-19.

sous le gouvernement des Khans Uzbeks, il avait pu relever en partie les ruines accumulées par les Mogols.

Mais, à la fin du XIVe *siècle, le Kharezm fut ravagé par Timour, qui dirigea trois expéditions contre ce malheureux pays. La ville de Gourgandj fut complètement détruite, et le Kharezm passa sous la domination des descendants de Djaghatay.*

Vers le milieu du XVe *siècle, on voit apparaître la confédération des Uzbek et des Qazaq. Mirza Hayder Doughlat, le Sultan Baber, Mirkhond, Khondemir et Sultan Aboul Ghazy, nous en font connaître les origines et l'histoire.*

Le Kharezm reconnaissait l'autorité des princes de la famille de Timour lorsque, en 891 (1486), Cheïbany Khan fondit sur ce pays que gouvernait alors Nacir oud Din Abdoul Khaliq Firouz Châh, au nom du Sultan Aboul Ghazy Husseïn. Cette expédition ne fut point couronnée de succès. Cheïbany Khan en tenta une seconde en 911 (1505); elle fut plus heureuse. Il se rendit maître de Gourgandj ou Ourguendj, occupée par Tchin Soufy. Ses incursions et ses conquêtes dans le Khorassan déterminèrent Châh Ismayl à marcher contre lui.

Cheïbany Khan périt dans la bataille livrée sous les murs de Merv en 916 (1510), et Châh Ismayl devint le maître du Kharezm. Cette province fut divisée par lui en trois grands districts, ceux de Hezaresp et de Khiva, d'Ourguendj et de Vézir Chehery. L'administration en fut confiée, avec le titre de Darougha, à Arab Soubhan Qouly, à Rahman Qouly et à un troisième personnage, dont l'histoire ne nous a pas conservé le nom. Malgré les troubles et les guerres qui désolaient le Kharezm, les princes Sefevy revendiquaient les droits d'une suzeraineté établie par Châh Ismayl. Sous le règne de Mohammed Châh, fils de Thahmasp Châh, Djelal Khan, fils de Mohammed Khan, tenta de s'en affranchir. Fait prisonnier par le gouverneur de Mechhed, Mourteza Qouly Khan Pernak, il fut mis à mort, et sa tête fut envoyée à Isfahan. Le gouvernement persan lui donna pour successeur Hadji Mohammed Khan, qui est plus connu sous le surnom de Hadjim. Vaincu par Abdoullah Khan de Boukhara, Hadjim se réfugia à la cour de Perse

En 1006 (1597), Châh Abbas dirigea une expédition contre le Kharezm et en confia le gouvernement à Hadji Mohammed Khan et à son fils Arab Mohammed Sultan.

L'histoire du Kharezm, pendant le XVII⁵ siècle et pendant la première moitié du siècle suivant, ne nous offre que le spectacle des discordes civiles et des invasions qui désolèrent ce pays.

Ilbars Khan [1], qui le gouvernait sous le règne de Nadir Châh, irrita ce conquérant par ses incursions, ses attaques contre Riza Qouly Mirza et par son attitude pendant son expédition dans l'Inde. Nadir Châh envahit le Kharezm. Les villes de Khankâh et de Khiva capitulèrent ; Ilbars Khan et vingt de ses principaux officiers furent mis à mort en représailles du meurtre des ambassadeurs envoyés auprès de lui par le Khan de Boukhara, allié de Nadir. Abou Thahir Khan fut nommé gouverneur du Kharezm, mais, après sa mort, le pouvoir fut exercé par les Ataliq et les Inaq sous la suzeraineté des Khans Qazaq. Iltouzer, de la tribu des Qonghourat, s'en affranchit et se fit proclamer Khan en 1219 (1804). Il périt deux ans après, noyé dans le Djihoun, et il eut pour successeur son frère Mohammed Rehim Khan qui dut, dans le cours de son long règne (1806-1825), se réfugier à Esterâbad et solliciter l'appui de Feth Aly Châh. Son fils Allah Qouly Khan (1825-1842) et son petit-fils Rehim Qouly Khan (1842-1845) entretinrent personnellement de bonnes relations avec les souverains Qadjars. Ils leur envoyaient des présents qui étaient considérés par la cour de Perse comme une marque d'hommage, et ils recevaient des sabres et des poignards enrichis de pierreries qui sont, aux yeux des ministres persans, les symboles de l'investiture.

A Rehim Qouly Khan succéda, en 1845, son frère, Mohammed Emin Khan. Son premier acte, lorsqu'il monta sur le trône, fut de renvoyer à Téhéran un prince de la famille royale, Mohammed Vely Khan Qadjar, neveu d'Allah Yar Khan, Acef oud Daoulèh, que les Turkomans avaient fait prisonnier. L'officier khivien, chargé d'ac-

---

1. Voy. sur cette période : *Histoire de l'Asie centrale par Mir Abdoul Kerim Boukhary*, trad. par Ch. Schefer. Paris, Leroux, 1876, p. 100 et suivantes.

compagner le prince, était porteur de cadeaux et d'une lettre rédigée selon les termes du protocole réglé entre les deux Etats.

Mohammed Châh ne voulut point tarder à reconnaître le bon procédé de Mohammed Emin Khan. Il donna l'ordre à Mirza Riza, Mizan Agassy, de se rendre au Kharezm et d'offrir en son nom de riches présents. La lettre de créance remise à cet envoyé donnait au Khan le titre de Kharezm Châh. Cependant les relations amicales des deux Etats ne tardèrent pas à s'altérer, et, lorsque Nacir Eddin Châh succéda à son père, Mohammed Emin Khan s'abstint d'envoyer, selon l'usage, un ambassadeur pour offrir ses félicitations au nouveau souverain. Cependant, lorsqu'il apprit la mort de Hassan Khan Salar qui avait été l'un des instigateurs et l'un des chefs de la révolte du Khorassan, il ne crut pas pouvoir persister dans sa ligne de conduite, et il fit partir pour Téhéran un de ses officiers, Ata Niaz Mahrem, qu'il chargea de présenter au Roi quelques chevaux turkomans et deux faucons dressés.

La lettre remise par Ata Niaz Mahrem ne fut point agréée par les ministres; la rédaction en fut jugée blessante. Le conseil décida, en conséquence, qu'un personnage instruit et jouissant d'un rang élevé serait envoyé à Khiva pour faire au Khan les représentations les plus énergiques sur sa conduite et pour tâcher de le ramener, à l'égard du Roi, à des sentiments de déférence et de respect. Riza Qouly Khan fut désigné pour remplir cette mission délicate; il reçut, en outre, l'ordre de réclamer la mise en liberté des sujets persans enlevés par les Turkomans dans le Khorassan et le Mazanderan et qui avaient été vendus comme esclaves à Khiva. Riza Qouly Khan reçut deux mille toumans pour ses frais de voyage, et on lui donna un fusil à deux coups et une paire de pistolets qu'il dut offrir comme cadeau personnel. Sa mission, dont la durée fut fixée à trois mois, n'eut point le succès que la cour espérait. A son retour d'un voyage qui ne fut pas exempt de périls, Riza Qouly Khan présenta au Roi la relation de son ambassade. Ce récit nous fournit sur le Kharezm des détails intéressants, et les auteurs contemporains qui ont entrepris d'écrire l'histoire des événements du règne de Nacir Eddin Châh en ont donné des extraits dans leurs ouvrages. Mirza Sipehr, Lissan oul Moulk en a inséré des fragments dans le volume de son Nassikh out Tewarikh consacré à l'histoire de la dynastie des Qadjars. Son exemple a été suivi par l'historiographe Mirza Djafer Khan et, en dernier lieu, par Mohammed Hassan Khan, Seny'oud Daoulèh, dans son Miraat oul bouldan Naciry [1]. Riza Qouly Khan en avait lui-même donné un résumé dans son Raouzet ous Sefay Naciry.

Riza Qouly Khan, que l'on peut, à juste titre, mettre au premier rang des littérateurs et des érudits qui ont fleuri en Perse dans le cours de notre siècle, descendait du célèbre poète Cheikh Kemal Khodjendy qui appartenait à l'une des familles les plus illustres de la Transoxiane. Cheikh Kemal, contemporain de Hafiz et qui fut en relations littéraires avec lui, se fixa à Tebriz et mourut dans cette ville en 792 (1389). Ses descendants, par respect pour sa mémoire, se firent une loi d'ajouter à leur nom celui de Kemal.

Riza Qouly Khan nous a raconté lui-même la fin tragique de son grand-père Ismayl Kemal, primat des notables de Tchardèh Kelatèh dans le district de Hezar Djerib, mis traîtreusement à mort par l'ordre de Zeky Khan Zend [2].

Le fils d'Ismayl Kemal, Mohammed Hady Khan s'attacha à la personne de Djafer Qouly Khan Qadjar. A la mort de ce prince, il passa au service d'Aga Mohammed Châh qui en fit le chef des officiers de son service intime et son trésorier particulier.

Hady Khan entreprit, pendant la dernière année du règne d'Aga Mohammed Châh, le pèlerinage de Mechhed. Il apprit pendant son voyage qu'un fils lui était né à Téhéran le 15 Moharrem de l'année 1215 (8 juin 1800).

Il se hâta de revenir du Khorassan dans la capitale et il donna au nouveau né le nom de Riza Qouly en l'honneur de l'Imam dont il venait de visiter le tombeau.

---

1. *Nassikh out Tewarikh*, tome III, 3e partie. Téhéran, in-folio, pages 124-127. — *Haqaiq oul Akhbar*. Téhéran, 1269 (1872), tome Ier, pages 111-112. — *Miraat ou bouldan Naciry*. Téhéran, 1295 (1878), tome II, pages 37 à 61.

2. Voy. p. 203.

A son avénement au trône, Feth Aly Châh fit appel au dévouement de Mohammed Hady Khan. Il le nomma percepteur des revenus du domaine de l'Etat dans le Fars et il le plaça sous les ordres de Hassan Aly Mirza, gouverneur général de cette province.

Hady Khan ne remplit pas longtemps les fonctions qui lui avaient été confiées. Il mourut en 1217 (1802). Riza Qouly Khan fut ramené à Téhéran, puis envoyé dans le Mazanderan pour être confié aux soins de parents qui s'étaient fixés à Barfourouch. Il quitta cette ville, pour retourner dans le Fars où il fit ses études sous la direction d'un homme éminent, Mohammed Mehdy Khan Chahnèh. Lorsqu'il les eut terminées, il fut admis au service de l'Etat et il reçut des témoignages constants de la bienveillance et de la protection du prince Husseïn Aly Mirza, gouverneur général de la province, et de son frère Hassan Aly Mirza, Choudja ous Salthanèh.

Riza Qouly Khan employait à l'étude, à la poésie et à des travaux littéraires les loisirs que lui laissaient les devoirs de sa charge. Il avait pris dans ses premières compositions poétiques le surnom Tchaker (serviteur), mais il l'abandonna, bientôt, pour adopter celui de Hidayet (bonne direction).

Feth Aly Châh se rendit à Chiraz en 1245 (1829), et pendant le séjour qu'il y fit, Riza Qouly Khan eut l'honneur de lui être présenté par Mirza Mohammed Naqy Alyâbady, secrétaire général du roi et qui portait le titre de Mounchy oul Memalik.

Riza Qouly Khan composa une ode à la louange du roi ainsi que plusieurs pièces de poésie qui obtinrent les suffrages de la cour.

Feth Aly Châh, connaissant les preuves d'attachement et de dévouement que les aïeux de Riza Qouly Khan avaient données à sa dynastie, lui prodigua les marques de son intérêt et de sa générosité. Il lui conféra, en outre, le titre d'Emir ech Chouara (Prince des poètes) et lui donna l'ordre de suivre la cour ; mais une grave maladie ne lui permit pas de s'éloigner de Chiraz et de se rendre dans la capitale.

A l'avénement de Mohammed Châh, les princes Husseïn Aly Mirza et Hassan Aly Mirza se soulevèrent dans le Fars. Leur révolte fut promptement étouffée. Ils furent faits prisonniers et conduits à Téhéran. Firouz Mirza, Menoutchehr Khan et plusieurs hauts fonctionnaires furent chargés de pacifier la province et d'y rétablir l'ordre. Riza Qouly Khan fut attaché à la personne de Firouz Mirza; mais, au bout de deux ans, ce prince dut aller prendre possession du gouvernement du Kerman et son frère Feridoun Mirza, qui le remplaça dans le Fars, témoigna le désir de ne point être privé des services de Riza Qouly Khan.

En 1254 (1838), celui-ci fut chargé d'une mission spéciale à Téhéran. La réputation qu'il s'était acquise, détermina le premier ministre Hadji Mirza Agassy à lui offrir l'hospitalité. Il fut présenté au roi qui, charmé de l'aménité de son caractère, de la finesse de son esprit et de l'étendue de ses connaissances, lui donna l'ordre de rester à Téhéran et lui confia l'éducation de son fils Abbas Mirza Naïb ous Salthanèh. Le roi, juste appréciateur des qualités de Riza Qouly Khan, et du zèle avec lequel il remplissait les délicates fonctions qui lui étaient confiées, le combla de marques d'honneur et lui accorda, par une ordonnance spéciale, les revenus de plusieurs districts qui relevaient de la couronne.

Mohammed Châh mourut au château de Tedjrich en 1264 (1848).

Les agitations qui suivirent sa mort, et la fuite d'Abbas Mirza déterminèrent Riza Qouly Khan à rentrer dans la vie privée, mais sa retraite ne fut pas de longue durée. En 1267 (1851), Nacir Eddin Châh lui rendit ses bonnes grâces et l'envoya en ambassade à Khiva. A son retour, il fut nommé adjoint au ministre de l'Instruction publique et chargé de la direction du Collège royal qui venait d'être fondé à Téhéran. Il resta près de quinze ans à la tête de cet établissement. Lorsqu'il résigna ses fonctions, le roi lui confia l'éducation de l'héritier présomptif de la couronne, le prince Mouzhaffer oud Din, qui venait d'être investi du gouvernement général de l'Azerbaïdjan. Riza Qouly Khan accompagna le jeune prince à Tebriz et passa quelques années auprès de lui; puis, il sollicita la permission de revenir à Téhéran. Il ne jouit pas, pendant longtemps, d'un repos que l'état de sa santé avait rendu nécessaire.

Une maladie dont il souffrait ne tarda pas à prendre une gravité alarmante, et il rendit le dernier soupir entre les bras de ses fils, le vendredi 10 du mois Rebi ouç Çany 1288 (30 juin 1871), au moment où les Muezzins appelaient les fidèles à la prière du soir. Ses restes mortels reposent dans un tombeau élevé sur un terrain qui borde la chaussée entre les jardins d'Ilkhany et de Lalèhzar, aux portes de Téhéran.

Riza Qouly Khan a composé de nombreux ouvrages dont les uns ont été imprimés et dont les autres sont restés manuscrits.

Je citerai, parmi ces derniers, le Divan ou recueil complet de ses poésies, composé de plus de cinquante mille beïts ou distiques et quelques traités relatifs à des matières religieuses ou à la réthorique, tels que le Bahr oul Haqaïq (la mer des vérités), le Menhedj oul Hidayèh ou Hidayet Namèh (la voie de la bonne direction), l'Enwar oul Vilayèh (les lumières de la qualité de Vely reconnue à Aly), le Miftah oul Kounouz (la clef des trésors cachés), et le Medaridj oul Belaghah (les degrés de l'éloquence).

Riza Qouly Khan a également composé, sous le titre de Goulistani Irem (le jardin de l'Irem) ou de Bektach Namèh, un poëme écrit dans un style à la fois simple et élégant et qui offre le récit des amours de Bektach, fils de Harith et de Rebi'ah, fille de Kaab [1] et de la fin tragique de ces amants. Trois ouvrages historiques sont dus à la plume de Riza Qouly Khan. Le premier est le Fihris out Tewarikh (L'index des chroniques) qu'il présenta à Nacir Eddin Châh, lorsqu'il eut son audience de congé au moment de son départ pour le Kharezm; le second, qui porte le titre d'Edjmel out Tewarikh (la plus succincte des chroniques), n'est que la liste très-sèche de tous les souverains qui ont régné sur la Perse depuis le commencement de la dynastie des Pichdadian jusqu'à l'avénement du roi aujourd'hui régnant. Ce petit ouvrage, destiné à l'éducation du prince héritier, Mouzhaffer oud Din Mirza, a été lithographié à Tebriz [2]. Mais l'ou-

---

1. Cet ouvrage a été lithographié à Téhéran en 1270 (1853). Le texte imprimé chez Kerbelay Taqy a été calligraphié par Mirza Abdoul Hamid Sefa. Les figures dont ce volume est orné sont dues au crayon de Mirza Aly Naqy.

2. Edjmel out Tewarikh (la plus succincte des chroniques) a été publié par ordre de

vrage historique le plus considérable de Riza Qouly Khan, et qui mérite toute notre estime, est le supplément qu'il a composé pour conduire l'histoire de la Perse depuis l'époque où s'arrête le récit de Mirkhond jusqu'à l'année 1270 de l'hégire. L'auteur a, pour présenter exactement les faits, puisé aux meilleures sources et il a pu consulter des ouvrages qui ne sont point parvenus en Europe, tels que l'histoire générale d'Abdoul Ghaffar Qazwiny, le Raouzet out Thahirin *(le jardin des hommes purs) de Thahir Mohammed Sebzvary, l'histoire des Sèfèvy de Mirza Sadiq Isfahany, bibliothécaire de Châh Abbas, et enfin, pour la période de la dynastie des Zend et celle des premières années du règne de Feth Aly Châh, les écrits de Mirza Sadiq Mervy. En outre, il a eu entre les mains, pour écrire le récit des événements dont la Perse a été le théâtre depuis le commencement de ce siècle, les documents officiels et les instruments diplomatiques qui ont réglé les relations de cet Etat avec quelques-unes des puissances de l'Europe et de l'Asie. Le texte de plusieurs de ces pièces est donné intégralement, et il est toujours précédé de la relation des faits qui leur sert de commentaire. Cet ouvrage, dont le style est correct et élégant, fournit au lecteur une ample moisson de renseignements géographiques, biographiques, littéraires et même artistiques d'un grand intérêt*[1].

Le Riaz oul Arifin *ou biographie des poètes mystiques composée pour Mohammed Châh est resté manuscrit. L'auteur en a donné des extraits que le lecteur trouvera dans le Récit de l'ambassade au Kharezm. Mais la valeur de cet ouvrage est éclipsée par celle du* Medjma' oul Fousseha *(La réunion des personnages éloquents) qui est, sans contredit, le plus important de tous ceux qu'a composés Riza Qouly Khan. Il offre un attrait particulier par les nombreuses citations de textes poétiques et par les détails curieux qui sont tous puisés dans des traités historiques et biographiques de premier ordre. Dans l'introduction placée en tête de l'ouvrage, l'auteur esquisse*

Essed oullah Khan et imprimé chez Aga Riza par les soins de Kerbelay Mohammed Husseïn. Tebriz, 1283 (1866), 1 volume in-12 de 160 pages.

1. Le Raouzet ous Sefay Naciry (le jardin de la pureté), dédié à Nacir Eddin Châh, a été publié à Téhéran en 1270 (1853), 10 tomes en 2 volumes in-folio.

à grands traits l'histoire de la poésie persane qui, malgré la conquête arabe, ne cessa d'être cultivée dans le Khorassan et prit un grand essor sous le règne du Khalife Mamoun. Il cite ce fait qu'en l'année 198 (813) Khadjèh Aboul Abbas de Merv présenta au Khalife une pièce de vers persans dans lesquels il avait intercalé des mots arabes et que ce prince, pour témoigner sa satisfaction au poète, lui assigna une pension de mille dinars. Riza Qouly Khan trace le tableau de l'état de la poésie persane sous les règnes des princes Thahirides, Saffarides, sous les Samanides, les Ghaznevides, les Deïlemites, enfin sous les Seldjouqides et les souverains des différentes dynasties qui se sont succédé en Perse jusqu'à nos jours. Parmi les ouvrages qu'il a mis à contribution et dont il nous donne une liste détaillée, je citerai le Loubb oul Elbab de Mohammed Oufy, les Tezkerèh de Mir Aly Chir Nevay, de Sam Mirza, de Sadiq Isfahany, de Mirza Thahir Nasrâbady, le Tchehar Meqalèh (les quatre discours) d'Arouzhy Samarqandy, les ouvrages de Mohammed ibn Bedr Djadjermy et, pour l'époque moderne, ceux de Seiyah Chirvany, de Houmay Mervy [1], de Hayder Qouly Mirza, le Mey Khanèh (la taverne) et le Bout Khanèh (la pagode) de Mohammed Soufy du Mazanderan, et enfin le Tezkerèhi Mohammed Châhy du prince Behmen Mirza.

La première partie du travail de Riza Qouly Khan renferme la biographie de tous les princes qui ont cultivé la poésie, et les premières pages sont consacrées aux pièces de vers composées par Nacir Eddin Châh. Les notices sur les autres poètes sont classées d'après l'ordre alphabétique, mais ceux qui ont fleuri à l'époque de la renaissance littéraire de la Perse, tels que Mendjik Termizy, Daqiqy, Asdjedy, Onçory, Firdoussy, Ferroukhy, Envery, Rechid Vathvath, etc., sont l'objet d'une étude particulière, et l'auteur a, pour mieux faire apprécier leur manière, donné d'amples extraits de leurs compositions.

Riza Qouly Khan, pendant son long séjour à Chiraz, avait réussi à se procurer un ancien manuscrit contenant une partie des poésies

---

[1]. Houmay est le surnom poétique de Mirza Sadiq Mervy, cité plus haut.

d'un auteur estimé Abou'n Nedjm Ahmed Menoutchehry, mort en 420 (1029). Il avait fait, dans le Fars et à Téhéran, les recherches les plus actives pour recueillir les vers de ce poète et il avait préparé une édition de son divan ou plutôt des deux mille trois cents distiques épargnés par le temps.

Ce recueil, précédé d'une courte notice donnant le peu de détails que l'on possède sur la vie de l'auteur, a été publié à Téhéran après la mort de Riza Qouly Khan par les soins d'Aga Mirza Aga et de Mohammed Sadiq. Mirza Mohammed Hussein Edib a veillé à la correction du texte. M. de Biberstein Kazimirski a donné le texte et la traduction de sept Qacidèh dans le « Spécimen du Divan de Menoutchehry, poète persan du Vᵉ siècle de l'hégire » qu'il a publié à Versailles en 1876, et il a rectifié quelques inexactitudes qui s'étaient glissées dans la biographie du poète.

Le dernier ouvrage auquel Riza Qouly Khan ait travaillé est le dictionnaire auquel il a donné le titre de Ferhengui Endjoumen Aray Naciry.

L'auteur avait lu, pour la composition de son Riaz oul Arifin, et de son Medjma' oul Fousseha, toutes les œuvres des poètes persans anciens et modernes et il en avait extrait près de cent mille beïts ou distiques, dont une grande partie a été insérée dans les deux ouvrages qui viennent d'être cités. Obligé de recourir aux lexiques pour être fixé sur les significations diverses d'expressions anciennes ou peu usitées, il avait été frappé des lacunes et des interprétations fautives qui s'y trouvent.

Il forma donc le dessein de rédiger un dictionnaire dans lequel il n'admettrait que les mots persans, en donnant toutes leurs significations appuyées de citations tirées des œuvres des poètes les plus estimés. Il put mettre la dernière main à ce travail qui est précédé d'une introduction remplie de faits, dans laquelle il expose, d'abord, l'histoire des travaux lexicographiques de ses prédécesseurs.

Aucun des monuments littéraires de l'ancienne Perse n'a échappé à la destruction générale ordonnée par les conquérants arabes. Mais, à partir du Khalifat de Mamoun 198-218 (813-833), les lettres *persanes purent être cultivées sans exciter les soupçons et les rigueurs d'un gouvernement ombrageux.*

Abou Hafs Soghdy, Essedy Thoussy, Qathran Tebrizy et Ferroukhy Sistany composèrent des glossaires qui, malheureusement, ne sont pas parvenus jusqu'à nous. Nous ne possédons pas non plus le Meyar Djemaly *(Le contrôle de Djemal), rédigé au* XIVe *siècle et dédié par Chems Fakhry d'Isfahan à Djemal oud Din Châh Cheikh Abou Ishaq Indjou dont Hafiz a célébré le règne trop court.*

Mais nous avons les dictionnaires publiés depuis cette époque, tels que le Cheref Namèh *d'Ibrahim Qawwam Serhindy, le* Medjma' oul Fours *de Souroury, le* Ferhengui Djihanguiry *commencé par ordre d'Ebker Châh et terminé sous le règne de son fils Djihanguir, le* Ferhengui Rechidy, *le* Bourhani Qathi *et enfin tous les travaux postérieurs dont les auteurs se sont proposé de corriger les erreurs signalées dans les lexiques précédemment mis au jour.*

L'aperçu historique qui se trouve en tête du Ferhengui Naciry *est suivi de dissertations sur les mots persans arabisés ou empruntés à l'arabe et sur les expressions étrangères introduites dans la langue ; sur les altérations subies par les mots arabes et persans ; sur les expressions mal comprises par les lexicographes et auxquelles ils ont donné un sens douteux. On trouve, ensuite, une étude sur la langue persane, sur ses variations et sur le caractère des expressions employées soit dans les vers, soit dans la prose. Ce travail est suivi d'un long exposé des règles de la grammaire.*

Le dictionnaire est divisé en deux parties ; la première comprend les noms et les adjectifs, et la seconde l'explication des expressions figurées et allégoriques. Les significations de chaque mot ou de chaque expression composée sont justifiées par des exemples choisis avec discernement et tirés principalement des divans des poètes classiques.

Les fils de Riza Qouly Khan, Aly Qouly Khan, Moukhbir oud Daoulèh et Djafer Qouly Khan, directeur du collège royal de Téhéran, en publiant tout récemment le Ferhengui Naciry *et le* Medjma' oul Fousseha, *ont payé à la mémoire de leur père le tribut d'un pieux hommage et rendu un service signalé aux orientalistes qui font de la langue et de la littérature persanes l'objet de leurs études.*

Le texte de la relation de l'ambassade au Kharezm dont j'offre aujourd'hui la traduction a été imprimé à Boulaq sur une copie faite d'après deux manuscrits que j'ai eus à ma disposition. Le retard qu'aurait occasionné pour l'impression la distance qui nous sépare de l'Egypte ne m'a pas permis de revoir les épreuves et de corriger les fautes qui se sont glissées dans le texte.

La relation de Riza Qouly Khan se fait remarquer par la sincérité du récit, l'impartialité des appréciations et la sagacité des aperçus. L'envoyé du Châh prévoyait déjà, il y a quarante ans, des événements que nous avons vus s'accomplir dans le cours de ces dernières années, et, bien qu'il n'aborde ce sujet qu'avec discrétion, il est facile de s'apercevoir qu'il en redoute les conséquences pour l'avenir des peuples musulmans de l'Asie. La narration, dont le style est élégant et quelquefois empreint d'archaïsme, est, suivant l'usage oriental, émaillée de pièces de vers; à l'exception de quelques citations de Saady, elles sont composées par l'auteur, et, dans quelques-unes, on peut remarquer une tendance à imiter la manière des anciens poètes dont il avait fait une étude approfondie.

Je me suis attaché à donner une traduction aussi exacte que possible, afin de conserver la couleur de l'original, et j'ai cru devoir, dans des notes géographiques et historiques ainsi que dans un appendice, ajouter quelques éclaircissements sur des pays et des villes qui sont souvent mentionnés dans les annales de l'Orient et sur des personnages dont les noms, familiers aux Asiatiques, sont, en général, peu connus du lecteur européen.

RELATION

DE

L'AMBASSADE

AU KHAREZM

AU NOM DU DIEU CLÉMENT ET MISÉRICORDIEUX

rs. « La première page de tout livre doit être ornée du nom du Créateur, maître du monde, de Celui qui n'a ni commencement ni fin, et dont il nous est donné de ne connaître que le nom. L'imagination et la pensée sont incapables de le concevoir; nulle description, nulle explication ne peuvent en donner une idée. La vue, la raison, l'intelligence, l'esprit, le cœur, les yeux et l'âme elle-même sont tous frappés de stupeur et saisis de vertige en présence de Dieu. S'ils tentent de s'élever jusqu'à lui, ils sont contraints d'y renoncer. Les créatures sont toutes impuissantes à le comprendre; l'unité de Dieu les confond et les anéantit. Tout ce que l'on a dit pour le définir doit être considéré comme insuffisant; et, quant au chemin que l'on a fait pour s'approcher de lui, c'est comme si l'on était resté immobile. Où est la route? où est le guide? où est le voyageur? A quoi peut nous servir la faculté de penser, de voir, de parler et d'entendre ? Les êtres que Dieu a créés n'ont aucun moyen de pénétrer son essence, car lui seul a le pouvoir de se connaître lui-même. Bien que la première substance émanée de lui soit l'intelligence, dont la nature est supérieure à toute autre substance, elle est néanmoins créée, elle n'a point le don de voir et de pénétrer jusqu'à son Créateur. L'intelligence enfin est créée ; comment pourrait-elle trouver le chemin vers ce Créateur ? L'âme est comme un esclave qui veille devant une portière, mais qui ne peut la déchirer; bien plus, lors même qu'elle le pourrait, elle n'arriverait point pour cela à la connaissance exacte de ce qui est derrière ce voile. »

« Tout ce qui fut autrefois, tout ce qui est aujourd'hui n'a existé que par Dieu que la parole ne saurait décrire; tout ce qu'on a dit de lui, tout ce que nous disons nous-même, se réduit à de simples conjectures. Ne pouvant nous rendre compte de l'étendue de la mer, nous sommes obligés de regagner le rivage. Incapables de mesurer l'Océan, nous ne pouvons que constater l'immensité de ses flots. Nous ne voyons pas le chef de l'armée, nous ne suivons que le mouvement de ses troupes. Nous ne pouvons apercevoir le vent quand il souffle ; sa nature nous échappe, mais les tourbillons de poussière qu'il soulève frappent nos regards. Le monde nous apparaît comme une meule qui flotte sur les eaux ; mais Celui qui a rassemblé les eaux pour y placer cette meule, nous ne pouvons le connaître. Notre vue ne perçoit que les effets ; comment arriverait-elle jusqu'à Celui qui est la cause première de toutes choses. Nuit et jour, l'observateur contemple le firmament; il y voit les étoiles, la lune et le soleil au plus haut des cieux; il distingue une coupole transparente qui tourne sur elle-même; elle apparaît comme un temple orné de statues magnifiques et disposées dans le plus grand ordre. On dirait une cour immense et élevée où se trouvent des places réservées pour le Souverain. On croirait voir un tapis d'échiquier sur lequel les figures sont placées en tout sens, ou bien un damier azuré couvert des plus belles pièces et où le soleil et la lune peuvent être comparés à deux dés à jouer. »

« Les étoiles nous parlent de ce que nous sommes tous ; celles qui sont fixes comme celles qui sont errantes nous disent : « Comme vous, nous ne savons rien ; seulement vous êtes en bas, nous, nous sommes en haut, voilà toute la différence. » Pour la terre comme pour le ciel, Dieu est l'inconnu. Vous nous adressez cette question et nous, nous vous l'adressons à notre tour : Qu'est-ce que le ciel? Il est confondu, éperdu lorsque commande Celui à la cour duquel les anges sont des esclaves. »

« La lune et le soleil sont comme frappés d'épouvante devant Dieu ; la nuit et le jour sont en proie au vertige et au délire. Pour Dieu, le haut, le bas, la moelle et l'écorce sont des mots vides de sens. Tout dans la nature est le reflet de sa puissance et de sa force créatrice. L'espace n'existe pas pour lui ; lui seul est vivant, lui seul est l'origine de toutes choses. Dieu est éternel, lui seul existe et nous n'existons point. »

« Je t'adjure par Dieu, dis-moi, que sommes-nous donc? Nous sommes des adorateurs de Dieu qui cherchent à vivre en lui. La durée appartient à Dieu seul ; quant à nous, nous sommes tous périssables. Le terme des tribulations de ce bas monde sera pour notre âme la béatitude, si notre cœur suit la voie que nous a tracée Mohammed, l'élu de Dieu. »

Louange de Celui qui est le sceau des prophètes, Mohammed l'élu ; que Dieu lui accorde ses bénédictions et son salut !

Louanges de ses enfants, de ses successeurs et de sa descendance ; que le salut repose sur eux !

« Mohammed est le souverain de tous les princes qui ont propagé la vraie religion ; il est le plus grand des prophètes, le dernier des envoyés de Dieu. Il est le rayon le plus resplendissant du soleil de l'éternité, la perle la plus précieuse de l'océan de la religion. Le ciel, dans son immensité, n'est que la porte de son habitation ; les anges, sans exception, ne sont qu'un reflet de son visage. L'âme de tous les êtres vivants est une émanation de son ombre. Tous les biens de l'existence sont tirés de ses trésors. Mohammed est mystiquement le père et Adam est le fils ; mais, si l'on s'en tient aux apparences matérielles, Adam est l'arbre et Mohammed est le fruit. Qu'il est grand le souverain à qui tout obéit et devant lequel tout se trouble ébloui par l'éclat de sa couronne ! Ses regards répandent la vie dans le monde entier et l'enfer est un reflet de la colère qui s'allume dans ses yeux. »

« Objet de toutes les espérances, chef de tous les saints, Aly est le vely le plus illustre entre les purs. Ces deux rois ont eu deux corps et deux noms ; ils ne forment, cependant, qu'un seul corps et qu'une seule âme. »

« Tous leurs successeurs visibles ou cachés sont en apparence et en réalité des prophètes et des saints. Leur groupe est formé de deux fois six ou de deux fois sept. Cependant ils ne forment qu'un seul foyer de lumière dont chacun d'eux est comme un rayon différent [1]. »

---

[1]. Les Chiites reconnaissent douze imams comme les successeurs légitimes de Mohammed. Ce sont Aly, ses deux fils Hassan et Husseïn et les neuf descendants de Husseïn.

« Que la bénédiction de Dieu s'étende sur leur âme! Que le corps et l'esprit des justes leur soient offerts en sacrifice! »

———

Louange de Sa Majesté le roi qui est l'égal de Djemchid, l'asile de l'islamisme, le défenseur de la religion, la source de tout secours, Nacir Eddin Qadjar; que Dieu rende éternels son royaume et son gouvernement!

Ma mission au Kharezm; récit de mon voyage; mon arrivée à Khiva.

Vers. — « Que le faîte de sa couronne s'élève fièrement jusqu'au zénith et que les pieds de son trône reposent sur les cieux! Quand, depuis l'époque de Feridoun, et depuis le siècle de Djem, l'empire de la Perse a-t-il pu contempler un pareil souverain? »

« O monde! tu étais devenu un vieillard chétif et impuissant, grâce à ce prince, tu es redevenu jeune et vigoureux comme sa fortune. »

« Il faut que le firmament et que la terre soient en prières et fassent des vœux pour lui, car, il est celui qui augmente le nombre des victoires et des conquêtes, il est le roi qui accorde son aide à la religion, le souverain absolu et le triomphateur de

---

C'est ce nombre que l'auteur désigne par les mots de deux fois six. Ces douze imams sont infaillibles et impeccables. Si l'on ajoute à ces douze imams, Mohammed et sa fille Fathimèh qui sont également exempts de tout péché, on aura l'explication des mots deux fois sept.

Ces quatorze personnages ayant un but unique sont pour leurs sectateurs un seul foyer de lumière qui s'est manifesté selon les circonstances avec un éclat particulier.

Le prophète (Néby), chargé d'une mission divine, doit la faire connaître à toute l'humanité. Le successeur d'un prophète (Vely) peut ne point faire connaître publiquement sa doctrine et ne la révéler qu'à ses disciples. C'est ainsi qu'il faut entendre les expressions de visibles ou cachés *(Djely* ou *Khafy)* employées par l'auteur.

l'époque, Nacir Eddin Châh, de race turque, le potentat du siècle, le monarque par excellence. Tous ses ancêtres ont été des princes qui ont ceint le diadème, tous ses aïeux ont été des rois qui ont pratiqué la justice et l'équité. L'empire était devenu vieux et débile, par lui, il a recouvré la force, la vigueur et la santé. L'éclat qu'il a répandu dans tous les pays a donné un nouveau lustre à la bravoure des Persans. Deux cent mille cavaliers reçoivent ses ordres, et il commande à plus de cent mille hommes d'infanterie régulière. Aucune étoile n'a la splendeur de son visage. Les rayons de son diadème feraient pâlir ceux du soleil. Sous son règne, le monde est semblable à un jardin, la terre a la beauté éclatante du firmament et notre souverain est la lune de ce firmament. La sublimité du ciel est l'ombre de son trône ; la vie éternelle d'Elie sera plus courte que la durée de son bonheur. Pour se représenter le paradis, on n'a qu'à penser à la capitale où il réside; si l'on veut se figurer l'enfer, on n'a qu'à songer à sa colère. Les ambassadeurs de l'Inde, ceux du Kharezm, de la Turquie et de la Russie se présentent à sa cour pour baiser la poussière devant lui. »

« Il voulut donner au souverain du Kharezm une marque de son amitié. Il me fit appeler et me confia la mission de me rendre à Khiva. Il me donna l'ordre de traverser le Mazanderan avec la vitesse d'un oiseau qui vole. On me remit une lettre enluminée comme la plume de la perdrix et ornée de l'empreinte d'un sceau resplendissant comme la lune et les pléïades. J'eus pour compagnon de voyage l'envoyé du khan de Kharezm qui retournait dans sa patrie. »

J'aborde maintenant le récit détaillé de mon voyage.
Ata Niaz Mahrem avait été chargé de faire agréer au Roi des présents de la part de Mohammed Emin Khan, souverain du Kharezm. Malgré mon indignité, je fus chargé d'une mission diplomatique à Khiva. J'eus mon audience de congé et je quittai la cour autour de laquelle le firmament exécute son

mouvement de rotation, la cour de Sa Majesté le Roi dont la splendeur égale celle de Djem, Nacir Eddin Qadjar, l'asile du monde et l'appui de la religion de Dieu.

Distique. — « Nacir Eddin le roi des rois du siècle est un océan de majesté, une montagne de puissance. »

Que Dieu daigne rendre éternels son règne et sa puissance, et diriger le vaisseau qui le porte sur les mers de la royauté !

Pour me conformer à l'usage suivi de tout temps et pour changer de résidence [1], je me rendis dans une maison de campagne, appelée Djinnet (paradis) et située en dehors de Rey [2], dans le village de Doulab [3]. Je m'y établis avec la permission du propriétaire Hadji Seïyd Abdoullah Téhérany. Je m'installai à l'étage supérieur de la maison de ce second paradis, le 5 du mois de djoumazy second de l'année 1267 (7 avril 1851) [4]. J'employai la journée à me procurer tout ce qui pouvait encore me manquer. De plus, j'attendis là mon compagnon de voyage, l'envoyé du khan du Kharezm qui devait partir de la ville après avoir pris toutes les dispositions nécessaires pour son voyage.

Le proverbe dit, en effet : « Cherche d'abord un compagnon, puis songe à la route. » Trois jours s'écoulèrent dans l'attente; il me rejoignit enfin le quatrième jour. Nour Mehdy ambassadeur de l'Emir de Boukhara, de retour de Constantinople où il avait rempli une mission auprès du gouvernement ottoman, avait demandé à Son Altesse le premier ministre [5] la permission de nous accompagner jusqu'à Khiva, d'où il comp-

---

1. L'usage, en Orient, exige qu'avant d'entreprendre un long voyage on aille camper pendant quelque temps à peu de distance de sa résidence habituelle.
2. Voir l'Appendice § 1.
3. Doulab est un village de trois cents maisons, à peu de distance des ruines de Rey, sur la route de Téhéran à Firouzkouh. Le châh y possède une maison de plaisance.
4. 7 avril 1851. Le texte persan, imprimé à Boulaq, porte par erreur la date de 1268. Il faut lire 1267.
5. Le premier ministre qui, à cette époque, portait les titres de Emiri Kebir, Atabeki

tait se rendre dans sa patrie. Mais il changea d'avis et renonça à son projet. Je dirai plus loin ce qui lui est arrivé dans la suite. Les journées du 6, 7 et 8 du mois de djoumazy second (8, 9 et 10 avril), que je passai à attendre mon compagnon de route, furent employées à réunir mes bagages et à faire mes adieux à mes amis et à mes connaissances.

Hémistiche. — « Le jour succéda à la nuit, la nuit succéda au jour. »

Le soir du vendredi 8 (10 avril), un peu avant le coucher du soleil, Ata Niaz Mahrem, envoyé du khan du Kharezm, fit partir de la ville de Rey, qui est digne d'être la capitale de Djem et de Key, ses bagages et les gens de sa suite. Il se mit en route après eux; ses serviteurs se rendirent avec les bagages au sérail de Doulab où ils s'installèrent; quant à lui, il vint me trouver au jardin de Djinnet, suivi de sept ou huit cavaliers. Je l'accueillis de la façon la plus cordiale et avec tous les égards qui lui étaient dûs. J'avais tout fait préparer à son intention dans le jardin de Rizvan qui est situé à côté de celui de Djinnet. Il s'y transporta, mais j'appris, après son départ, que ses gens ne s'y étaient point rendus et que, privé de ses bagages, il était embarrassé pour passer la nuit. Je fis immédiatement porter chez lui un lit, des bougies, des lampes, tout ce qui lui était indispensable, et de plus, en fait de mets et de boissons, tout ce qu'on put préparer pour le repas du soir. Le lendemain, j'allai lui faire visite et je fis porter de chez moi tout ce qui était nécessaire pour faire le thé. Il put ainsi me recevoir convenablement et, dans la conversation, nous nous prodiguâmes toutes les marques de sympathie, d'amitié, de cordialité et de bonne entente que nous pouvions désirer l'un et l'autre.

'Azem et Sadri Mouazzhem, était Mirza Taqy Khan Ferâhâny qui encourut peu de temps après la disgrâce du Châh et eut les veines ouvertes à Kachan, le samedi 17 du mois de Rebi oul evvel 1268 (11 janvier 1852).

Le samedi, 9 (11 avril), tous les préparatifs étant terminés, je le fis prévenir que nous allions nous mettre en route et je fis partir les bagages. Ata Niaz Mahrem vint à mon logis et, après avoir dîné, nous montâmes à cheval. Des mendiants s'étaient, selon l'habitude, rassemblés devant la porte. J'avais fait préparer, pour distribuer en aumônes aux pauvres que je rencontrerais sur ma route, des echrefy de deux mille dinars, des châhy frappés au nom du roi et des pièces de mille dinars [1]. Tous ceux qui se présentèrent devant moi en eurent une part ; puis, nous conformant aux ordres des ministres du gouvernement éternel, nous prîmes, tout contents et tout joyeux, la route de de Sary, pour nous diriger vers le Kharezm. Nous apprîmes que la rivière de Djadjroud était débordée et que son courant rapide et sa profondeur ne permettaient pas de la traverser à gué. Nous franchîmes le pont, en mettant toute notre confiance en Dieu [2]. Nous trouvâmes sur notre chemin une haute montagne dont les sommets et les ravins, les escarpements et les précipices étaient incommensurables ; j'en fis la description suivante en vers :

Vers. — « Par les ordres de celui qui est digne de porter la couronne de Key, je partis de Rey et je m'acheminai vers le Mazenderan ; mes compagnons et moi nous montâmes sur des chevaux dont la taille égalait la hauteur d'une montagne. Nous franchîmes de nombreuses montagnes à la cime élevée,

---

1. L'echrefy a la valeur de deux francs ; le châhy celle de dix centimes, et la pièce de mille dinars ou sahib qiran celle d'un franc.

2. Le Djadjroud, Jadjroud ou Jajeroud est une rivière qui coule à l'est de Téhéran ; elle descend du Demavend et se transforme, à l'époque de la fonte des neiges, en un torrent impétueux qui charrie des glaçons et du limon. Distribuée dans de nombreux canaux, elle arrose et fertilise la plaine qu'elle traverse. Le Djadjroud ne peut être passé à gué que très-difficilement. A l'endroit où il est coupé par la route de Téhéran à Châhroud, s'élève le village de Djadjroud avec un cararansérail. D'après Qazwiny, le pays traversé par ce cours d'eau s'appelle le territoire de Rey. La rivière renferme beaucoup de *qizil-âléh* (truites). Souvent le châh se rend, en hiver, dans cet endroit, pour y chasser la perdrix rouge *(kebk)*. Ritter, *Allgemeine Geographie*. Berlin, 1838. VIII, p. 448 et 559.

nous en gravîmes les sommets; passant ensuite par les défilés, nous traversâmes les rivières et les vallées. La première montagne qui s'offrit à nous avait sa base appuyée sur le poisson qui supporte la terre et son sommet touchait à la lune. Quand je descendis de ces hauteurs, une rivière profonde se présenta devant moi. Tantôt nous étions dans les abîmes, tantôt sur les cimes élevées; nous pouvions converser avec le poisson et la lune et leur confier nos secrets. »

Du mont Elbourz nommé aussi montagne de Qâf.

Sur la limite de la province de Rey et du Mazanderan s'élève une montagne qui a reçu le nom d'Elbourz. Les villages et les jardins de Chemiran et les campements d'été de la population de Téhéran sont situés sur le versant de cette montagne [1]; elle est très-haute et d'une grande étendue. Elle porte aussi le nom de montagne de Qaren ou de Qâf. La verdure dont elle est constamment couverte lui donne l'apparence d'un bloc d'émeraude. Elle incline dans sa partie centrale du côté méridional du Tabarestan. On assure que cette chaîne de montagnes commence aux monts Qomr dans le Sennar, pays faisant partie du Soudan et situé près de la ligne équatoriale où se trouvent les sources du Nil; du Soudan, elle se dirige vers la haute Egypte, traverse l'Egypte moyenne, puis, non loin du Caire, elle suit la direction de l'Orient pendant l'espace de huit

---

1. La vallée de Chemiran est située dans l'Elbourz au nord de Veramin. Feth Aly Châh y avait élevé une magnifique maison de plaisance. Chemiran jouit d'une grande réputation pour la pureté de son climat, l'abondance de ses fruits et la grande quantité du gibier de plume que l'on y trouve. Ouseley, *Travels in various countries of the East, more particularly Persia*. London. 1819, page 119. Morier, *Second journey through Persia*. (1810-1816.) London, 1818. page 351. — Ritter, *Allgemeine Geographie* VIII, pages 451 et 557.

journées de marche. Elle court ensuite vers le Nord pendant la distance que représente un mois de marche, pour atteindre la grande Arménie, la Caramanie et l'Anatolie. Arrivée au milieu du quatrième climat, elle s'allonge vers l'Orient et passe par le Daghestan, la Géorgie et l'Azerbaidjan; elle court au nord de Téhéran et traverse le Tabarestan, le Khorassan, le Zaboul, le Caboul et le pays des Siah Pouch. Elle coupe la partie méridionale du pays de Badakhchan et couvre tout le Kachmir et tout le Thibet; franchissant la partie sud des pays de Tengtach, de Khoten et de la Chine, elle passe à l'Orient de l'Hindoustan, du Népal et du Bengale pour aboutir à l'Océan. La longueur de cette chaîne de montagnes est de quinze cents fersengs. A ses pieds, on compte douze mille villes et villages, et, dans chaque contrée, elle porte un nom particulier. Des voyageurs affirment dans leurs récits qu'ils l'ont entendu nommer en soixante-douze dialectes et qu'ils y ont vu plus de deux cents peuples parlant des langues et des idiomes différents; ils ont constaté en outre que ces peuples suivaient près de trois cents religions distinctes.

Pour en revenir à notre voyage, nous nous engageâmes dans cette chaîne de montagnes en sortant de la province de Rey et nous franchîmes sur un pont la rivière de Djadjroud qui est célèbre par le volume de ses eaux et par la rapidité de son courant.

Vers. — « Le pont jeté sur cette rivière profonde ressemblait, dans l'obscurité de la nuit, à la voie lactée. Nos cœurs étaient glacés d'épouvante en franchissant cette rivière; en traversant ce pont on pouvait croire qu'on passait le Sirath et que l'enfer se trouvait au dessous de lui. »

Après avoir parcouru la distance de huit fersengs en montées et en descentes, nous arrivâmes au village d'Oustlik appartenant au beylerbey Issa Khan Qadjar. Après avoir pris notre repas, nous nous livrâmes au plaisir de la conversation et nous y passâmes la nuit.

Le dimanche 10 (12 avril), nous fûmes sur pied dès l'aube, nous adorâmes le Dieu unique en faisant une prière de deux Rikaat, et, après avoir terminé nos préparatifs, nous montâmes à cheval et nous jetâmes le dé de la conversation. Nous nous dirigeâmes vers Aïnêh Verzan [1]. La rouille des nuages ternit bientôt le miroir du ciel.

Hémistiche. — « Le nuage du Mazanderan descendit de la montagne » et la pluie commença à tomber; nous nous couvrîmes de manteaux imperméables et nous abritâmes notre tête sous des parapluies de toile cirée, mais ce fut en vain.

Vers. — « Comment pourrait-on, avec des broussailles, arrêter le cours d'un torrent? Chacun de nous fut couvert d'eau et par devant et par derrière. Nos robes, sur notre poitrine, devinrent humides et semblables à de la pâte; nos bonnets, sur nos têtes, ressemblaient à des outres remplies de fromage. Nous avions beau pousser nos chevaux, peine inutile! nous avions beau souffler sur le feu, il ne s'élevait aucune fumée. Chacun de nous disait à son compagnon : « La pluie du Mazanderan n'est pas une pluie, c'est un torrent. » Dans le Kharezm, les eaux de la pluie sont aussi abondantes que celles d'une rivière, et nous n'avions point d'abri où nous pussions nous réfugier. »

Sur notre route, nous rencontrâmes la rivière de Boumehen [2], la vivacité du froid nous faisait trembler comme le

1. Aïnêh Verzan est un village assez considérable situé dans une vallée bien arrosée et bien cultivée, au sud de la chaîne de l'Elbourz. On y récolte principalement de l'orge et du froment. (J. Morier, *Second Journey through Persia, Armenia, and Asia minor to Constantinople.* London, 1818, in-4°, page 359.)

M. Eastwick orthographie le nom de ce village « Aïnêh Berdjan ». *(Journal of a Diplomate's three years' residence in Persia*, London 1864, tome II, page 98). Le nom d'Aïnêh Verzan indique qu'il se trouvait jadis dans cette localité une fabrique de miroirs. Riza Qouly Khan y fait allusion dans la phrase qui suit.

2. Boumehen a, en persan, la signification de tremblement de terre. C'est le nom d'un village assez important, près de Demavend, sur la route de Téhéran à Châhroud;

sol ébranlé par un tremblement de terre. Les eaux grossies avaient emporté le pont; la rapidité du courant nous inspirait les plus vives appréhensions ; plus ardents que le feu, nous nous élançâmes dans les ondes et nous sortîmes de leurs tourbillons avec plus d'impétuosité que le vent soufflant en rafales. Tantôt nous marchions sur un sol uni, tantôt nous gravissions les sommets des montagnes; nous étions brisés de fatigue à cause de l'abondance de la pluie, du triste état de nos compagnons et de notre marche par des montées et des descentes. Nous arrivâmes enfin au village de Guilared [1]. Mes compagnons éperdus, exténués, s'y précipitèrent et descendirent de cheval dans des maisons de paysans. Pour leur donner toute satisfaction, je m'accommodai avec les propriétaires de deux maisons. Les paysans de Guilared, en voyant notre train, craignirent de nous mécontenter; ils préparèrent deux ou trois chambres et ils nous accueillirent comme des hôtes désagréables et de peu de considération.

Vers. — « Semblables à des fourmis, nous nous glissâmes dans les fentes de la maison. On mit dans le tennour du pain pour le cuire, et nous allumâmes du feu avec une grande quantité de bois épineux et de broussailles. Nous ne nous apercevions pas que nous brûlions nous-mêmes. Nos habits et notre barbe étaient couverts d'étincelles sans que notre corps et nos joues en eussent le sentiment. »

Les enfants de la maison nous entourèrent pour nous regar-

---

il est traversé par une rivière qui descend dans la plaine de Veramin (Rey). Morier écrit le nom du village : Boumyeen. Ritter le rapproche du nom de Bamiyan dans l'Hindou-Kouh. En effet, Morier assista à Demavend, non loin de Boumehen, à une fête célébrée à l'occasion de l'anniversaire de la mort de Zohak, qui, d'après la tradition des habitants, fut tué sur le mont Demavend par Feridoun (voy. page 16, note 2); or, on trouve un château de Zohak, non loin de Bamiyan dans l'Hindou-Kouh. Ritter, *Allg. Geog.* 1838. VIII, p. 559, 561.

1. Guilared, Guilard, Jilard, village situé près de la montagne Demavend relevait autrefois de la ville de Demavend. Ritter, VIII, p. 560.

der ; les domestiques se mirent à pousser des cris pour les éloigner : « Ignorants, leur dis-je, ce n'est point le moment d'effrayer les gens et de les injurier, c'est plutôt celui de leur distribuer des dinars et des danek [1]. » Je plongeai ma main dans ma poche et j'en retirai une poignée de châhy et d'echrefy frappés au coin de Nacir Eddin Châh ; j'appelai les enfants et je leur jetai cette monnaie ; ils s'en emparèrent en riant et en manifestant leur joie et ils se mirent à me remercier et à faire des vœux pour moi dans le dialecte du Mazanderan. Les parents voyant ce qui était arrivé aux enfants, se réunirent autour de moi, dans l'espoir de recevoir quelques pièces d'or ; ils se disaient à part eux : « Ce que l'on tient dans la main est un échantillon de ce que renferme le sac, et ce généreux ambassadeur possède de l'or et de l'argent. » Nos effets et nos bagages, nos coffres et nos tapis arrivèrent bientôt avec les gens de ma suite. Les habitants de Guilared coururent à leur rencontre.

En voyant tous les ballots qui formaient notre bagage ils s'en chargèrent comme des ânes, les déposèrent à terre, et, nous rendant les plus grands honneurs, ils se tinrent debout devant nous pour nous servir. L'un, plus ardent que le feu, alla faire cuire le pain, l'autre, plus rapide que le vent, alla puiser de l'eau : ils se mirent à couper et à scier du bois sec et vert et ils apportèrent du pâturage et du potager un agneau et des légumes. Les préparatifs de notre repas furent faits avec soin et nous pûmes bientôt goûter le repos. En vérité, l'or facilite tout et le désir du gain rend le lion aussi docile que l'âne. Nos vêtements trempés d'eau furent séchés, nos corps transis de froid furent réchauffés, nos estomacs vides se remplirent et nos cœurs aigris s'adoucirent. Nous fîmes des vœux pour la durée du bonheur du roi du monde et nous dormîmes paisiblement toute la nuit jusqu'au matin. Le lundi 11 (13 avril), le soleil éleva sa tête au-dessus des montagnes de l'Orient et ses rayons enflammèrent le ciel couvert de nuages.

---

1. Menue monnaie de cuivre.

Vers. — « Le lendemain, lorsque le soleil, semblable à un bassin doré, brilla sur la coupole azurée, » nous sortîmes de notre chambre étroite pour nous élancer dans la plaine immense. La pluie, versée par les nuages, avait lavé la poussière qui couvrait la verdure; un oiseau gazouillait sur chaque arbre. Après avoir parcouru un ou deux fersengs nous aperçûmes le village d'Aineh Verzan : à gauche de la route, des jardins, des arbres, des habitations et des rivières s'offraient à notre vue. Ainèh Verzan est bâti sur la pente d'une montagne. A la droite de ce village se trouve une plaine d'une grande étendue. Nous pûmes contempler là une chose singulière. Du sommet de cette montagne aussi élevée que le firmament, tombe une eau courante qui, depuis des siècles, a déchiré le flanc de la montagne de telle sorte que son lit semble creusé par la main des hommes. Le ruisseau s'élargit au pied de la montagne et, après avoir fertilisé les champs et les jardins du village, il se dirige vers la plaine. Les rives de ce cours d'eau sont bordées de saules d'une grande hauteur et qui donnent un ombrage agréable sous lequel peut s'abriter le voyageur exténué. Je me dirigeai, avec mon compagnon de voyage, vers le bord de cette rivière; nous descendîmes de nos montures et après avoir déjeûné, nous remontâmes à cheval, et, tout en causant et en riant, nous nous dirigeâmes vers le village de Serbendan [1] qui fait partie du canton de Demavend et qui est un endroit sans pareil pour la chasse du cerf.

---

1. Serbendan est le nom d'un village situé dans un district montagneux qui s'étend entre Demavend et Firouzkouh. — W. Ouseley, *Travels in various countries of the East etc.* London, 1819, 1821, 1823, tome III, page 324.

Le village de Serbendan est situé sur le bord d'un torrent limpide qui sort de la gorge d'une montagne. — Eastwick, *Journal*, etc., tome II, page 98.

La montagne de Demavend et la province de ce nom.

Le Demavend est une montagne célèbre qui s'élève à la distance d'une ou deux journées de marche de Rey et à l'orient de cette ville. Originairement on l'appelait Dounya Avend c'est-à-dire Zarfi Dounya. En effet, dans l'ancienne langue persane Avend signifie Zarf, c'est-à-dire « qui contient, qui renferme [1] ».

La hauteur de cette montagne depuis sa base est, dit-on, de quatre fersengs. C'est la plus haute des montagnes de l'Iraq et les voyageurs l'aperçoivent de fort loin. Au sommet se trouve un plateau sur lequel brille une lueur qui sort, dit-on, d'un puits ou cratère et que l'on aperçoit à une très-grande distance. Le jour, on voit la fumée s'en échapper. D'après la tradition, le prophète Suleyman a emprisonné le Djinn Sakhrèh dans l'intérieur de cette montagne; d'après une autre version Feridoun y aurait renfermé Zohak [2]. Sur le sommet est, dit-on, une soufrière d'où pendant la nuit, s'échappent des flammes et, pendant

[1]. L'étymologie de *Dounya avend* (qui renferme le monde), donnée par Riza Qouly Khan me semble défectueuse. Demèh et quelquefois Dem signifient, vapeur, fumée, Demavend voudrait donc dire l'endroit qui renferme ou duquel s'élèvent des vapeurs, de la fumée. Sa'id ben Aly el Djourdjany, dans son *Messalik oul Memalik*, donne à cette montagne le nom de *Dibavend*, dont la signification est « qui renferme les Divs ».

[2]. Firdoussy raconte en ces termes la victoire de Feridoun. « Feridoun accourut, rapide comme le vent; il prit la massue à tête de bœuf, frappa Zohak sur la tête et brisa son casque. Le Sourouch apparut aussitôt : « Ne frappe pas, dit-il, car son temps n'est « pas venu. Il est brisé, il faut le lier comme une pierre et le porter jusqu'où deux ro- « chers se resserreront devant toi....... Porte ce captif jusqu'au mont Demavend, en « hâte et sans cortége; ne prends avec toi que ceux dont tu ne pourras pas te passer et « qui te seront en aide au temps du danger. » Feridoun rapide comme un coureur emporta Zohak et l'enchaîna sur le mont Demavend; et lorsqu'il l'eut entouré de nouvelles chaînes par-dessus ses liens, il ne resta plus aucune trace des maux de la fortune.... Zohak fut séparé de sa famille et de ses alliés et demeura enchaîné sur le rocher. Feridoun choisit dans la montagne une place étroite, il y découvrit une caverne dont on ne pouvait voir le fond. Il apporta de pesants clous, et les enfonça en évitant de percer le crâne de Zohak; il lui attacha encore les mains au rocher pour qu'il y restât dans une longue agonie. » *Le livre des Rois* par Aboul Kasim Firdousi, traduit et commenté par J. Mohl. Paris, Imprimerie royale, tome Ier, pages 109-111-113.

le jour, de la fumée. La vérité est que cette montagne est un volcan près du sommet duquel se trouve un cratère par lequel le feu intérieur se fraye un passage. A ses pieds s'étend un canton riant et bien cultivé qui porte le même nom de Demavend. Les pommes qu'on y récolte sont renommées pour leur saveur [1].

Nous dépassâmes un peu Serbendan et nous plantâmes nos tentes auprès de Baghi Châh, maison de plaisance construite par Aga Mohammed Khan pour lui servir de résidence pendant la saison de la chasse.

Baghi Châh [2].

Baghi Châh est un vaste parc avec une maison à deux étages ; une large allée plantée de saules et de peupliers le traverse dans toute son étendue. On trouve au milieu du parc une autre allée plantée en quinconce et bordée d'arbres fruitiers. Ce quinconce a, à peu près, un demi-ferseng de longueur. Tout le parc est entouré d'un mur d'une grande étendue. Les fruits que l'on y récolte sont remarquables par leur douceur et leur bon goût. Ce jardin doit son origine à Aga Mohammed Khan ; il venait y passer la nuit après avoir chassé pendant le jour du côté du Dely Tchay [3]. Les perdrix rouges, les mouflons, les antilopes

---

1. Voyez l'appendice, § II.
2. Baghi Châh est situé à trois lieues et demie (deux fersengs) d'Aïnèh Verzan sur la route de Demavend à Firouz Kouh. C'est un parc mesurant environ cinq cents pas de longueur et de largeur. Il est entouré d'une clôture, traversé par une belle allée de peupliers coupée perpendiculairement par d'autres allées semblables. Le terrain est planté d'arbres fruitiers. Le revenu s'élève à trente toumans. On y voit une maison de chasse où le châh vient quelquefois pour se livrer dans les vallées qui l'environnent à la chasse des chèvres sauvages. — James Morier, *A second Journey through Persia, Armenia and Asia minor to Constantinople*. London, 1818. in-4°, pages 360-363.
3. Le Dely Tchay (la rivière folle) est ainsi nommé à cause de l'impétuosité de son cours à l'époque de la fonte des neiges. Il coule dans une vallée étroite, sauvage dont

se trouvent en extrême abondance dans la plaine et dans les montagnes environnantes. Le mardi 12 (14 avril) du mois, nous partîmes de Baghi Châh et nous nous dirigeâmes vers Firouz Kouh. Après avoir parcouru un ou deux fersengs, nous traversâmes l'endroit réservé pour la chasse; il s'étend sur le revers de la montagne et dans une plaine resserrée entre deux montagnes. Au bout d'un demi-ferseng de marche entre ces deux montagnes, nous descendîmes dans une vallée en pente conduisant à la rivière de Dely Tchay et nous nous arrêtâmes sur ses bords. Nous la franchîmes, nous gravîmes une colline escarpée, et traversant des vallons, des hauteurs, des plaines et des montagnes, nous passâmes par le Rebath d'Emin Abad. Nous déjeûnâmes et nous prîmes quelque repos au pied de la montagne. Après l'avoir dépassée, nous nous dirigeâmes vers une vallée qui porte le nom de Sèh-Bend (les trois réservoirs).

Nous laissâmes Sèh-Bend derrière nous et, suivant une route accidentée, nous arrivâmes au bord d'un cours d'eau qui porte le nom de Ghazan-Tchay où nous mîmes pied à terre [1]; nous fîmes la prière de midi et celle de l'Asr et nous formâmes des vœux pour la durée et la prospérité du souverain du siècle, du maître des victoires, de celui qui est aidé de Dieu, du roi dont la fortune est jeune et vigoureuse, du prince auquel le ciel sert de trône et qui est le propagateur de la religion du prophète arabe, Nacir Eddin Padichâh. Après cette halte, nous pressâmes notre marche pour atteindre la ville de Firouz Kouh. A notre droite s'élevait une chaîne de montagnes qui s'étendait jusqu'à cette ville. Ses pics, qui touchaient les étoiles, étaient couronnés de fortifications, de tours et de rem-

---

les rochers abruptes ont des formes bizarres. Ouseley s'arrêta à un petit château de construction moderne élevé sur les bords du Dely Tchay. Le pays est sauvage et inhabité. On y rencontre en abondance l'antilope et la perdrix rouge.

1. C'est sur les bords du Ghazan-Tchay qu'est situé Erdjumend, résidence du gouverneur de Firouz Kouh.— E. d'Arcy Todd. *Memoranda to accompany a sketch of part of Mazanderan*. Journal of the geographical Society, tome VIII, 9e partie, Londres, 1838, pages 102-104.

parts démantelés et tombant en ruines. On voit, auprès de la ville de Firouz Kouh, une haute butte formée par les cornes des mouflons abattus par Feth Aly Châh lorsqu'il se livrait, dans ce pays montagneux, à l'exercice de la chasse. Cette butte présente l'aspect d'un taillis épais et aux branches touffues. On a fait, dit-on, le compte des cornes qui s'y trouvent accumulées; elles dépassent le nombre de cinq mille. On trouve aussi dans les environs de Firouz Kouh une plaine verdoyante où prennent leur source plus de cent ruisseaux petits et grands qui vont se jeter dans la rivière de Vachy. Cette rivière coule le long de la gorge de Firouz-Kouh; elle incline à droite et tombe dans la rivière appelée Gouri-Sefid, puis elle se dirige vers le Hebelroud[1] et de là vers Veramin.

La plaine de Vachy.

A deux fersengs au nord de Firouz Kouh on rencontre une plaine, une gorge et un vallon extrêmement agréables et

---

1. Le Hebelroud ou Hebleroud est une rivière qui coule au sud de la montagne de Firouz Kouh. La vallée traversée par cette rivière est une des routes naturelles qui conduisent du Mazanderan dans la Perse. Cette vallée se rétrécit considérablement à certains endroits et, à la sortie d'un village qui porte également le nom de Hebelroud, on trouve un défilé très-étroit qui porte le nom de *Tengui-Dehanèh* et qu'il est souvent difficile de franchir. — W. Ouseley, *Travels*, etc., pages 218-219.

Pietro della Valle donne une description du défilé par lequel il passa pour arriver à Hebleh-Roud : « Il Sabato entrammo nelle montagne, attreversandole per una profunda e angustissima valle simile assai, al mio parere, a quella d'Italia che V. S. avrà veduta nell' Umbria, chiamata Valle Strettura ; ma questa di Asia è più lunga senza comparazione, come intenderà. Si cammina per questa valle quasi sempre in piano, che rarissime volte, e molto poco si sale o scende; ma i monti son sempre altissimi dalle bande, e talora la strada si va aggirando in volte tanto strette, che ci diede fastidio per far passar la lettiga ;..... Corre in fondo della valle un piccolo fiumicello, ovvero grosso rivo..... Finalmente a mezza notte avendo camminato otto leghe e più, arrivammo ad una villa chiamata Heblè-Roud. » *Viaggi di Pietro della Valle il pellegrino*, etc. Brighton, 1843, tome Ier, pages 580-581.

délicieux. L'eau y est d'une extrême légèreté et d'un goût agréable. Elle a été pesée et reconnue plus légère qu'aucune autre. On sort de cette vallée par une route bordée des deux côtés par la montagne, et l'on passe entre le pied de la montagne et la rivière.

Au débouché de la gorge, s'étend une prairie charmante où Feth Aly Châh établissait ses quartiers d'été. Ce prince a fait sculpter son image sur un rocher de cette montagne du sommet de laquelle on jouit de la vue des forêts du Mazanderan et de la mer Caspienne.

La ville de Firouz Kouh.

Firouz Kouh est une ancienne ville qui jouit encore aujourd'hui d'une certaine prospérité. Elle est située sur la limite de l'Iraq et du Thabarestan. Quelques-uns des villages placés sous sa juridiction ne sont point éloignés de Semnan. Firouz Kouh est bâti sur une montagne au sommet de laquelle on remarque les ruines d'anciennes et merveilleuses constructions. On y voit un moulin à vent, un bain, un château dont les murailles sont fort élevées et un puits taillé dans le roc vif; on a dû creuser jusqu'à une profondeur de près de cinq cents coudées pour arriver à l'eau qui est fournie par la rivière qui coule au pied de la montagne et que l'on élève jusqu'au sommet.

Des rebelles se sont, à différentes époques, réfugiés à Firouz Kouh; ils s'y sont retranchés et ils ont opposé une vive résistance aux différents princes qui essayaient de les réduire.

L'ancien château est situé sur la pente de la montagne. Des paysans se sont, aujourd'hui, établis dans son enceinte et ont couvert de cultures les bords de la rivière qui coule au pied de la montagne. Ils ont de plus construit des maisons, quelques édifices publics et des bains. Le nombre de ces paysans s'élève à quatre cents.

Dans les environs, on trouve les ruines d'un grand nombre d'anciens monuments. Les détails historiques relatifs aux princes qui ont gouverné ce pays se trouvent consignés dans la chronique du Mazanderan qui a pour titre Tarikhi Thabery et qui est due à la plume d'un des Seiyds de Marach [1].

L'arrondissement de Firouz Kouh comprend environ quarante villages.

Dans les dernières années du feu roi Mohammed Châh Qadjar, que Dieu illumine son tombeau! j'ai été chargé du gouvernement et de l'administration de ce pays.

Le mercredi 13 (15 avril), nous partîmes de Firouz Kouh et après avoir parcouru une distance de près de trois fersengs, nous arrivâmes au caravansérail de Pay Guedouk du Mazanderan; puis après avoir marché pendant un ferseng, nous atteignîmes le caravansérail de Seri Guedouk. Guedouk dans le dialecte du pays désigne un endroit élevé à partir duquel la route va en pente. Ce mot désigne également un passage étroit. La route, en effet, se rétrécit et commence à descendre. Lorsque nous eûmes dépassé ce défilé qui porte le nom d'Abbas Abad [2] et qui servait, dit-on, de résidence au Div blanc qui veillait à la sécurité des routes et des frontières du Mazanderan, nous aperçûmes sur le penchant des montagnes des Divs noirs. Nous les prîmes pour des damnés qui, ayant rompu leurs chaînes, auraient réussi à s'échapper de l'enfer et seraient venus se réfugier dans les montagnes du Mazanderan. Nous nous assurâmes, à la fin, que c'était des habitants du Mazanderan qui exploitaient les forêts et y coupaient du bois qu'ils faisaient brûler pour le convertir en

---

1. Le titre de cet ouvrage est « Chronique du Thabarestan, du Rouyan et du Mazanderan. » Il a été rédigé par le Seiyd Zehir ouddin fils du Seiyd Nassir ouddin el Marachy. Le texte persan de cette histoire a été publié par M. Dorn à Saint-Pétersbourg, en 1850.

2. Ce nom lui a été donné à cause d'un caravansérail construit par Châh Abbas.

charbon. La couleur noire de leur visage et de leurs membres était due à la poussière de charbon qui leur tient lieu de fard et de mouche.

Au milieu du vallon que nous traversions, coule un petit ruisseau dont les eaux grossissent à mesure que son cours se prolonge. Nous parcourûmes en descendant une distance de huit fersengs.

Distique. — « Des deux côtés s'élevaient deux montagnes ; entre elles coulait un ruisseau. Toute la route semblait couverte d'une étoffe de soie à fleurs. »

C'est à cet endroit que commencent l'arrondissement de Sewad Kouh [1] et la province du Mazanderan.

Partout sur notre route, nous trouvions des cours d'eau, des arbres, d'épaisses forêts, des roses, des fleurs, des plantes odoriférantes aux brillantes couleurs ; partout, on entendait les gazouillements et les chants mélodieux d'oiseaux innombrables.

Vers. « Qu'elle est belle, qu'elle est splendide, la province du Mazanderan! D'une extrémité à l'autre, elle n'est que verdure et que fleurs. Son territoire est coupé de ruisseaux, hérissé de rochers, couvert d'arbres ; la terre est molle, mais les routes sont dures [2]. »

Après avoir traversé les villages du Sewad Kouh, nous arrivâmes à Sourkh Rebath [3]. Nous le dépassâmes et nous

---

1. Sewad Kouh est le nom de la région montagneuse qui s'étend depuis le bas du défilé d'Abbas Abad jusqu'à la station de Zirâb. Le Sewad Kouh fait partie aujourd'hui de l'arrondissement de Barfourouch. Les villages du Sewad Kouh sont divisés en Qichlaq (résidence d'hiver) et Yailaq (résidence d'été). Les habitants s'occupent principalement de l'élève des bestiaux. Ils descendent en hiver dans les prairies s'étendant le long du Siâh Roud qui coule entre Larim et Qaratèpèh dans le district de Sary.

2. L'auteur veut dire ici que la terre détrempée par les pluies est facile à cultiver, mais que les routes dans les montagnes et les rochers sont difficiles à parcourir.

3. Rebathi Sourkh ou Sourkh Rebath est un caravansérail situé dans la vallée du Talar, à six fersengs au nord de Firouz Kouh ; il est en mauvais état et le voyageur n'y trouve qu'un abri insuffisant. Non loin de là, on voit un énorme rocher, Khanèhi Divi

nous engageâmes dans un défilé qui porte le nom de Douâb (les deux ruisseaux). La nuit survint et nous dûmes faire halte. Nous avions parcouru la distance de dix fersengs. Nous nous reposâmes toute la nuit.

Le jeudi 14 (16 avril), nous quittâmes la station de Douâb et, suivant une route en pente, nous marchions si vite qu'en peu de temps nous eûmes fait cinq fersengs et que nous atteignîmes la localité appelée Zirâb [1]. A l'entrée du défilé, une source qui sort en bouillonnant du milieu des rochers donne naissance à un ruisseau tombant en cascade dans la vallée qu'il traverse. Les cours d'eau qui s'y jettent et les pluies toujours abondantes grossissent son volume, et, à une certaine distance, il devient une grosse rivière qui a reçu le nom de Talar et qu'il est impossible de traverser à gué [2]. On a jeté sur cette rivière un pont solidement construit, haut et large, auquel on a donné le nom de Pouli Sefid (le pont blanc [3]). Nous le franchîmes et nous nous dirigeâmes vers le tombeau de l'Imam Zadèh Abou Thalib où nous descendîmes pour nous reposer. Nous étions

---

Sefid, avec une grotte très-vaste qui, d'après la légende, est la résidence habituelle du Divi Sefid, le chef de tous les divs ou géants des montagnes. (Voy. W. Ouseley. *Trav.*, III, p. 321. — E. d'Arcy Todd, *Memoranda*, etc. — Journ. of the Geogr. Soc. of London 1838. Vol. VIII, p. 1, p. 102-104.)

1. Zirâb (sous l'eau), village de la vallée du Talar, doit son nom aux fréquentes inondations auxquelles il est exposé. Il ne compte, d'après D'Arcy Todd, qu'un petit nombre de misérables huttes et il n'est, ainsi que Chirgâh, habité que pendant une partie de l'année, à l'époque où l'on ensemence le riz. Ouseley, *Travels*, tome III, pages 241-249. — D'Arcy Todd, *Memoranda*, page 104. Zirâb fait partie du bulouk de Sewad Kouh, dans l'arrondissement de Barfourouch. Melgunof, *Das südliche Ufer des Kaspischen Meres*. Leipzig, 1868, page 197.

2. Le Talar prend sa source dans les montagnes de Firouz Kouh, près du caravansérail le Guedouk, et se jette dans la mer Caspienne, non loin de Mechhedi Ser, après un cours de 24 lieues (60 milles anglais). La vallée du Talar est très-pittoresque, mais le parcours en est difficile, à cause du terrain qui est souvent marécageux. On trouve, en certains endroits, les restes d'une route que fit construire Châh Abbas. (Voy. Ouseley, *l. c.*, p. 241-249. — D'Arcy Todd, *l. c.*, p. 102-104.) Melgunof dit que le Talar forme aujourd'hui la limite entre les districts de Sary et de Barfourouch dans le Mazanderan. Melgunof, *l. c.*, p. 149.

3. Pouli Sefid (le pont blanc) est un pont de pierre sur le Talar; il est bien construit et se trouve au milieu d'une contrée très-pittoresque. Ritter, *Allgem. Geog.* VIII, p. 490. — Ouseley, *Trav.*, III, p. 237-239. — E. D'Arcy Todd, *l. c.* p. 103, 104.

à la nuit du vendredi et en adressant nos prières au Dieu qui pourvoit à tous nos besoins, nous fîmes des vœux pour l'éternelle durée de la prospérité du Roi. Ayant fait demander le mutevelly (le gardien chargé de l'entretien) de l'Imamzadèh, nous lui donnâmes une gratification et nous fîmes allumer un cierge au chevet de la tombe du Seiyd pour accomplir une bonne œuvre.

Le mutevelly ne cessa de nous entretenir des miracles et des prodiges opérés sur le tombeau du saint.

Respectant la sincérité de sa conviction et la pureté de ses intentions, nous avons ajouté foi à tout ce qu'il disait, et, après avoir terminé notre visite pieuse et récité nos invocations, les bagages furent chargés sur les mulets infatigables et les cavaliers montèrent sur leurs chevaux arabes.

Le vendredi 15 (17 avril). Nous nous dirigeâmes au lever du jour vers la station de Chirgâh (la localité des lions)[1]. Semblables à des lions, nous hâtâmes notre marche.

Partout sur la route, qui n'était qu'une suite de montées et de descentes, on ne voyait que des cours d'eau, des canaux, des sources et des rivières. La vue des forêts nous arrachait des exclamations de louange et d'admiration. Les buis et les ormes élevaient leurs cimes jusqu'au ciel et leurs branches déchiraient le sein du firmament.

Vers. « Le sommet de la montagne, couvert de verdure, semblait revêtu d'une étoffe de Chouchter[2]. Les tulipes, qui

---

1. Chirgâh, situé sur le Talar, est, d'après Ouseley et d'Arcy Todd, un village composé de quelques misérables cabanes qui ne sont habitées que pendant une certaine partie de l'année. Le reste du temps, on n'y trouve que des détaillants qui font le commerce avec les muletiers traversant la vallée du Talar. Voy. Ouseley et d'Arcy Todd, *ll. cc.*, et Ritter, VIII, p. 499.

D'après Melgunof, il y a aujourd'hui, dans le district de Sary, un bulouk de Chirgâh qui compte dix villages, dont le principal est Chirgâh, avec une centaine de maisons. Melgunof, *l. c.*, p. 174.

2. Chouchter, ou selon la forme arabe Touster, capitale de la province de Khouzistan, a été fondée par Houcheng et rebâtie par Chapour Zoul Ektaf. Cette ville, qui était autrefois la résidence d'hiver des rois de Perse, est renommée pour ses fabriques d'é-

émaillaient la face de la terre avaient l'éclat de la planète de Jupiter. Le brouillard, qui enveloppait les montagnes, ressemblait aux vapeurs qui s'élèvent de la mer profonde. Le coq de bruyère sautillait dans la prairie; ses plumes et ses ailes avaient l'éclat des couleurs dont on peint le visage de la jeune mariée. »

La route était semée de bourbiers, de flaques d'eau et de fondrières dans lesquelles s'abattaient les chevaux et les bêtes de somme; Châh Abbas Sèfèvy, qui jadis la parcourait souvent, donna l'ordre de couper les arbres et d'établir une chaussée en pierres et en mortier, tantôt droite, tantôt suivant les sinuosités du terrain. Elle se développait de Chirgâh à Barfourouch et de cette dernière ville elle aboutissait à Echref et à Esterâbad [1]. Semblables à un torrent impétueux, nous parcourrions en toute hâte cette chaussée pour gagner Sary, et nous implorions la miséricorde divine pour ce roi juste et clément. Nous fîmes près de huit fersengs d'un chemin pénible, au milieu de taillis épais, et nous nous arrêtâmes pour nous reposer sans craintes et sans appréhensions dans la forêt de Chirgâh.

toffes de soie. Les géographes arabes et persans donnent quelques détails sur cette ville. Mais la notice la plus étendue est celle qui se trouve au commencement du *Zeyl* ou supplément du « *Tohfèt oul Alem* de Abdoul Lethif ben Aby Thalib Nour ouddin Chouchtery. (Manuscrit de mon cabinet, pages 32-78.)

1. Kheyaban (chaussée) est le nom de la grande route construite par Châh Abbas au commencement du XVIIe siècle, et qui, traversant le Mazanderan et le Guilan, était destinée à mettre en communication, d'une part, les ports de la mer Caspienne avec les défilés de l'Elbourz et, de l'autre, à fournir un débouché au Mazanderan vers l'est en se prolongeant jusqu'au Khorassan, et au Guilan vers l'ouest, en traversant le territoire de l'Azerbaïdjan jusqu'à l'embouchure de l'Araxe. Le Kheyaban avait une longueur de soixante dix milles géographiques et il s'étendait depuis Enzely le port de Recht, jusqu'à Esterâbad en passant par Sary. Cette chaussée était déjà en fort mauvais état à l'époque où Hanway fit son voyage, et, depuis, elle n'a jamais été réparée.

Selon Fraser, le Kheyaban se prolongeait à l'est jusqu'au col qui conduit à Bestham et Châhroud, et il a même été continué jusqu'à Tchinaran, à vingt lieues de Mechhed. La chaussée est bordée des deux côtés par un fossé, et sa largeur est de quinze à seize pieds. Le premier résultat de la construction de cette route a été l'introduction du chameau dans le Mazanderan.— Jon. Hanway, *An historical account of the british trade*, etc. Londres, 1753, tome Ier, pag. 214. — W. Ouseley, *Travels*, tome III, pag. 276-284. — Fraser, *Travels and adventures*, page 12.

Notre campement était établi dans un lieu infect, exhalant une odeur méphitique. Cette localité éloignait tout bien être par sa nature sauvage.

Pendant la nuit que nous y passâmes, la faim excessive dont nous souffrions nous porta à manger jusqu'à satiété, et toute la nuit nous souffrîmes de la soif qu'avait allumée en nous l'ail que nous avions mangé [1].

A l'aube, l'humidité de l'atmosphère nous présagea la pluie; le vent s'éleva. Nous quittâmes en toute hâte ce lieu malencontreux, et montant à cheval avec mes compagnons et mes amis, nous partîmes au galop et nous sortîmes de cet endroit désagréable.

Le samedi 16 (18 avril), nous entrâmes dans la plaine ravissante d'Aly âbad [2]. Puisse-t-elle être toujours prospère! On aurait dit que nous étions des oiseaux échappés de leur cage ou des fugitifs qui auraient réussi à se sauver de la prison.

Nous approchions du tombeau du Cheikh Thabarssy [3]; nous passâmes à peu de distance. Nous demandâmes, pour nous en rendre compte, des renseignements sur l'état de la

---

1. Les Orientaux mangent de l'ail ou de l'oignon pour se préserver de l'influence pernicieuse des marécages ou des endroits réputés malsains.

2. Il y a dans le Mazanderan deux bulouk limitrophes portant le nom de nom d'Aly âbad; l'un est situé dans le district de Sary et renferme une dizaine de villages, l'autre se trouve dans le district de Barfurouch. Le principal village de ce dernier bulouk est Aly âbad, situé sur le Talar, à quatre fersengs au sud-ouest de Sary. Il a quatre cents maisons, et parmi les habitants on trouve des Kurdes des tribus de Djanbeglou et de Madanlou. Aly âbad a subi maintefois les incursions des Turkomans. Châh Abbas y avait construit un palais et le kheyaban (chaussée pavée) traversait ce village. Dans les environs, on cultive la canne à sucre, le coton, le riz et le mûrier; les champs sont, pour la plupart, tchaltik (presque constamment sous l'eau), ce qui produit des émanations malsaines. Les rizières servent de retraite à un grand nombre de sangliers; les habitants leur font la chasse et suspendent aux arbres les têtes des animaux tués. (Melgunof, l. c., p. 195.) Ouseley dit qu'Aly âbad est un charmant village, avec des cabanes et des fermes entourées d'orangers; on trouve beaucoup de faisans dans les bois environnants. (Ouseley, Travels, vol. III, p. 249.)

3. Cheikh Thabarssy ou Cheikh Thabrissy est le nom d'un village du bulouk de Bala Tidjan dans le district de Barfurouch, à trois fersengs de cette ville. On y voit un imamzadèh construit par Suleyman Khan Guireïby. Il porte une inscription disant qu'en cet endroit furent enterrés le Cheikh Thabarssy, ainsi que Moulla Mohammed fils de Cheher Achoub, Seyid Hayder et un derviche nommé Husseïn Siavech. Ce village a acquis une

secte des Babys qui ont été, pour ce malheureux pays et pour quelques contrées de la Perse, une cause de troubles et de ruine, jusqu'à ce qu'ils aient été réduits en captivité et domptés par le Darius du siècle.

Nous nous dirigeâmes vers le pavillon qui fait partie de l'Imam Zadèh, qui se trouve en dehors d'Aly âbad, et nous nous y reposâmes pendant quelques instants. Nous interrogeâmes, au sujet des Babys, les Seiyds Berbery [1] et les Mazanderaniens qui habitaient ce village et qui avaient reçu la semence de la doctrine de ces sectaires.

Après avoir dépassé Aly âbad, nous parcourûmes la chaussée royale, et, protégés par Dieu, nous entrâmes dans la ville de Sary. Nous avions franchi, depuis Chirgâh, une distance de sept fersengs. Je fus, ce jour-là, informé d'une manière positive que le Chahzadèh gouverneur général du Mazanderan,

---

certaine célébrité en servant de lieu de refuge aux adhérents du babysme, lorsqu'ils furent chassés de Barfurouch. Ils y soutinrent un siége de six mois contre les généraux Abbas Qouly Khan et Mehdy Qouly Mirza. V. Melgunof, p. 182-196.

L'auteur de cette relation, Riza Qouly Khan, a donné aussi dans son *Fihris out tewarikh*, tome X, pages 124-128, un récit détaillé du siège et de la prise du village de Cheikh Thabarssy. Mirza Sipehr Lissan oul Mulk a, dans son *Nassikh out tewarikh*, fait l'historique des troubles suscités par les Babys dans le Khorassan et dans le Mazanderan. *Nassikh out tewarikh*, histoire de la dynastie des Qadjars, Teheran, s. d. in-fol. tome III, p. 52-70. M. de Gobineau en a aussi donné une relation dans « *Les religions et les philosophies de l'Asie centrale*, Paris 1865, pages 217-237.

Les doctrines des Babys ont été exposées dans l'ouvrage de M. de Gobineau, pages 141-359, et par Mirza Kazem bey dans un mémoire qui a pour titre « *Bab et le babysme* » et qui a paru dans le *Journal asiatique* de l'année 1866.

M. le baron de Rosen a publié d'intéressants extraits de manuscrits babys dans les « *Collections scientifiques de l'Institut des langues orientales du ministère des affaires étrangères* ». St-Pétersbourg, 1877, pages 179-212.

1. Les Seiyds Berbery sont originaires du district de Berber, dans le nord de l'Afghanistan. Ils prétendent descendre de l'Imam Aly qui aurait été transporté miraculeusement dans le lieu de leur origine. Ils portent le turban vert et exercent le métier de repasseurs de couteaux. Ils figurent dans les taazièhs et dans les processions chiites, se frappant avec des chaînes la poitrine et le dos.

Au dire de M. Bode, cité par M. Dorn, les Berbery, originaires du Pouchti Kouh, feraient partie de la grande tribu des Hezarèh répandue sur tout le plateau de Pamir jusqu'au Tibet. Dorn, *Caspia*. St-Pétersbourg, 1875, pag. 79-80. On peut consulter, sur le rôle des Berberys dans les cérémonies religieuses, *Les religions et les philosophies de l'Asie centrale*, par M. de Gobineau, page 377.

Mehdy Qouly Mirza, s'était, pour terminer quelques affaires locales, rendu sur les bords de la mer Caspienne et qu'il n'était point encore de retour. Les officiers de S. A. avaient préparé des logements pour moi et pour l'envoyé du Khan du Kharezm. Nous nous y rendîmes et nous nous y établîmes.

Le lundi 17 (19 avril), je changeai de vêtements et je me rendis au bain. A l'aller et au retour, je distribuai en aumônes des pièces d'or et d'argent aux Seiyds et aux pauvres que je rencontrai, et je goûtai le repos dans mon logis, comblé de prévenances, de marques d'honneur et de considération.

De grands personnages, des notables, des ulémas, quelques-uns de mes parents établis depuis longtemps dans le Mazanderan, d'anciens condisciples que je n'avais pu, à cause de mon séjour à Chiraz, voir depuis quarante ans, apprirent mon arrivée. Ils préférèrent me faire visite plutôt que de recevoir de mes nouvelles par d'autres personnes et mon temps se passa à les entretenir, à leur donner des marques d'amitié et d'affection et à les recevoir à ma table.

La tristesse de la séparation fit place à la joie de se revoir et mes amis ne tarirent point en éloges et en vœux pour reconnaître la grâce et la faveur dont j'étais l'objet de la part du Roi conquérant du monde. Que Dieu rende son règne éternel! Ils approuvèrent le sens de ces deux distiques composés par un sage.

Quatrain. « Ne lutte point contre la fortune ennemie, ne cherche point à combattre le destin! ne pousse point comme la harpe des gémissements plaintifs sous les égratignures du sort. On ne laisse se perdre ni l'or dans la terre, ni la perle dans la mer. Ne permets donc point au chagrin d'envahir ton cœur.

Description succincte du Thabarestan et du Mazanderan.

Le Thabarestan est une contrée qui renferme des villes remontant à une haute antiquité et des cités remarquables par leur grandeur. Les montagnes y sont escarpées et les forêts sont remplies de beaux arbres. Le Thabarestan, qui est célèbre par l'abondance de ses eaux et l'humidité de son climat, fait partie, dans toute son étendue, du quatrième climat. Le voisinage de la mer de Khazer (la mer Caspienne), qui porte aussi le nom de mer de Qoulzoum, procure à certaines localités une température plutôt chaude. Mais dans la plupart de ses parties le climat est tempéré. On trouve en grande quantité dans cette province les fruits des pays chauds et ceux des pays froids. On dit que, sous le règne de Suleyman le prophète, sur qui soit le salut! les Divs ne trouvèrent pas, pour s'y fixer, de contrée plus belle que le Thabarestan. Ils mirent le pays en culture et ils y vécurent. Aussi donne-t-on aux habitants, à cause de leur courage, le nom de Div et Ferdoussy, dit :

Hémistiche. — « Ils étaient de ces héros du Mazanderan qui sont semblables aux Divs. »

Selon quelques auteurs, Thehmouras Divbend [1] est le souverain qui aurait commencé à civiliser ce pays. Amol, Sary et Qalèhi Mour ont été bâties à une époque reculée et elles étaient désignées sous ces mêmes noms à l'époque d'Afrasiab et de Keyqobad.

Le Mazanderan doit son nom à la montagne de Maz et Menoutchehry a dit à ce sujet :

---

1. Thehmouras Divbend (le vainqueur des Divs), fils de Noudjan et petit-fils de Houcheng, est le quatrième souverain de la dynastie des Pichdadian. Pendant un règne de quarante ans, il fonda Isfahan, Savèh, Rey et les villes du Mazanderan et de l'Azerbaïdjan. Beizhavy, *Nizham out tewarikh*, f° 5.

Distique. — « Le nuage est descendu de la montagne : ses replis étaient semblables à ceux d'un serpent, et le Maz en était enveloppé [1]. » Dans les temps anciens, ce pays portait aussi le nom de « *Bichèhi Narven* » (forêt d'ormes). Autrefois, il comptait vingt-quatre villes florissantes dont la plus ancienne était Lardjan.

C'est de cette ville que partit Feridoun pour combattre Zohak et arriver au pouvoir suprême.

Le Thabarestan doit son nom à cette particularité que la hache est l'arme de guerre des habitants. Thabar est la forme arabisée du mot persan Teber (hache). Elle a prévalu et elle est aujourd'hui la seule usitée.

Le Mazanderan se divise en sept arrondissements : 1° Le Djourdjan, 2° le Mourdestan, 3° Esterâbad, 4° Amol, 5° Rustemdar et le Dehistan, 6° Roughad, 7° Siâh Roustaq. Le Thabarestan est également divisé en plusieurs arrondissements parmi lesquels il faut citer ceux de Bestham, Damgham, Semnan, Firouzkouh et Khirqan. Le Thabarestan a été pendant longtemps placé sous l'autorité des souverains du Khorassan. On continue donc à le considérer comme en faisant toujours partie à l'exemple du Qouhistan, du Sistan et du désert (Mefazèh) qui, bien que devenus des provinces distinctes, sont cependant regardés comme des dépendances du Khorassan. A l'époque de l'avènement de la dynastie actuelle des Qadjars, les habitants du Mazanderan et ceux du Thabarestan ont rendu des services signalés qui leur ont valu la gratitude de ces princes. Aga Mohammed Châh et Feth Aly Châh n'ont cessé de donner aux

---

1. Ces deux vers forment le premier distique de la pièce de poésie consacrée à la louange de Menoutcheher, fils de Qabous. (403-420, 1012-1029.) Edition de Téhéran s. d. publiée par Riza Qouly Khan, page 72.

Menoutcheher était le septième souverain de la dynastie des Deilemites de Zyad Guilany qui régnèrent sur le Djourdjan, le Guilan et le Mazandéran de l'année 315 (927) à l'année 470 (1077) de l'hégire. Aboul Nedjm Ahmed, surnommé *Choust Kellèh* (estropié du pouce), était originaire de la ville de Damghan. Il prit le nom de Menoutchehry en reconnaissance des bienfaits dont Menoutcheher l'avait comblé. Il mourut dans la force de l'âge après l'année 430 (1038).

grands et aux petits des marques de leur bienveillance et de leur générosité.

Ils ont été élevés aux plus hautes dignités et la faveur dont ils sont l'objet n'a point cessé de se manifester.

Notice sur la ville de Sary, que le Dieu Très-Haut daigne la protéger!

Sary, placée sous la protection de la planète de Jupiter, est une petite ville qui renferme des maisons et des édifices publics, des bains, un bazar, des mosquées et des colléges. Elle doit au Khaqani Ekber (Aga Mohammed Khan) et à Feth Aly Châh une prospérité qui s'est encore accrue sous l'administration de Mulk Ara [1] et sous celle de ses enfants.

Barfourouch.

Barfourouch est une ville ouverte, bien peuplée et plus rapprochée que Sary du rivage de la mer. Elle renferme des mosquées, des fondations pieuses, des colléges, des boutiques et des caravansérails. L'auteur de cette relation y a passé huit années pendant son enfance. La destinée le conduisit ensuite dans la province du Fars où il résida pendant trente ans.

---

[1]. Mulk Ara (qui fait l'ornement de la royauté) était le surnom officiel de Mehdy Qouly Khan Devalou qui, après avoir été gouverneur de la province de Fars, devint Beylerbey du Mazanderan et du Gourgan. Feth Aly Châh avait épousé une de ses filles. *Fihris out Tewarikh*, tome IX, page 346.

En dehors de Barfourouch se trouve une prairie verdoyante qui porte le nom de Meïdani Sebz (la place verte). On y voit un étang d'une grande étendue au milieu duquel se trouve une petite île où s'élèvent de hautes constructions d'un aspect admirable et merveilleux. Cet étang a reçu le nom de mer d'Irem [1].

Barfourouch a été fondée sous la dynastie des princes Sèfèvy et elle doit sa prospérité à la dynastie des Qadjars.

Mechhedi Ser.

Cette ville est bâtie sur le bord de la mer Caspienne et son port sert de refuge aux navires qui naviguent sur cette mer célèbre par l'agitation de ses flots toujours soulevés par les tempêtes. On l'appelle aussi fautivement mer de Qoulzoum. Elle a deux cents fersengs de circuit. La ville de Hadjy Terkhan (Astracan) et quelques provinces possédées par les Russes sont situées sur ses bords.

---

[1]. Cette île, au sud-ouest de la ville, est au milieu d'un étang couvert de roseaux et surtout de nénuphars qui étalent en tous sens leurs larges feuilles et leurs fleurs blanches. Quoique le palais soit ruiné, on distingue encore l'*enderoun* (harem) à l'extrémité du bâtiment, et quelques pièces telles que galeries, salles de bain et de repos, couvertes de peintures à fresque. L'édifice forme un carré avec une cour intérieure plantée de sycomores. Des galeries qui en font le tour extérieurement, on embrasse le jardin et ses bassins, ainsi que l'immense plaine dont Balforouche est environnée. L'île entière d'environ 1500 mètres de diamètre est couverte d'orangers, au-dessus desquels s'élancent d'élégants cyprès. — Hommaire de Hell, *Voyage en Turquie et en Perse exécuté par ordre du Gouvernement français, pendant les années 1846, 1847 et 1848*. Paris, 1855, tome II, 1re partie, page 253.

Amol.

Amol est une des anciennes villes du Mazanderan. Thehmouras en jeta les fondements et Feridoun en fit sa capitale.

Cette ville placée sous l'influence de la planète de Jupiter appartient au quatrième climat. Elle est aujourd'hui en ruines. Elle a donné le jour à un nombre considérable de philosophes, de littérateurs et de poètes. Il faut citer parmi eux le Seiyd Hayder Amoly et l'historien Mohammed Ibn Djerir Thabary.

Pendant de longues années, le Mazanderan a été gouverné par les Seiyds Zeydyèh qui étaient constamment en état de rébellion contre les rois leurs contemporains. Ceux-ci n'ont pu se rendre maîtres du pays qu'au prix des plus grands efforts. Les voyageurs anglais assurent qu'il n'y a, dans le monde entier, aucune contrée qui renferme des positions fortifiées par la nature plus solides que celles du Mazanderan.

Le lundi 18 (20 avril), le Châh Zadèh gouverneur général du Mazanderan rentra à Sary après avoir quitté les bords de la mer Caspienne. Informé de mon arrivée et de celle de l'ambassadeur du khan de Kharezm, il m'envoya chercher ainsi que Ata Niaz Mahrem pendant qu'il donnait audience au lieutenant de l'amiral russe qui était venu d'Esterâbad à Sary. J'eus l'honneur de me présenter devant lui et il me reçut avec les plus grands égards. Le lieutenant de l'amiral fit à notre sujet plusieurs questions et il chercha à pénétrer le but de ma mission. Le Châh Zadèh, en faisant mon éloge, lui expliqua que j'étais chargé de me rendre dans le Kharezm pour resserrer les liens d'amitié, d'union et de cordialité qui unissent la Perse à cet Etat. Il fut question, dans le cours de la conversation, du Kharezm et des princes de la dynastie des Kharezm Châh qui avaient dominé à la fois le Turkestan et la Perse et qui avaient levé contre les Khalifes de Bagdad l'étendard de la révolte. Nous recueillîmes aussi, durant cette visite, des détails sur les actes d'hostilité commis par les Turkomans établis sur les bords du Gourgan et la côte d'Esterâbad, et sur le retour prochain de l'amiral. Le Châh Zadèh avait envoyé un courrier à Téhéran pour prendre, à ce sujet, les ordres de la cour. Pendant notre séjour à Sary, il nous combla de politesses et de marques d'attention.

Le mardi 19 (21 avril), je voulus partir de Sary pour gagner Esterâbad, mais le Châh Zadèh ne voulut point consentir à notre départ. Je le différai donc d'un jour pour me conformer à ses ordres.

Le 20 du mois de Djoumazy oul Akhir (22 avril), je pris la route d'Echref avec mon compagnon de voyage, l'envoyé du Khan du Kharezm. Nous traversâmes d'abord la rivière du Pont Royal (Roudi Pouli Padichahy) et nous trouvâmes de nouveau sur notre chemin la forêt et la chaussée royale. Celle-ci est ruinée en maints endroits, et on a pratiqué, à côté d'elle, un sentier qui est entièrement envahi par la végétation et par les arbres. On ne pouvait avancer qu'en se couchant sur le cou des chevaux. Nous parcourûmes ainsi plusieurs fersengs; la journée s'avançait et nos bagages et nos provisions étaient restés en arrière.

Des habitants du Kharezm, des Khoqandy qui revenaient de la Mekke et des marchands s'étaient joints à nous. Par considération pour eux, nous préférâmes nous arrêter plutôt que de continuer notre marche. Nous renonçâmes donc au projet de gagner Echref et nous fîmes halte à la station de Nika [1]. Nous avions déjà fait quatre fersengs et il en restait cinq à faire encore pour arriver à Echref.

---

1. Nika est le nom d'une rivière qui sépare le district de Sary de celui d'Echref, dans le Mazanderan. Le pays, arrosé par cette rivière, forme le bulouk de Nika qui fait partie du district de Sary. La principale localité de ce bulouk est le village de Pouli Nika situé sur la route de Sary à Echref. Un pont de pierre, construit par Feth Aly Châh, traverse la rivière en cet endroit. La plupart des villages du bulouk de Nika sont habités par des Guireily. Ces tribus (tartares, selon Fraser) sont originaires du Khorassan et du Gourgan; s'étant révoltées contre Aga Mohammed Khan, ce souverain les transplanta sur les bords du Nika. Ils fournissent un contingent de mille cavaliers à l'armée du Châh. (Fraser, *Trav. and Advent*, p. 30.)

Cette partie de la route est extrêmement agréable ; on voyait partout des cours d'eau, de la verdure, des arbres vigoureux, des ormes d'une grande hauteur, des buis et des cyprès dont on ne pouvait préciser le nombre. Je composai à ce sujet les vers suivants :

Vers. « Je passai trois jours et trois nuits à Sary sous l'heureuse influence d'une étoile qui illuminait mon cœur. Le quatrième jour, lorsque le soleil brilla au firmament, je montai à cheval et ma bride était à la hauteur du ciel. Je franchis les vallées et les plaines, les montagnes et leurs pentes, tantôt compagnon du soleil, tantôt camarade de la lune [1]. Les forêts et les taillis, les ruisseaux et les jardins faisaient, par leur beauté, brûler de dépit le cœur du paradis. Les vallons et les montagnes étaient couverts de myrtes, de buis et de cyprès ; les pentes et les ravins étaient remplis de perdrix, d'étourneaux et de faisans. »

Le 21 (23 avril), dès l'aurore, mes compagnons et moi, nous montâmes à cheval, stimulés par le désir de voir Echref. Le chemin que nous parcourions, pour gagner Echref où nous voulions arriver, était couvert de verdure et bien ombragé. On n'apercevait de tous côtés que champs ensemencés, jardins, vergers, canaux et cours d'eau. Nous mîmes pied à terre sur la route pour prendre notre part des provisions que nous accordait la générosité infinie de la Providence. Nous avions, jusqu'à trois heures de l'après-midi, parcouru cinq fersengs à travers les plaines, les montagnes, les champs cultivés et les marécages. Nous aperçûmes sur le sommet de la montagne les ruines d'Echref et les constructions élevées par Châh Abbas. Nous arrivâmes dans le canton d'Echref ; nous le traversâmes et nous mîmes pied à terre pour goûter le repos dans le jardin d'Echref.

---

1. L'auteur veut dire ici qu'il voyageait pendant la nuit et pendant le jour.

Distique. — « Jusques à Echref, nous parcourûmes la route avec la plus grande rapidité : mon cheval lancé au galop dévorait l'espace. »

Baghi Echref (le Jardin d'Echref).

La mère de Châh Abbas Sèfèvy avait reçu le jour dans le Mazanderan. Cette circonstance détermina son fils à imprimer un grand développement à la prospérité de cette province. Il y construisit des ponts, des caravansérails et des monastères pour les personnes vouées à la vie religieuse. Il établit la chaussée qui aboutit à Esterâbad. Enchanté du climat d'Echref, le Roi venait y résider au printemps et en automne pour jouir de la vue de la mer et des forêts du Mazanderan.

Echref est situé au sommet d'une haute montagne qui s'élève en face de la mer. Châh Abbas y fit planter un jardin et construire une habitation de plaisance avec deux corps de logis, l'un pour les hommes, l'autre pour les femmes. Aujourd'hui, la plus grande partie de ces constructions est détruite; il n'en reste que des ruines au sommet de la montagne. Le grand bassin qu'on voyait dans cette résidence était alimenté, le fait est notoire, par les eaux du Demavend qu'amenaient des conduits passant sur la crête des montagnes. Le jardin d'Echref, « dans l'état de délabrement où il est, vaut mieux que cent mille jardins bien entretenus. » Voici ce qui en subsiste encore après une période de trois cents ans : on trouve tout d'abord, en entrant, un canal qui traverse le jardin. Dans toute sa longueur, les deux parois et les deux bords en sont revêtus de pierres polies. Il mesure environ quatre cents pas. De chaque côté de ce canal, est une allée bordée d'un double rang de cyprès élancés; chacun d'eux rendrait jaloux les cyprès du

Kachmyr. Leur taille est aussi svelte que celle des jeunes beautés aux joues de rose. Ces arbres sont remarquables par leur port droit et la couleur verte de leur feuillage ; leur aspect rafraîchit et réjouit la vue. Chacun d'eux peut avoir de vingt à trente coudées de hauteur. Derrière ces cyprès se trouvent des orangers plus grands que des ormes et, jusqu'aux murs du jardin, sont plantés des arbres de diverses espèces, parmi lesquels les orangers et les citronniers sont les plus nombreux.

Au milieu du jardin, on voit un pavillon ouvert fort élevé et à double façade ; sur les deux côtés, conformément aux règles de la symétrie, se trouvent deux salons et deux étages supérieurs dont les balcons donnent sur le jardin et d'où l'on découvre entièrement le jardin, la plaine, les montagnes et la mer. La hauteur de ce pavillon est de quinze coudées ; il est soutenu, sur chacune de ses faces, par cinq grosses colonnes d'une solidité remarquable.

Devant la grande salle se trouve un vaste bassin rempli d'une eau limpide qui s'écoule en cascades en franchissant six ou sept étages. Au-dessous et au milieu de chaque cascade on voit un bassin de moyenne grandeur, dont l'eau arrivant des points les plus élevés du jardin, est conduite par des rigoles et des canaux ; elle tombe dans chacun de ces bassins, le remplit et se déverse en formant cascade dans la grande pièce d'eau qui est au milieu du salon. Quand cette pièce d'eau est pleine, l'eau s'écoule dans un autre bassin creusé devant le pavillon. Elle se répand ensuite dans des canaux qui la conduisent hors du jardin [1].

---

1. M. Hommaire de Hell dit quelques mots de ces petites cascades dans sa description du Baghi Châh d'Echref : « Avant d'y entrer, on franchit un portail donnant sur « une belle allée bien sombre et conduisant à la porte principale du jardin ; en face « d'elle, est une longue avenue de cyprès et d'orangers entremêlés qui aboutit au pavil- « lon de Nadir Châh. Cette avenue est traversée par une ligne de canaux étagés formant « de distance en distance de petites chûtes d'eau et se réunissant dans un bassin placé « en face du pavillon. » *Voyage en Turquie et en Perse*. Paris, 1856, tome II°, 1°° partie, page 270.

Les cyprès, qui bordent sur deux rangs l'allée du jardin, sont au nombre de deux cents. Les orangers sont innombrables. A droite et à gauche de ce jardin, s'élèvent deux enceintes fortifiées renfermant des habitations, des vergers, des arbres et des plantations d'orangers. Les fruits y sont abondants et d'espèces variées. Dans l'une de ces enceintes, se trouvait le harem royal. Les demeures affectées aux officiers et aux dignitaires de la couronne n'étaient point éloignées du jardin et on en voit encore les vestiges. Lorsque je descendis à Baghi Echref, les oranges n'avaient point encore été cueillies et ces fruits, suspendus aux branches, offraient un spectacle charmant.

Vers. — « Je vis un jardin aussi vaste qu'une prairie, si l'on peut comparer à une prairie un jardin couvert de fleurs. Les cyprès avaient la taille gracieuse et bien prise de la bien-aimée. Deux allées étaient bordées de cyprès se balançant avec grâce, au milieu d'elles se trouvait un canal dont la beauté ravissait le cœur. Des orangers, aux branches touffues, remplissaient les deux côtés du jardin et ils s'avançaient jusqu'à la façade du pavillon. On aurait dit qu'ils formaient deux bataillons couverts de vêtements verts et rangés en ligne devant le roi. Tous se tenaient debout en bon ordre, immobiles et silencieux, et l'on ne pouvait remarquer le plus léger mouvement. Devant eux, les deux rangs de cyprès dont la cime s'élançait vers le ciel semblaient être les officiers placés devant le front des troupes. Les orangers paraissaient être le firmament, et les oranges, les étoiles scintillant dans son immensité. »

Il est fâcheux que la chaussée de Châh Abbas et que le jardin d'Echref soient dans l'état de délabrement où on les voit aujourd'hui. Il faut espérer que le gouvernement donnera des ordres pour leur rendre leur premier éclat, car les rois recueillent l'héritage de leurs prédécesseurs et la réparation des édifices élevés par les anciens souverains incombe au prince équitable qui règne aujourd'hui. Que Dieu daigne rendre son règne éternel [1] !

Le 21 (23 avril). Pendant que nous étions dans ce séjour, image du paradis, mes compagnons les gens du Kharezm, de Khoqand et de Boukhara en admiraient la beauté, et ils se ré-

---

1. « Echref, une des villes célèbres du Mazanderan, s'élève en face de la presqu'ile de Mian Kalèh ; elle n'est séparée de la mer Caspienne que par une distance de mille coudées. Elle est très-proche de Ferah âbad et située à dix-sept fersengs de Barfourouch. Entre Echref et Mian Kalèh se trouve un étang. Echref ne renferme pas aujourd'hui plus de cinq mille habitants. Le voyageur français Chardin qui visita cette ville à l'époque de Châh Abbas Sèfèvy, relate que Châh Abbas Ier, dont la mère était née dans le Mazanderan, avait formé le projet de donner un grand développement à la prospérité de cette province. Il avait, en conséquence, transporté de la Géorgie plusieurs milliers de familles arméniennes et il les avait établies dans le Mazanderan. Mais l'insalubrité du climat en avait fait périr le plus grand nombre, et sous le règne de Châh Abbas II, il n'en restait plus que quatre cents à Echref et dans les autres localités du Mazanderan. »

« Quelques-unes des constructions élevées par Châh Abbas subsistent encore aujourd'hui ; entre autres, un palais magnifique situé sur une éminence à l'ouest de la ville. Il a été réparé et complètement restauré par ordre de Sa Majesté. Chardin signale dans sa relation le lion et le soleil, qui forment les armoiries de la Perse et qui étaient représentés sur les carreaux de faïence qui décorent presque toutes les portes d'entrée de ce palais. On les y voit encore aujourd'hui. »

« Au milieu de la ville se trouve un jardin qui porte le nom de Tchehil Soutoun (les quarante colonnes). Sa forme est celle d'un carré allongé. Au milieu de ce jardin s'élève un pavillon. Des salles s'ouvrent sur sa façade principale et ses deux ailes sont soutenues par de superbes colonnes. Je l'ai examiné avec la plus grande attention : il ne rappelle en rien les constructions élevées par les souverains Sèfèvy. Il est évident que ce bâtiment tombé en ruines a été reconstruit à une époque plus moderne. On attribue sa reconstruction à Nadir Châh. J'ai vu à Echref plusieurs palais élevés par les princes Sèfèvy et aujourd'hui en ruines. Leur architecture était d'une extrême élégance. »

« Les habitants d'Echref jouissent d'une meilleure santé que la population des autres parties du Mazanderan. Leur teint est rosé. On souffre moins à Echref que dans les autres localités du Mazanderan des fièvres intermittentes et des autres maladies pernicieuses qui désolent le reste de cette province. Il faut, sans aucun doute, attribuer cette heureuse particularité à l'eau dont les habitants font usage et qui provient de sources situées dans la montagne et dont le cours n'est point interrompu, tandis que, dans les autres localités, l'eau potable est puisée dans des cours d'eau qui, venant de fort loin, traversent des endroits marécageux et provoquent des fièvres intermittentes et des maladies d'une nature maligne.

Au milieu de la presqu'ile de Mian Kalèh se trouve un bois de grenadiers sauvages. Le sirop de grenades d'Echref qui jouit d'une certaine réputation est fabriqué avec les grenades de Mian Kalèh. On travaille à Echref le coton et la soie. Cette ville possède quelques mosquées et des bains. On cite celle de Necir Khan. La grande mosquée a été construite sous la dynastie des Sèfèvy.

Auprès du palais de Châh Abbas, on voit un énorme réservoir où, pendant les fortes

criaient sur la magnificence de ce qui se voit en Perse. « Nos Khans, me dit l'envoyé du Kharezm, ont aussi à Khiva de beaux jardins et de superbes palais. Khiva est aussi un second Dar oul Merz[1] sous le rapport des arbres et des jardins. La verdure et les cours d'eau en font un paradis sur cette terre. » Je lui répondis : « Je verrai et je ferai ensuite mon choix. La « sentence qui dit : l'amour de la patrie fait partie de la foi, « trouve ici son application. »

Il répartit :

Vers. — « Viens pour juger par toi-même et pour croire (ce que je dis). »

Bref, nous passâmes agréablement notre temps à converser et à goûter un doux repos.

Le 22 (24 avril). Nous fîmes, suivant notre habitude, partir d'abord les serviteurs qui devaient nous précéder, ainsi que les pauvres gens qui faisaient partie de la caravane. Nous

---

chaleurs, les habitants vont prendre une eau d'une extrême fraîcheur et d'un goût délicieux. On avait autrefois creusé dans les montagnes, auprès d'Echref, des glacières que l'on remplissait en hiver de neige que l'on extrayait en été pour l'usage de la cour. On en apportait aussi en ville pour les habitants. Cette industrie était exercée par une classe de gens dont les descendants portent encore aujourd'hui le nom de Yakh Kechy (porteurs de glace). Ce métier n'existe plus aujourd'hui ; les Yakh Kechy sont fusiliers et font partie des troupes royales. Châh Abbas avait établi à Echref un chantier pour la construction des navires. *Miraat oul bouldani Nassiry*, par Mohammed Hassan Khan Seny'oud Daoulèh. Teheran, 1294 (1877), in-8°, pages 41-42.

Mounchy Iskender, dans son histoire de Châh Abbas qui a pour titre : « *Tarikhi alem ará* », consacre quelques lignes à la fondation d'Echref et aux palais de plaisance construits par Châh Abbas Ier. Les travaux furent commencés en 1021 (1612) et menés très-rapidement.

Chardin, dans la relation de ses voyages, ne parle ni des palais, ni des jardins d'Echref. Hanway *(Historical account of the british trade*, tome I, pages 291-293) en donne une description dont M. Langlès a inséré la traduction dans le « *Voyage du Bengale à Saint-Pétersbourg, par Forster* ». Ouseley, Fraser, Lottin de Laval et M. Eastwick ont donné des détails intéressants sur les constructions de Châh Abbas.

1. Dar oul Merz, la marche, le pays frontière est le nom qualificatif donné au Mazenderan.

montâmes ensuite à cheval et nous traversâmes, avec la rapidité du vent, la plaine de Goulbad couverte de roses et de tulipes. Goulbad est un district bien cultivé [1]. Nos yeux ne rencontraient que de vertes prairies : la route traversait continuellement des vergers, des plantations, des champs émaillés de fleurs sauvages, poussant spontanément, qui nous charmaient par l'éclat de leurs couleurs et la douceur de leur parfum. Nous marchâmes ainsi jusqu'à la demeure de Mirza Mohammed Khan Goulbady gouverneur de ce district. A droite de la route, se trouve une montagne qui s'élance jusqu'au ciel et sur la déclivité de laquelle est un mamelon surmonté d'un terrain plat et uni de l'étendue d'un djérib [2]. La hauteur de la montagne en rend le passage difficile aux voyageurs. On y a bâti une maison avec un appartement pour les femmes, une écurie, une cuisine et un corps de logis pour les hôtes. Ce site est une espèce de forteresse créée par les mains de Dieu. La vue des habitants de ce séjour embrasse la plaine verdoyante, les forêts, la mer et les navires qui la sillonnent. Le maître de la maison étant absent, nous ne crûmes pas, par convenance, devoir nous arrêter dans sa demeure. Nous continuâmes notre route et nous arrivâmes à un fossé creusé par l'ordre des rois Sèfèvy au milieu d'une épaisse forêt. Ce lieu a reçu le nom de Djeri Goulbad. Nous pûmes voir alors cette localité dont nous avions souvent entendu parler.

---

1. Goulbad, Koulbad ou Djèri Goulbad est une petite rivière qui se jette dans le golfe d'Esterâbad. Le canton de Goulbad fait aujourd'hui partie du bulouk d'Anezan, à l'ouest de la province d'Esterâbad, sur la frontière du Mazanderan. Le Djèri Goulbad est à trois fersengs de la ville d'Echref.

Il y a aussi un village de Goulbad ou Kouhnèh Goulbad, situé dans le même bulouk d'Anezan, sur la frontière du Mazanderan et de la province d'Esterâbad. Cette frontière était défendue, du temps de Nadir Châh ou de Châh Abbas, par un mur qui allait de la montagne jusqu'à la mer. On trouve, en outre, les restes d'un fossé profond qui suivait une direction parallèle à celle du mur et servait également à défendre le Mazanderan contre les incursions des Turkomans. G. Melgunof, *Das südliche Ufer des Kaspischen Meeres*. Leipzig, 1868, p. 101.

2. Le djérib représente une superficie de soixante coudées royales (guezi châhy).

Djeri Goulbad.

Djer, en persan, signifie un terrain coupé, excavé, dans lequel on a pratiqué une tranchée. On rapporte que, du temps des princes Sèfèvy, une tribu de Turkomans était venue des environs du Gourgan et d'Esterâbad s'établir près d'Echref où elle se livrait au brigandage. Châh Abbas donna l'ordre de creuser, depuis le pied de la montagne jusqu'à la mer, un fossé d'une longueur de quatre fersengs et d'une profondeur de dix coudées. On laissa un passage étroit pour arriver à la chaussée qui longe les deux côtés de la forêt.

Le Roi y établit des soldats chargés de barrer la route aux Turkomans. Il fut, par la suite, impossible à une troupe nombreuse de cavaliers ou de piétons de faire, en venant d'au-delà la frontière, des incursions sur le territoire d'Esterâbad, de Goulbad ou des autres villes. Aujourd'hui, par suite du cours des siècles, le fossé s'est comblé, des arbres y ont poussé et on ne peut le franchir qu'avec la plus grande difficulté. Après avoir dépassé le district d'Anezan [1], nous arrivâmes à Naokendèh [2].

Anezan est le nom primitif de Nao Kendèh. Nous nous y arrêtâmes la nuit, dans la maison de Hamzèh Khan Anezany

---

[1]. Anezan ou Anazan est le nom d'un bulouk de la province d'Esterâbad ; il s'étend au nord-ouest de la ville d'Esterâbad jusqu'à la mer Caspienne, il a cinq fersengs de long et deux de large. Ce bulouk renferme plusieurs localités importantes, entre autres Koulbad, Naokendèh et Guez. Le pays est marécageux et couvert de forêts. (Melgunof, p. 112.)

[2]. Naokendèh *(le fossé neuf)* est un village du bulouk d'Anezan dans la province d'Esterâbad. A. Burnes y trouva une partie du Kheyaban ou route pavée que Châh Abbas avait fait construire le long de la mer Caspienne, de Recht à Esterâbad. Le village de Naokendèh est traversé par une rivière qui porte le même nom. A un ferseng de cette localité, on trouve des gisements de houille. Le village est entouré d'une épaisse forêt. Un autre village de Naokendèh se trouve dans le canton de Guil doulab (province du Guilan), il est traversé par une rivière portant le même nom que le village et qui va se jeter dans le Mourdâb.

qui porte le même nom que son aïeul. Le matin nous nous mîmes en route pour nous diriger vers Kurd Mahallèh [1], en suivant continuellement la chaussée de Châh Abbas. Nous descendîmes chez Riza Qouly Khan, fils de Moustafa Khan Seden Roustaqy, où nous fûmes reçus avec la plus grande déférence selon toutes les règles de l'hospitalité. On nous servit des mets préparés à la mode du Mazanderan.

Nous partîmes de bon matin et nous nous dirigeâmes sur Esterâbad. Après avoir fait quelques fersengs, nous arrivâmes à un Imamzadèh où nous descendîmes de cheval [2]. Après avoir déjeuné, nous prîmes quelque repos dans le *napar* [3]; puis, ayant fait la prière de midi et celle de l'Asr et ayant adressé à Dieu nos vœux pour le Souverain de l'époque, nous distribuâmes au mutevelly et aux serviteurs préposés à la garde du tombeau une somme convenable en or et en argent.

Remontant ensuite à cheval, nous nous dirigeâmes vers Esterâbad sans avoir la moindre crainte et sans éprouver la moindre appréhension (des attaques des Turkomans). Nous aperçûmes de loin les huttes et les tentes des Turkomans du Gourgan. Les taillis et les arbres devenaient moins nombreux. Peu à peu les plaines unies, les prairies verdoyantes se multiplièrent. Nous apprîmes à la station de Kurd Mahallèh que le Beylerbey Mohammed Vély Khan ne se trouvait point à

---

1. Kurd Mahallèh est le plus gros bourg du bulouk de Seden Roustaq, dans la province d'Esterâbad. Il se compose de quatre villages contigus : Balâ Peleng, Saly Kendèh, Touskayck et Velèhghouz ou Chirdarboun. On trouve à Kurd Mahallèh trois mosquées. Le nombre des maisons de ces quatre villages s'élève à neuf cent soixante-dix. Les habitants de Kurd Mahallèh jouissent d'une plus grande aisance que ceux des autres villages de la province d'Esterâbad, bien qu'ils soient exposés anx incursions des Turkomans. Ils se livrent à l'agriculture, à l'éducation des vers à soie et à l'élève des bestiaux. Les revenus de Kurd Mahallèh s'élèvent annuellement à la somme de huit cents toumans; cette localité doit, en outre, fournir en temps de guerre cent trente hommes.— Melgunof, pages 110-111.

2. Cet imamzadèh ou tombeau est celui de Seiyd Mohammed. Il s'élève auprès du village de Limras, sur le bord de la rivière de Goulbad qui forme la limite entre le district d'Echref et la province d'Esterâbad. — Melgunof, page 161.

3. Napar ou Nafâr est un mot du dialecte du Mazanderan qui désigne une construction en bois, maison ou cahute.

Esterâbad, mais qu'il était aux environs de la ville, occupé à faire construire de solides fortins et des ouvrages de défense, destinés à arrêter les incursions des Turkomans. Son fils, Mohammed Hachim Khan, était resté à Esterâbad en qualité de son lieutenant. Informé de mon arrivée et de celle de mes compagnons de route, il s'acquitta des devoirs que l'on rend aux personnes que l'on reçoit avec honneur et considération. Des moutons furent égorgés et le sang de ces innocents animaux rougit le sol verdoyant. Nous mîmes pied à terre, et nous entrâmes dans un jardin au milieu duquel s'élevait un pavillon construit par Bedi ouz Zeman Mirza, fils du prince Mulk Ara. Le haut de ce pavillon est divisé en quatre appartements séparés. Nous nous y établîmes pour nous délasser de nos fatigues. Dans ce même bâtiment, on avait réservé, pour l'envoyé du Khan du Kharezm, au rez-de-chaussée, un appartement donnant sur le jardin. Il y mit pied à terre avec ses serviteurs.

Nous fîmes trêve à toute préoccupation pour nous abandonner au repos.

Esterâbad.

Esterâbad, ville du quatrième climat, située sur le bord de la mer Caspienne, est la capitale de la province de Gourgan. On rapporte que lorsque Gourguin, fils de Milad, fonda la ville de Gourgan, dont la superficie occupait une étendue de quatre fersengs, les muletiers conduisirent leurs bêtes de somme dans une prairie propre au pâturage et ils y construisirent des maisons de bois. Ils donnèrent à cet assemblage de constructions le nom d'Esterâbad (la ville des mulets). La ville de Gourgan a disparu, mais Esterâbad existe encore aujourd'hui. Elle est située à 109° 30' de longitude de l'équateur et à 37° 30' de latitude.

Elle jouissait autrefois d'une grande prospérité, mais à différentes époques, elle est tombée en décadence. On a dit :

Distique. — « Que personne n'ait un mauvais voisin à côté de soi. »

En effet, Esterâbad est peu éloignée des tribus Turkomanes et ce sont elles qui sont la principale cause de sa ruine.

Cette ville était parvenue au plus haut point de la richesse sous la dynastie des princes de la famille de Qabous. Sous les rois Sèfèvy et pendant le règne de Nadir Châh la ville d'Aq Qalèh, bien peuplée et florissante, était la résidence des ancêtres de la dynastie des Qadjars ; elle est aujourd'hui en ruines, et Esterâbad est restée une ville d'une importance médiocre. Lorsque le gouvernement de la province fut confié par le Roi à Mohammed Vely Khan Qadjar, de la tribu Devalou, on vit renaître le bien-être et les habitants n'eurent plus à craindre le brigandage des tribus Turkomanes.

Aga Mohammed Châh a fait construire dans cette ville un château, des maisons pour les pauvres, des cellules pour les religieux, des bains, des mosquées et des medressèh. Tous ces édifices sont encore en bon état. Ce prince était né à Esterâbad.

Après la mort de Feth Aly Khan Qadjar, Mohammed Hassan Khan et Hassan Qouly Khan Qadjar gouvernèrent ce pays en qualité de chefs indépendants. La partie de la mer Caspienne fréquentée à la fois par les Russes et les Turkomans se trouve non loin d'Esterâbad. Le port où se font les transactions est celui de Guez. C'est dans cette localité qu'eut lieu l'escarmouche entre les Russes et les Turkomans, que j'ai signalée précédemment d'une manière succinte.

Abiskoun.

Abiskoun est le nom d'une rivière qui vient du Kharezm et qui se jette dans la mer Caspienne, à trois fersengs d'Esterâbad. A son embouchure, cette rivière s'appelle aussi Ab Sukoun ; c'est également le nom d'une île qui se trouve à peu de distance de la côte.

Sultan Mohammed Kharezm Châh fuyant devant les Mogols chercha un refuge dans cette île où il y mourut.

La mer d'Abiskoun est mentionnée dans des œuvres poétiques.

Un poète a dit :

Vers. — « Le bonheur et la sécurité, dont jouissent les sujets qui ne cessent de chanter tes louanges, ont fait que les navires se pressent depuis Chirvan jusqu'à Abiskoun et qu'il couvrent la surface de la mer. »

Cette localité s'appelle également Askoun, et l'on a calculé qu'elle était par 108° 30' de longitude et par 37° 30' de latitude.

Lorsque Mehdy Qouly Mirza était gouverneur du Mazanderan, il se rendit sur le bord de la mer et forma le dessein d'y établir un centre de population. J'ai déjà dit qu'il y avait eu autrefois dans cet endroit des édifices remarquables par leur élévation et qui sont aujourd'hui tombés en ruine. Récemment, on s'est mis à élever des constructions dans cette localité et la population commence à s'y porter.

Quelques anciens écrivains ont émis l'assertion que Djourdjan est le mot persan Gourgan [1] arabisé. Abiskoun était autrefois la capitale de cette province ; aujourd'hui, c'est Esterâbad.

---

1. Gourgan, en persan, signifie « le pays des loups ».

Cette assertion confirme la supposition que j'ai émise que les ruines que l'on voit sont celles d'Abiskoun [1].

Le 25 (27 avril). Le Beylerbey revint à Esterâbad. Il me fit l'honneur de venir me voir et il me prodigua les marques de considération. Je lui rendis sa visite le lendemain. Le soir il vint me voir au pavillon de Kulahi Firenguy, puis, à la nuit close, il retourna à son palais.

Le 26 (28 avril). Je passai quelques jours à faire mes préparatifs de voyage et je fis connaître l'intention où j'étais de me remettre en route. Je demandai deux guides, appartenant à la tribu des Gouklan et connaissant bien le pays. Le Beylerbey se mit à rire. « Vous avez, me dit-il, une singulière idée. Vous vous imaginez que les routes du Kharezm ressemblent à celles du Mazanderan. Vous allez parcourir un désert où l'on court plus de dangers que sur une mer orageuse. Il faut marcher pendant quarante jours sans trouver ni eau, ni fourrages, ni trace de culture. Vous ne rencontrerez pas d'abri pour vous reposer, pas d'indications pour reconnaître votre route. Il n'y a nulle part ni herbe, ni végétation. Et ce voyage doit s'accomplir au milieu de

---

[1]. Abiskoun ou Absokoun, fondée par Qobad, était le port le plus célèbre de la côte orientale de la mer Caspienne. Mouqadessy (édité par M. de Goeje, Leyde, 1877, p. 358) représente cette ville comme une place forte dont les constructions étaient en briques. On y voyait une grande mosquée bâtie dans le marché. C'était le port commercial de la province de Djourdjan. C'était à Abiskoun que l'on s'embarquait pour se rendre par mer dans la province de Khazer, à Derbend, etc.

Nedjaty rapporte, dans son commentaire du *Tarikh oul Yeminy*, que de son temps Abiskoun fut envahi et détruit par la mer. M. Dorn pense qu'il faut placer Abiskoun près de l'embouchure du Gourgan, non loin de Gumuch Tèpèh. Mouravief (*Voyage à Khiva*, Paris, 1823, pages 37-42) remarqua, en effet, de nombreuses ruines s'étendant jusque dans la mer.

M. Melgunof, se fondant sur un passage de Maçoudy (Mouroudj ouz Zeheb, traduction de M. Barbier de Meynard, tome II, p. 25), où il est dit qu'Abiskoun est à trois journées de marche de Djourdjan, pense que l'emplacement de cette ville doit être cherché dans les environs de l'imamzadèh de Kharabi Cheher, à mi-chemin de Guez et de Kurd Mahallèh, dans le buluuk d'Anezan. Dorn, *Caspia*, St-Pétersbourg, pp. 5, 6 et 7; Melgunof, pp. 62, 63, 112, 113, 119 et 120.

C'est contre Abiskoun que les Russes dirigèrent leurs expéditions, à la fin du IXe et au commencement du Xe siècle.

peuplades adonnées au meurtre, sanguinaires, féroces et vindicatives. »

Vers. — « Elles sont innombrables comme le peuple de Gog, on ne peut pas plus les dénombrer que les hordes de Magog. »

Comment les Gouklan oseraient-ils traverser le territoire des Yomout ? Depuis longtemps, ces deux tribus sont divisées par une profonde inimitié. Alors un guide Yomout ? Mais, dans ce cas, il faut qu'il ne soit point un Uzbek mais un ghoul [1] pour pouvoir traverser le territoire des Turkomans.

En outre, les chameaux ne peuvent fouler ce sol qu'à la seule condition que le chamelier appartienne à la tribu dont on traverse le territoire. Ces gens ne reconnaissent l'autorité de personne. Il faut se plier à leur volonté et se conduire selon leur bon plaisir. Il vous est, de plus, indispensable de connaître le nombre exact de tous ceux qui vous accompagneront maîtres ou subordonnés, afin de régler leur subsistance en vivres et en eau. Il faut tout emporter d'Esterâbad, la farine, le biscuit et tout ce dont on a besoin en fait de conserves au vinaigre et de légumes secs. Il n'y a que la viande dont on ne doive pas s'approvisionner.

« Vous devez supposer qu'Esterâbad est un port de mer, que le désert des Turkomans est l'Océan, les chameliers Yomout les gens de l'équipage, et que le Kharezm est Calcutta, l'Egypte ou l'Europe, et que vous ne pouvez relâcher avant d'être arrivé à votre but. L'eau est ce qui vous est le plus nécessaire. Il faut en emporter une quantité plus que suffisante pour donner à boire à vos compagnons de route et abreuver vos chevaux ; sans cette précaution, vous courrez risque de la vie. »

---

1. Les ghouls sont des démons, des ogres qui ont la faculté de se rendre invisibles. Ils se tiennent dans les déserts, dans les ruines, dans les environs des cimetières et se nourrissent de cadavres ou de la chair des voyageurs qu'ils réussissent à égarer.

Vers. — « Telle est la route, sois homme et parcours-la. »

Je répondis : Les sages ont dit :

Vers. — « Si le rang suprême est au fond de la gueule du lion, précipite-toi dans cette gueule et cherches-y la grandeur, les plaisirs, les richesses et les dignités. (Ou tu les trouveras), ou bien tu verras en homme de cœur la mort face à face. »

Le 27 (29 avril). Nous restâmes ce jour dans la demeure qui nous avait été assignée, occupés de nos préparatifs de voyage. je déliai ma bourse et j'envoyai mes serviteurs au caravansérail et au bazar. Je fis tout d'abord acheter à tout prix quelques peaux de cuir de Russie ; puis, ayant fait venir un sellier, je fis tailler et coudre de grandes outres. J'en fis acheter de petites. On porta du blé au moulin pour le convertir en farine; ensuite, on en fabriqua du biscuit. Un tailleur que je fis quérir confectionna quelques djubbèhs en châle de Kachmir. J'achetai également des qabas et des djubbèhs brochés d'or et en drap pour les donner en présent aux notables des tribus que nous rencontrerions sur notre route. Je fis encore l'acquisition de châles du Kerman à fond rouge et à fond jaune et je fis provision de verroteries et d'objets de mercerie. Une caravane de Khiva arriva sur ces entrefaites. Parmi ceux qui la composaient se trouvaient des gens de Khoqand et de Khiva qui se proposaient de faire le pèlerinage de la Mekke. Je fis venir les chameliers qui étaient des Turkomans Yomout établis dans les environs de Khiva, et je leur demandai le prix auquel ils consentiraient à nous louer leurs chameaux. Ils s'aperçurent de suite que les Khiviens et les marchands qui nous accompagnaient avaient, ainsi que nous-mêmes, le plus grand besoin de leurs services. Ils ne se firent donc pas faute de demander un prix élevé pour le louage de chaque chameau. A force de promesses et de menaces et en faisant briller à leurs yeux l'espérance d'une gratification en argent, nous finîmes par les déterminer à nous louer chaque chameau pour la somme de trois toumans. Nous avions besoin de vingt chameaux pour porter notre eau, nos vivres et nos bagages. Nous acquittâmes par avance le prix convenu et nous fûmes délivrés de ce souci. Mais, ils nous objectèrent alors qu'ils venaient seulement d'arriver et qu'ils avaient des affaires à traiter. « Nous ne pourrons nous mettre en marche, nous dirent-ils, que le dix du mois de Redjeb. Nos chameaux sont exténués de fatigue, et ils n'ont la force ni de marcher, ni de porter des fardeaux. » Toute insistance eût été inutile. Je consentis donc à ce retard et je fis continuer les préparatifs nécessaires à la traversée du désert.

Le 28 (30 avril). On reçut la nouvelle qu'un Khilaat (vêtement d'honneur) envoyé de Téhéran au Beylerbey à l'occasion de la fête du Norouz, allait arriver. Le Beylerbey prit toutes les dispositions nécessaires pour aller le recevoir hors de la ville. Quant à moi, j'envoyai chercher les Khans des Turkomans Yomout. Je préparai ma demeure pour les recevoir et je les entretins de la puissance de la Perse et de son organisation. Je fis disparaître de leur esprit leurs idées chimériques des temps passés, et leurs opinions erronées sur l'affaiblissement et l'impuissance du gouvernement persan. Je remplis leur cœur de crainte en leur donnant des preuves matérielles et morales, et en leur faisant des démonstrations pleines de force et de vigueur. Ils me quittèrent, partagés entre la frayeur et l'espérance, et ils prirent le parti de faire leur soumission.

Mirza Ismayl Khan Noury qui remplissait sur la frontière les fonctions de rapporteur et d'agent politique était venu me faire visite. Il me pria d'aller le soir dîner chez lui. J'accédai à sa prière et je pris congé de lui après avoir été comblé de marques d'honneur et d'affectueuse considération. Les ferrach du Beylerbey qui m'accompagnaient avaient pris le mot d'ordre. Les factionnaires nous ouvrirent la porte de la ville et je rentrai chez moi pour m'y livrer au repos.

Le 29 (1ᵉʳ mai). Dès le matin un sombre nuage s'éleva et revêtit le ciel inclément d'une robe noire.

La pluie tomba d'abord à gouttes pressées, puis à torrents. Ma vue s'étendait sur la montagne et sur la plaine ; sous mon balcon je voyais mon jardin et ses orangers. Leur odeur printanière pénétrait mes sens et la couleur verte des feuilles lavées par la pluie réjouissait mes yeux. On a dit :

Distique. — « Trois choses font disparaître la tristesse du cœur : la vue de l'eau, celle de la verdure et celle d'un joli visage. »

Toute la journée, les nuages, comme mes yeux, versèrent des torrents de larmes, et le sein des nuages déchiré par la foudre était, comme le mien, enflammé et brûlé. Le nuage voulait rivaliser avec mes yeux et l'éclair désirait être à l'unisson de mon cœur. Les lueurs de celui-ci embrâsaient le monde, les larmes de celui-là ne cessaient de couler. On aurait dit que le tonnerre, semblable à un rebab [1], gémissait comme Raad, séparé de Rebab, ou qu'il exhalait des plaintes comme Saad, éloigné d'Esma. Le nuage était pareil à un ferrach attaché au service royal qui arrose la route sur le passage du souverain ; le tonnerre était semblable aux canons du roi qui donnent aux officiers de la cour le signal de monter à cheval. Le jardin de Bedi ouz Zeman présentait, en vérité, un agrément merveilleux. Le pavillon de plaisance était d'une grande hauteur et les branches des orangers atteignaient le balcon de l'étage supé-

---

1. Le rebab est une espèce de viole à deux ou trois cordes, se composant d'un chassis en bois couvert d'une feuille de parchemin et soutenu par une tringle en fer. Les cordes de l'instrument, ainsi que celles de l'archet, sont en crins de cheval. Le rebab soutient la voix du chanteur ou de celui qui déclame des vers. On en trouve une description détaillée dans le mémoire de M. Villoteau, inséré dans la description de l'Egypte, et dans l'ouvrage de M. E. W. Lane, « *The modern Egyptians* ». Londres, 1836, tome II, pages 74-75.

Rebab est la forme arabisée du nom persan Revavèh.

rieur. On aurait dit que des arbres étaient plantés dans le salon et que les orangers nous tenaient compagnie.

Vers. — « La verdure des feuilles relevait l'éclat des oranges ; elles brillaient comme des tulipes vermeilles au milieu d'une pelouse. Les arbres semblaient être des mines d'émeraudes et de cornalines. Les émeraudes se trouvaient à la base et les cornalines au sommet. »

Le 1er du mois de Redjeb (2 mai). La perspective des fatigues et des privations que nous aurions à supporter sur la route du Kharezm, l'élévation de la température dans la saison où nous nous trouvions me déterminèrent, après réflexion, à faire faire une litière pour le cas où l'un de nous serait accablé de fatigue, saisi par la fièvre ou en proie à la maladie. Je me décidai à prendre cette mesure de précaution. Je fis venir un menuisier et je lui commandai une litière qui fut à la fois grande et solide. Je fis faire la housse qui devait la couvrir et on désigna un chameau pour la porter.

Le Beylerbey qui avait fait ce voyage et qui en avait supporté toutes les épreuves donna son approbation à cette mesure et il insista pour qu'elle fût mise à exécution.

Le 2 Redjeb (3 mai). Quelques ulémas vinrent me faire visite. Ils me remirent une liste comprenant les noms des individus d'Esterâbad et autres localités qui étaient captifs à Khiva De pauvres gens dont les parents étaient esclaves dans le Kharezm me supplièrent de leur permettre de m'accompagner. J'agréai leurs prières pour attirer leurs vœux sur le Gouvernement du Roi.

Je leur dis que, lorsque nous partirions, ils monteraient sur les chameaux chargés de porter les bagages et que, pendant le voyage, on ne leur refuserait ni l'eau ni le pain.

Le 3 Redjeb (4 mai). Je montai à cheval et j'allai me promener dans les environs de la ville. On travaillait avec ardeur à reconstruire le château et les fortifications qui étaient tombées en ruines. Un fonctionnaire, délégué par le Beylerbey, surveillait les travaux. Je m'assurai que l'on dépensait les sommes assignées et je me rendis compte de tout ce qui se faisait. Les habitants d'Esterâbad me parlèrent de la conduite de leurs anciens gouverneurs et j'acquis la certitude que la province d'Esterâbad n'avait jamais joui d'une sécurité et d'une prospérité plus grandes.

Le 4 Redjeb (5 mai). Nous apprîmes que Dja'fer Qouly Khan Emiri Pentchèh (commandant un corps de cinq mille hommes) avait reçu l'ordre d'agir sur les frontières d'Esterâbad avec un corps de troupes royales. Cette nouvelle jeta les Khans Turkomans dans le trouble et l'inquiétude. Je tâchai, ainsi que l'exigeaient les circonstances, de les rassurer par des paroles sensées, et je leur inspirai tour à tour des sentiments de crainte et d'espérance en leur traçant le tableau des forces militaires de la Perse et de son organisation administrative.

Le 5 (6 mai). On reçut une dépêche de Hassan Khan Turkoman surnommé Hassan Tchoughan [1]. Il avait été chargé par le Beylerbey d'Esterâbad de demander le rapatriement des habitants du Mazanderan que les Turkomans avaient enlevés sur les bords de la mer Caspienne. Il faisait savoir qu'il avait délivré une partie des prisonniers et qu'il ne tarderait pas à obtenir la liberté de ceux qui restaient et à les ramener.

Le Beylerbey fit, de son côté, ses préparatifs pour entreprendre une expédition; il convoqua les milices de la province et leur donna ordre de répondre à l'appel de leur officiers et de se réunir à Siâh Bâlâ [2]. Ces dispositions donnèrent matière à toutes sortes de réflexions de la part du peuple. Le Beylerbey sortit de la ville pour aller s'établir dans les environs.

Le 6 Redjeb (7 mai). J'engageai mon compagnon de voyage,

---

1. Tchoughan est le nom d'une des subdivisions des Yar Aly, fraction de la tribu Yomout des Djafer Bay.

2. Siâh Bâlâ ou Qalèhi Siâh Bâlâ est un village du bulouk d'Esterâbad Roustaq, au nord-est de la ville d'Esterâbad. Il est situé à un ferseng de la frontière de la steppe habitée par les Turkomans Yomout. (Melgunof. p. 109.)

l'envoyé du Khan de Kharezm, à partir et à aller camper sur les bords de la rivière de Gourgan, pour ôter aux chameliers Yomout de Khiva tout prétexte de retard, afin que nous pussions être prêts à nous mettre en marche le dix de Redjeb. Ata Niaz Mahrem adopta le parti que je lui suggérais et il se dirigea vers la rivière de Gourgan avec les gens de sa suite.

Le 7 Redjeb (8 mai). Je complétai mes préparatifs de voyage; mon départ fut irrévocablement fixé. J'écrivis une dépêche aux ministres; je la remis à Mirza Ismayl Khan, agent politique à Esterâbad pour qu'il expédiât un courrier à Téhéran et que les ministres fussent instruits des motifs qui avaient retardé mon voyage.

Le 8 Redjeb (9 mai). A l'aube du jour, je fis partir d'Esterâbad pour la rivière de Gourgan mes serviteurs et mes bagages. Je me mis moi-même en route quelque temps après, en compagnie de Qara Khan Ata Bay dont la tribu et la famille résidaient sur les bords du Gourgan. Nous arrivâmes à Siâh Bala où nous trouvâmes le camp et les tentes du Beylerbey d'Esterâbad. Il nous reçut avec la plus grande cordialité et désigna, pour nous accompagner et nous servir de guide, Kouktchèh Bay, de la tribu de Djafer Bay. Nous abordâmes dans notre conversation toutes sortes de sujets. Le Beylerbey me donna tous les renseignements utiles et me fit toutes les recommandations nécessaires pour le voyage de Khiva. De mon côté, je lui communiquai en détail tout ce que j'avais appris sur Esterâbad et sur les Turkomans.

Je pris congé du Beylerbey et je me dirigeai sur le Gourgan. J'arrivai, un peu avant le coucher du soleil, à la tente de Qara Khan. Qouly Khan Aq et quelques Turkomans notables s'étaient portés à ma rencontre.

Le 9 Redjeb (10 mai). Nous nous établîmes sous nos tentes et nos pavillons sur la rive du Gourgan. Les femmes et les enfants de la tribu vinrent, selon leur habitude, deux ou trois fois par jour, de leur campement à la rivière pour s'y baigner, s'y livrer à mille ébats et y prendre le plaisir de la natation.

Ce qui nous étonna le plus, fut de voir des enfants de six à sept ans se jeter dans les flots agités de la rivière, de la rive élevée de six à sept coudées. Ils nageaient comme des canards.

Incident. Un de mes domestiques natif de Chiraz, nommé Feth oullah, s'imagina pouvoir faire ce que faisaient ces femmes, ces enfants et ces jeunes gens sautant dans la rivière et y prenant leurs ébats comme des oiseaux aquatiques. Cette rivière, se dit-il, ne doit point être profonde et le courant n'est assurément point assez fort pour m'entraîner. Je sommeillais; il profita de cette circonstance pour se rendre sur le bord de la rivière et se jeter dans l'eau. Ses pieds ne touchèrent pas le fond, il revint à la surface et le courant se mit à le faire rouler sur lui-même et à l'entraîner.

Les enfants qui étaient sur la rive et qui se disposaient à nager, aperçurent une outre gonflée d'air qui suivait le fil de l'eau. Ils voulurent s'en emparer; ils s'élancèrent et ils étendaient les mains pour s'en emparer, quand Feth oullah, voulant échapper à la mort, saisit l'un d'eux et l'étreignit vigoureusement. Tous deux disparurent sous les flots. Les enfants, témoins de ce spectacle, se mirent à pousser de grands cris. Des Turkomans accoururent aussitôt et se précipitèrent tout habillés dans la rivière. Deux ou trois d'entre eux saisirent par un effort commun et ramenèrent sur la rive ces deux jeunes gens qui se noyaient. On suspendit Feth oullah par les pieds, la tête en bas. Il rendit l'eau qu'il avait avalée et qui représentait la contenance d'une petite outre. Il tomba ensuite sur le sol privé de connaissance et comme mort. Nous passâmes un jour et une nuit à lui administrer des médicaments, jusqu'à ce qu'il eut recouvré le sentiment. Après cet accident, il se garda bien de retourner sur le bord de la rivière.

La rivière du Gourgan.

Cette rivière emprunte son nom à la province de Gourgan qu'elle traverse. C'est un cours d'eau considérable dont la largeur, dans les endroits que l'on traverse à gué, est de quinze à vingt coudées. Elle prend sa source dans le pays occupé par les Gouklans et se jette dans la partie de la mer Caspienne que l'on appelle mer d'Esterâbad. Cette mer porte aussi les noms de mer du Guilan et mer d'Esterâbad. Pendant l'hiver, on traverse le Gourgan au moyen de radeaux, d'outres ou sur des bateaux grands et petits. Pendant l'été, un cheval peut le franchir à la nage. On a vu, dans cette rivière, d'énormes poissons. Au printemps, son volume devient si considérable, que l'eau s'élève de plus de six coudées au-dessus des berges, et elle inonde les terrains plats [1]. Le terrain de la plaine de

---

1. Le fleuve de Gourgan prend sa source dans les montagnes du Mazanderan, dans la vallée de Chehereki nao, traverse la plaine de Sulthan Douïn, la province de Gourgan et se jette dans la mer Caspienne.

Une petite partie seulement de ses eaux est employée pour les besoins de l'agriculture. Le reste n'est d'aucun profit. Ce fleuve a une grande profondeur : ses bords sont marécageux et cette particularité en rend le passage très-difficile. Il ne se passe point de jour sans qu'un homme ne s'y noie. La longueur du cours du Gourgan est de cinquante fersengs. » — *Nouzhet oul qouloub*, page 284.

« Le Gourgan prend sa source à Guerm Tchechmèh (source chaude) dans l'Elbourz, non loin de Châh âbad et de Semoulgan, et se jette dans la mer Caspienne, près de l'aoul de Gumuch tèpèh, à six fersengs au sud de l'embouchure de l'Etrek. Le cours du Gourgan a une longueur de vingt-huit fersengs ; ses bords sont assez escarpés ; le lit du fleuve est argileux et vaseux, ce qui donne une couleur jaunâtre à ses eaux. Le Gourgan est assez profond dans maint endroit pour qu'on ne puisse pas le passer à gué, et pendant la saison des pluies, son volume d'eau est, en général, assez considérable. Près de son embouchure, le Gourgan forme un marécage dont les bords sont très-plats. Les affluents du fleuve sont : à droite, le Karesly, dans la vallée de Cheherek, le Tchilguessy qui vient du mont Nilèhkouh, reçoit le Qarasou et se réunit au Gourgan à un ferseng de Goumbedi-Qabous ; le Guerm roud, qui traverse une gorge de l'Elbourz, reçoit quelques petits cours d'eau et se jette dans le Gourgan à l'ouest de Goumbedi-Qabous, l'Abi-Khour et trois fersengs plus haut le Sary Sou. Les affluents de la rive gauche sont : le Qaraoul-tchay ou Echek Sou, et le Dougouloum qui traverse la vallée de Châhrek. »

« Le long de la rive droite du Gourgan, se trouvait autrefois un mur appelé Kizil-alan, qui commençait au mont Poucht i Kemer, à quatre fersengs de la source du Gourgan,

Gourgan est des plus fertiles. En raison de l'abondance de l'eau, de la bonne qualité du sol qui se prêterait à toutes les cultures, les récoltes pourraient être d'une extrême abondance; mais les Turkomans ne sèment que la quantité de céréales nécessaire à leur subsistance. Si des cultivateurs étaient fixés dans cette contrée, elle produirait de quoi nourrir un royaume [1].

près de l'aoul des Qara-Balqan, longeait le fleuve jusqu'à son embouchure et s'avançait même à une certaine distance dans la mer. Ce mur, construit en briques, a disparu aujourd'hui, son emplacement est indiqué par une série de petits monticules dont quelques-uns s'élèvent jusqu'à huit ou dix pieds au-dessus du sol. Ces monticules ou qourgan, qui présentent l'aspect de petites redoutes carrées, sont distants de quarante minutes l'un de l'autre et mesurent en général cent cinquante pas de long. Plus loin, on trouve les traces d'un autre mur parallèle au premier; la route passe entre les débris de ce second mur. Selon la tradition, ces murs furent construits du temps d'Alexandre pour protéger le pays contre les Alains. De même, la légende attribue tantôt à Alexandre, tantôt à l'ancien Djordjan, les travaux d'irrigation dont on rencontre les vestiges sur les deux rives du Gourgan. » (Melgunof, *l. c.*, pp. 80-81.

1. DJOURDJAN. La capitale de cette province, située dans le quatrième climat, a été rebâtie par le petit-fils du prince Seldjoukide Melik Châh. Son mur d'enceinte a mille pas de circuit. La température est celle des climats chauds. L'eau que l'on boit a déjà servi à arroser les terres cultivées mais la proximité des montagnes permet d'en faire venir de la neige pendant les grandes chaleurs. Les produits du Djourdjan sont le blé, le coton et la soie. Les fruits sont le raisin, le jujube et les dattes. On y récolte du sésame d'excellente qualité. Le sol y est si bon qu'un arbre d'un an y est plus fort et plus vigoureux que ceux qui, dans d'autres pays, sont plantés depuis deux ans. Les habitants sont Chiites et ils se font distinguer par la générosité de leur caractère. Dans les premiers temps de l'Islamisme, la population était fort nombreuse; mais, sous la dynastie des princes Bouïdes, la guerre éclata dans la ville et la population fut notablement diminuée. Lors de l'invasion des Mogols, il y eut un massacre général des habitants et la ville est encore en ruines. On n'y voit que peu d'habitants.

Le roi Sassanide Firouz fit construire une muraille d'une longueur de cinquante fersengs pour mettre le pays à l'abri des incursions des Touraniens (Turkomans).

Parmi les tombeaux des saints personnages, on remarque celui de l'Imam Djafer Essadiq, que le salut soit sur lui ! Il est connu sous le nom de Gouri Sourkh (le tombeau rouge). On voit là deux meules dont chacune a une épaisseur de vingt coudées et un diamètre de trente coudées. — *Nouzhet oul Qouloub*, page 421.

Aboul Faradj Qoudamah (337-948) mentionne cette muraille dans son ouvrage qui a pour titre : « *Sana'at oul Kitabèh* ». Les Turks, dit-il, sortaient de leur désert et pénétraient dans le Djourdjan. Les habitants de cette province élevèrent une muraille de briques pour se mettre à l'abri de leurs incursions. Mais les Turks finirent par être vainqueurs et un de leurs chefs, nommé Sôl, s'empara du pays qui fut ensuite conquis par les Musulmans.

« Sur la frontière du Gourgan, dit Sa'id el Djourdjany, on a élevé une muraille de briques cuites, qui s'étend depuis le sommet de la montagne d'Aly âbad jusqu'à Siavechek et Abisgoun. Chacune des briques qui ont servi à cette construction pèse trente ou

Du temps de Sultan Mahmoud et de Sultan Messoud, princes de la dynastie des Gaznévides, la richesse et la densité de la population du Djourdan étaient devenues proverbiales. Plus tard, l'Emir Qabous, fils de Vechmguir, et ses descendants gouvernèrent le Djourdjan d'une manière indépendante. La coupole qui recouvre le tombeau de Qabous existe encore aujourd'hui dans le désert des Turkomans; elle est intacte et elle a toutes les apparences de la plus grande solidité.

Ce tombeau a été construit, il y a près de six cents ans, par Menoutcheher, fils de Qabous.

La tribu des Turkomans Ata Bay dont Qara Khan est le chef est fixée sur les bords du Gourgan. Celle des Djafer Bay est établie sur les bords de la mer d'Esterâbad [1].

---

quarante mans.» Ce mur, au dire de l'auteur, s'étendrait à travers le désert jusqu'à Serakhs. Les habitants lui donnent le nom de Bakhtiar. — *Messalik oul Memalik,* manuscrit de ma collection, f° 78.

[1] Je crois devoir donner ici, d'après M. Melgunof, quelques détails sur les Turkomans des bords du Gourgan.

La tribu Yomout des Djafer bay se divise en Yar Aly et Nour Aly.

Les Yar Aly se composent des branches suivantes : Ounlouk Taumadj, 250 tentes; Ery Toumadj, 140 tentes; Tchoughan, 85 tentes; Fourkhas, 110 tentes; Aryq, 100 tentes; Kal, 45 tentes; Qous Aly, 45 tentes; Qizil, 90 tentes; Saqally ou Aryq Saqally, 90 tentes.

Les principaux lieux de campement des Yar Aly sont Qara Senguer et Gumuch Tèpèh aux environs du Gourgan.

Les Nour Aly comprennent les branches suivantes : Kam, 220 tentes; Qir, 60 tentes; Qourt ou Qourt thayfèh, 60 tentes; Qareudjik ou Qaradjèh, 200 tentes; Pan ou Pan Koutouk, 150 tentes; Igdir Koutchek, 250 tentes; Keltèh, 170 tentes. Les aouls ou résidences des Nour Aly sont : Khodja Nefes, Gumuch Tèpèh et Hassan Qouly sur les bords de l'Etrek. Les Yomout de la tribu Ogourtch Aly se divisent en Aq et en Ata bay. Ils vivent sur la rive droite du Gourgan. Les Aq se composent des Ouzoun Aq avec 320 tentes et des Qisqah Aq avec 280 tentes. Les Ata bay se subdivisent en Sahanèh, 100 tentes; les Saqy, 75 tentes; les Yanpey, 40 tentes; les Mohammed Oulouk 170 tentes; les Saridjly, 40 tentes; Qaza, 45 tentes; Qaza Halgah, 150 tentes; Dauguendjèh, 80 tentes; Taana, 200 tentes; Qandjermèh, 80 tentes; Qoullar, 20 tentes Qaradachlou, 20 tentes.

Tchouny, fils de Yomout, est considéré comme étant la souche des Ata bay.

La mer d'Esterâbad plus connue sous le nom de Bahri Khazer ou mer Caspienne.

La mer Caspienne est désignée sous le nom des différents pays qui se trouvent sur ses bords. Elle porte ceux de mer du Guilan, du Thabarestan, du Gourgan, de Bab oul Ebwab (Derbend), de Khazer et de Qoulzoum. Cette dernière dénomination est erronée. Sa longueur, de l'Orient à l'Occident, est de deux cent soixante fersengs et sa largeur de deux cents. Elle reçoit les eaux d'un grand nombre de fleuves qui viennent se décharger dans son sein. Je citerai le Gourgan, le Volga et l'Araxe. Cette mer n'ayant aucune communication avec le grand Océan, le flux et le reflux ne s'y font pas sentir. Ses flots sont toujours agités et bouleversés. Les pays du Kharezm et de Saqsin sont situés à l'orient de cette mer. Au nord, se trouve le désert de Khazer, à l'occident le Chirvan, au sud le Guilan, le Mazanderan et la province d'Esterâbad. Ses rives sont fréquentées par des tribus turkomanes. On affirme que cette mer renferme deux cents îles. Abiskoun était l'une d'elles, mais elle est, aujourd'hui, couverte par les eaux.

Le 10 de Redjeb (11 mai). Nous quittâmes la rive du Gourgan et nous nous mîmes en route en implorant l'assistance de Dieu. Après avoir parcouru deux ou trois fersengs, nous arrivâmes à Aq Qalèh, aujourd'hui en ruines et qui fut la résidence des Qadjars [1].

Aq Qalèh fut autrefois une ville florissante où s'étaient fixés les Qadjars, tribu qui anciennement émigra du Turkestan en Perse. Ils se divisèrent dans cette ville en deux partis : les Achagha

---

1. Aq Qalèh est entouré de buttes et de monticules de terre qui sont certainement les restes de fortifications et de villages; mais les plantes et une végétation abondante ont remplacé la population. Aq Qalèh semble avoir été une solide place forte de forme carrée. Les amas de terre et de briques permettent de se représenter la ligne des murailles et des bastions. — Fraser, *Travels*, etc., page 620.

bach et les Yokharou bach [1]. Il ne reste que peu de vestiges de cette place forte; cependant on peut, grâce à des indices certains et en procédant par inductions, distinguer les ruines d'une porte, l'emplacement de plusieurs grands édifices et reconnaître une chaussée, une écurie, un vaste édifice et le bazar. Cette ville était bâtie dans une heureuse situation, à peu de distance du Gourgan.

Nous traversâmes Aq Qalèh et nous arrivâmes sur le bord du Gourgan, à l'endroit où nous devions le traverser. Le bonheur qui préside aux destinées du Roi nous permit de franchir la rivière à gué et, arrivés sur la rive opposée, nous rendîmes grâces à Dieu et nous lui offrîmes les témoignages de notre reconnaissance. Nous fîmes halte pour attendre que les bagages, les gens de notre suite, les pauvres gens qui nous accompagnaient et les pèlerins de Khoqand eussent traversé le fleuve sains et saufs. Notre caravane se composait de plus de deux cents personnes, cavaliers, piétons ou gens montés sur des chameaux. Nous nous arrêtâmes après avoir franchi un ferseng au-delà du Gourgan.

Le 11 Redjeb (12 mai). Nous congédiâmes les Khans Turkomans, qui nous avaient accompagnés au-delà du fleuve. Pour reconnaître les services qu'ils nous avaient rendus, je leur fis cadeau de robes tissées d'or.

Hassan Tchoughan vint me trouver en compagnie de Qouly Khan et d'une troupe de Turkomans. Ils passèrent tous la nuit dans notre campement, et, le lendemain matin, ils continuèrent leur route vers le but de leur voyage.

Le Qazhy des Turkomans, qui prétendait descendre des Mogols et appartenir à la famille de Djenguiz Khan, nous fit aussi ses adieux et retourna au campement de sa tribu.

Nous nous enfonçâmes alors dans l'immensité du désert. Nous tournions le dos aux montagnes d'Esterâbad; le lendemain, nous les perdîmes de vue. Nous marchions vers le Nord,

---

1. Achagha bach, tête en bas; Yokharou bach, tête en haut.

laissant la direction de la Mekke derrière nous. Sur la route, le cheval de mon fils Aly Qouly [1] mit le pied dans un trou creusé par un rat et s'abattit. Mon fils resta sous sa monture et reçut de violentes contusions aux reins, à la figure et aux pieds. Quand il revint de son évanouissement, il ne put remonter à cheval. Je fis, en conséquence, avancer le chameau qui portait la litière restée inoccupée, et je l'y fis installer après lui avoir fait prendre de la moumia dont je m'étais muni par précaution [2]. Le soir nous campâmes et nous pûmes gouter le repos.

Les Turkomans Yomout.

Les Turkomans forment une population innombrable. C'est chose difficile que d'en faire le dénombrement. Ils ne possèdent, en effet, aucune ville et ils ne restent pas dans un lieu fixe où l'on puisse déterminer leur nombre. Ils sont dispersés

---

1. Aly Qouly Khan, Moukhbir oud Daoulèh, est aujourd'hui directeur général des lignes télégraphiques de Perse.

2. Le moumia ou moumiay est une substance bitumineuse à laquelle les Persans attribuent les propriétés les plus efficaces pour la guérison des plaies et des blessures. « Le véritable fameux moumiay persan, celui qu'on pourrait d'après les indigènes, « appeler miraculeux, ne se trouve qu'en quantités très-minimes, exsudant d'étroites « crevasses de montagnes près de Behbehan, de Nasgoun, de Tengui Toghâb, de Darab « et de Djaroun, localités de la province de Fars. Celui de Tengui Toghâb est le plus « estimé. » — Schlimmer : *Terminologie médico-pharmaceutique et anthropologique française-persane.* Téhéran, 1874, page 60.

Kœmpfer *(Amœnitatum exoticarum, fasciculi V, Lemgoviæ, 1712,* pp. 516-522) a donné une longue description du moumia. « Il y en a deux mines ou sources (de mumie) en Perse, dit Chardin. L'une dans la Caramanie déserte, au pays de Sar, et c'est la meilleure ; car on assure que quelque moulu, brisé ou fracassé, qu'un corps humain puisse être, une demi dragme de cette mumie le rétablit en vingt-quatre heures, de quoi personne ne doute en Perse, sur l'expérience des cures merveilleuses qu'ils font tous les jours avec cette précieuse drogue..... Les Persans disent que le prophète Daniel leur a enseigné la préparation et l'usage de la mumie. » — *Voyages du chevalier Chardin en Perse,* etc., tome III, p. 311, édition de 1811.

dans la vaste étendue du désert de la province du Gourgan et du Kharezm.

Les uns pensent que leur nombre s'élève à trente mille; l'estimation d'autres personnes est plus forte ou moindre.

On les trouve partout dans le désert, depuis Esterâbad jusqu'à Khiva. Les Turkomans parcourent en vingt jours la distance qui sépare ces deux villes, en faisant chaque jour deux étapes. Il faut donc compter quarante journées de marche. Au-delà d'Esterâbad se trouvent les Gouklan. Les Gouklan et les Yomout sont divisés par une profonde inimitié. Si je voulais donner les noms des subdivisions et des différentes branches de ces deux tribus, ces détails m'entraîneraient trop loin [1].

1. Je crois devoir suppléer ici au silence de Riza Qouly Khan et donner, d'après M. Melgunof, le nom des subdivisions des grandes tribus des Yomout et des Gouklan.

Outre les fractions des Yomout Djafer Bay et Ogourtch Aly, il faut signaler la branche des Yomout Yelqay qui comprend les Saqâr, 65 tentes; les Vekyly, 195 tentes; les Qyr, 40 tentes; les Mirza Aly, 65 tentes; les Ourazly, 25 tentes, et les Ounlouk, 140 tentes.

Les Yomout Doudjy se subdivisent en Oudek, 140 tentes; Sarydjèh Meyout, 70 tentes; Khivaqy, 105 tentes; Kurèh 100 tentes; Abdal Idjmek, 120 tentes; Baqat, 20 tentes; Qaradjèh Daghy, 550 tentes.

Les Doudjy mènent la vie nomade dans les environs du bulouk de Katoul, sur les bords du Gourgan, dans la province d'Esterâbad.

On rencontre, en outre, des Yomout de la tribu de Daz dans les environs d'Aq Mesdjed et dans le bulouk de Fakhr Imadouddin. Le nombre de leurs tentes s'élève à 650. Les Yomout Badraq, sur les frontières du bulouk de Katoul, 300 tentes; les Yomout Qan Jaqmaz à Bibi Chirvan, 200 tentes; les Yomout Eymer, sur les frontières du bulouk de Fenderisk, 375 tentes; les Yomout Koutchek qui se subdivisent en Oustadjiq, 190 tentes; Khourthèh, 185 tentes. Les Koutchek sont nomades et vivent entre Fenderisk et Qaratiken.

Les Yomout Salakh, 255 tentes; les Qaravièh près de l'Etrek, au pied du Balkhan, 260 tentes; les Yomout Qoudjouq Tatar près de Bibi Chirvan, 439 tentes; les Yomout Ata, 90 tentes; les Yomout Makhdoum, 120 tentes.

Les tribus des Gouklan comptent aujourd'hui 2550 tentes. Elles comprenaient autrefois douze mille familles, mais leur nombre a considérablement diminué à la suite des guerres qu'elles ont eu à soutenir contre Khiva et les Yomout, et surtout après l'expédition entreprise contre eux par Mohammed Châh en 1836.

Les Gouklan nomades vivent dans le bulouk de Kouhsar dépendant de la province d'Esterâbad et sur les bords du Gourgan et du Guerm Roud.

Les Gouklan se divisent en deux grandes tribus : les Doudourqah et les Halqah Daghly.

Les Doudourqah comprennent les Qiriq qui se subdivisent en Koundlik, 100 tentes; Soufyan, 100 tentes; Koukdjèh, 100 tentes; Dehanèh, 100 tentes; Ichèkèh, 70 tentes.

Chacune de ces tribus est indépendante sur son propre territoire. Elles ne se prêtent aucune aide entre elles : leur esprit d'indépendance est poussé si loin, que le plus infime chamelier n'obéit point aux ordres du Khan de sa tribu. Les Turkomans ont la plus grande ressemblance avec les Arabes du désert si ce n'est que la langue de ceux-ci est l'arabe, tandis que ceux-là ne parlent que le turk. Des auteurs prétendent que les Turkomans ne sont point d'origine turque ; qu'ils ont seulement avec les Turcs une certaine ressemblance, ainsi que l'indique leur nom [1].

Les Turkomans ne vivent que du fruit de leurs courses et de leurs rapines, de l'élève du chameau, du métier de chamelier de caravane ou du produit de leurs chameaux. Ils se nourrissent de la chair et du lait de ces animaux. Quelques-uns d'entre eux possèdent des moutons. Les femmes tissent des châles, des tapis, de la toile à ballots et des sacs. Ils sont Hanéfites, mais ils ne connaissent qu'imparfaitement les prescriptions de ce rite.

Le 12 de Redjeb (13 mai). Nous partîmes de nuit de la

Ces tribus résident à l'ouest du Gourgan, dans les environs de Michk ou Anber. Les Gouklan Bayendir comprennent les Aq Qilidj Khany, 123 tentes, et les Nefes Khany, 107 tentes. Ils campent dans les vallées du Gourgan.

Les Gouklan Yangaq comprennent les Kouty Medjmen, 116 tentes, et les Uteh Qounly, qui vivent à l'ouest du Goumbedi Qabous et à l'est de Keboud Djamèh. Ils possèdent 100 tentes.

Les Gouklan Kerkez sont fixés sur les bords du Gourgan. Le nombre de leurs tentes s'élève à 150.

Les Qouchtchy et Qarachour, 139 tentes; les Kharouchour, 156 tentes.

II. Les Gouklan Halqah dagly comprennent : les « Saqar Beikdily » sur les bords du Gourgan, de l'Etrek et de Hayder âbad, 350 tentes; les « Arab », 300 tentes; les Ay Dervich dans les vallées du Gourgan et les environs de Qara Cheikh, 66 tentes. Les « Qarabalkhan » se subdivisent en Yokhary Boïlou et vivent dans les vallées du Gourgan et aux environs de Qarenâbad : ils ont 165 tentes. Les Erkekly, à deux fersengs du Gourgan et dans les environs d'Aly Tchechmèh, possèdent 112 tentes.

Les Ghay se subdivisent en Temek, avec 56 tentes; en Dary, avec le même nombre de tentes, en Qarnas avec 47 tentes, et en Bouqidjèh qui possèdent 40 tentes, et sont fixés dans les environs de Michk ou Anber et de Mourghzar.

1. Turkmen ou plutôt turkman, corruption de turkmanend signifie « qui ressemble aux Turks ».

station appelée par les Turkomans In Tchekèh, et nous arrivâmes à midi à la rivière d'Etrek [1]. L'eau de cette grosse rivière est saumâtre et salée. Nous la traversâmes et nous prîmes notre repas sur l'autre rive. Les chefs turkomans qui nous avaient accompagnés et qui étaient au nombre de cinquante cavaliers, sollicitèrent une gratification. Nous distribuâmes aux notables des tribus de l'argent et des vêtements; puis, pour nous conformer à cette sentence : « Sépare-toi des Turks, quand bien même ton père serait Turk », nous nous quittâmes des Turks de l'Etrek [2]. Nous leur dîmes adieu et nous les renvoyâmes à leurs résidences, à leurs tribus et à leurs campements.

J'écrivis et j'expédiai une lettre au Beylerbey d'Esterâbad pour lui faire connaître notre arrivée sans accident sur les bords de l'Etrek et pour le rassurer sur notre compte.

Nous remontâmes ensuite à cheval et, vers le coucher du soleil, nous atteignîmes une plaine unie où il n'y avait « ni Div, ni ange, ni bête sauvage, ni péri ». Les Turkomans donnent à cette plaine le nom de Kouh Ky. On ne voit, dans cet immense désert, ni végétation, ni arbres, ni pierres, ni aucun signe qui puisse servir de point de repère. Rien n'indique les distances. Nous voyagions le jour et la nuit.

Chaque localité est désignée sous un nom particulier. On trouve des puits d'eau douce connus des Turkomans. Si on voulait noter toutes les stations par lesquelles on passe, ce serait, en vérité, un travail difficile à faire.

Nous franchissions trois étapes toutes les vingt-quatre heures et nous mîmes vingt-deux jours pour atteindre Khiva. Nous eûmes à supporter, pendant ce voyage, les fatigues les plus pénibles.

---

1. L'Etrek prend sa source dans le Khorassan, dans les montagnes qui s'élèvent sur les confins de Nessa et de Baverd. Il traverse Khabouchan et le Dehistan et se jette dans la mer Caspienne. Son cours a une étendue de cent vingt fersengs. Ce fleuve est extrêmement profond et on ne peut jamais le traverser à gué. Ses rives sont presque toujours infestées par les brigands. *Nouzhet oul Qouloub*, f° 455, v.

2. L'auteur joue ici sur les mots Turk, Etrek et tarak : ce dernier mot signifie, en arabe, quitter, abandonner.

Le 13 de Redjeb (14 mai). Nous partîmes de Kouh Ky et, le matin, nous arrivâmes à Alah ; nous ne nous y arrêtâmes pas. Nous mîmes pied à terre à Kessik Minarèh [1]. On voit là un minaret dont le sommet est abattu. On nous montra, à notre gauche, les ruines d'une ville déserte appelée Mechhedi Misrian [2]. Dans les alentours de ce minaret, on trouve une grande quantité de briques cuites. Ce fait nous fournit la preuve que cette localité avait été autrefois bien peuplée.

Le 14 (15 mai). Nous voyageâmes toute la nuit, et le matin, nous atteignîmes un puits appelé Dach Verdy. Nous trouvâmes, à cette station, une trentaine de puits remplis d'une eau à peu près douce. Nous nous imaginâmes avoir rencontré le Kaoucer et le Selsebyl [3]. Nous fîmes remplir nos outres grandes et petites, et, après les avoir fait charger sur les chameaux, nous nous remîmes en route.

Le 15 Redjeb (16 mai). Nous nous éloignâmes de ces puits, nous franchîmes quatre étapes, dans un désert sablonneux et imprégné de sel, et nous arrivâmes à la source d'Adoun âta.

Adoun âta était un cheikh turk, disciple de Zenguy âta qui lui-même avait eu pour directeur spirituel Hekim âta. Ces saints personnages jouissent, parmi les Turks et les Turkomans, d'une grande réputation. Leurs tombeaux, situés dans le désert du Kharezm, sont un but de pèlerinage, mais les Turkomans ne connaissent que leurs noms ; ils n'ont aucune notion de leurs actes [4]. La fontaine a reçu le nom

---

1 Le minaret brisé.

2. L'auteur à son retour visita les ruines de cette ville. Le lecteur en trouvera la description dans la dernière partie de cette relation.

3. Le Kaoucer et le Selsebyl sont deux rivières qui coulent dans le paradis. Leur cours est d'un mois de marche; leurs eaux sont plus blanches et plus douces que le lait, et leur écume plus brillante que les étoiles.

4. Khodja Zenguy âta, un des saints les plus révérés du Turkestan, était le fils de Tadj âta, fils du cheikh Bab Arslan. Il naquit à Châch. Il fut le disciple de son père ; puis, à la mort de celui-ci (595-1198), il devint le disciple de Hekim âta dont il recueillit la succession spirituelle. Zenguy âta mourut en 656 (1258) et fut enterré à Châch. Hekim âta mourut en 582 (1186). Son tombeau se trouve à Aq Qourghan. — *Khazinet oul Ecfia*, Lahore, 1283, pages 512, 513, 514.

d'Adoun âta à cause du tombeau de ce saint qui s'élève dans le voisinage.

A droite, on nous montra une montagne derrière laquelle est, nous dit-on, la ville de Bouzoundjerd [1].

Le 16 et le 17 Redjeb (17-18 mai). Nous partîmes de la station d'Adoun âta, et après avoir franchi quatre étapes, nous arrivâmes à une source appelée Qara Eteklik. Quatre fersengs avant d'arriver à cette station, nous vîmes un cours d'eau saumâtre. C'est là que commence le Kharezm.

Nous vîmes aussi une mare d'eau stagnante. Les Kharezmiens qui voyageaient avec nous, me dirent que le Djihoun traversait autrefois cette région. Les Mogols en détournèrent le cours et, les eaux arrêtées dans un sol déprimé et salin, sont devenues saumâtres. Nous passâmes à deux fersengs de cette mare, laissant le cours d'eau à notre gauche.

Nous atteignîmes la station de Qara Eteklik où se trouve une source abondante. Nous nous y reposâmes pendant quelque temps et nous en partîmes à trois heures de l'après-midi. Sur notre route, nous passâmes par un endroit où Mohammed Rehim Khan avait dû abandonner un canon pendant sa retraite après l'expédition qu'il avait entreprise contre le Gourgan et Esterâbad.

Le commandant de l'artillerie vint lui annoncer qu'un canon était démonté *(Top Yatty)*. Le Khan donna en conséquence à cet endroit le nom de Top Yatty.

J'ai fait, dans l'histoire intitulée *Fihris out tewarikh,* et qui sert d'appendice au *Raouzet ous Sefa,* le récit de l'expédition de Mohammed Rehim Khan de Kharezm contre Esterâbad, du combat qu'il livra et de sa retraite [2].

1. Bouzoundjerd est la capitale d'un district kurde du nord du Khorassan. Cette ville qui compte trois mille familles, est située dans une vallée parallèle à celle de l'Etrek; elle est entourée de hautes murailles et séparée de Chirwan par une distance de sept fersengs. Fraser la visita en 1822. Cette ville est citée sous le nom de Boudjnourd dans le « *Mémoire sur la partie méridionale de l'Asie centrale* », de M. de Khanikoff. Paris, 1862, in-4°, pages 28-38-44.

2. L'expédition de Mohammed Rehim Khan eut lieu en 1233 (1817). Ce prince, à

Ata Niâz Mahrem expédia de cette station à Khiva un cavalier qu'il chargea de porter une dépêche annonçant mon arrivée et la sienne. Le Khan de Khiva avait déjà quitté sa capitale et le cavalier le rejoignit en route.

Le 19 et le 20 Redjeb (20-21 mai). Nous nous dirigeâmes vers la station de Bek Arslan, située sur une haute montagne. De là, nous gagnâmes Qouimet âta. Nous y trouvâmes une source d'eau douce et de l'eau salée ; nous nous en félicitâmes mutuellement et nous réjouîmes d'avoir l'une et l'autre, et de pouvoir choisir.

Le 21 (22 mai). Nous arrivâmes à la station de Qiriman âta, dans une plaine aride. L'eau était salée, mais cavaliers et montures la burent comme de l'eau douce.

Le 22 (23 mai). Nous nous arrêtâmes à la station de Gouklan Qouyou où nous ne trouvâmes que de l'eau saumâtre.

Le 23 (24 mai). Nous fîmes quatre étapes et nous gravîmes la montagne de Qaplan Qiry. Elle a une grande hauteur et on la franchit en suivant un défilé. Nous fîmes halte au sommet pour faire passer les chameaux chargés et notre caravane. Nous arrivâmes à Tchirichly ; l'eau y était douce et nous en profitâmes pour faire la cuisine. Un des moutons que nous avions avec nous fut égorgé ; il figura dans un repas copieux et animé auquel nous conviâmes quelques-uns de ceux qui nous accompagnaient ; les estomacs délabrés furent réconfortés, et tout le monde rassasié et tranquille goûta un sommeil bienfaisant.

Le 24 (25 mai). Nous aperçûmes quelques Turkomans Yomout qui se rendaient d'un campement à un autre. Nous rendîmes grâces à Dieu qui nous faisait voir, sur notre route,

l'instigation des chefs des tribus kurdes du Khorassan révoltés contre Feth Aly Châh, se dirigea sur Esterâbad à la tête de trente mille cavaliers soutenus par quelques pièces d'artillerie, sous prétexte de lever les impôts sur les tribus turkomanes de l'Etrek et du Gourgan. Le Serdar Zoulfeqar Khan marcha à sa rencontre, à la tête des milices de Damghan et de Semnan, et le mit en complète déroute à Pusserek où il s'était retranché. Le canon, qu'il abandonna près de Qara Eteklik, était le seul qu'il avait pu sauver dans son désastre. — *Fihris out tewarikh*. Téhéran, 1274 (1857), in-folio, tome IX, pages 215-216.

d'autres créatures humaines que celles qui se trouvaient dans notre troupe. Il est clair, nous disions-nous, qu'il y a ici des traces d'êtres vivants et qu'après avoir franchi cette plaine, nous devons arriver dans des régions cultivées et habitées. Le sol de cette plaine était imprégné de sel et couvert de *khari choutour* [1]. La vue de la verdure récréa agréablement nos yeux. L'eau y était saumâtre et en petite quantité. Le nom de cette localité est Ghanghèh Tchachkin [2].

Le 25 (26 mai). Après avoir traversé une plaine aride et sablonneuse et nous nous arrêtâmes à un endroit appelé Châh Sanem [3] où se trouvait jadis une ville fortifiée importante. Nous nous étonnâmes de voir ce nom pompeux donné à une localité envahie par les sables et nous trouvâmes que cette dénomination n'était point justifiée. L'eau y était plus amère que le suc de la coloquinte.

Le 26 (27 mai). Nous traversâmes une plaine salée et nous gravîmes une montagne calcaire, remarquable par sa blancheur. Nous montâmes d'un sol déprimé sur un terrain plus élevé. On nous assura que de cette plaine partait une route conduisant

---

1. Le khari choutour (épine de chameau) est la même plante que l'alhagi qui croît dans tous les bas terrains arides de la Perse ; cette plante fournit la manne dans certaines contrées, telles que le Khorassan, Tebriz, Thebbes, Zerend et Bender Abou Cheher ; là où l'alhagi ne fournit aucun produit sucré, il sert de pâture aux chameaux, d'où son nom de khari choutour. Schlimmer, *Terminologie*, etc., page 357.

2. C'est à Ghanghèh Tchachkin que se livra la bataille dans laquelle Iltouzer Khan défit les Turkomans Yomout.

3. La statue ou l'idole du roi.

« Le 2, à la pointe du jour, on arriva au fort ruiné de Châh Senem ; ce furent les dernières ruines qu'on rencontra sur cette route..... Le fort de Châh Senem était à notre droite ; nous nous en approchâmes pour l'examiner ; il est bâti sur un monticule sablonneux ; on voit encore dans l'intérieur quelques traces d'habitations. Ce lieu est célèbre par un événement connu de toute l'Asie, et qui est devenu le sujet des chants et des contes des peuples de l'Orient. Châh Sanem, fille d'un puissant seigneur, était d'une beauté saisissante. Gharib s'éprit de ses charmes ; pour éprouver son amour, Châh Sanem lui ordonna de parcourir le monde pendant sept ans. Il revint à l'époque qui lui avait été fixée, au moment où l'on célébrait les fêtes des noces de Châh Sanem avec un puissant seigneur. Gharib se fait reconnaître par ses chants et épouse son amante. Mouraviev. » *Voyage en Turcomanie et à Khiva fait en 1819 et 1820*. Paris, 1823, pages 198-199.

en Russie. Les Khiviens la suivent après avoir fait provision de vivres et d'eau.

Pendant la nuit, un vent violent souleva et fit retomber sur nous des tourbillons de la poussière et du sable de la plaine. Les cordes de nos tentes furent rompues, les mâts qui les soutenaient brisés, nos lampes éteintes. Je demandai le nom de cette plaine. On me répondit qu'elle s'appelait Saqar Tchèkèh. C'est juste, répondis-je, car dans l'enfer (saqar), on ne doit pas se trouver mieux.

Le 27 (28 mai). L'excessive chaleur, le grand nombre de gens que j'avais à ma suite, et l'obligation où j'étais de leur fournir de l'eau, avaient épuisé ma provision. L'envoyé du Khan de Khiva, instruit de ma détresse, me fit cadeau d'une cruche d'eau du Gourgan qu'il tenait en réserve. Ce présent me fut aussi agréable que si l'on m'avait donné l'empire du monde. Après une longue traite, nous arrivâmes à une station appelée Ouchaq Qouyoussy. Nous y trouvâmes de l'eau douce et nous en rendîmes grâces à Dieu.

Le 28 (29 mai). Nous arrivâmes à une localité nommée Ayrtam et, comme dans les autres stations, nous dûmes nous contenter de pain sec et de sikendjebin [1]. Non loin de cette station, mon cheval arabe épuisé de fatigue resta en arrière. Le palefrenier qui le conduisait s'égara dans le désert. J'envoyai à sa recherche un Turkoman nommé Aly Bay auquel je confiai un vase rempli d'eau douce. Il retrouva mon palefrenier au moment où il allait rendre le dernier soupir. Il le fit boire et le ramena avec mon cheval à la station de Qara Qoulaq. Je fis cadeau à ce Turkoman d'un qaba tissé d'or et d'un châle du Kerman.

Le 29 (30 mai). On nous donna la bonne nouvelle que nous arrivions à la limite des terres cultivées du Kharezm; qu'un canal dérivé du Djihoun traversait ce territoire et qu'une tribu

---

1. Sikendjebin est la forme arabisée du mot persan sirkenguebin qui désigne une espèce de sirop composé d'eau, de vinaigre et de miel.

turkomane en occupait les bords. Nous devions nous procurer là tout ce dont nous avions besoin.

En arrivant à cet endroit nommé Pey Chaqry, nous vîmes un canal dont le lit était à sec. Il nous sembla évident qu'on en avait détourné les eaux; nous aperçûmes quelques tentes, mais nous ne pûmes y trouver ce que nous désirions. Les Turkomans nous présentèrent comme régal, et pour nous faire honneur, une écuelle pleine de lait de chamelle caillé. Ils n'avaient jamais vu de qalian avec un long tuyau flexible. Ils furent tout étonnés en le voyant et ils se disaient les uns aux autres : « C'est un serpent! » *(Ilan dur)*. Les femmes et les enfants de cette tribu vinrent en foule pour visiter nos tentes et notre campement. Nous ne nous opposâmes point à leur curiosité. Nous leur donnâmes à chacun un chahy blanc; ils l'acceptèrent et s'éloignèrent.

Le dernier jour du mois de Redjeb (31 mai), nous arrivâmes à la partie cultivée de Khiva. Nous aperçûmes de loin de nombreux cours d'eau et une grande quantité d'arbres, parmi lesquels il y avait beaucoup de peupliers. Je demandai le nom du lieu où nous nous trouvions. On me répondit qu'il s'appelait Qara Qoulaq et qu'en cet endroit commençaient les terres cultivées.

Vers. — « Après avoir traversé la mer, le vaisseau a enfin abordé le rivage. »

Ata Niaz Mahrem avait pris les devants pour faire préparer un logis pour moi et pour lui. Il expédia des gens qui se portèrent à ma rencontre et me conduisirent à une maison spacieuse et agréable. A l'intérieur, se trouvait un bassin d'une grande profondeur dont les bords étaient entourés et ombragés par de grands ormes et quelques saules. En face du corps de logis, s'étendait un vaste jardin dessiné selon toutes les règles de l'art. Il était coupé par des allées bien tracées. Le propriétaire de cette maison était un Turkoman Yomout nommé

Molla Pir Nefes; c'etait un homme d'un caractère généreux et hospitalier. Il fit apporter et étendre devant nous un sofra (nappe) sur laquelle on mit des pains. Nous en brisâmes un morceau et attendîmes. On ne tarda pas à nous servir du babeurre aigre, du lait caillé, de la viande rôtie, une outarde et d'autres mets que l'on avait préparés. Nous passâmes tranquillement la nuit dans cette maison et, le lendemain, nous nous remîmes en marche.

Le 1er Chaaban (1er Juin). Je rencontrai sur notre route Youssouf Djan Aga, un des personnages les plus distingués de la cour, qui sur l'ordre du Khan s'était, avec une troupe de cavaliers, porté au devant de nous. Il s'informa de l'état de ma santé, me combla de marques d'honneur et m'annonça qu'il devait m'accompagner en qualité de mihmandar.

Nous approchions d'une maison et d'un jardin; il prit les devants et, quand j'arrivai à la porte de ce jardin, je le trouvai debout sur le seuil. Il paraissait confus; il se confondit en excuses sur la manière dont il me recevait. A peine étions-nous descendus de cheval que l'on nous présenta du sucre de Russie et du thé apportés de la ville, des fruits secs et des fruits, les uns mûrs et les autres verts, cueillis dans le jardin.

Nous nous livrâmes au plaisir de la conversation et j'appris que le Khan avait quitté sa capitale depuis une semaine pour diriger une expédition contre Merv et que je serais privé de l'honneur d'être bientôt admis en sa présence. Je m'écriai :

Vers. — « Hélas ! C'est donc en vain que j'ai fait ce long voyage et que j'ai supporté ces rudes épreuves ! »

Le retard que j'allais éprouver pour présenter mes hommages au Khan, l'impossibilité de le voir m'attristèrent et me firent éprouver la plus vive contrariété. Je pris, en attendant les événements, la patience pour règle de conduite.

Nous passâmes agréablement la nuit dans cette maison de campagne et, le lendemain matin, nous nous remîmes en route.

Le grand nombre des canaux, l'agglomération des arbres nous firent oublier l'aridité du désert. Nous traversâmes de nombreux cours d'eau et nous atteignîmes la banlieue de Khiva. Une troupe nombreuse vint à notre rencontre pour nous faire honneur. Nous franchîmes la porte et nous pûmes jeter un coup d'œil rapide sur la ville que nous traversâmes pour sortir par une autre porte et nous rendre à une maison entourée d'un jardin que l'on avait préparée pour nous recevoir.

Rahmet oullah Divan Khal Mehter, contrôleur général des finances du Khan, et le Nazir Mehter aga, remplirent toutes les obligations qu'imposent les lois de l'hospitalité. Nous passâmes la nuit dans cette maison dont le jardin était aussi grand qu'un parc, et je me tins, tout le jour suivant, enfermé dans ma chambre. Le jardin n'offrait aucun agrément et la maison était délabrée. Je me plaignis du peu d'égards que l'on me témoignait en me donnant une pareille demeure.

Le Khan fut, sans doute, dans le cours de son voyage, instruit de mes doléances. Il donna l'ordre de mettre à ma disposition la maison de plaisance royale et le jardin de feu Mohammed Rehim Khan situés hors de la ville dans une localité appelée Guendoum Kân (Mine de blé).

Je quittai mon premier logis et je m'y transportai.

Description du palais du Khan qui fut ma seconde résidence à Khiva.

Devant ce palais s'étend une vaste cour au milieu de laquelle est creusé un grand bassin entouré et ombragé par des ormes très-élevés et au feuillage touffu. On rencontre ensuite une porte très-haute flanquée d'une tour de chaque côté ; elle forme l'entrée d'une longue galerie, à gauche de laquelle sont bâties de vastes écuries; à droite, s'élèvent des magasins pour serrer les provisions et des logements destinés aux familiers et aux officiers (mahren) du Khan.

Quand on débouche de cette galerie, on entre dans une seconde cour sur laquelle s'ouvre encore une porte par laquelle on accède à un vestibule ; on franchit encore une porte et, à droite, on trouve un appartement réservé, de moyenne dimension, comprenant une grande salle, un étage supérieur fort propre qui était affecté au logement du précédent Mehter aga.

On trouve ensuite une galerie fermée par une porte et dans laquelle il y a une grande chambre qui sert de logis aux domestiques. Au bout de cette galerie s'ouvre une porte par laquelle on pénètre dans le bâtiment réservé au Khan. Il renferme un grand nombre de vastes chambres disposées en enfilade et dans lesquelles on en a ménagé de plus petites pour se mettre à l'abri de la chaleur en été et pour se garantir du froid en hiver. Devant chaque chambre, on voit un haut péristyle dont le plafond est très-élevé.

Chacun de ces péristyles est soutenu par une colonne sculptée en manière de cyprès, dont la base est formée par une pierre conique de grande dimension et ayant la forme d'une poire. De chaque côté de la salle d'audience, on voit d'autres chambres au-dessus desquelles on a construit des étages supérieurs soutenus par des colonnes.

Au milieu de la cour se trouve un bassin rempli d'eau, sur les bords duquel sont plantés de grands ormes aussi beaux que des platanes. Leur ombrage s'étend autour du bassin ; on a élevé un banc sous leur ombre. En arrière de cette cour qui est environnée de murs, se trouve une porte conduisant à un appartement réservé composé de deux grandes pièces qui se commandent et qui sont ornées de peintures. Devant la première chambre, on voit un péristyle soutenu par une grosse colonne fort élevée, à laquelle on a donné la forme d'un cyprès et dont la surface est couverte de sculptures. Cette colonne s'appuie sur un socle formé d'une grosse pierre qui est également couverte de sculptures.

Deux autres colonnes semblables servent à soutenir les plafonds des deux chambres qui sont placées des deux côtés du péristyle. Le sol de la cour est pavé en briques cuites. Au milieu, on a ménagé un jardin de moyenne grandeur, planté d'arbres fruitiers et de peupliers d'une grande hauteur.

Un chemin a été établi pour se rendre à un autre jardin et à un autre bassin entouré d'ormes d'une grosseur et d'une taille remarquables. Sur l'un des côtés de ce bassin, on a élevé une construction carrée percée de quatre portes, et qui porte le nom de Kouchk (kiosque). Elle est soutenue, sur trois de ses faces, par des colonnes de bois appuyées sur des piédestaux en pierre taillée. Leur sommet est solidement encastré dans le plafond. Sur le sol dallé de ce pavillon, on a établi une estrade exhaussée de deux coudées sur les deux côtés de laquelle on a pratiqué un escalier de cinq marches en briques reliées par du mortier. Les murs de ce kiosque ont une coudée d'épaisseur; ils sont en pisé. La salle dont je viens de parler a cinq coudées de hauteur. Au-dessus de cette salle s'en trouve une autre qui a la même élévation. Des quatre faces de cette construction, on a au-dessous de soi la vue du jardin et du bassin. Au-dessus de cette seconde chambre, il y en a une autre entièrement semblable, dont le plafond forme le plancher de la terrasse. Sur une paroi de cette troisième chambre, est adossé un escalier dont les marches sont d'une grande solidité et qui donne accès à la terrasse qui se trouve au-dessus de la troisième chambre. Depuis le sol jusqu'à elle, il y a vingt-quatre marches et douze pour aller jusqu'à la terrasse.

Ce kiosque a, en tout, vingt-huit coudées de hauteur. La terrasse sert d'endroit pour dormir. La moitié en est couverte d'un auvent, l'autre moitié est à ciel ouvert. Du haut de cette terrasse on a la vue de la plaine, des vergers, des jardins et des champs cultivés qui s'étendent autour de la ville et de la plus grande partie des maisons.

Ce kiosque est entouré, sur ses trois côtés, par un jardin d'une grande étendue au milieu duquel est creusé un bassin : on y voit aussi un large et haut pavillon carré percé de quatre portes. La superficie de ce jardin est d'environ trente djeribs. Il est coupé par des allées d'ormes dont la taille est de vingt à quarante coudées. On y trouve encore des peupliers blancs et d'autres de l'espèce appelée Tebrizy (de Tauris), remarquables par leur taille élancée et droite.

Les arbres fruitiers produisent des figues, des grenades, des mûres, des raisins, des pêches de deux espèces, des brugnons, des pommes et des coings d'un goût exquis. Nous nous établîmes définitivement dans cette demeure et nous nous reposâmes des fatigues du voyage en faisant des vœux pour l'éternelle durée du règne du monarque qui est semblable à Djem, S. M. Nacir Eddin Châh.

Récit de ce qui s'est passé pendant le mois de Chaaban (juin.)

Mon compagnon de voyage, l'ambassadeur du Khan de Khiva, qui était allé rejoindre son maître au camp, était de retour. Je l'avais, à Téhéran, reçu un jour à ma table avec les personnes attachées à sa mission. Il sollicita du Khan l'autorisation de m'inviter chez lui ; elle lui fut accordée et il me pria d'accepter à dîner chez lui. J'y consentis. Je montai à cheval un jour, et traversant la ville je sortis par la porte qui était la plus rapprochée de sa résidence. Après avoir franchi la distance d'un temps de galop, j'arrivai près de sa maison et je trouvai, à une certaine distance sur la route, ses gens qui, pour me faire honneur, étaient venus à ma rencontre. Quand je fus plus près de sa demeure, les enfants et les parents de mon hôte se portèrent au-devant de moi et, se mettant en rang des deux côtés de mon cheval, ils me firent escorte jusqu'à la cour où je mis pied à terre.

Ata Niaz Mahrem se présenta alors. Il me prodigua les marques de sympathie et d'affection et me conduisit à l'appartement qui avait été préparé.

J'y trouvai réunis environ trente ulemas de la ville et parmi eux l'illustre Akhound Ata Djan, auquel on avait donné le titre honorifique d'A'lem (le plus savant). Il avait fait ses études à Boukhara. Il avait été en Russie et il connaissait bien la langue persane. Je conversai avec lui.

Le repas fut composé selon la mode du pays, de mets accommodés à la manière de Perse et de Khiva. J'abordai tous les sujets avec Akhound Ata Djan, et la conversation eut un tour si bienveillant que personne ne fut blessé dans ses convictions. Après cette réunion, j'acquis dans Khiva, moi qui ne suis qu'un ignorant, la réputation d'un homme de science. Dans l'après-midi, je rentrai chez moi en faisant le tour de la ville.

Au bout de deux ou trois jours, je fus éprouvé par le changement de climat. Je sentis du malaise et je fus saisi par la fièvre. Je parvins à m'en débarrasser en prenant quelques médicaments et en usant de sudorifiques. Quand je le pouvais, je montais à cheval et j'allais me promener dans les jardins qui entourent la ville.

Un jour que j'étais allé me distraire dans la campagne, on me prévint que je n'étais pas loin du jardin de Mohammed Emin Khan Behadir qui a régné sur le Kharezm. Je m'y rendis aussitôt pour le visiter.

Kellabagh.

Les environs de ce jardin forment un site charmant. Les prairies qui l'entourent sont traversées par de nombreux ruisseaux. C'est un lieu de plaisance délicieux. Les bâtiments sont moins grands que ceux de Guendoum Kân, mais le jardin a je ne sais quel attrait que l'on ne trouve dans les autres qu'à un moindre degré. Les allées sont bien dessinées, larges et spacieuses. Les arbres sont plantés avec symétrie et selon les règles de l'art.

La maison est haute et solidement bâtie. On voit dans le jardin de nombreuses pièces d'eau qui ajoutent beaucoup à son agrément. J'y remarquai une grande quantité de beaux arbres, ormes et peupliers. Ce lieu m'enchanta et je mis pied à terre ; je fis quelques tours de promenade, et, cédant à la fatigue, je m'assis pour me reposer. Je composai ce distique. « Ce jardin est charmant, quels beaux arbres ! quels cyprès élancés ! Jamais nous ne pourrons nous éloigner d'un si beau lieu ! » L'intendant et le jardinier m'accueillirent avec les marques de la plus grande déférence. Ils m'apportèrent des abricots nouvellement cueillis et une prodigieuse quantité de cerises. Ils nous invitèrent d'une manière respectueuse, et en insistant, à rester longtemps dans ce lieu, mais je ne me rendis pas à leurs prières. Ce jardin a vraiment beaucoup d'agréments et de charmes et il a une grande ressemblance avec les jardins de la Perse.

Récit de quelques incidents.

Tangry Qouly Tourèh, un des fils de Mohammed Rehim Khan, était resté à Khiva avec le titre de Naïb ou lieutenant.

Sur ces entrefaites, arriva un envoyé de Khoudayar Khan, Khan de Ferganah et de Khoqand.

Le Khan du Kharezm étant parti pour son expédition contre Merv, il fut aussi obligé d'attendre son retour pour remplir sa mission. Il fut décidé, conformément aux ordres du Khan, que le Naïb m'inviterait à une fête à Kellabagh avec un certain nombre d'ulemas. Il fut convenu, à mon insu, que l'on profiterait de la présence des ulemas et des ambassadeurs de Khoqand pour donner à cette réception le plus grand éclat et, si la chose était possible, pour rabaisser et humilier les croyances de ma patrie et jeter sur elles un jour défavorable. Plusieurs jours se passèrent en préparatifs et en apprêts pour donner plus de splendeur à ce banquet. Je fus indirectement prévenu de tout ce qui se passait avant qu'on m'eût fait la moindre ouverture et la moindre communication.

Le jour qui avait été fixé pour le repas, un mahrem, c'est à dire un officier au service du Khan se rend d'abord à l'ambassade du Khoqand et se présenta chez moi avec Rahmet oullah Divan Khan Mehter et un autre personnage, et il m'invita à me rendre à Kellabagh. « Je suis, lui répondis-je, ambassa-
« deur de S. M. le roi de Perse et chargé d'une mission
« auprès du Khan. Il est absent pour le moment, qu'ai-je donc
« à faire avec le Naïb ? Si l'on avait voulu observer les conve-
« nances, il aurait fallu que le Naïb vînt me voir pour que je
« lui rendisse sa visite. »

Plus leurs instances furent vives pour me déterminer à accepter leur invitation, plus mes refus furent catégoriques. Ils retournèrent auprès du Naïb Tourèh désolés et déçus de leurs espérances. La honte et la confusion les forcèrent à renoncer à leur projet.

Le Naïb m'envoya des fruits et des sucreries par une personne chargée de me faire des compliments. Je lui fis donner une gratification et je la priai de faire parvenir à son maître, de ma part, toutes les assurances de ma considération.

Hassan Khabouchany.

J'étais souffrant pendant le mois de Ramazan et je regrettais de n'avoir point assez de forces pour supporter le jeûne lorsque j'appris qu'un individu se faisait passer dans la ville pour un prince du sang royal de Perse. Il affichait cette prétention et, bien qu'il eût été enlevé comme prisonnier et réduit à la condition d'esclave, il fréquentait des personnages notables. Je fis prendre secrètement des informations sur sa situation et sur sa conduite. Ma présence à Khiva lui causa des appréhensions et il voulut se concilier mes bonnes dispositions. Il m'envoya un message rempli de compliments et de flatteries et, comme présent destiné à conquérir ma faveur, deux paons dont les ailes et le plumage brillaient des plus vives couleurs.

Sa lettre était remplie de fautes d'orthographe. Je donnai une pièce d'or à l'homme qu'il m'avait envoyé et je l'interrogeai. Il me répondit que son maître se donnait pour le fils de Feth Aly Châh et pour le frère de Hassan Aly Mirza [1]. Je reconnus de suite la fausseté de cette allégation et la fourberie de ce personnage. Je demandai son nom; il me fut répondu qu'il se faisait appeler Perviz Mirza [2].

Mes yeux s'ouvrirent encore plus sur sa ruse et je fus encore davantage convaincu de ses artifices. Je connaissais en effet tous les fils de Feth Aly Châh et j'avais eu l'occasion de voir pendant longtemps à Rey le prince Perviz Mirza. J'appris, en outre, que cet homme avait été réduit en captivité depuis quatre ans et qu'il était l'esclave de Seiyd Mahmoud Tourèh. Tantôt il affichait des prétentions à la science, tantôt il tenait

---

[1]. Hassan Aly Mirza Choudja ous Salthanèh était le sixième fils de Feth Aly Châh. Sa mère était la fille de Djafer Khan, chef d'une tribu arabe du district de Bestham. *Fihris out tewarikh*, tome IX, p. 342.

[2]. Perviz Mirza était le cinquantième fils de Feth Aly Châh. Sa mère était née à Chemiran. *Fihris out tewarikh*, tome IX, p. 343.

le langage d'un directeur spirituel. Les gens simples le considéraient comme un Châh Zadèh, les niais le prenaient pour un médecin et un guide spirituel. Je le menaçai de réduire à néant ses allégations mensongères et de dévoiler l'inanité de ses vaines assertions ; je lui donnai l'assurance que je déchirerais le voile qui couvrait ses fourberies. Il montra une crainte extrême.

Enfin, redoutant la honte dont il allait être couvert il se tint pour battu.

Hémistiche. — « Je dis : il ne peut se faire qu'une pareille situation demeure plus longtemps cachée. »

« Il est impossible que pour améliorer ta situation, tu déshonores le gouvernement persan et que tu te vantes faussement d'être un prince de la famille royale. Les gens que tu vois, obéissant à un sentiment d'orgueil, se gardent de divulguer ce secret et ils se plaisent à cacher ta véritable situation. Qui donc aurait le pouvoir de s'emparer d'un prince de la famille royale de Perse ? Comment se pourrait-il faire qu'un Châh Zadèh soit enlevé de Perse, emmené en captivité au Kharezm et à Khiva, et qu'il y reste quatre ans sans que personne en soit informé ? La présence de Perviz Mirza à Rey et à Tedjrich est aussi éclatante que le soleil et tous ceux qui le désirent peuvent l'y voir. Un père ne donne jamais le même nom à deux enfants et il ne le fait surtout pas si tous les deux sont vivants. J'ai consigné, sur un cahier que je possède ici, la date de la naissance de tous les enfants du feu roi Feth Aly Châh, et, grâce à Dieu, j'ai une connaissance exacte de la situation de presque tous les princes du sang royal [1]. »

Bref, je réduisis à néant par des preuves certaines tous ces artifices et tous ces mensonges, et je parvins à savoir que cet

---

1. Riza Qouly Khan a donné, à la fin du récit du règne de Feth Aly Châh, la liste des cinquante-sept fils de ce prince. *Fihris out tewarikh*, tome IX, pages 342-343.

individu, dont la famille était originaire de Chirvan [1], était né à Khabouchan [2]; qu'il avait, pendant quelque temps, vécu à Esterâbad de la charité publique : que son père était pelletier et que lui-même était un misérable qui avait exercé le métier de bouffon.

La fermeté de mes paroles dévoila le secret de son passé et il fut bafoué dans tout le Kharezm. Je lavai le gouvernement persan de l'opprobre qui pesait sur lui. Je démasquai la turpitude de cet imposteur au Khan de Khiva; il fut avili aux yeux des Turcs et des Persans et il perdit toute considération.

Vers. — « Comment un moucheron pourrait-il prétendre à se faire passer pour un éléphant? Comment une goutte d'eau pourrait-elle se vanter d'être le Nil? Les gens sans portée le

---

1. Chirvan défendue par une forteresse et entourée d'un mur d'enceinte, est située dans une vallée fertile, à égale distance de Khabouchan et de Bouzoundjerd. Fraser, *Narrative*, etc., pages 581-584.

2. Khabouchan ou Koutchan est la capitale du plus important des districts kurdes du Khorassan. La ville fut fondée, dit-on, par les Guèbres : elle est défendue par un fort solide et capable de soutenir un siège en règle mais qui fut cependant emporté et rasé par Abbas Mirza en 1832. La population de Khabouchan s'élevait, à l'époque où Fraser la visita, à 15 ou 20,000 âmes.

Le district de Khabouchan occupe une superficie de vingt fersengs de longueur sur trois à six de largeur. Il est habité par vingt-cinq ou trente mille familles de diverses tribus, mais dont le plus grand nombre est de race kurde. Les deux tiers de cette population vivent sous la tente.

Les chefs du district de Khabouchan portaient le titre de Ilkhany. Le plus célèbre de ces Ilkhany a été Riza Qouly Khan qui, en révolte ouverte contre Feth Aly Châh, dévastait les provinces voisines de son état et en emmenait les habitants en esclavage. Il conclut avec le gouvernement de Téhéran un traité par lequel il s'engageait, à la place du tribut qu'il aurait dû payer, à s'opposer aux incursions des Turkomans de l'Etrek et à prêter aide et assistance aux gouverneurs persans dans le cas où ils seraient attaqués par ces tribus. La puissance de Riza Qouly Khan devint si menaçante pour la Perse, qu'Abbas Mirza dut marcher contre lui. Ce prince s'empara de Khabouchan, mais sa mort permit à Riza Qouly Khan de se relever. Le gouverneur de Mechhed dut même s'accommoder avec lui.

« Khabouchan, dit Hadji Khalfa, est un des gros bourgs du canton de Oustouwanâ dépendant de Nichabour. Il porte aussi le nom de Khoudjan. Il fut rebâti par Houlagou et Argoun Khan contribua à augmenter sa prospérité. Le climat y est délicieux, le blé et les fruits d'excellente qualité. Khabouchan a donné le jour aux imams Nedjm oud Din et Aboul Berekat. » *Djihan Numa*, page 323.

prenaient pour du musc, mais il devint évident que, loin d'être du musc, il n'était que du crottin. »

Exposé de la situation de l'envoyé de l'Emir de Boukhara auprès de la Cour ottomane. Son retour.

J'ai dit, au début de ce récit, qu'un Boukhare nommé Nour Mehdy avait été envoyé en ambassade à Constantinople par le souverain de Boukhara, l'Emir Nasr oullah. A son retour de Constantinople, il s'était, à Téhéran, présenté devant les ministres et il leur avait demandé la permission de faire en ma compagnie le voyage de Khiva pour de là gagner Boukhara. Après avoir annoncé la résolution de venir avec moi à Khiva et de se rendre de cette ville à Boukhara, il rompit ses engagements et, prenant la route du Khorassan, il arriva à Derèh Djez [1].

Ata Niaz Mahrem fit savoir au Khan que cet envoyé revenant de Turquie avait reçu de l'Empereur des Ottomans une tabatière enrichie de brillants qui devait être remise, comme un témoignage de considération, à l'Émir de Boukhara.

L'Émir de Boukhara et le Khan de Khiva sont depuis longtemps en état d'hostilité. Ce dernier fit partir une troupe de Tekèh qui fondirent sur l'envoyé de Boukhara, pillèrent ses bagages, l'enlevèrent, le firent prisonnier et le conduisirent à Khiva en l'accablant de mauvais traitements.

Il y vécut dans la situation la plus pénible jusqu'au moment

---

[1]. Derèhguez ou Derèh Djez est le chef-lieu du plus méridional des cinq états Kurdes du Khorassan. Derèhguez est situé non loin de la source de l'Etrek. Ce canton est habité par la tribu appelée Ilat Kurdzeban qui compte cinq à six mille familles. Cette tribu fournit, en temps de guerre, cinq ou six cents cavaliers et deux ou trois mille fantassins. Fraser, *Narrative*, Appendix, pages 57 et 250.

où le Khan revint de l'expédition de Merv. Il attendait son retour, espérant qu'il mettrait fin à ses embarras.

Il était loin de se douter que sa maladie provenait de celui qu'il croyait être son médecin et que celui en qui il avait placé son espoir était l'artisan de sa disgrâce.

Il m'adressa un message pour me faire connaître sa position.

J'avais le projet d'intercéder pour lui au retour du Khan, et je comptais employer tous mes efforts pour lui faire restituer ses effets. Mais j'appris, sur ces entrefaites, que, quelque temps auparavant, une caravane était partie du Kharezm pour se rendre à Boukhara; qu'en chemin était survenue une troupe de cavaliers qui avait donné l'ordre aux Boukhares de se séparer des Kharezmiens. Ils s'étaient alors mis à piller les marchandises de ces derniers et ils avaient permis aux Boukhares de continuer leur marche. Les cavaliers du Khan de Khiva avaient usé de répresailles. Ils avaient relâché les Khiviens et pillé et emmené en captivité les Boukhares qui faisaient partie des caravanes. Ces incidents me donnèrent à réfléchir pour savoir la conduite que je devrais tenir au retour du Khan.

Bien que l'Émir de Boukhara et le Khan de Khiva tirent, l'un et l'autre, leur origine des princes Uzbeks et qu'ils aient une souche commune, la discorde les désunit et la bonne harmonie a cessé de régner entre eux. L'Émir de Boukhara ne reconnaît comme turks ni le Khan de Khiva ni les habitants du Kharezm. Il leur donne le nom de Tât. Le Khan de Khiva, de son côté, appelle les Boukhares, Taziks et il donne la même dénomination aux paysans de ses états, voulant dire par là que les Boukhares sont ses sujets.

Les gouverneurs et les officiers de Khiva et de Boukhara sont, la plupart du temps, en état d'hostilité et ils se livrent de fréquents combats dans lesquels l'avantage reste aux Khiviens. Ils ont fait prisonniers un grand nombre de Boukhares qui ont été transportés à Khiva. Ils ont été établis dans les environs de Kohnèh Ourguendj, où on leur fait cultiver la terre et exercer des métiers pénibles.

Récit de quelques faits.

On reçut, au milieu du mois de Ramazan, des nouvelles venues du Gourgan, par l'intermédiaire de Turkomans Gouklan et Yomout; on apprit qu'un corps de troupes royales placé sous les ordres de Djafer Qouly Khan Qaradjèh Daghy, général de brigade, était parti de Téhéran et était arrivé à Esterâbad; que Mohammed Vely Khan Devalou Qadjar beylerbey avait fait sa jonction avec ce corps de troupes qui s'était dirigé sur le Gourgan. Ces informations provoquèrent une certaine agitation parmi les tribus Yomout et leurs alliés du Kharezm.

Immédiatement après avoir reçu cette nouvelle, on apprit que les troupes de S. M. le Roi, placées sous le commandement du Nevvab Hussam ous Salthanèh Sultan Murad Mirza, gouverneur général du Khorassan [1], avaient fait une expédition contre Serakhs et qu'elles avaient enlevé le gros bétail et les moutons des Turkomans Tekèh établis aux environs de cette ville [2]. Ce fait, lorsqu'il fut connu, contribua à augmenter

---

1. Sultan Murad Mirza Hussam ous Salthanèh (le glaive de la royauté) est le onzième fils d'Abbas Mirza proclamé héritier présomptif de la couronne par Feth Aly Châh. Il fut à diverses reprises gouverneur général du Khorassan. Il gouverne aujourd'hui la province de Kermanchâh. *Fihris out tewarikh*, tome IX, page 330.

2. La ville de Serakhs est située dans une plaine unie entre Nichabour et Merv. Les environs sont sablonneux; le territoire de cette ville n'est point traversé par des cours d'eau, il est seulement arrosé par l'excédant des eaux des rivières de Hérât et de Fouchendj lorsqu'elles débordent en hiver. Les pâturages sont abondants dans les environs. La principale richesse des habitants consiste en chevaux. L'auteur du *Nouzhet oul Qouloub* dit que le mur d'enceinte de Serakhs est en terre et solidement construit. Il a cinq mille brasses de circonférence. Ahmed Razy, dans le *Heft Iqlym* dit que le château de Serakhs est un des plus considérables du Khorassan. Le climat est chaud. Le raisin et

le trouble et les appréhensions de la population. On me questionna à ce sujet. Je répondis qu'il n'était point improbable que des troupes eussent été dirigées sur le Gourgan pour assurer le maintien de l'ordre à Esterâbad et parmi les tribus des Yomout et des Gouklan.

Ces faits alimentaient les conversations, lorsqu'arriva la fête de la rupture du jeûne. On apprit aussi le retour du Khan qui revenait de Merv Chahidjan. La population, selon la coutume usitée, fit éclater sa joie de la prochaine venue du prince en battant du tambour et en sonnant de la trompette sur les terrasses des bazars.

A l'occasion des fêtes qui ont lieu après le mois de Ramazan, les esclaves persans et autres qui sont disséminés dans les villages et dans les cantons du Kharezm où ils exercent le métier de valets, de charretiers et de laboureurs, jouissent de trois jours de liberté. Ils se rendent de toutes parts à Khiva où ils passent leur temps à se promener et à se divertir. Ils rencontrent leurs compatriotes, leurs compagnons d'infortune; ils se parlent de leur condition; ils se racontent la manière dont ils ont été réduits en captivité et ils se plaignent les uns aux autres des rigueurs de l'exil et de la misère à laquelle ils sont réduits.

Mes domestiques qui s'étaient rendus à la ville et au bazar vinrent me rapporter que les esclaves persans affluaient de tous côtés à Khiva et, qu'au coin des rues et des bazars, ils se lamentaient entre eux sur leur triste sort; que les Khiviens, en les voyant, les accablaient d'injures et de moqueries. Je m'attendris sur leur situation et le feu du regret s'alluma dans mon

---

les melons y sont excellents. Lorsque Mohammed Khan Cheïbany envahit le Khorassan, le nombre des maisons portées sur les registres publics s'élevait à cent soixante mille. A l'approche de Châh Ismayl qui s'avançait pour l'attaquer, Cheïbany Khan transporta la population de Serakhs dans la Transoxiane. Serakhs tomba en décadence et fut relevée par Châh Thahmas. Parmi les tombeaux de personnages célèbres que l'on visite dans cette ville, on cite ceux de Saad oud Din Teftazany, celui du Cheikh Aboul Fazhl Hassan et celui de Chems oul Aymmèh l'un des principaux docteurs de la secte Hanéfite. *Djihan Numa*, Constantinople, pages 317-318.

cœur. « Amenez-les à mon logis, m'écriai-je, dressez des tables, et, dans ces jours de fête, donnez-leur toutes les marques d'affection et de sympathie ! » Les esclaves s'empressèrent d'accourir à ma demeure et mes gens leur servirent à manger matin et soir. Je les fis paraître devant moi ; je m'enquis de leurs noms, je leur demandai des renseignements. J'appris que ces captifs avaient été amenés à Khiva à différentes époques, qu'il y en avait parmi eux qui s'y trouvaient depuis cinquante ans, d'autres depuis trois ans ; qu'ils étaient maltraités et obligés de servir comme domestiques ou de se livrer aux travaux les plus pénibles. On a vu des parents, des frères, des cousins demeurer séparés pendant de longues années sans avoir la moindre nouvelle les uns des autres.

Bref, un certain nombre de ces esclaves se présenta chez moi ; je les interrogeai, je m'informai de leur situation. On les faisait ensuite asseoir à part, et on leur servait du thé. Ils vinrent ainsi successivement à mon logis et je leur demandai à tous le récit de leurs aventures.

Tout à coup, j'entendis de grandes clameurs, puis des pleurs et des gémissements. C'étaient deux esclaves qui, après avoir poussé un grand cri, étaient tombés évanouis, puis s'étaient mis à pleurer. Informations prises, je sus que c'étaient deux cousins restés sans nouvelles l'un de l'autre jusqu'au moment où ils s'étaient retrouvés tous deux en captivité à Khiva par un effet de leur mauvaise fortune. Ils s'étaient reconnus après une si longue séparation.

Cette scène me jeta dans un trouble extrême et je m'écriai hors de moi « S. M. Nacir Eddin Châh ignore tous ces faits ! Elle ne sait point qu'un nombre aussi considérable des sujets et des serviteurs de son père et de ses augustes aïeux gémissent ici dans la servitude. Elle a daigné me confier la mission de réclamer et de délivrer les serviteurs de sa couronne. Je consacrerai à cette tâche tous mes soins et tous mes efforts. »

« Après l'arrivée du Khan de Khiva, leur dis-je, je demanderai votre mise en liberté et je vous ramènerai avec moi. »

Je comblai de joie le cœur des esclaves qui appartenaient aux tribus des Beyat [1], de Zerend [2] et des Efchar [3], ainsi que de ceux qui étaient originaires de Ferahan [4], de l'Iraq, qui étaient Qaragueuzlou [5] et de Tebriz et de tous ceux qui avaient appartenu à l'armée régulière. Je fis luire à leurs yeux l'espoir d'une prochaine délivrance, et je pris note de leurs noms et de leur signalement.

Je me dirigeais un jour, après la fête de la rupture du jeûne, vers le jardin d'Allah Qouly Khan. Ce jardin a reçu le nom de Rahi Pey Nik que l'on prononce par contraction Refnik. La maison de plaisance qui s'y trouve est considérée comme une des constructions les plus remarquables du pays. Je fus accompagné, pendant que j'étais à cheval, par une troupe d'esclaves persans, nègres et blancs, valets et laboureurs, qui me poursuivirent de leurs supplications. Je leur prodiguai à tous des paroles d'espérance. J'arrivai à la ville et je traversai, suivi de cette foule, les rues, les marchés et le bazar. Cette circonstance provoqua dans la population, de l'émoi et de l'agitation. Peu s'en fallut que les esclaves et les valets ne se révoltassent contre leurs maîtres et n'attaquassent leurs maisons.

Un certain Molla Moukhtar, natif de Hérât, avait été placé auprès de moi par le Khan et le Mehter en qualité de mihmandar et pour se tenir à ma disposition; mais il épiait secrètement toutes mes actions, et il adressait des rapports au chef du gouvernement. Il saisit l'occasion qui se présentait et il rendit compte au Mehter, de ce qui s'était passé en surchar-

---

1. La tribu turque des Beyat qui se divise en Qara Beyat et Aq Beyat, est établie dans l'Azerbaïdjan, dans les environs de Téhéran, à Nichapour et dans le Fars. Elle compte dix-neuf mille hommes en état de porter les armes.

2. Zerend est le nom d'un canton et d'une petite ville du district de Savèh.

3. La tribu des Efchar comprend deux grandes fractions : les Qassimlou et les Erechlou. On la rencontre dans l'Azerbaïdjan, dans le Khamsèh, à Cazbin, Hamadan, Rey, dans le Khouzistan, le Kerman, le Khorassan, le Fars et le Mazanderan. Elle compte près de quatre-vingt-dix mille hommes.

4. Ferahan est un canton considérable de la province de Hamadan.

5. Les Qaragueuzlou habitent particulièrement les environs de Hamadan. Ils sont au nombre de douze mille.

geant son récit de toutes sortes d'amplifications et de détails exagérés. Il lui fit savoir qu'il fallait craindre que les Doqmèh Persans (c'est par ce nom que l'on désigne les esclaves achetés à prix d'argent), ne se révoltassent et n'attaquassent les habitants de Khiva. Le Khan de Khiva avait déjà reçu la nouvelle des mouvements des troupes persanes, il se détermina donc à revenir de Merv. Il tint conseil la nuit avec son vézir, le Mehter Aga Yaqoub, et avec le fils du Mehter Youssouf, qui avait été précédemment son ministre.

Le Mehter Aga proposa de partir de Merv et de marcher contre les troupes des Qizil Bach et des Qadjar, de leur livrer bataille et de les chasser de devant Serakhs. « En effet, ajouta-t-il, Serakhs qui, aujourd'hui, ne reconnaît pas notre autorité se soumettra à nous en reconnaissance de la protection que nous lui aurons accordée. »

Bek Djan Mahrem, dont l'influence secrète était plus considérable et plus intime que celle du vézir Mehter, prit la parole. « Les assertions du Mehter, dit-il, sont vides de sens, et la voie qu'il parcourt est celle de l'ignorance. Les troupes qui se trouvent dans le Khorassan sont reposées; celles du Kharezm ont passé deux mois à faire le siége de Merv, privées d'eau et de pain et excédées de fatigue. Les vivres leur font défaut; les chevaux et les chameaux sont épuisés. Les soldats ne pourront soutenir la guerre contre les Qadjar et les infidèles Qizil Bach. Si on les conduit au combat, ils seront mis en déroute et ils se débanderont pour rentrer dans leurs foyers. Il vaut donc mieux employer d'autres moyens. »

On écrivit, en conséquence, une lettre conçue en termes pleins de douceur et d'amitié, et on l'expédia au Nevvab Hussam ous Salthanèh.

Djafer Aga de Kélat qui affectait les dehors d'un dévouement absolu au gouvernement persan, mais qui était secrètement à la dévotion du Khan de Khiva, imagina un stratagème. Se couvrant des apparences de la sincérité, il écrivit au Nevvab Hussam ous Salthanèh une lettre dont voici le sens. « Le Khan de

Khiva est prêt à tenter une expédition à la tête de soixante mille cavaliers. Je crains qu'il ne veuille fondre sur Kélat et s'emparer de cette place dont la possession est en litige. Soyez avertis; venez à mon secours et tenez-vous sur vos gardes contre les tentatives du Khan qui dispose d'une nombreuse artillerie et de troupes innombrables. Il est préparé à la lutte. »

Cette lettre remplie de faits mensongers fut remise aux fonctionnaires persans; ils cherchèrent un prétexte pour reculer et ils rendirent ainsi un service signalé aux habitants de Serakhs et au Khan de Khiva, en déployant l'étendard de la retraite. Djafer Aga fit savoir, d'autre part, au Khan de Khiva que les troupes placées sous les ordres du Nevvab Hussam ous Salthanèh ne s'élevaient pas à plus de cinq ou six mille hommes, et que, si les cavaliers Tekèh[1], Serakhsy, Djemchidy[2], Salour[3] et Sarouq[4] fondaient sur elles, ils en viendraient aisément à bout. Le Khan fit prévenir toutes ces tribus en leur envoyant des lettres dont la teneur était ainsi conçue : « Les infidèles Qizil Bach ont attaqué les musulmans; il faut non

---

1. Les Turkomans Tekèh sont établis dans les environs de Serakhs et de Merv, sur les bords du Mourgâb. On les trouve aussi sur les bords de la mer Caspienne et dans la province d'Esterâbad, dans les environs d'Akhal, à l'est de Ichqâbad et à l'ouest de Qizil Rebath.

Les chevaux des Tekèh de Merv jouissent de la plus grande réputation dans la Transoxiane et en Perse.

2. Les Djemchidy sont des nomades établis sur les frontières du Khorassan. Ils sont de race persane et prétendent faire remonter leur origine jusqu'à Djemchid.

3. Les Salour ou Salar forment une tribu de Turkomans habitant la partie occidentale du Khorassan; leur *Hekim-Khan* ou chef réside à Serakhs, ils sont considérés comme les plus nobles d'entre les Turkomans et ils peuvent fournir deux fois plus de cavaliers que les autres tribus. Le Khan de Khiva fit contre eux, en 1832, une expédition à la suite de laquelle il établit des postes de douanes sur les routes qui traversent leur territoire.

Les Salour ne construisent point de mosquées, ils n'ont comme sanctuaire que le tombeau d'un saint à Serakhs. Ils y conduisent les chameaux malades pour en obtenir la guérison. Ils font leur prière dans la tente, comme au désert, sans ablution et sans étendre de tapis. — A. Burnes, *Travels into Bokhara, etc.* Vol. II, pages 50-53. — Ritter, *Allgem. Geographie*, VIII, 279.

4. Les Sarouq sont une tribu de Turkomans établis à Merv et dans ses environs. Ils sont au nombre d'environ vingt mille. — Burnes, *Travels, etc.*, pages 252, 255.

seulement les repousser, mais entreprendre contre eux la guerre sainte. »

Puis, avec le concours des habitants de Serakhs, il confia l'élite de ses troupes composée de Yomout et de Djemchidy à Mir Ahmed Khan Djemchidy et à ses frères auxquels il adjoignit quelques-uns de ses officiers ; il leur ordonna de fondre sur l'arrière-garde des Persans, tandis que lui-même s'enfuyait et se dirigeait sur Khiva.

Un des Khans du Khorassan fit de son côté parvenir aux Tekèh, aux Sarouq et aux autres tribus les informations les plus rassurantes, c'est-à-dire que toutes les troupes qui se trouvaient dans le Khorassan, accompagnaient Hussam ous Salthanèh ; que son armée n'avait point d'arrière-garde et que la province était complètement dégarnie.

Ces tribus se jetèrent alors avec furie sur les derrières de l'armée persane; elles tuèrent et firent prisonniers un grand nombre de soldats. Elles poussèrent leurs courses dans la plus grande partie du Khorassan et emmenèrent de nombreux captifs. En évacuant Aq Derbend [1], les troupes de Hussam ous Salthanèh tuèrent un grand nombre de ces Turkomans et s'emparèrent des prisonniers qu'ils avaient faits. La nouvelle en parvint à Khiva, mais on jugea utile de ne pas la divulguer ; on y amena, à plusieurs reprises, les soldats faits prisonniers à Serakhs et à Thijen. On en fit grande parade, et on les faisait promener dans les rues et les marchés. On répandit partout la nouvelle de la défaite des troupes des Qizil Bach. Ces évènements rendirent ma position pénible et mon prestige en souffrit; mon cœur en fut profondément attristé, et j'éprouvai un ennui et des angoisses mortels. Je réglai mes paroles et mes actions

---

[1]. Aq Derbend, poste frontière sur la route de Serakhs à Mechhed. Il se compose de onze tours bâties sur la crête d'une chaîne de montagnes à l'entrée du défilé qui conduit en Perse.

La vallée d'Aq Derbend est fertile et bien arrosée. La population, autrefois nombreuse, a été ruinée et dispersée à la suite des incursions des Khiviens. — (Burnes, *Travels*, tome II, pages 63 et suivantes. — Ritter, *Allgemeine Geographie*, tome VIII, pages 280-281.)

sur les circonstances. J'entretenais tous ceux que je voyais de la grandeur, de la splendeur et de la puissance du gouvernement persan sans en rien rabattre, ni sans en rien amoindrir, jusqu'à ce que l'on apprit l'arrivée prochaine du Khan de Khiva. Il fit son entrée le 10 du mois de chevval (1er août). J'en fus informé, mais je m'abstins de me porter à sa rencontre, prétextant le mauvais état de ma santé et les ennuis que j'éprouvais. J'envoyai quelques-uns de mes gens pour se rendre un compte exact du train, de l'artillerie et des troupes du Khan.

Le Khan fit son entrée ayant une aigrette sur son bonnet; son cheval en avait aussi une sur la tête. Il était vêtu d'une robe de couleur rose. Je fus exactement informé de ce qu'il avait de troupes, de la manière dont elles étaient armées, et de ce qu'il possédait de fusils et de canons. Je me dis : Hélas!

Vers. — « Il fait bon entendre le bruit du tambour de loin. »

J'appris que Mirza Aly Naqy, médecin du régiment Efchar, accompagnait le Khan dans cette expédition. Je feignis d'être malade pour pouvoir connaître les détails de l'expédition de Merv et de Serakhs. Comme il était le seul médecin de la ville, le Khan lui accorda la permission spéciale de venir me voir. Je pris auprès de lui toutes les informations désirables et je connus les faits beaucoup mieux qu'auparavant.

Mon entrevue et mes entretiens avec Mohammed Emin Khan Uzbek.

Le Khan de Khiva avait été instruit de mon désir de réclamer les prisonniers persans. Il rappela à Khiva Ata Niaz Mahrem, son envoyé à la cour de Téhéran, qui était alors employé au recouvrement des impôts à Kohnèh Ourguendj. Il le mit en tiers entre lui et moi et prit toutes sortes de renseignements. Au bout de quelques jours, il m'envoya chercher. Il avait réuni pour une audience solennelle les ulémas et les émirs. On avait déployé un grand appareil de luxe.

Le mauvais état de ma santé ne me permettant pas de supporter la fatigue d'une audience solennelle, je m'excusai en faisant savoir que j'étais souffrant et que mon indisposition ne me permettrait pas de me rendre à l'invitation qui m'était adressée. Je dis que j'avais pris médecine et que non-seulement je ne pourrais pas paraître à l'audience, mais que je n'aurais pas la force de m'y rendre.

On envoya de nouveau un autre personnage qui me dit : « Khan Hazret, c'est-à-dire le Kharezm Châh vous attend et tous les dignitaires de l'État ont les yeux fixés sur le chemin. » — Je répondis : « Je n'ai pas la force de me rendre auprès de lui. S'il avait été indispensable que j'allasse aujourd'hui à l'audience, il aurait fallu me prévenir dès hier afin que je me fusse abstenu de prendre médecine aujourd'hui ; maintenant, cela m'est difficile et je suis au moment où le remède doit agir. »

Enfin l'audience fut rompue. On imputa l'excuse que j'avais alléguée à la fierté, à l'orgueil et à la présomption. Tout le monde s'étonna de mon audace et de mon impolitesse, car à Khiva les ordres du Khan sont considérés comme une révélation divine et personne n'aurait l'audace de s'y soustraire. Enfin, il fut convenu qu'aussitôt que je serais rétabli, je ferais connaître le désir d'avoir mon audience et que je m'y rendrais.

Au bout de quelques jours, je fis prévenir le Khan qui se trouvait au jardin d'Engouri Nik (du bon raisin), appelé par corruption Enguerik. Je pris avec moi Ata Niaz Mahrem ; je saluai le Khan qui me rendit mon salut et m'adressa diverses questions en turk. Il fit approcher un interprète, car il feignit de ne pas comprendre le persan et moi je refusai de parler turk. Il me demanda, tout d'abord, comment j'avais passé mon temps ces derniers jours. Je lui répondis que j'avais été indisposé et pris par la fièvre et que je n'avais pas de médecin capable de me soigner. J'ajoutai que les sages défendaient de résider dans une ville où ne se trouvait pas de médecin.

« Comment, me dit-il, avez-vous recouvré la santé ? » — « Grâces aux mesures que j'ai prises et qui, répondis-je, ont concordé avec les arrêts du destin. » — En Perse et à Téhéran, reprit-il, y a-t-il beaucoup de médecins ? — Oui, répondis-je ; dans chaque rue et dans chaque quartier, il y a des bureaux et des dispensaires où se tiennent des médecins et où les étrangers et les indigènes ont recours à leurs consultations. Les mesures ordonnées par ces médecins préviennent et éloignent toutes les maladies. La plupart d'entre eux reçoivent des pensions et des appointements du roi. Un médecin est attaché à chaque régiment, soit en temps de guerre, soit en temps de paix. En outre, quelques-uns sont chargés par le gouvernement de vacciner les enfants et de tenir un registre de leurs noms. Ils les préservent à jamais de la petite vérole et de la cécité qui en est la conséquence. » Le Khan fut émerveillé de ces paroles et ces mesures lui causèrent le plus profond étonnement. J'ajoutai : « Le nombre des troupes du Roi s'élève à cent mille hommes, et chaque régiment possède un médecin. Mirza Aly Naqy était l'un d'eux et il faisait partie du régiment Efchar ; aujourd'hui, il est sans emploi à Khiva. »

Il me demanda des détails sur les régiments et je lui répondis d'une manière qui le plongea dans la stupéfaction.

« Nous ne sommes pas sans renseignements sur le gouvernement persan et sur les rois Qadjar et Qizil Bach, me répondit-il, nous avons eu des relations avec eux à l'époque de Feth Aly Châh et de Mohammed Châh. » — « Sous le règne de Feth Aly Châh, repris-je, la plus grande partie de l'armée se composait de cavalerie ; il n'y avait, en fait de troupes régulières, que douze mille hommes de l'Iraq pour la garde des places et vingt-quatre mille fusiliers du Mazanderan. Mais ils n'étaient point disciplinés ; aussi l'infanterie persane, quand elle fut aux prises avec les soldats russes, fut tantôt vaincue tantôt victorieuse. L'attention se porta donc sur l'organisation de l'armée et de l'artillerie et sur leur approvisionnement. Sous le règne de Mohammed Châh, il y avait vingt pièces de siége et soixante régiments de soldats réguliers peu disciplinés. Aujourd'hui, en exécution des ordres de Nacir Eddin Châh, l'armée compte cent vingt mille hommes de troupes régulières et douze cents pièces de canon attelées, approvisionnées de poudre, de gargousses et de boulets et de tout ce qui est nécessaire en fait de projectiles. En outre, dans les provinces et à la disposition des gouverneurs, il y a cent mille cavaliers réguliers qui touchent une solde et des rations. Ils sont préposés à la garde des frontières et ils attendent les ordres du Roi qui sont aussi inflexibles que ceux du destin. S. M. donne ses ordres pour ce qui concerne l'armée aux généraux, à l'Adjoudan Bachy de ses troupes aussi impétueuses que les flots de la mer; celui-ci a un état-major composé d'Émir Zadèh et de colonels, à la capacité desquels est confiée l'administration des affaires militaires. Quand S. M. donne un ordre à l'Adjoudan Bachy, ses aides-de-camp le transmettent aux colonels, aux généraux de brigade, et aussitôt, selon les règles d'une armée régulière, avec le plus grand ordre, l'artillerie et les régiments se mettent en mouvement. Le sol tremble, les montagnes sont ébranlées; oui, ce spectale peut donner une idée du jugement dernier! Votre ambassadeur, Ata Niaz Mahrem, qui est allé à Téhéran, a été témoin d'une partie de ce que je vous raconte. Il a vu la place devant la caserne royale où se trouvent quatre cents chambres au rez-de-chaussée et quatre cents au premier étage; devant chacune de ces chambres où sont logés des soldats d'infanterie, sont placés deux canons avec leurs caissons remplis de boulets, de poudre et de gargousses. Si vous n'ajoutez pas foi à ce que je vous dis, voici votre ambassadeur; il est devant vous : demandez-lui si mon récit est inexact ou véridique. En outre, en l'honneur des douze Imams, douze mille hommes de troupes régulières tiennent garnison dans la capitale pour faire le service de la place; tous les jours, soir et matin, ils font l'exercice. Leur solde est payée tous les mois par les officiers de la cour. Au bout d'un temps déterminé, ils sont remplacés par d'autres soldats et ceux qui sont libérés retournent dans leur pays où ils sont employés à différents services déterminés. A l'extérieur et à l'intérieur de la ville, principalement aux portes d'entrée, aux coins des rues et des carrefours, par ordre du roi, on a élevé de solides édifices et de beaux péristyles.

Jour et nuit, des détachements occupent ces corps de garde pour veiller au maintien du bon ordre.

Si parfois deux individus, violant les lois établies et les règles de la bienséance, viennent à se disputer, à se quereller ou à se battre, on les arrête; on les punit et, après leur avoir appliqué le châtiment édicté par la loi, on les relâche. J'exposai en toute vérité et en toute sincérité quelques-uns des règlements en vigueur en Perse. Le Khan écouta ces paroles, avec une attention, un recueillement marqués. Dans son étonnement, il porta ses deux mains à sa poitrine, s'écriant trois fois : *Ya Hafyz!* (ô Dieu protecteur!) La crainte et la terreur le portaient à se mettre sous la garde de Dieu.

Autres questions du Khan de Khiva.

Le Khan, relevant la tête, me demanda quel était l'âge du Roi. Je lui répondis : « la naissance heureuse de ce monarque fortuné a eu lieu le six du mois de Safer de l'année 1246 (28 juillet 1830). S. M. a donc aujourd'hui vingt-deux ans. Les astrologues ont prédit qu'elle régnerait pendant quarante ans, entourée de gloire et de splendeur. » — « S'il en est ainsi, répartit le Khan, le Roi de Perse est tout jeune et sans expérience. » — « S. M. le Roi qui est le refuge du monde, répondis-je, est jeune et vigoureux comme son heureuse fortune, mais il a la maturité d'esprit et toute l'expérience d'un vieillard et d'un homme accompli. Il n'est point ignorant comme les autres souverains. Sa science est innée, et Dieu lui a donné en partage les plus brillantes qualités de l'intelligence. En outre, il est orné de toutes les perfections physiques et morales, et il est exempt de toute imperfection apparente ou cachée. Aussitôt qu'il s'est acquitté des devoirs et des obligations que lui impose le pouvoir souverain, sa sollicitude le porte à remplir les devoirs de la religion et de la dévotion et à se présenter devant son Créateur pour s'humilier devant lui et implorer sa protection. Tous les soirs, après qu'il a achevé ses prières et ses exercices de piété, on allume dans son cabinet des bougies supportées par des flambeaux enrichis de pierreries ; puisse l'âme de ses ennemis venir comme des papillons se brûler à leur flamme! On place devant lui des volumes d'histoire religieuse et de traditions, les vies des prophètes et des chroniques. Son regard qui a les propriétés de l'alchimie en pénètre les vérités et il se livre à de profondes réflexions sur les événements qui ont trait à la religion et au gouvernement des Etats. Sa sagesse et sa perspicacité puisent de nouvelles forces dans les exemples qui nous sont légués par le passé. Il s'occupe de géographie en consultant les cartes des sept climats. Il étudie la longitude et la latitude des contrées qui sont rapprochées ou éloignées de son royaume, des pays Turks et Persans. Il a acquis dans cette science des connaissances si étendues et si solides, qu'il connaît mieux les provinces de l'empire Ottoman, de la Russie, de l'Inde, du Touran que les habitants mêmes de ces pays. »

« Ainsi, lorsque S. M. me donna l'ordre d'entreprendre le pénible voyage de Khiva, elle me dit que, d'Esteràbad à Khiva, la route était difficile et qu'il fallait traverser un désert sans eau et sans végétation, et elle me fit connaître sur la route les quelques stations où l'on trouve des puits d'eau douce et celles où on ne trouve qu'une eau saumâtre et non potable. L'événement a confirmé les paroles de S. M. »

Mon récit augmenta la surprise du Khan qui s'écria plusieurs fois : « Pardon ! pardon ! ô Dieu gardien ! ô Dieu gardien ! » Il me demanda alors : « Comment est le Roi actuel comparé à Feth Aly Châh et à Mohammed Châh, que Dieu leur fasse miséricorde ? » Je lui répondis : « Pour rendre hommage à la vérité, je dois déclarer que, parmi tous les rois et les souverains des sept climats, il n'y en a aucun qui soit plus noble, plus équitable et plus instruit que S. M. le Roi de Perse. » Il réfléchit un instant : « Et comment cela ? » me demanda-t-il. — « Je suis au courant des dynasties étrangères, répondis-je ; je sais que les sultans de Constantinople remontent à Osman bey et qu'ils se rattachent aux Turkomans et aux Seldjouqides. Je sais ce que sont la France, l'Angleterre, la Russie et les autres Etats. Quelques-uns de ces souverains sont, en effet, de noble race, mais aucun d'eux n'est assis sur le trône en vertu des droits qu'il tient de son père et de sa mère. Le Roi de Perse est sur le trône à ce double titre, car la tribu des Qadjar se divise en deux branches : les Qavanlou et les Devalou. Dans le principe, la souveraineté fut départie aux Qavanlou et la dignité d'émir aux Devalou[1]. Les mères des précédents souverains Qadjar n'étaient pas de sang royal, tandis que la mère du Roi actuel est la petite-fille de S. M. Feth Aly Châh ; il réunit donc en lui la noblesse du père et celle de sa mère. Il est de la branche des Qavanlou, Sultan fils de Sultan, Khaqan fils de Khaqan. »

Vers. — « Ce Roi réunit en lui la noblesse du père et celle de la mère ; il est un Khosrau possesseur de la couronne à ce double titre. Quel est le prince de la dynastie des rois de Perse qui a eu une pareille noblesse ? Ni Key Khosrau, ni Qobad ne l'ont point possédée. »

---

1. Lorsqu'Aga Mohammed Khan fit épouser à son neveu Feth Aly Châh qui monta après lui sur le trône, la fille de Feth Aly Khan Qadjar Devalou, il fut convenu que le pouvoir souverain se perpétuerait dans la branche des Qavanlou et que les grandes fonctions de la cour et de l'État seraient réservées aux Devalou.

Après que j'eus donné ces détails sur la généalogie et sur la noblesse du Roi, le Khan me questionna au sujet du Nevvab Choudja ous Salthanèh Hassan Aly Mirza. Je lui exposai tout ce qui concernait ce personnage ; je satisfis aussi son désir au sujet d'Acef oud Daoulèh et de son fils [1]. Il me demanda aussi des détails au sujet de Djafer Qouly Khan, chef kurde de Bouzoundjerd et sur son séjour à la cour de S. M [2]. Par ce qui me fut dit, je compris que les Khiviens, les Tekèh et les Yomout avaient eu à souffrir de ses expéditions ; que, dans ses courses, il leur avait enlevé beaucoup de prisonniers ; qu'il leur causait de vives appréhensions et une grande terreur et qu'ils redoutaient son autorité dans les provinces du Khorassan. Il fut question de Serakhs. « J'ai envoyé, me dit le Khan, Ata Niaz Mahrem à Téhéran pour témoigner de mon bon vouloir et de la sincérité de mes sympathies. Le Roi de Perse vous a chargé d'une mission au Kharezm, et, dans ces circonstances, une marche de l'armée persane dans la direction de Serakhs et d'Esterâbad serait un fait en contradiction avec les sentiments de l'amitié. » — « L'arrivée de l'armée à Esterâbad, lui répondis-je, n'a d'autre but que celui d'assurer le bon ordre sur cette frontière et d'arrêter les déprédations des Turkomans. Ce mouvement ne menace ni votre pays, ni les tribus qui vous sont soumises. Quant à la présence du Nevvab Hussam ous Salthanèh devant Serakhs, cette expédition n'a été entreprise que parce qu'il est notoire que Serakhs, de même que Merv, ne reconnaît pas votre autorité et que cette ville ne cesse d'être un foyer de troubles. Si on avait su que les habitants de Se-

---

[1]. Allah Yar Khan Devalou qui avait reçu le titre honorifique d'Acef oud Daoulèh, était le fils de Mirza Mohammed Khan, Roukn oud Daoulèh, gouverneur de Téhéran à la mort d'Aga Mohammed Khan. Feth Aly Châh pour reconnaître ses services lui confia les fonctions de vézir et plus tard celles de grand chambellan.

Acef oud Daoulèh épousa une fille de ce prince, et sa sœur fut une des femmes légitimes d'Abbas Mirza. Acef oud Daoulèh a composé des poésies sous le nom de Hadjib.

Son fils Hassan Khan Salar prit une part active au soulèvement du Khorassan au commencement du règne du roi actuel. — *Fihris out Tewarikh*, tome IXe, page 345.

[2]. Le chef kurde de Bouzoundjerd, Djafer Qouly Khan était le fils d'Emir Gounèh Khan ; il fut envoyé comme ôtage à Téhéran ; il mourut gouverneur d'Esterâbad.

rakhs étaient vos sujets, on n'aurait pas marché contre eux. En outre, cette expédition n'a point été résolue sur l'ordre des ministres de la cour de Perse. Hussam ous Salthanèh ne l'a tentée que sur les instances réitérées des Khans du Khorassan. La preuve que le Roi est étranger à cette tentative, c'est que, lorsque votre envoyé a proposé de retirer vos troupes, si Hussam ous Salthanèh voulait battre en retraite, celui-ci y a consenti. S'il avait reçu des ordres du Roi, il ne se serait pas retiré avec autant de facilité. »

« Hussam ous Salthanèh est le fils d'un prince qui, semblable à Darius, a eu les vastes desseins d'Alexandre et le génie guerrier de Djenguiz. Lorsqu'il marcha contre Serakhs, la population du Kharezm passa les nuits dans l'insomnie. Malgré la grande distance (qui les sépare du Khorassan) les habitants de Gourgandj, de Kât, de Hezaresp ne goûtaient point une heure de repos. »

« Si dans ces conjonctures, on a montré des sentiments de conciliation, c'est à cause de la puissance du souverain de la Perse qui a le ciel pour vestibule. Si S. M. le Roi de Perse n'avait pour le souverain du Kharezm ni égards, ni déférence, ni sympathie, sur un signe d'elle quelques régiments et quelques batteries d'artillerie se dirigeraient sur Seraks et détruiraient cette ville de fond en comble. Je connais la situation de votre pays. Il est en butte, d'un côté, à l'hostilité de Boukhara, de Merv et de Hérât; de l'autre, il est exposé aux attaques de l'armée russe qui vous guette. Les frontières de vos Etats ne sont point éloignées d'Esterâbad et elles confinent aussi à Derèhguèz et au Khorassan. Réfléchissez à ce qui vous est le plus profitable. Considérez qui peut vous donner appui et protection. Si quelques gouvernements étrangers vous montrent de la sympathie, ces dispositions sont basées sur leur propre intérêt. Ils vous ont dans la main pour avancer leurs propres affaires et agir contre vous, et ils vous prennent comme un bouclier pour se protéger contre les malheurs qui peuvent les atteindre. Ainsi, la nation qui est la plus rapprochée de vous est l'alliée de l'Emir de Boukhara et votre ennemie. Une autre, qui est encore plus voisine de Boukhara, affecte d'être votre amie; mais, en réalité, elle ne désire, pour satisfaire ses intérêts, que susciter les musulmans les uns contre les autres. »

Vers. — « De quelque côté qu'il y ait des hommes tués (parmi les infidèles), l'avantage sera toujours pour l'islamisme. »

« Vos ministres ne se préoccupent nullement des affaires. Leur conduite est si odieuse et si pleine d'hypocrisie, qu'aux yeux des musulmans des autres pays, ils ne valent pas un grain d'orge. Les sujets du Roi de Perse vont en Turquie, en Russie, dans l'Inde et en Europe. Ils y vivent entourés d'égards et ils reviennent en Perse sains et saufs. Il n'y a que sur les confins de vos Etats que les choses se passent autrement. Vos sujets sont pleins d'ardeur pour piller et pour réduire en captivité les musulmans, pour les molester et pour les tyranniser. Pourtant, nous avons le même Qoran, le même Qiblèh, le même Prophète et le même Dieu; et il n'y a ni verset du Qoran ni tradition qui autorisent une pareille conduite. »

« Les ulémas, répondit le Khan, disent qu'injurier les deux Cheikhs [1] est un blasphème et l'on sait quelle doit être la punition des blasphémateurs. Les Persans ont introduit des innovations; ils injurient et maudissent les plus nobles des compagnons du Prophète et, d'après la décision juridique des muftis de Boukhara et du Kharezm, ils sont hérétiques et infidèles. S'emparer des biens et de la personne des infidèles est une obligation religieuse. » — Moi qui suis un des serviteurs de la cour de Perse, repris-je, je suis ici pour parler en homme politique; la controverse regarde les ulémas des différentes sectes. Il n'y a pour moi aucune utilité à entamer de pareilles discussions. Si on avait voulu approfondir vos croyances et les discuter, on aurait envoyé ici un mufti ou un qadi. Mais il y a

---

1. Les Khalifes Abou Bekr et Omar.

de longues années que ces disputes sont engagées et que, des deux côtés, on a échangé des traités, des thèses, des livres et des sermons, sans pouvoir arriver au but que l'on s'était proposé. Ceci est un fil dont le bout est bien éloigné. »

« Autrefois, la plus grande partie des habitants de la Perse étaient adorateurs du feu ; après la fondation de l'islamisme, ils suivirent la doctrine de la tradition. Après les Khalifes, les Ommiades s'emparèrent du pouvoir et ils entrèrent en lutte avec Aly, fils d'Abou Thalib et ses très-glorieux enfants. L'histoire de la lutte de Moavièh fils d'Abou Sofian à Siffin, de la bataille de Kerbela, du martyre du cinquième Imam de la famille du Prophète[1] et du khalifat de Yezid est plus claire que la lumière du soleil. Quand le khalifat fut dévolu à Abdallah es Saffah et à la famille d'Abbas, les Ommiades furent poursuivis, persécutés et massacrés. On alla même jusqu'à ouvrir les tombeaux des membres les plus illustres de cette dynastie, et dans quelques-uns, on ne trouva que des cendres. »

« Le khalifat resta longtemps aux mains des Abbassides et, sous tous leurs règnes, on accabla de mauvais traitements, soit ouvertement, soit en secret, les Imams de la bonne direction et les Seiyds Fathimites de la famille de Hachim. On sait de plus que les Khalifes ont été aussi divisés ; les Abbassides et les Ommiades étaient ennemis ; cela n'empêche pas les musulmans qui suivent la tradition de les reconnaître pour souverains légitimes et de les appeler vicaires de Dieu et du Prophète. »

« Moavièh et les Ommiades sont les premiers qui aient chargé d'injures Aly et l'aient accusé d'hérésie ; pendant soixante-dix ans, on a, dans les chaires des mosquées, insulté et maudit son nom. Omar fils d'Abdoul Aziz abolit cette coutume. Ensuite,

---

[1]. Le texte porte « la famille du manteau ». (Ali Aba). Le prophète Mohammed appela un jour auprès de lui, à l'aube, Aly, Fathimèh et ses deux fils et, ouvrant le manteau en laine noire dont il était couvert, il les pressa sur son sein en récitant le verset : « Obéissez à Dieu et à son apôtre, Dieu ne veut qu'éloigner de nous l'abomination de la vanité et nous assurer une pureté parfaite. » (Qoran, chap. XXXIII, verset 33.) Et il ajouta : « O mon Dieu ! ceux-ci sont les membres de ma famille. » Depuis ce jour, Aly, Fathimèh, Hassan et Husseïn furent désignés par le nom de Ali Aba.

ainsi qu'on le lit dans le livre des « Religions et des sectes philosophiques [1] », on vit surgir un grand nombre de sectes : Les Kharidjy, les Moutazelèh, les Achary, les Zeydièh, les Ismailièh, les Afthahièh [2]. C'est alors que la grande fraction

[1]. Le livre des religions et des sectes philosophiques *(Kitab oul Milel ouen Nihal)* a été composé par l'Imam Aboul Feth Mohammed ibn Abdoul Kerim Chehristany (548-1153). Le texte de cet ouvrage a été publié par M. W. Cureton sous le titre de « *Book of religions and philosophical sects.* » London, 1842.
Nouh Efendy (1070-1659), auteur d'une histoire d'Egypte, a donné de cet ouvrage une traduction turque qui a été imprimée au Caire, en 1263 (1848), 1 vol. 8v.
M. Haarbrücker l'a traduit en allemand. « *Religionspartheien und Philosophenschulen aus dem Arabischen übersetzt* von Th. Haarbrücker, Halle, 1850-1851. Je possède dans ma bibliothèque un exemplaire de l'ouvrage de Chehristany copié au xiiie siècle qui a appartenu au célèbre grand vézir Mehemmed Raghib Pacha et qui porte des notes de sa main.

[2]. Les Kharidjy qui se subdivisent en six sectes ne reconnaissent ni Osman ni Aly ; ils professent la doctrine que les péchés enlèvent la foi et que tout musulman a le droit de refuser obéissance à un Imam qui s'écarte des prescriptions consacrées par la sounnah ou tradition.
Les Moutazelèh sont les sectateurs de Wassil ibn Atha el Ghazzal disciple de Hassan el Basry. Wassil enseignait que le Qoran n'est point incréé ni par conséquent éternel ; que la foi peut subsister malgré les péchés et sans la pratique des bonnes œuvres ; enfin, qu'il n'y a point en Dieu d'attributs séparés de son essence. Le Khalife Waciq et quelques-uns de ses successeurs adoptèrent les idées de Wassil. Les Moutazelèh portent aussi le nom de Mouaththil, parce qu'ils dépouillent Dieu de ses attributs.
Les Achary sont les adhérents d'Aboul Hassan Aly ibn Ismayl el Achary qui s'est appliqué à définir les attributs de Dieu dans lesquels il voit des propriétés et des qualités distinctes de la divinité, tandis que, pour d'autres théologiens, ces attributs indiquent différents états de la divinité. Aly el Achary insistait, en outre, sur l'importance de la révélation et des promesses de Dieu, sur leur caractère immuable et sur leur perfection complète. Il voulait que la dignité d'Imam fût élective et que sa collation ne fût pas réglée par une loi.
Les Zeydiyèh suivent la doctrine de Zeyd fils d'Aly, fils de Husseïn, fils d'Aly, qui enseignait que l'Imamat devait être exclusivement réservé aux descendants de Fathimèh. Tout Fathimy, qu'il soit de la souche de Hassan ou de celle de Husseïn, peut être Imam. Ils admettent, en conséquence, que deux Imams peuvent exister dans deux localités différentes. Les Zeydiyèh, pour tout ce qui se rattache à la foi, suivent la doctrine des Moutazelèh.
Les Ismaylièh prétendent que l'Imam qui a succédé à Djafer était Ismayl son fils et cette assertion est appuyée sur le témoignage unanime de ses enfants : ils ne sont point d'accord sur l'époque de la mort d'Ismayl. Ils se divisent en *Moubarekyèh* qui disent que l'Imamat s'est éteint avec la personne de Mohammed fils d'Ismayl, et en *Bathinyèh* qui enseignent la continuation de l'Imamat. Ceux-ci sont les plus nombreux.
Les Afthahyèh affirment que les Imams descendent d'Abdoullah el Afthah fils d'Abou Abdallah Djafer, fils de Mohammed es Sadiq, frère d'Ismayl. Mohammed es Sadiq avait chargé un de ses compagnons de remettre la dignité d'Imam à celui qui en ferait la de-

des Imamièh voyant que tout était en ruines, que les mers n'étaient qu'un mirage, se conforma à ces paroles : « Ma famille est semblable à l'arche de Noé ; celui qui s'y embarque est sauvé, et celui qui s'en éloigne périt dans les flots », et monta sur le vaisseau de l'amour de la famille du Prophète pour échapper au déluge. »

« L'imputation d'hérésie et les injures existent depuis longtemps. Il y eut une recrudescence sous la dynastie des Sèfèvy. Nadir Châh y mit un terme et il voulut faire cesser tout dissentiment au sein de l'islamisme. Après lui, les souverains originaires du Lour ne s'occupèrent pas de cette question [1]. Les ignorants et les savants poussèrent les choses jusqu'à l'exagération. Bien que Feth Aly Châh témoignât beaucoup de bienveillance aux ulémas et aux personnages renommés pour leur dévotion, il défendit et proscrivit toutes ces accusations d'hérésie. Mohammed Châh fit à ce sujet les défenses les plus sévères. Sous le règne du roi actuel, personne n'a l'audace de prononcer des paroles aussi oiseuses. Si quelqu'un osait injurier les Khalifes, on allégerait son cou du poids de sa tête. » — « S'il en est ainsi, dit le Khan, c'est bien. » —

---

mande. C'est à ce titre qu'elle fut conférée à Abdallah el Afthah. Il mourut soixante-dix jours après son père, sans laisser d'enfants mâles.

Les Chiites Imamyèh soutiennent qu'après la mort du prophète, l'Imamat devait revenir à Aly, non point en vertu de certains droits, mais par suite d'une désignation spéciale de Mohammed. Les Imamièh comptent vingt sectes qui sont divisées au sujet de la transmission de l'Imamat après Hassan et Husseïn et Aly fils de Husseïn.

1. Les souverains du Lour *(Selathini Elwarièh).* L'auteur désigne sous ce nom la dynastie des Zend dont le chef Kerim Khan gouverna la Perse après la mort de Nadir Châh. Kerim Khan, fils d'Ouynaq, était originaire de Perièh, village du district de Melayr. Son père était un personnage notable de la tribu des Feïly, fraction considérable de la grande tribu des Zend.

Kerim Khan, pendant son règne qui dura trente ans et huit mois, ne voulut jamais prendre que le titre de Vekil. (Lieutenant, délégué.) Il eut pour successeurs Aboul Feth Khan Sadiq Khan, Aly Murad Khan et Djafer Khan. Le dernier prince de cette maison, Louthf Aly Khan, fait prisonnier à Nermachir, fut mis à mort à Téhéran par ordre d'Aga Mohammed Khan Qadjar.

L'histoire de cette dynastie, qui compte six princes qui ont régné pendant quarante-trois ans (1165-1208 [1751-1794]), a été écrite par Mirza Sadiq Mervy, sous le titre de *Tewarikhi Zendièh.*

« C'est l'exacte vérité, répondis-je. — « La cause de notre inimitié contre les Persans, poursuivit-il, se trouve dans l'imputation de l'hérésie et les injures dont ils chargent la mémoire des Cheikhs (les deux premiers Khalifes) : mais quel est le motif de la haine que nous portent les Qizil Bach? » — « De même, repris-je, qu'on vous a dit que la plus grande partie des habitants de la Perse sont des hérétiques et que ce motif vous a poussés à les détester, de même les Persans s'imaginent que vous n'avez aucune vénération pour Aly, ni pour ses très-glorieux enfants. »
— « A Dieu ne plaise, s'écria le Khan, que nous n'ayons point de respect pour Aly! Nous le reconnaissons pour le quatrième et le plus savant des Khalifes. Si, dans toutes les affaires du khalifat, on avait suivi ses conseils et déféré à ses avis, jamais il n'y eût eu de dissension. L'histoire du khalifat est racontée dans tous ses détails dans le Raouzet ous Sefa [1]. »

« Votre serviteur, répartis-je, a grandi et a été élevé dans la province de Fars; il en a parcouru les côtes et les ports à plusieurs reprises. Il y a, dans ces parages, environ trente mille individus qui suivent le rite Chaféite. De même, dans le Laristan et dans les autres districts du Fars, les sunnites sont nombreux et ils vivent paisibles et tranquilles. J'ai séjourné au milieu d'eux; quant à moi, je garde mes convictions et je n'ai aucune prévention dans les questions de sectes religieuses. Mais il y a en Perse une classe d'individus que l'on nomme Imamièh et qui, sur quelques points, sont dans le vrai; ils sortent toujours victorieux des discussions qu'ils ont avec les docteurs sunnites. Entre autres assertions, ils affirment que, pendant sa dernière maladie, le Prophète demanda une écritoire et du papier pour rédiger ses dernières dispositions et son testament, afin que son peuple ne déviât point de la route qu'il lui avait tracée. Omar ibn Khattab l'en empêcha ouvertement, et ce fait est notoire. »

---

[1]. *Raouzet ous Sefa* (le jardin de la pureté) par Mirkhond. Cette histoire universelle si connue a été publiée dans ces dernières années à Bombay, à Delhy et à Téhéran.

« Ils ajoutent, en outre, que si Omar avait eu de l'affection et du dévouement pour le Prophète, pourquoi donc aurait-il abandonné, étendu sur la terre, le corps de cet auguste personnage pour courir au banc des Beni Sa'idèh [1] afin de forcer les Musulmans à le proclamer Khalife? De plus, disent-ils, si le khalifat avait dû être accordé en vertu d'une recommandation spéciale, le Prophète avait près de la mare de Khoumm [2] désigné Aly pour cette dignité. Pourquoi cette résolution n'a-t-elle point été confirmée ? »

« Si la dignité de Khalife avait dû être accordée par le suffrage de tous, pourquoi Abou Bekr n'a-t-il pas permis qu'il en fût ainsi et pourquoi désigna-t-il Omar et ordonna-t-il qu'il fût son successeur? Si, au contraire, la recommandation est la seule disposition qui soit valable, pourquoi Omar s'en est-il remis à l'assemblée des Musulmans pour le choix de celui qui devait lui succéder ? Il n'a donc reconnu comme légales ni les recommandations testamentaires ni les décisions d'une assemblée. Nous avons en Perse un proverbe fort connu qui dit qu'une terrasse ne peut avoir deux températures. Si l'on s'en réfère à ce que je viens d'exposer, une seule terrasse peut en avoir plusieurs. Ces Imamièh reconnaissent que l'amour que l'on porte au Prophète et à sa famille est une cause de salut; ils reconnaissent les douze Imams et leur conduite est réglée sur les versets du Qoran et sur les traditions. Cette secte a pour adhérents un grand nombre de gens pieux, de vrais serviteurs de Dieu, de savants et de docteurs. » Le Khan du Kharezm, après avoir entendu ce discours,

---

1. Le Saqifèh des Beni Sa'idèh à Médine était un long banc protégé par un auvent contre les rayons du soleil. Les Beni Sa'idèh étaient une fraction des Ançars qui descendaient de Sa'idèh fils de Ka'ab, fils de Khazradj et fils d'Amr. C'est au Saqifèh des Beni Sa'idèh que les Musulmans prêtèrent serment au Khalife Abou Bekr. Yaqout : *Moudjem oul bouldan*, édition de M. Wüstenfeld, tome III, page 104. *Siret our ressoul* d'Ibn Hichaïm. Gœttingen, 1859, 2e partie, page 1013.

2. Ghadir Khoumm (la mare de la cage) est située entre la Mekke et Médine à trois milles de Djouhfah. C'est dans cette localité que le Prophète fit monter Aly sur le bât d'un chameau et le présenta au peuple comme son successeur immédiat. Les Chiites célèbrent cet événement le 18 du mois de Zoul hidjèh. — (Yaqout, tome II, page 471.)

réfléchit pendant quelques intants et s'écria : « Cette secte a pour Aly un singulier respect ! » Je repris : « Il y a en Perse une autre secte qui, professant sur la dignité d'Aly des opinions exagérées, le met au-dessus des trois Khalifes : c'est celle des Moufazhzhilèh. Il y en a aussi une autre qui le place sur le même rang que le Prophète de Dieu et qui ne voit entre eux que la différence qui existe entre la qualité de Prophète et celle de Vely. »

« Voici, s'écria le Khan, une étrange croyance ! »

« Une autre secte, ajoutai-je, reconnaît Aly comme Dieu et lui donne le nom de « créateur de toutes choses » [1]. A ces mots, le Khan de Khiva ne put cacher sa stupéfaction : « Que Dieu nous préserve, s'écria-t-il, d'une croyance aussi fausse ! Les gens qui la suivent sont des infidèles : pourquoi le Roi n'ordonne-t-il point de les massacrer tous. » — « Cette croyance, répondis-je, est tenue secrète; en apparence, ceux qui la suivent ne se distinguent en rien des autres Musulmans. En outre, cette secte a des ramifications dans le monde entier : elle est fort nombreuse en Perse où elle compte plus de cent mille familles. Le plus grand nombre de ceux qui y adhèrent remplissent des fonctions publiques et sont attachés à la cour. Quelques-uns sont cavaliers, vingt ou trente mille sont au service de l'état, d'autres servent dans l'infanterie régulière. »

« Les gens qui ont adopté cette opinion sont belliqueux et ils sont les ennemis irréconciliables des sunnites. Ils jugent qu'il est nécessaire de verser le sang de ceux qui reconnaissent les quatre amis (les quatre Khalifes). Toutes les fois que S. M. le Roi leur ordonnera d'attaquer et de combattre soit les soldats de la Turquie ou ceux de Boukhara, soit les Turkomans, ils marcheront contre les sunnites avec la plus grande ardeur, avec la haine et l'animosité les plus violentes, sans qu'il soit besoin de

---

[1]. Les doctrines des Aly Allahy sont expliquées par l'auteur du *Dabistan oul Mezahib*. Edition de Bombay, 1262, pages 246-248, et tome I, pages 451-460 de la traduction de cet ouvrage publiée par M. D. Shea et A. Troyer, Paris, 1843.

leur assigner ni paie ni solde. Ils estiment que mettre à mort des sunnites est l'action la plus méritoire et que répandre leur sang est chose licite aux yeux de la loi. « Ces paroles bouleversèrent l'esprit du Khan : il fut hors de lui et, portant les mains à sa poitrine, il s'écria : « Pardon, pardon ! ô Dieu gardien ! Pourquoi le roi de Perse ne détruit-il pas cette secte en ordonnant un massacre général ? » — « Tuer cent mille sujets et serviteurs, répartis-je, n'est point chose facile : ce serait de plus faire éclater une révolution en Perse. Du reste, ajoutai-je, toutes les croyances y sont représentées. On y rencontre des Juifs, des Chrétiens, des Guèbres et des Indiens qui ont dans chaque ville leur quartier, leurs maisons, leurs lieux d'adoration et leurs temples ; ils agissent selon les préceptes de leur foi et paient l'impôt de la capitation. Si donc vous entendez dire qu'il y a, dans les états du Roi, quelques hérétiques, ne concluez pas de là que tous les Persans le soient. Il y a en Perse quantité de gens de toutes croyances et de toutes religions. »

Vers — « On ne peut point ordonner un massacre général : on ne peut ainsi mettre fin au monde ! »

Le Khan me questionna ensuite sur la secte des Kharidjy. Je lui racontai en détails la bataille de Siffin [1], je lui parlai des Kharidjy de Nehrevan, et de leur défaite totale [2]. Je lui dis qu'un état et qu'une nation formés des débris de ces Kharidjy existaient de nos jours à Masqate, sur la mer d'Oman. Il en fut étonné. Je lui développai ensuite l'histoire des Khalifes Ismaïliens d'Egypte, du Maghreb et de leur lutte contre les Abbassi-

---

1. Les armées de Moavièh et d'Aly restèrent pendant cent dix jours, en face l'une de l'autre à Siffin, située sur la rive occidentale de l'Euphrate, entre Raqqah et Balis. Il y eut quatre-vingt-dix engagements pendant lesquels Aly perdit vingt-cinq mille hommes, et vingt-cinq compagnons du Prophète qui avaient assisté à la bataille de Bedr, et Moavièh quarante-cinq mille hommes. La bataille qui devait être décisive et dont Moavièh évita la perte par un stratagème, commença le matin du 1er Safer de l'an 37 (657).

2. Aly défit les Kharidjy commandés par Abdallah Ibn Wahib à Nehrewan l'an 38 de l'hégire (658).

des. Je lui touchai quelques mots des sectaires du Qouhistan [1]. De pareils événements se sont produits en Perse et s'y produiront encore. Je mentionnai les Babys et je parlai de leur destruction et de leur anéantissement. Il en rendit grâces au Roi et dit au Mehter son vézir : « Cet homme est au courant de toutes choses et il a une instruction étendue ; s'il voulait rester parmi nous, il nous serait fort utile et sa science nous serait d'un bien grand secours pour les affaires de la religion et de l'Etat. » Il m'interrogea ensuite sur les routes du Kharezm, sur les Cheikhs qui y sont en vénération, sur leurs tombeaux, sur les distances qui séparent les différentes localités. Je fis réponse à toutes ses questions. Je lui récitai quelques morceaux des poésies du Cheikh Nedjm oud Din Koubra et de Pehlivan Mahmoud Kharezmy. Je les mis par écrit et des copies en circulèrent. « Jamais, continua le Khan, un pareil ambassadeur n'est venu de Perse au Kharezm. Nous avons vu ici un nommé Mirza Riza, mais il ne savait que se divertir, se livrer au jeu et au plaisir, boire et fréquenter les femmes. Il fut pour nous une cause d'embarras. Quant à cet homme, il est très-savant : évidemment c'est un saint. Demandez-lui tout ce que vous voudrez, il vous répondra, et tout ce qu'il dit est vrai : il ne parcourt point la voie du mensonge. » Se tournant ensuite vers moi, il ajouta : « Il est heureux que vous soyez venu ; j'avais des doutes sur bien

[1]. Les sectaires du Qouhistan sont les impies (Moulhid) qui acceptèrent les doctrines de Hassan ibn Aly Houmeiry et de Khand Hassan et s'emparèrent du Qouhistan, de Qazbin et du château d'Alamout. Ils reçurent les noms de Feday, de Bathiny et d'Ismaïly. Leur dernier chef Roukn oud Din Khour Châh fut mis à mort par Houlagou.

Les doctrines et l'histoire des Ismaïly du Qouhistan et de Roudbar ont été exposées par M. de Hammer dans son « *Histoire de l'ordre des Assassins* », traduite par M. Hellert, Paris, 1833. Le lecteur pourra également consulter l'introduction de l' « *Exposé de la religion des Druzes* », par M. le baron Sylvestre de Sacy, Paris, et les « *Fragments relatifs à la doctrine des Ismaélis* », par M. Guyard, Paris, 1874, in-4°.

Je crois devoir, en outre, signaler un opuscule fort curieux qui a pour titre : *Traicté de l'origine des anciens Assassins Porte-couteaux : avec quelques exemples de leurs attentats et homicides ès personnes d'aucuns Roys, Princes et Seigneurs de la Chrestienté, par M. Denis Le bey de Batilly, conseiller du Roy, M^e des requestes de son hostel et Couronne de Navarre et commis par Sa Majesté à l'exercice de l'estat de président en la ville de Mets*. 1603, in-12, 65 pages. L'auteur a extrait des ouvrages des historiens occidentaux tous les faits relatifs aux Ismaéliens et à leurs doctrines.

des choses et vous les avez dissipés ; vous aussi, de votre côté, enlevez toute prévention aux Persans : dites-leur que, comme eux, nous sommes musulmans, que nous suivons la route de la tradition et de la communauté des fidèles. Le qalian qui est une innovation bien inutile est prohibé dans notre pays. Les châtiments et la peine de mort ne sont appliqués que conformément à la loi religieuse sur une décision juridique du grand Qadi. Nous professons un respect sincère pour le chef des croyants Aly et pour ses très-glorieux enfants. Pourquoi donc les Persans nous prêtent-ils de mauvais sentiments à l'égard de cette illustre famille ? » — « La cause de la haine que vous portent les Persans, répondis-je, est dans l'habitude que vous avez de les réduire en captivité, eux qui sont musulmans. » — « Quand sommes-nous allés en Perse ? répliqua-t-il. Quand avons-nous enlevé des prisonniers ? » — « Si vous ne l'avez point fait vous-même, repris-je, vos sujets les Turkomans, Tekèh, Yomout, Salour, Sarouq, ceux d'Akhal, de Serakhs et de Merv, se livrent à ces déprédations. »

« Si Merv dépendait de moi, répondit-il, enverrais-je tous les ans une expédition contre cette ville ? Voici plusieurs années qu'ils ont tué les officiers de mon Mehter et qu'ils se sont révoltés. Les Tekèh et les Salour ne reconnaissent pas non plus mon autorité : ceux de Serakhs affectent tantôt de m'être soumis et tantôt ils se soulèvent contre moi. » — « Donnez-moi, lui répondis-je, une déclaration écrite qui atteste que ces gens ne sont point vos sujets et qu'ils se livrent à ces actes condamnables de leur propre autorité, afin que nous le sachions et que nous ayons raison de ces tribus. Grâces à Dieu, le gouvernement persan est en paix avec toutes les puissances. Ses troupes sont pleines d'ardeur et prêtes à combattre; son artillerie est nombreuse ; sur un signe des ministres de la cour, elles anéantiront ces tribus rebelles. » — « Ce sont les fils d'Acef oud Daoulèh et Djafer Qouly Kurd qui enlèvent les sujets du roi et qui les vendent aux Turkomans, me répondit le Khan. Qu'ai-je à y voir ? » — « Empêchez qu'on ne les vende ! » m'écriai-je.

« Si les Kharezmiens ne les achètent pas, poursuivit le Khan, les Boukhares les achèteront. »

« Défendez-le, répartis-je, nous trouverons le moyen d'empêcher que ceux-là les achètent. Quand les négociants apportent des marchandises à Téhéran et qu'elles ne trouvent point d'acheteurs, ils s'abstiennent d'en rapporter l'année suivante. Quel meilleur négoce y a t-il pour les Turkomans que d'envoyer des cavaliers pour épier les nombreux pèlerins qui, tous les ans, vont visiter le tombeau d'Aly fils de Moussa er Riza. Ils les enlèvent, les conduisent prisonniers à Khiva où chacun d'eux est vendu au prix de cinquante ou de soixante tillas. Les Turkomans ne se livrent pas à l'agriculture qui est la source de la prospérité d'un état : toutes leurs occupations se bornent à exercer le vol et le brigandage. Ils ne vivent tous que de la vente des esclaves. Aujourd'hui, un nombre considérable de sujets persans est détenu dans ce pays; si vous avez pour le roi de Perse une sympathie et une amitié réelles, renvoyez-les dans ses états, et ce sera pour le gouvernement persan une cause de satisfaction et de joie. Aucun présent ne sera plus apprécié, car les écuries royales sont remplies de chevaux Tekèh qui valent chacun de cinq cents à mille toumans. S. M. le roi possède tout ce qu'on peut désirer et l'envoi d'aucun cadeau ne lui causera plus de plaisir. » — « Les Boukhares, me dit alors le Khan, c'est-à-dire les cultivateurs, ont donné leur or pour acheter ces esclaves, comment pourrais-je les leur enlever de force? » — « Rachetez-les, répondis-je, et envoyez-les au roi: ne songez, en cette circonstance, ni au gain ni à la perte. Il se présentera peut-être une circonstance où le roi de Perse enverra dix, vingt ou trente mille hommes pour vous secourir. Cette ville de Merv, par exemple, pour la soumission de laquelle vous dépensez tant d'argent, il est possible, si vous en priez le Roi, que S. M. se détermine à en faire la conquête et à vous l'abandonner. Ainsi, vous avez désiré que Hussam ous Salthanèh renonçât à l'expédition de Serakhs et il s'est éloigné de cette ville. C'est la terreur qu'inspirent les troupes persanes qui a déterminé Serakhs à avoir recours à vous. » — « Oui, dit le Khan, le Qadjar nous a rendu service; il a abandonné ses projets sur Serakhs ; nous aussi, nous nous rapprocherons des Qadjar, et de jour en jour nous leur témoignerons plus d'amitié ! »

Cette nuit même, le Khan tint conseil avec ses dignitaires sur la question de la remise des esclaves. Après une longue discussion, il fut reconnut qu'il serait inopportun d'accueillir ma demande. « Les Qizil Bach, dirent-ils, s'imagineront que nous avons été effrayés par l'arrivée de leurs troupes à Esteràbad et dans le Khorassan. Nous verrons surgir chaque jour de nouveaux ordres et de nouvelles exigences. Maintenant, il faut les amuser en gagnant du temps, en nous excusant et, sans prendre de décision, trouver un moyen terme qui nous permettra d'attendre les circonstances pour agir. »

Telle fut la résolution à laquelle on s'arrêta. On envoya quérir Mohammed Chérif Bay, frère de Bek Djan Mahrem, Divan Beguy, homme considéré, et on lui confia la mission de m'accompagner. On me demanda quelle route j'avais l'intention de suivre pour m'en retourner. « A mon départ de la cour de Perse, répondis-je, j'avais sollicité de S. M. le Roi, l'autorisation de me rendre en pèlerinage au tombeau d'Aly, fils de Moussa er Riza. S. M. a daigné me l'accorder et elle m'a ordonné de prendre la route du Khorassan et de revenir par Thijen [1] et Derèhguèz. » Au bout de quelques jours, on tint encore conseil et on ne jugea point à propos de me permettre de revenir par Thijen et Derhèguèz; on craignit qu'en suivant cette route, je ne pusse me rendre compte de la situation du Khorassan, et de celle des Tekèh et des Djemchidy. On me détourna ouvertement de ce projet en me disant que les Tekèh et que Serakhs étaient en pleine révolte; qu'il pouvait m'arriver la même mésaventure qu'à l'ambassadeur de Boukhara près le gouvernement ottoman qui, à son retour,

---

[1] Thijen ou Tedjend est le nom de la vallée qui est traversée par la rivière de ce nom. Le Tedjend prend sa source, suivant Burnes, aux environs de Mechhed, et selon Fraser, au sud de Serakhs. Il se perd aujourd'hui dans les sables; il se jetait autrefois, dit-on, dans la mer Caspienne.

avait été pillé et que ce serait une honte pour le Khan. « Si vous voulez suivre cette route, ajouta-t-on, notre envoyé ne vous accompagnera pas. Il prendra la route d'Esterâbad. Vous êtes juge de ce que vous voudrez faire, mais nous n'encourrons aucune responsabilité. » Je fus, en définitive, convaincu qu'on ne me laisserait pas m'en retourner par Thijen et par le Khorassan, et que, si j'insistais, les Turkomans auraient ordre de s'opposer à mon passage. Je fus forcé de consentir à rentrer en Perse par Esterâbad. Comme en venant à Khiva, j'avais suivi la route du désert jusqu'à Qara Qoulagh, on exprima le désir de me voir passer par Kohnèh Ourguendj, pour que mon voyage fût allongé et que je pusse apprécier la nombreuse population, la richesse et la prospérité du Kharezm. Les détails de mon retour trouveront place plus loin.

Evénements du mois de Chevval. (Juillet-Août.)

Hussam ous Salthanèh ayant levé le siége de Serakhs et s'étant déterminé à battre en retraite, le Khan de Khiva envoya à toutes les tribus, Tekèh, Akhal, Salour et Sarouq des lettres conçues en ces termes : « L'armée des infidèles Qizil Bach s'est jetée sur les musulmans pour les piller et pour les dépouiller. Si les troupes persanes ne sont point rudement châtiées, leur audace croîtra et, chaque jour, elles entreprendront des expéditions semblables. Le parti le plus sage est de nous liguer et de nous prêter un mutuel appui pour infliger une sévère leçon aux troupes des Qizil Bach, afin que de pareils projets ne soient plus mis à exécution. Pour moi, je vous donnerai aide et secours. » Les tribus turkomanes s'unirent et fondirent sur l'arrière-garde de l'armée persane. Environ huit mille cavaliers s'élancèrent en avant pour piller le camp et les districts du Khorassan. Des prisonniers en grand nombre furent, à plusieurs reprises, enlevés et amenés à Khiva. On me cacha ce qui se passait. Un jeune homme, encore imberbe, nommé Abbas Qouly, palefrenier au service de Hussam ous Salthanèh, sut profiter d'une occasion propice et se jeter dans ma maison. Il me raconta en détail ce qui était arrivé à l'armée persane.

D'après son récit, Suleyman Khan Derèhguèzy avait fait savoir aux Tekèh que tout ce qu'il y avait de troupes dans le Khorassan accompagnait Hussan ous Salthanèh, et que la province était dégarnie. Ceux-ci s'enhardirent; mais, dans leur retraite, les soldats persans en tuèrent et en firent prisonniers un certain nombre. Deux ou trois mille cavaliers du Khan de Khiva pris dans les tribus des Djemchidy, des Aq Derbendy et des Djamy, agissaient de concert avec les Tekèh. Le désir que je ne fusse point informé de ces événements était un des motifs qui m'avaient fait interdire la route de Thijen, de Derèhguèz et du Khorassan. On ignorait que je connaissais tous les détails de ce qui se passait. Je n'avais d'autre conduite à tenir que de patienter, et de me montrer calme et impassible.

Sur ces entrefaites, le Mehter Aga, ministre du Khan, vint me voir. Je lui fis part du dessein que j'avais de lui rendre sa visite et il m'invita à dîner chez lui.

Règles observées dans le Kharezm pour les repas.

Le jour fixé, je quittai Guendoum Kan, palais construit par Mohammed Rehim Khan hors des murs de Khiva et qui m'avait été assigné comme résidence. J'entrai dans la ville à cheval, entouré de mes domestiques, et je me rendis à la demeure du Mehter.

Une foule considérable se tenait dans le vestibule de sa

maison. Elle était composée d'esclaves persans, tous achetés à prix d'or par cet ignorant personnage. Quand j'entrai dans son appartement, il se leva et me donna le salut; je le lui rendis. Il fit quelques pas pour venir à ma rencontre. Je m'avançai et je m'assis, selon l'habitude du pays, à la place d'honneur et, élevant mes deux mains à la hauteur du visage, je récitai le Fatihèh. Après que nous fûmes assis, il me demanda des nouvelles de ma santé. Molla Mohammed Nazar, Divan Beguy qui savait le persan et avait reçu du Khan de Khiva la somme de deux mille toumans, pour traduire en turc le Raouzet ous Sefa[1], Ata Niaz Mahrem et deux ou trois autres personnes étaient également présents. On me questionna sur les affaires pendantes, je fis la même réponse qu'au Khan sans rien ajouter et sans rien retrancher. On servit ensuite le dîner. On étendit d'abord une nappe sur laquelle était du pain; pour me conformer à l'usage, j'en rompis un morceau que je portai à ma bouche; on servit ensuite du thé, puis on apporta les plats. Les mets des Khiviens se composent de riz que l'on fait bouillir dans de l'huile de sésame, et de viande de mouton à demi cuite. Le Ferrach Bachy pose les plats et le Pichkhidmet détache la viande des os avec un couteau qu'il porte attaché et suspendu au côté gauche de la ceinture et il la place sur les plats. Il met l'os du gigot devant le maître de la maison, ou devant l'hôte auquel on veut faire le plus d'honneur; on pose également sur les mets des carottes cuites et crues; on sert aussi dans un bol, la tête d'un mouton, ainsi que les pieds à demi cuits, et encore garnis de leurs poils et de leurs cornes. La soupe se compose de riz cuit sur lequel surnage une couche d'huile de sésame de l'épaisseur d'une palme.

Au milieu de la nappe, on place des abricots secs, des prunes de Boukhara et d'autres fruits de cette espèce dans leur

---

[1]. Cette traduction turque du Raouzet ous Sefa a été trouvée dans le palais du Khan de Khiva et envoyée à Saint-Pétersbourg par M. le général von Kauffmann, Elle est déposée à la Bibliothèque impériale.

état naturel ; des melons, des raisins, des figues, des abricots et tous les fruits de la saison, du sucre de Russie en pains, du sucre candi blanc raffiné et un bol rempli d'eau de rose. Ils accommodent la viande avec des oignons : ce plat est délicat et se nomme *tchilau*. C'est le plus recherché de leurs mets. Je mangeai un peu de melon qui est le meilleur fruit du pays et du pain avec de la gelée de pommes.

On desservit ensuite, et les convives s'essuyèrent les mains à la nappe. J'avais fait apporter avec moi une aiguière et un bassin : je me lavai les mains et les essuyai avec une serviette. A la fin du repas, tous les convives passèrent leurs mains sur leur figure et leur barbe, et récitèrent le Fatihèh. J'avais fait apporter tout ce qui était nécessaire pour prendre du café ; on en prépara et on en servit une tasse à chacun de nous. Molla Mohammed avala le contenu de la sienne d'un seul trait ; il eut le palais brûlé, et l'amertume du café lui causa une impression désagréable. Ata Niaz Mahrem lui expliqua que c'était du café ; que l'usage en était général en Turquie et en Perse, et qu'on le buvait après les repas pour faciliter la digestion. « Quelles qu'en soient les vertus, s'écria-t-il, je n'en boirai jamais, car il m'a brûlé la langue et la bouche. » On m'apporta ensuite un qalian en cristal avec un long tuyau flexible ; ce spectacle causa aux assistants le plus profond étonnement.

Je me levai ; on donna à mes domestiques qui l'emportèrent chez moi, le sucre, l'eau de rose, le sucre candi et les confitures qui avaient paru au repas.

Un ou deux jours après, Bek Niaz Mahrem, Divan Beguy, collecteur de la dîme que doivent payer les cultivateurs et dont le frère cadet Mohammed Chérif Bay parcourait à sa place le pays pour faire rentrer les fonds, et Bek Niaz Mahrem, auquel on donne aussi les noms de Bek Djan Mahrem et de Divan Beguy, vinrent m'inviter au nom du Mehter Aga Vézir. Celui-ci doutait de mon acceptation ; cependant, comme son frère devait m'accompagner, je me rendis à sa prière. Je trouvai chez lui une ou deux autres personnes. Le repas eut lieu de la manière que j'ai indiquée plus haut. Il me recommanda son frère, puis je pris congé de lui.

Deux jours après, j'invitai chez moi le Mehter Bek Niaz Mahrem, Molla Mohammed Nazar, Divan Beguy, c'est-à-dire, secrétaire d'Etat, et Ata Niaz Mahrem qui était allé en Perse. Je fis préparer quarante ou cinquante plats différents. Mes invités arrivèrent tous, et, après m'avoir salué, ils marchèrent sur les tapis sans ôter leurs bottes, et ils s'assirent.

On apporta tout d'abord le café, le thé, l'eau de rose et les qalians. On étendit ensuite la nappe sur laquelle on plaça toutes sortes de plats, des pilaus, de la farine de riz bouilli dans du lait *(Fereny)*, des entremets sucrés, des rôtis, des légumes cuits dans du bouillon *(Bourany)*, des sirops *(Efchourèh)* et des melons. On apporta tant de plats qu'on dut les placer les uns sur les autres et il ne resta pas une seule place vide sur la nappe. Mes invités ne connaissaient point cette variété de mets. Ata Niaz Mahrem qui les avait vus à Téhéran leur en expliquait quelques-uns. Mes hôtes firent autant qu'ils purent honneur au dîner. Leurs domestiques et les personnes qui les avaient accompagnés pour jouir du spectacle mangèrent à satiété, et on distribua ensuite ce qui restait le soir, et le lendemain matin, aux esclaves persans qui se trouvaient dans le voisinage. Après ce repas, personne n'eut plus envie de m'inviter à dîner. Ils furent honteux de ceux qu'ils m'avaient offerts et ils furent piqués du luxe de mon hospitalité. Bien que toutes les choses nécessaires à la vie soient abondantes et à fort bon compte à Khiva, ce dîner ne laissa pas que de me coûter une somme considérable.

Tombeaux qui, dans le Kharezm, sont un but de pèlerinage.

Deux tombeaux, à Khiva, sont l'objet d'une vénération particulière. Le premier est celui de Pehlivan Mahmoud Kharezmy fils de Pour Bay Vely, auquel sa force physique et son habileté dans les exercices du corps avaient assigné le premier rang parmi les lutteurs. Les Kharezmiens le considèrent comme un saint et lui donnent le nom de « Hazreti Pehlivan ». Je raconterai son histoire en son lieu. L'autre est le tombeau appelé Tchehar Chèhbaz (les quatre faucons) qui renferme les corps de saints personnages. On s'y rend en pèlerinage. Ces deux tombeaux sont presque toujours occupés par de pauvres gens de Khiva, de Boukhara et de Khoqand et par des étrangers venus de tous pays.

J'y envoyai mon intendant et mon cuisinier, et je fis donner copieusement à manger à tous les pauvres, aux ulémas et aux étrangers. Le bruit de ce banquet se répandit dans tout Khiva. Depuis le jour de mon arrivée jusqu'à celui de mon départ, les derviches, les pauvres, les mendiants ne cessèrent de se présenter chaque jour à ma porte, et tous reçurent des aumônes en argent et en nature. J'acquis ainsi, dans ce pays, une grande réputation de générosité, et on ne m'appelait que « Eltchy Khan » ou « Eltchy Bey ». Donner le titre de Khan à d'autres personnes qu'au souverain constitue à Khiva un manque de respect à son égard.

Vêtement d'honneur donné par le Khan de Khiva.

Le Karevan Bachy dans le Kharezm a le même rang que le Melik out Toudjdjar (prévôt des marchands) en Perse, et il prend part, en outre, aux affaires administratives qui se traitent au conseil. Il vint, un jour, me trouver avec deux autres fonctionnaires, après m'avoir prévenu et m'avoir demandé la permission de se présenter. Il plaça devant moi un paquet enveloppé dans une toilette et une bourse. « Le Khan, me dit-il, vous adresse toutes ses excuses pour la modicité de son cadeau. Voici pour vos frais de route et voici une robe d'honneur qu'il vous envoie. » — « Grâces à Dieu, répondis-je, la générosité de S. M. le Roi de Perse (que mon âme et que celle de tous les mortels lui soient offertes en sacrifice !) me met à même d'avoir une grande quantité de vêtements, et si, par hasard, l'argent venait à me manquer, il y a ici des négociants d'Esterâbad qui m'en fourniraient volontiers et auxquels on le rembourserait avec les intérêts. » Il insista pour me faire accepter. « Si vous dédaignez de vous revêtir de la robe que vous envoie le Khan, me dit-il, il en sera extrêmement peiné. » Il ouvrit le paquet qu'il avait apporté et il en tira un qaba en satin à ramages et un djubbèh en soie de belle qualité et tissé de fils d'or.

Je ne pus maîtriser un accès de rire. Le Karevan Bachy en fut étonné. Sur ses instances, je jetai la robe sur mes épaules; aussitôt les Khiviens m'adressèrent leurs félicitations et leurs compliments. Je fis apporter des sorbets. Le Karevan Bachy ajouta : « Prenez aussi l'argent. » — « Que mes domestiques l'emportent! m'écriai-je. » — « Mais il faut le compter, me dit-il. » — « Quelle que soit la somme, peu m'importe ! » Mes domestiques enlevèrent la bourse. « Donnez, ajoutai-je, une gratification au Karevan Bachy et aux personnes qui l'ont accompagné. » On leur distribua environ cinquante toumans. Ils partirent pleins de joie et ils allèrent raconter au Khan les détails de la visite qu'ils m'avaient faite. La somme en or qui m'était envoyée, montait à cinq cents toumans en echrefis (pièces d'or) et en rials du pays (monnaie d'argent) appelés tenghas et frappés au coin de Mohammed Emin Khan. Cette monnaie n'ayant point cours hors du Kharezm, je l'employai à acheter des chameaux, des chevaux, à acquérir ce qui était nécessaire à mes gens, et à me procurer les provisions pour mon voyage.

J'entamai encore la question des esclaves : on ne me répondit que par des faux-fuyants. « Nous avons chargé, me fut-il dit, notre envoyé Mohammed Chérif Bay de notre réponse : il donnera à ce sujet des explications verbales. Nous attendons de nouveaux ordres du Khan. » Ayant ainsi pénétré leurs intentions, je rachetai à leurs maîtres un certain nombre d'esclaves et je les ramenai avec moi.

Le Khan me fit savoir que Seiyd Ahmed Naqib de Boukhara avait l'intention de faire le pélerinage de la Mekke. Il me fit prier de le conduire à Téhéran avec plusieurs autres savants et docteurs de Kachgar, de Ferganèh, de Khoqand et de Khiva, et de les faire partir pour la Mekke. J'y consentis. Le Qary (lecteur du Qoran) Omar, frère du Qary Osman, vint me trouver de la part du Naqib pour me donner l'assurance de son amitié. Il lui transmit, de ma part, une réponse pleine de bienveillance.

Ahmed Khodja, Naqib de Boukhara.

Ce personnage est le cousin de l'Emir Nasroullah Khan de Boukhara. Il appartient à une des familles les plus nobles de ce pays et la dignité de Naqib est l'égale de celle de l'Emir. Dans les réunions officielles de l'Emir Nasroullah, le Naqib a la préséance sur tous les hauts dignitaires, excepté sur le souverain. Le Naqib avait un goût particulier pour la chasse, pour l'exercice du cheval et surtout pour la chasse avec l'autour et le faucon. Tout, dans sa conduite, était conforme aux règles suivies par les grands personnages.

L'Emir de Boukhara est d'un caractère atrabilaire et fantasque ; sur de simples soupçons et de simples conjectures, il a l'habitude de mettre à mort et de dépouiller les grands dignitaires de sa cour. Il laissa percer sa haine à l'égard de Seiyd Ahmed qu'il voulut jeter en prison, mais celui-ci parvint à s'enfuir et il se réfugia dans le Kharezm. L'Emir de Boukhara s'empara de tous ses biens. Après avoir résidé pendant quelque temps auprès du Khan de Khiva, le Naqib forma le projet de se rendre à la Mekke. Il se joignit à moi avec ses deux fils pour m'accompagner dans mon voyage.

Seiyd Ahmed est un homme riche qui mène un grand train; il est versé dans la connaissance de l'histoire et il est excellent musicien.

Je m'occupai, pendant plusieurs jours, des préparatifs de mon voyage. En quittant la Perse, j'avais dépensé une somme considérable pour louer des mulets et des chameaux; il me parut plus convenable d'en acheter. Mon départ coïncida avec celui du Naqib de Boukhara et avec celui de l'ambassadeur du Khan de Khiva et d'un grand nombre d'habitants de Khoqand et de Kaboul. Ils voulurent tous acheter des chameaux et le prix de ces animaux s'éleva en conséquence; nous dûmes les payer de douze à dix-sept toumans chacun. Le moment de partir approchait, les chameaux manquaient; nous n'en avions que douze, ce qui nous força d'en louer dix autres à des conducteurs Yomout. Je préparai tout ce qui nous était nécessaire en eau et en vivres pour subvenir à la subsistance de quinze chevaux, de vingt-deux chameaux, et de vingt-cinq hommes de service.

Je fis une dernière visite au Khan de Khiva et je pris congé de lui à la suite d'un long entretien. Nous sortîmes de Khiva, capitale des Khans du Kharezm, avec le projet de gagner Ourguendji Kohnèh, ancienne ville qui fut détruite par l'armée des Mogols. Il m'a paru nécessaire de donner ici un aperçu des villes, des places fortes, de l'administration et des particularités du Kharezm; il m'a semblé utile d'insérer en ce lieu un résumé de ce que j'ai appris et vu, de façon à instruire ceux qui ne connaissent pas ce pays.

Description de la province du Kharezm.

Cette province possède des villes et des places fortes qui sont désignées chacune par un nom particulier.

Le Kharezm doit son nom aux circonstances que je vais rapporter. Sous le règne de Key Khosrau fils de Siavech, fils de Keykaous, qui était en guerre avec son aïeul Afrassiab pour tirer vengeance de la mort de son père Siavech, cette contrée fut le théâtre de grandes guerres entre les Iraniens et les Touraniens. Dans l'une d'elles, Afrassiab confia le commandement de son armée à Chidèh, son fils, qui était l'oncle de Key Khosrau. Ce dernier se mit lui-même à la tête de ses troupes. Les deux armées se rencontrèrent dans une vaste plaine unie sur les bords du Djihoun. Chidèh, confiant dans son courage, exprima le désir de se mesurer avec Key Khosrau. L'armée du prince qui viendrait à être tué devrait recevoir quartier et pouvoir se retirer sans être inquiétée. Key Khosrau agréa cette condition et prit l'engagement de s'y conformer. Les officiers et les généraux persans qui n'avaient point eu de preuves de la valeur de Key Khosrau, se montrèrent inquiets du pacte auquel le roi venait de souscrire, et ils craignirent qu'il ne succombât dans la lutte. Tous leurs efforts et tous leurs conseils ne purent ébranler la résolution de Key Khosrau. Le combat fut donc résolu. Les deux princes seuls, sans seconds, s'attaquèrent et combattirent l'un contre l'autre. Key Khosrau renversa Chidèh fils d'Afrassiab et le tua. Il accomplit les cérémonies funèbres après la mort de ce prince et il permit à l'armée du Turkestan de se retirer sans être molestée. Chidèh fut le seul qui perdit la vie dans cette guerre.

En persan, *khar* a le sens de facile, peu, pauvre, fatigué. Key Khosrau dit : « dans ce pays a eu lieu un combat facile » *(Khar Rezm)*. Une des règles de la grammaire persane exige que, lorsque deux mêmes lettres se suivent, l'une d'elles disparaisse. On dit, en conséquence, *Sepidiv* pour *Sepid div* (div blanc), *sepidar* pour *sepid dar* (peuplier blanc), et c'est ainsi que cette contrée a reçu le nom de Kharezm (*Khar rezm*). Le Djihoun qui traverse le Kharezm engagea les hommes à s'établir sur ses bords ; ils y construisirent des maisons et des édifices et le pays vit sa prospérité se développer.

Le Kharezm fait partie du cinquième climat ; il est placé sous l'influence de la planète de Vénus. Aussi les femmes de ce pays sont-elles pleines de charmes et d'agréments ; elles recherchent le plaisir et elles ont un goût particulier pour le chant, pour la musique instrumentale et pour la danse. Leurs mœurs sont faciles et elles sont portées à la coquetterie. On les voit se promener, le visage découvert, dans la campagne et dans les rues des villes. Elles ont un penchant prononcé pour les divertissements et la promenade. Les habitants du Kharezm racontent que, du temps du prophète Suleyman (Salomon), (que le salut soit sur lui!), une Périzad (fille de Péri) ayant commis une faute, le prophète ordonna à un Div de la transporter au loin et de l'abandonner seule dans une plaine inculte et déserte. Le Div la déposa dans le désert du Kharezm. Puis, ayant lui-même renoncé à toute idée de retour, il s'y fixa et vécut heureux avec la Périzad. Des enfants naquirent de leur union. Les garçons eurent en partage le caractère du Div et les filles la beauté de la Péri. Ce conte sert à expliquer la beauté et la perfection des formes des femmes du Kharezm.

Le Kharezm qui doit sa prospérité au fleuve du Djihoun possède des villes et des places fortes. Sous la domination des Kharezm Châh et particulièrement sous le règne du sultan Mohammed Kharezm Châh qui avait réduit sous sa domination le Touran et l'Iran, ce royaume était arrivé au plus haut degré de la splendeur et de la richesse. On en trouve dans les chroniques la description détaillée. Ce pays fut dévasté et ruiné par l'invasion des Tatars et des Mogols. Il s'est relevé peu à peu et aujourd'hui il est prospère. Il contient de beaux villages et des places fortes remarquables qui, au nombre de cinq, sont chacune la résidence d'un gouverneur particulier ; ce sont : Khiva, Hezaresp, Ourguendj, Kât et Khankâh. Toutes ces places sont d'anciennes villes sous la juridiction desquelles on a, de nos jours, placé d'autres localités.

Heẓaresp.

Cette ville célèbre fait partie du cinquième climat. Son nom en arabe est Hezaresf; c'est une place forte située sur une hauteur et elle est la résidence d'un gouverneur ; elle a deux portes et le nombre de ses habitants s'élève à près de dix mille. Sous le règne de Sultan Mahmoud Ghaznevy, le Kharezm Châh Ferighouny se mit en lutte contre lui [1]. Le Sultan fit marcher une armée contre le Kharezm, et s'empara de Hezaresp. Aboul Hassan Ferroukhy Sistany [2] a dit dans une pièce de vers qu'il composa à la louange de Sultan Mahmoud :

Vers. – « Le Sultan à Hezaresp a vu tomber en son pouvoir

---

1. L'histoire de la dynastie des princes de Ferighoun est assez obscure : Outby dans son histoire de Sultan Mahmoud n'en dit que quelques mots qni jettent peu de clarté sur leur origine et sur leur rôle. La famille de Ferighoun gouvernait la province de Djouzdjan qui dépendait de Balkh et qui s'étendait de cette ville jusqu'à Merv er Roud. Elle avait pour capitale Youhoudiéh et pour villes principales, Fariab, Enbar et Kelat.

Le premier prince de cette dynastie est Aboul Harith Mohammed fils de Ferighoun qui fut le beau-père de Sultan Mahmoud et qui eut pour successeur son fils Abou Nasr Ahmed. A sa mort (401-1010), ses états furent réunis à ceux de Sultan Mahmoud Ghaznevy.

Bedy' ouz Zeman Hamadany, auteur des Maqamat, Oustad Abou Bekr Kharezmy, et le poète Aboul Feth Bosty, étaient les clients de ces princes.

Cf. Outby, *Tarikhi Yeminy*, page 305 de la traduction persane publiée sous les auspices de Behmen Mirza par Habib oud Din Mohammed Djertadqany. Téhéran, 1272 (1855). *Commentaire de l'Histoire du Sultan Mahmoud,* par Ahmed el Meniny. Caire, 1286 (1867, tome II, page 101.

2. Voir l'appendice § III.

plus de mille chevaux dont les sangles étaient tout humides du sang des guerriers qui les montaient. »

Sous la domination des Sultans Seldjouqides, les souverains du Kharezm qui descendaient de Oulousteķin Ghartchèh, esclave de Melkatekin qui était lui-même un des esclaves de Sultan Melik Châh Seldjouqide, virent leur pouvoir grandir et s'étendre [1]. Etsiz, fils de Qouthb oud Din Mohammed, fils de Anouchtekin, se révolta contre le Sultan Seldjouqide Sindjar. Sindjar partit de Merv pour marcher contre le Kharezm. Etsiz s'enferma dans la place de Hezaresp. Envery d'Abiverd se trouvait dans le camp du Sultan Sindjar ; il composa ce quatrain à la louange de Sindjar et l'attacha à une flèche qui fut lancée dans Hezaresp.

Quatrain. — « O roi! la possession du monde te revient de droit, la fortune et le bonheur t'ont conféré la royauté. Empare-toi aujourd'hui de Hezaresp après une seule attaque, et demain tu seras le maître du Kharezm et de cent mille chevaux » (ou de cent villes comme Hezaresp).

Après avoir entendu la lecture de ces vers, Etsiz ordonna à Rechid oud Din Vathvath de Balkh d'y répondre, et on lança dans le camp de Sindjar le quatrain suivant :

« O roi! c'est un vin pur et non de la lie qui se trouve dans ta coupe. Tes ennemis, dans leur désespoir, seront réduits à boire leur sang. Si ton ennemi, ô roi, était le héros Rustem il ne réussirait pas à enlever un âne de Hezaresp. »

---

1. Anouchtekin, le fondateur de cette dynastie était Ibriqdar ou porte-aiguière du sultan Melik Châh. Il reçut en fief le gouvernement du Kharezm. A sa mort, le sultan Sindjar donna l'investiture à son fils Qouthb ouddin Mohammed et lui conféra le titre de Kharezm Châh. Cette dynastie compte neuf souverains qui régnèrent sur le Kharezm depuis 490 jusqu'en 628 (1096-1230).

Le Sultan Sindjar fit le serment, s'il s'emparait de la place, de faire couper Vathvath en sept morceaux.

Après la fuite d'Etsiz et la prise de la ville, Vathvath eut la vie sauve par l'intercession de Bédy Mounchy. Ce fait est généralement connu.

Une route part de Merv pour aboutir à Hezaresp. On y trouve peu d'eau courante, mais on y rencontre des puits creusés dans le désert et qui sont connus des habitants du pays. Il ne faut pas plus de dix ou de douze journées de marche pour se rendre de Hezaresp à Merv. De Hezaresp à Rhiva, il y a trois étapes; de Hezaresp au Djihoun, on compte quatre fersengs. Les pommes de Hezaresp n'ont point d'égales dans le monde entier. Les autres fruits que l'on y récolte sont également d'une excellente qualité.

Khankâh.

Cette ville est comptée parmi les cinq places fortes du Kharezm; elle est située entre Hezaresp et Khiva. Lorsque Nadir Châh Efchar partit de Boukhara et conduisit son armée contre Ilbars Khan qui gouvernait alors le Kharezm, il marcha d'abord sur Hezaresp. Ayant reconnu que la place était solidement fortifiée et qu'elle était entourée par les eaux de l'Amouyèh, il renonça à s'en emparer et la négligea pour marcher sur Khiva. Ilbars Khan sortit de Hezaresp et lança contre l'armée de Nadir les Yomout et les Tekèh. Nadir Châh assista à la bataille qui fut livrée, et Ilbars mis en fuite se réfugia à Khankâh. Le lendemain, la ville fut attaquée et Ilbars Khan, ainsi que vingt des principaux personnages de sa suite, furent faits prisonniers et mis à mort. Parti de Khankâh, Nadir Châh se présenta devant Khiva. Après une canonnade de quatre jours, la garnison demanda à capituler. Douze mille esclaves du Khorassan qui se trouvaient dans la place recouvrèrent la liberté. Dix mille Khiviens furent tués. La population du Kharezm et de Khiva fut transportée à quatre fersengs d'Abiverd, dans une ville qui reçut le nom de Khiva Abad.

Khiva.

Le nom arabe de Khiva est Khivaq. Anciennement, lorsque Gourgandj, qui est plus connue sous le nom d'Ourguendj, était une ville florissante et la capitale des Kharezm Châh, Khiva était une des cinq places fortes du Kharezm; après la destruction d'Ourguendj, Khiva devint prospère et plus peuplée. On dit que la date de sa fondation est fixée par la valeur numérique des lettres qui composent son nom. Il y a donc six ou sept cents ans que cette ville a été bâtie [1]. Aujourd'hui, il n'y en a pas de plus prospère dans toute la province de Khiva; elle est la capitale des Khans Uzbeks. Depuis l'époque de Mohammed Rehim Khan jusqu'à nos jours, ces princes ont mis tous leurs soins à la rendre florissante. Ils y ont élevé des mosquées, des colléges et de vastes édifices. Les fortifications qui entourent cette ville sont extrêmement solides, mais elles n'ont point de fossé. En effet, la grande quantité de canaux dérivés du Djihoun qui sillonnent les environs de Khiva rendent un fossé inutile. La circonférence de la ville est d'à peu près un ferseng. On a bâti un château pour le Khan à une des extrémités de la cité qui a cinq portes. Après en avoir traversé une grande partie, on arrive à la porte

---

1. Les lettres du nom de Khiva forment en les additionnant le nombre 621. L'année 621 de l'Hégire correspond à l'année 1224 de l'ère chrétienne.

du château qui forme une ville nouvelle ajoutée à l'ancienne. On a construit, dans son enceinte, des édifices élevés et on y a établi des boutiques et un marché. Une population de dix mille âmes, composée en grande partie d'Uzbeks, y est domiciliée. Pendant l'été, la température est extrêmement chaude et il est difficile de résider dans la ville. Aussi, presque tous les grands personnages ont-ils fait bâtir aux environs dans la campagne qui est verdoyante, bien arrosée, sillonnée de canaux, boisée et plantée en vergers, de grandes maisons de plaisance entourées de jardins où ils vont s'établir.

Allah Qouly Khan a fait élever, à une des extrémités de Khiva, un palais d'été auquel on donne le nom de Refnik. On y voit de hautes constructions, un grand nombre de pavillons ayant un rez-de-chaussée surmonté d'un étage avec de belles chambres solidement construites et un belvédère extrêmement agréable. Le jardin est merveilleux; il est le plus beau de tous ceux que l'on voit à Khiva et il y en a peu, même en Perse, qui puissent lui être comparés pour la grandeur, la symétrie et la beauté. Non loin de Refnik, Mohammed Emin, fils d'Allah Qouly Khan, a aussi édifié récemment une maison de plaisance ayant un rez-de-chaussée et un premier étage fort élevé. L'eau d'un grand canal dérivé du Djihoun coule, continuellement, au milieu de la maison qu'il traverse. La fauconnerie du prince est installée dans ce jardin.

On voit à Khiva, près des portes de la ville, de nombreux emplacements inhabités et couverts de ruines. Dans la ville, s'étendent quelques grandes places et, entre-autres, celles où se rassemblent les voituriers. On y trouve réunies plus de dix mille charrettes attelées. C'est là que se rendent les gens qui veulent louer des voitures, soit pour leur usage personnel, soit pour transporter des fardeaux. Tous les cochers sont des esclaves persans. Une autre place et un grand marché sont affectés à la vente des chevaux; celle des chameaux a lieu aussi dans un endroit particulier. Les esclaves sont vendus dans un bazar spécial; les lundis et les vendredis sont les jours de marché. Pendant les autres jours de la semaine, presque tous les artisans vont dans les jardins, ou restent chez eux s'occupant seulement de leurs plaisirs. Chaque village a un jour fixé pour la tenue d'un marché. On se garde de contrevenir à l'usage établi. Chaque jour de la semaine est ainsi consacré à la tenue d'un marché dans les environs et cette règle s'étend jusqu'à Kohnèh Ourguendj.

Dans la ville, on vend dans les boutiques où on les trouve en monceaux le *beng* et le *tchers* [1]. Tout le monde peut en manger ou en fumer sans que qui que ce soit s'y oppose et y trouve à redire.

J'ai entendu dire que, pendant le mois de Ramazan, on faisait la nuit la prière du Teravih [2]. Des lecteurs de Boukhara et de Khiva récitaient par cœur le glorieux Qoran. Lorsqu'ils étaient fatigués de leurs psalmodies, ils prenaient une guitare et en jouaient sans que personne y trouvât à redire et sans qu'aucun homme de loi ne recommandât de s'abstenir d'une pareille action.

On ne trouve point de bains chauds à Khiva. Pendant l'été, la plus grande partie de la population va se laver dans le fleuve. Un esprit judicieux ne peut pas concevoir que tous puissent se baigner. Pendant l'hiver, les Khiviens font chauffer de l'eau dans leurs maisons pour les ablutions générales, après avoir rempli leurs devoirs conjugaux. Ils prétendent avoir reçu une permission et une décision juridique de leurs quatre Imams pour ne point se purifier après avoir satisfait à leurs

---

1. Ces deux compositions exhilarantes s'obtiennent, le beng, en faisant bouillir dans du lait frais des feuilles du chanvre indien (*Canabis Indica*, en persan *Châh danèh*) que l'on convertit en grosses boules d'une couleur vert pâle, du poids de deux ou trois onces. Le meilleur beng est fabriqué à Hérât, dans l'Afhganistan et dans le Kachmir. La vente publique n'en est pas permise en Perse et dans les autres contrées de l'Orient.

Le tchers qui est un narcotique très-énergique et qui enivre plus rapidement lorsqu'il est mis sur le feu d'une pipe, s'obtient en frottant les fleurs et les feuilles du chanvre sur un tapis de laine grossière. Le suc est enlevé avec le dos d'un couteau, séché au soleil sur une assiette de porcelaine et converti en pilules de quatre à vingt grammes. — Schlimmer. *Terminologie*, etc., pages 102-106.— Polak, *Persien*. Leipzig, 1865, tome II, page 244.

2. Le teravih est une prière d'obligation imitative qui doit être faite pendant les trente jours du mois de Ramazan. Elle consiste en une prière extraordinaire de vingt réka'at dont chaque fidèle doit s'acquitter de nuit à la suite des cinq *namaz* (prières) ordinaires du jour.

besoins naturels. Que Dieu nous préserve d'une pareille conduite! et, avec tout cela, ils appellent les Persans infidèles, ils les jugent dignes de mort et ils les qualifient d'hérétiques et d'impurs!

Ils font voir aux acheteurs les femmes chiites après leur avoir mis du surmèh [1] aux yeux, après avoir natté leurs cheveux et découvert leur visage ainsi que les parties du corps que la pudeur ordonne de cacher.

L'humidité de la terre et de l'atmosphère affaiblit et débilite chez les hommes les forces viriles. Les femmes ont, au contraire, les passions très-vives, peu de fidélité et elles recherchent les esclaves de leurs maris qui ont ainsi une part dans la naissance des enfants. Ces esclaves sont dans les maisons de leurs maitres et, principalement en temps d'expéditions guerrières, leurs remplaçants de toutes les façons. Quelques-uns de ceux qui m'ont dû leur délivrance m'ont donné à cet égard les détails les plus circonstanciés. Oui,

Vers. — « Tu as jusqu'ici parlé des défauts du vin : parle donc aussi de ses qualités. Ne répudie pas la sagesse pour complaire à quelques esprits vulgaires [2]. »

On n'est témoin, dans cette contrée, ni de disputes, ni de discorde. Le mensonge et les actes de déloyauté sont inconnus. Personne ne cherche querelle à autrui et ne se permet de parler en élevant la voix. Quiconque a une requête à adresser au Khan Hazret [3], depuis le plus grand personnage jusqu'à l'homme le plus humble, peut se présenter tous les jours devant lui sans rencontrer d'obstacle. Il expose son affaire; si elle est purement civile, le Khan la juge; si elle touche à la loi reli-

---

1. Le surmèh est une préparation d'antimoine et de noix de galle que les femmes orientales fixent sur les bords de leurs paupières au moyen d'une aiguille en métal et qui donne plus d'éclat au globe de l'œil.
2. Ce distique est tiré du cent quarante-unième ghazel de Hafiz.
3. C'est-à-dire Mohammed Emin Khan.

gieuse, il la défère au Qazhy Kelan, c'est-à-dire au grand Qadi.

Le seul impôt prélevé sur les biens des Khiviens est celui du *zekat*. A Khiva, le zekat est la taxe du quarantième et il ne se commet aucun abus dans la perception des deniers publics. Le Khan possède trois ou quatre chevaux et un mulet; son service particulier est fait par quelques domestiques seulement. La dépense de sa cuisine est très-peu considérable; il se contente de ce qu'on lui sert, bon ou mauvais, cru ou cuit. Il a un goût particulier pour la viande de cheval, surtout lorsqu'il est en expédition. Il aime qu'on lui fasse cuire la viande d'un étalon; il s'imagine que cette nourriture augmente ses forces viriles. Elle est réservée au Khan seul, et les autres Khiviens n'ont pas la permission d'en manger.

Habillement des Khiviens.

Leur costume n'offre rien de particulier. Le haut du bonnet du Khan Hazret est couvert en drap rouge. Celui des autres Khiviens peut être de n'importe quelle couleur, pourvu qu'il ne soit pas rouge. Les hommes et les femmes portent des bottes été et hiver; ils n'ont point de souliers et ils ne s'en servent jamais; ils marchent avec leurs bottes sur les tapis. Lorsque leurs chaussures sont couvertes de boue, ils l'enlèvent avec un couteau. Quand ils ne peuvent le faire, ils n'en marchent pas moins sur les tapis.

Les maisons de Khiva sont construites sur le même modèle. Elles ont toutes une salle ouverte dans la direction du Qiblèh. A la suite de cette salle ouverte, deux, trois ou quatre chambres en enfilade. On ne trouve dans leurs maisons, ni croisées, ni fenêtres à coulisses, ni vitrages. Dans chaque chambre, on voit un petit mur haut d'une palme, ayant au milieu une cavité creusée et assez large pour appuyer le cou; les Khiviens y mettent, quand ils descendent de cheval, le coussin qu'ils placent sous la selle. Ils dorment sur ce coussin. Ils creusent dans le sol un petit trou de la grandeur d'un *mangal* (brasier) et ils y font leur feu pour se chauffer. Dans chaque chambre, on voit un bassin qui leur sert à faire leurs ablutions complètes, ou à se laver les mains. Les lieux d'aisance sont établis au haut de la maison; ce qui se trouve au-dessous est inoccupé et les immondices sont entraînés au dehors. On y monte par derrière la maison et il ne s'en exhale aucune mauvaise odeur. Les gens qui ramassent les ordures, les enlèvent sans pénétrer à l'intérieur et les transportent dans les jardins où elles sont utilisées pour la culture. Cet usage n'est point mauvais, et ces lieux d'aisance valent mieux que ceux de la Perse.

En été, la grande quantité de poussière et, en hiver, la boue ne permettent pas de marcher sans bottes. Le froid est si rigoureux en hiver que les bassins et les canaux gèlent, et la glace est si solide sur le Djihoun qu'elle supporte le poids de ceux qui le traversent.

L'été est extrêmement chaud. Pendant le mois de Ramazan, lorsque j'étais à Khiva, la durée du jour était de seize heures et demie et la température si élevée, que je m'établissais sur la terrasse d'un kiosque haut de vingt-huit coudées, et je n'y pouvais dormir la nuit à cause de la chaleur et des moustiques.

Dans le Kharezm, tout est à vil prix; les fruits sont bons et abondants, les melons sont, sans exagération, plus savoureux que ceux de Qoum et de Kachan. Les mûres sont meilleures que celles de Chemiran, les pêches et les figues ont un goût plus agréable que celles du Mazanderan. Le raisin est de qualité ordinaire; les oranges, les amandes et les noisettes sont mauvaises. Les Khiviens ont quelques plantes odoriférantes, mais ils n'ont jamais vu la plupart des variétés de fleurs qui existent en Perse. Ils arrosent les terrains élevés au moyen d'une roue garnie de pots en terre et qui, mise en mouvement par un chameau, fait monter l'eau des canaux et des terrains bas. J'ai vu le même procédé pratiqué dans le Kerman. Toute la campagne est couverte de jardins, de verdure, de cultures, de maisons, de canaux, de saules, d'ormes et de peupliers. Ils ne connaissent point le cyprès. Ce n'est point, en effet, un arbre dont on puisse tirer parti.

Un canal dérivé du Djihoun vient aboutir à une porte de Khiva, après avoir parcouru la distance de douze fersengs. Ce canal porte de petits navires de transport ; il a reçu le nom de canal de Hazreti Pehlivan. L'eau y est toujours courante, et elle ne vient jamais à manquer.

Les Khiviens boivent peu d'eau ; au lieu d'eau, ils prennent généralement du thé noir sans sucre ; quelquefois, ils y mettent du sel, quelquefois aussi de la graisse ; quand ils y ajoutent de l'huile de sésame, cette boisson est, alors, pour eux, au-dessus de tout éloge. Le poisson du Djihoun est très-abondant, mais il n'a pas bon goût, parce que l'eau de ce fleuve est douce et limpide. Le poisson qui vit dans l'eau salée a plus de saveur. Ils fabriquent de l'eau-de-vie avec la graine de sésame et avec d'autres substances. Ils achètent et boivent de l'eau-de-vie de grains, bien qu'elle soit, disent-ils, enivrante et nuisible à la santé.

Une partie des marchandises que l'on trouve à Khiva vient de Russie, de Boukhara, de Khoqand et de Hérât. On y fabrique de bonnes étoffes de soie qui sont suffisantes pour les vêtements.

Le tombeau de Pehlivan Mahmoud Kharezmy se trouve dans cette ville et il y jouit de la plus grande célébrité. C'est un édifice élevé, recouvert en plaques de faïence de toute beauté. Les tombeaux des Khans de Khiva sont placés dans son enceinte.

J'allai visiter ce monument et y faire mes dévotions. Je distribuai à cette occasion des aumônes aux pauvres. A Khiva, la population témoigne à Pehlivan Mahmoud une confiance sans limite. On a pour ce saint la plus grande dévotion. J'ai trouvé sa biographie dans les Tezkerèhs (biographies des poètes), et je la transcris ici.

Biographie de Pehlivan Mahmoud Kharezmy dont le surnom poétique est Qitaly ; que Dieu lui fasse miséricorde !

Le nom de ce noble personnage est Pehlivan, son surnom poétique Qitaly. Il était fils de Pour Bay Vely ; pendant sa jeunesse, sa force physique lui avait assuré la victoire sur tous les lutteurs de l'Iran et du Touran ; dans les jours de sa vieillesse, sa force spirituelle lui donna la supériorité sur tous les dévots et sur tous les ascètes du monde. On raconte ainsi le motif qui le détermina à embrasser fermement la vie spirituelle. Il s'était rendu dans une ville du Bengale dont le roi avait à son service un lutteur renommé. Il fut décidé qu'il se mesurerait avec Pehlivan Kharezmy. Cet homme, se voyant auprès de Pehlivan Mahmoud comme une goutte d'eau en regard de la mer fut en proie à une extrême inquiétude. Il prodigua les offrandes, les prières et les vœux pour obtenir la victoire. Sa mère prépara un plat sucré (*helva*) et en offrit aux gens qui se trouvaient dans la mosquée, en sollicitant le secours de leurs prières. Pehlivan Kharezmy faisait dans cette mosquée ses prières et ses dévotions. Cette vieille femme qui ne le connaissait pas, lui présenta le plat en lui adressant la requête suivante : « Accepte une part de ce *helva* et fais des vœux pour mon enfant. » — « Dis-moi le motif de ton offrande et explique-moi tes intentions, lui répondit-il, afin que je puisse faire des vœux en conséquence. » — « Je participe, reprit la vieille femme, avec un certain nombre de personnes de ma famille, aux bienfaits du roi et nous avons une existence brillante, grâce à mon fils qui est son lutteur en titre. Si Pehlivan Kharezmy le terrasse, la pension qui nous est accordée sera supprimée et les vivres que l'on nous donne nous seront retranchés. » Les paroles de cette vieille femme firent une profonde impression sur le cœur de Mahmoud, il prit un peu de *helva* et lui dit : « Que Dieu agrée ton vœu et qu'il accomplisse le désir que forme ton cœur ! »

La vieille femme enleva le plat et se retira. Pehlivan, absorbé dans ses pensées, ne goûta pas, pendant toute la nuit, un instant de repos. Il se livrait en lui un combat intérieur pour savoir s'il se laisserait terrasser. Il ne pouvait se décider à être vainqueur ou vaincu. Le matin, il se rendit à la cour du roi; le peuple se réunit autour de l'enceinte; le lutteur de la ville ne pouvant faire autrement, en vint aux mains avec Mahmoud Pehlivan. Il luttait partagé entre la crainte et l'espérance. Mais la force spirituelle de Mahmoud Pehlivan surmonta son amour-propre; il résolut de se laisser terrasser, et il se laissa tomber sur le côté sans force et sans mouvement; puis, ayant roulé à terre, il resta étendu sur le dos. Au même moment, les portes des bénédictions éternelles s'ouvrirent pour son cœur et il compta dès lors parmi les saints qui reçoivent les manifestations de Dieu, qui perçoivent ses attributs et s'absorbent dans la divinité. Quand il fut sorti de la ville, l'arrogance s'empara du cœur de ses élèves. Pehlivan démêla leurs sentiments et, s'étant arrêté dans une plaine, il se mit à lutter avec ceux d'entre eux qui, dans leur for intérieur, lui refusaient leur estime et leur considération. Il les terrassa tous avec la plus grande facilité, sans faire le moindre effort et, ayant déployé un mouchoir, comme c'est la coutume, il réclama une offrande.

Aussitôt une gazelle accourut du désert; elle avait sur l'une de ses cornes une pièce d'or qu'elle jeta sur le linge qu'avait étendu Pehlivan Mahmoud que Dieu a béni à la fin de sa carrière. Ses disciples comprirent le sens de ce fait extraordinaire.

Pehlivan passa le reste de sa vie sur le tapis de la dévotion, et il parvint au degré le plus élevé de l'ascétisme. En l'année 722 (1322), on entra, à l'aube, dans la cellule de son couvent à Khiva; on le trouva dans l'attitude d'un homme prosterné devant Dieu. Il avait dit adieu à ce monde temporel, et avait mis par écrit ce quatrain qu'il avait placé à coté de son tapis de prière.

Quatrain. — « Cette nuit, pour obéir à la loyauté et à la pureté de mon cœur, je me suis rendu dans la taverne de celui qui enlève tout pouvoir à mon cœur ; il me mit une coupe à la main en me disant : « Prends et bois. » Je lui répondis : « Je ne bois pas. » — « Fais-le, me dit-il, pour l'amour de moi. »

Pehlivan Mahmoud a composé des quatrains d'une grande élégance. Ses paroles dénotent un homme qui était absorbé par la vie contemplative et elles sont pleines de force. J'ai inséré quelques-uns de ces quatrains dans le *Tezkèrèh* qui a pour titre « *Riaz oul Arifin* » (les jardins qui entourent les tombeaux des saints personnages parvenus à la connaissance de Dieu), ouvrage qui est orné du nom béni de Sa Majesté le Sultan Mohammed Châh. J'en ai eu quelques-uns sous les yeux et je les insère dans ce récit abrégé.

Quatrain. — « Nous sommes ceux qu'un éléphant ne pourrait terrasser en luttant contre nous ; c'est sur le firmament que l'on fait résonner le *naubet* qui proclame notre souveraineté [1]. Si une humble fourmi se place dans nos rangs, elle acquerra par notre puissance, la force et la vigueur du lion. »

Quatrain. — Si tu es un homme de la voie de Dieu, tu dois avoir les yeux fixés sur la route, et il te faudra prendre garde aux mille trous que tu rencontreras. Lorsque tu seras reçu sur le pied de l'intimité dans la maison de tes amis, il te faudra retenir ton cœur, tes mains et tes yeux (t'abstenir d'envier, de toucher et de regarder ce qui leur appartient.) »

Quatrain. — « Il te faut avec la force de l'éléphant avoir l'humilité de la fourmi ; bien que possédant les deux mondes, il te faut être dépouillé (de tout désir). Médite cette sentence :

---

1. Le naubet est la musique militaire qui se fait entendre plusieurs fois par jour devant le palais du souverain.

Il faut voir les défauts des hommes et agir comme si l'on était aveugle. »

Quatrain. — « Si tu maîtrises tes passions, tu es un homme. Si tu t'abstiens de critiquer les défauts d'autrui, tu es un homme. Il n'est point homme, celui qui foule aux pieds son semblable gisant à terre; toi, tu seras un homme si, pour le relever, tu tends la main à celui qui est tombé. »

Quatrain. -- « Lis les secrets que renferment les annales de l'amour, mais n'en dis rien. Lance ton cheval à la suite de ceux qui sont dévorés par le feu de l'amour et n'en dis rien. Veux-tu sauver ton cœur et ta foi ? Observe, sois discret, instruis-toi et ne dis rien. »

Pehlivan a composé un ouvrage sur le même mètre que le Goulcheni Raz; cet ouvrage est antérieur de dix-sept ans au Goulcheni Raz de Cheikh Mahmoud Chebistery [1]. Il a pour titre : *Kenz oul Haqaïq* (le trésor des vérités). Malgré toutes les recherches que j'ai faites dans le Kharezm, je n'ai pu en trouver de trace ; personne n'en avait entendu parler. Le tombeau de Pehlivan est à Khiva un lieu de pèlerinage très-vénéré.

---

[1]. Le Cheikh Mahmoud Chebistery naquit à Chebister, gros village situé à huit fersengs de Tebriz. Il mourut dans cette ville en 720 (1320). Il composa son Goulcheni Raz (le bosquet de roses des secrets), trois années avant sa mort. Cet ouvrage a été publié et traduit par M. de Hammer Purgstall. « *Mahmud Schebisteri's Rosenflor des Geheimnisses, Persisch und Deutsch herausgegeben*, von Hammer-Purgstall. Pesth et Leipzig; 1838, un vol. in-4°.

Départ de Khiva pour Kohnèh Ourguendj.

Le jeudi, seizième jour du mois de Zil qa'adèh de l'année 1268 (2 novembre 1851), je quittai ma demeure et, pour changer de résidence, j'allai m'établir dans un petit logement réservé. Le vendredi, on amena les chameaux de charge et on plaça les bagages sur ces vigoureux animaux dont la stature égalait la hauteur des montagnes. Les cavaliers montèrent à cheval. Je fis quelques fersengs en compagnie de Mohammed Cherif Bay et je descendis à Châhâbad. Le soir, on nous servit un repas dans la maison de Tourèh Ataligh. La grande salle en est belle et le jardin agréable. On me traita avec beaucoup d'honneur et beaucoup d'égards.

Samedi 18 (4 novembre). Nous montâmes à cheval le matin, et, après avoir traversé de belles plaines et des sites charmants, nous arrivâmes à la station de Tach-Haouz (le bassin de pierre) où nous descendîmes. Nous vîmes là un vaste jardin et un grand palais élevé par le Khan du Kharezm.

Dimanche 19 (5 novembre). Nous partîmes de Tach-Haouz et, après avoir parcouru quelques fersengs, nous arrivâmes à Hilaleïn (les deux croissants). Nous y passâmes la nuit et nous y restâmes jusqu'au jour. C'est un vaste jardin dans lequel s'élève une grande maison construite par le Khan. On nous y reçut avec déférence et on nous donna un repas somptueux ; on étendit par terre de magnifiques tapis.

Lundi 20 (6 novembre). Nous quittâmes Hilaleïn et nous arrivâmes à Aq Tèpèh (la butte blanche) où nous passâmes la nuit dans une maison de plaisance construite par un des Khans du Kharezm. Le lendemain nous nous remîmes en route.

Mardi 21 (7 novembre). Nous arrivâmes à Khanâbad et nous descendîmes dans une habitation de campagne du Khan : nous nous établîmes sur les bords d'un bassin où nous lavâmes nos visages pour les débarrasser de la poussière du voyage. Partout où nous nous étions arrêtés, nous n'avions vu nulle part une campagne aussi belle et aussi agréable, un jardin aussi grand et aussi bien ordonné. La superficie en est d'à peu près cent djéribs. Il est coupé par des allées de peupliers blancs dont le feuillage forme une voûte. Chaque allée conduit à un bassin et on passe de chaque bassin à une autre allée. Il y a quatre allées formant chacune un carré. Le nom de ce jardin est Tchehar Tchemen (les quatre pelouses). Il n'eût pas été déplacé de l'appeler les huit paradis[1]. Des oiseaux étaient perchés sur toutes les branches; quand ils s'envolaient après s'être reposés, le bruit de leurs ailes et leurs cris formaient pour l'oreille un concert étrange.

Mercredi 22 (8 novembre). Nous nous dirigeâmes vers Kohnèh Ourguendj. Nous apprîmes qu'un grand canal dérivé du Djihoun avait débordé dans la plaine et que les eaux couvraient les bas terrains sur un espace de deux ou trois étapes. Un clan des Turkomans Yomout s'était établi à l'extrémité de ce canal et avait refusé de payer les impôts au Khan de Khiva. Leur nombre les avait enhardis à se soustraire à toute obéissance. Les ministres employèrent un stratagème et détournèrent le cours du canal. Au bout de deux ou trois ans, cette tribu fut réduite à une extrême détresse par suite du manque d'eau et ses membres se dispersèrent dans les villages du Kharezm. Nous passâmes à côté de l'ancienne ville qui fut jadis Gourgandj, capitale des Kharezm Châh, et qui fut détruite par les Mogols, et nous arrivâmes à Kohnèh Ourguendj. Ata Niaz Mahrem, qui en était l'administrateur, se porta à notre rencontre : il nous assigna pour demeure un jardin délicieux. Nous y séjournâmes pendant deux ou trois jours

---

[1]. Hecht Bihicht. Les Musulmans admettent huit degrés de béatitude dans le paradis, qui sont désignés chacun par un nom particulier, Hecht Bihicht est aussi le nom d'une maison de plaisance, construite à Ispahan, sous la dynastie des rois Sèfèvy et réparée par Feth Aly Châh. On en trouve la description dans les « *Monuments modernes de la Perse, mesurés, dessinés et décrits* par P. Coste. Paris, 1867, in-fol., page 30 et planches XXXVII-XL.

pour donner à ceux de nos compagnons de route qui étaient restés en arrière le temps de nous rejoindre.

Le 23 (9 novembre). Nous prîmes la résolution d'aller visiter Kohnèh Ourguendj et ses anciens monuments et d'aller en pèlerinage au tombeau du pôle des initiés, le Cheikh Aboul Djennab, Thammet el Koubra, Nedjm oud Din Ahmed ben Amr de Khiva, qui est un des Cheikhs les plus célèbres.

Le Qadi Abdoullah de Khoqand avec lequel j'étais lié depuis longtemps et qui exerçait à Ourguendj les fonctions d'Imam m'accompagna ainsi que Mohammed Cherif Bay. Nous nous rendîmes au tombeau du Cheikh Nedjm oud Din Koubra où nous récitâmes le Fatihèh. Nous y méditâmes sur les révolutions du temps et sur les changements qu'apporte la succession des jours et des nuits.

Les bouleversements, les guerres se présentèrent à notre esprit et nous récitâmes ce vers de Khaqâny, stupéfaits de voir qu'il ne restait aucun souvenir de Djenguiz Khan, aucun vestige du Sultan Mohammed Kharezm Châh.

Vers. — « Tu me demandes où sont allés ces potentats ? Les voici, leur corps est rentré dans le ventre de la terre qui les portera éternellement. »

Récit succinct des événements lamentables du règne de Sultan Mohammed Kharezm Châh.

Qouthb oud Din Mohammed fils de Tekich Khan, était le septième prince de la dynastie des Sultans Kharezmiens. Sa puissance et sa magnificence lui avaient fait donner le surnom de second Alexandre ; on lui écrivait en lui donnant le titre de « l'ombre de Dieu sur la terre. » Il secoua l'autorité du Khalife de Bagdad Nacir et les ulémas de l'époque rendirent un fetva déclarant que les Abbassides s'étaient emparés violemment et abusivement du khalifat qui, en droit, appartient aux enfants du lion de Dieu toujours victorieux, Aly fils d'Abou Thalib. Le sultan Mohammed fit supprimer le nom du Khalife sur la monnaie et dans la récitation du Khoutbèh. Son pouvoir s'étendait depuis le Touran jusqu'à la province de Fars et il avait une armée de trois à quatre cent mille cavaliers. Enfin, ainsi que le fait est consigné dans l'histoire, la poussière de la discorde s'éleva jusqu'au ciel entre lui et Djenguiz Khan. Bien qu'il eût quatre cent mille soldats bien armés, il prit la fuite devant l'armée de Djenguiz et il répandit la poussière de l'opprobre sur la tête des Persans. Il envoya sa mère Turkan Khatoun dans le Mazenderan.

Djebèh Nouyan et Soundan Behadir passèrent le Djihoun, à la tête de trente mille cavaliers. Le Sultan, l'esprit bouleversé, s'enfuit de ville en ville et s'arrêta enfin à Esterâbad. Il se réfugia ensuite dans l'île d'Abiskoun située non loin du bord de la mer Caspienne. Il y mourut l'an 592 (1194) et on l'enterra revêtu de ses habits. Les Mogols massacrèrent tous les habitants de Samarqand, de Hérat, de Kharezm et de Rey, et ils détruisirent ces villes. En somme, le Kharezm fut englouti dans cette catastrophe. Le Cheikh Nedjm oud Din Koubra y cueillit la palme du martyre [1].

---

[1]. Les chroniques orientales abondent en détails sur l'invasion du Kharezm et sur la prise de sa capitale. Cf. L'*Histoire du Sultan Djelal oud Din Mangouberty* par Chehab oud Din Mohammed Nessawy, le *Djihan Koucha* de Ala oud Din Mohammed Djouweïny, le *Djami out tewarikh* de Rechid oud Din, et le *Kamil fit Tarikh* d'Ibn el Athir. M. Mouradja d'Ohsson a condensé les récits de ces historiens dans son *Histoire des Mongols*. Amsterdam, 1852, tome I, pages 175-216.

Récit abrégé de la vie et du martyre de Nedjm oud Din Koubra.

Ce cheikh était originaire de Khiva. Pendant sa jeunesse, l'étendue de sa science le portait à provoquer des discussions de controverse théologique d'où il sortait toujours vainqueur, ce qui lui fit donner le surnom de *Thammet el Koubra* (le jugement dernier); on supprima Thammet et il ne lui resta que le surnom de Koubra. On l'appelle aussi plus fréquemment Aboul Djennab, parce qu'il avait renoncé au monde. On dit que le Prophète lui apparut en songe et lui donna ce nom. Ce fait est rapporté par Yafey dans sa chronique [1] et par Abdour Rahman Djamy dans le recueil des biographies des saints personnages intitulé : *Nefehat.* J'ai dit dans mon « *Hidayet Namèh* : (Le livre de la bonne direction).

Distique. — « Une nuit, Nedjm oud Din vit en songe le prophète Mohammed l'Élu; il reçut de lui le surnom d'Aboul Djennab. »

Le cheikh quitta sa ville natale et fit de nombreux voyages. Il entra en relations avec les cheikhs ses contemporains, tels que : Aboul Faradj Medjzoub, le cheikh Ismayl Qasry, le cheikh Ammar Iasir Bedlissy et Rouzbehan Misry [2]. Après avoir acquis la connaissance complète des doctrines du mysticisme, il retourna dans le Kharezm. Douze de ses disciples sont parvenus au degré de *Murchid* (directeur spirituel). Ce sont le

---

[1]. Yafey donne, dans sa chronique *sub anno* 618, une courte biographie du Cheikh Nedjm oud Din. Djamy n'a fait que traduire en persan le récit fait par Yafey de la mort du Cheikh.

[2]. Tous ces personnages étaient les disciples du cheikh Chehab oud Din Aboul Nedjib Abdoul Qahir Souherverdy. Djamy a consacré à chacun d'eux une notice dans son *Nefehat oul ouns*, édition de Calcutta, pages 478-480. Chehab oud Din est le fondateur de l'ordre religieux des Souherverdys.

cheikh Nedjm oud Din Razy connu sous le nom de Dayèh, le cheikh Nedjm oud Din Bakherzy, le cheikh Saad oud Din Hamawy, le cheikh Rezy oud Din Aly Lalay, natif de Ghaznah et cousin de Hekim Senay [1], Baba Kemal Djendy, Djemal oud Din Souheyl du Guilan, Nour oud Din Abdour Rahman Esferayny, le cheikh Ahmed Djouzqany, Mewlana Beha oud Din Mohammed, père de Mewlana Djelal oud Din Mohammed Balky, auteur du Mesnevy [2].

Le récit des actes de chacun de ces personnages est consigné dans les annales de la communauté religieuse à laquelle ils appartenaient. Pour moi, je n'ai d'autre dessein que de rapporter les circonstances du martyre du cheikh Nedjm oud Din Koubra.

Lorsque, par ordre du Sultan Mohammed Kharezm Châh, Mejd oud Din Baghdady fut jeté dans le Djihoun, le cheikh Nedjm oud Din appela sur le Sultan la malédiction divine. L'armée des Tatars envahit peu de temps après le Kharezm, tuant et pillant tout sur son passage. Six cents hommes se dirigèrent à Gourgandj sur le couvent du cheikh et l'assaillirent. Le cheikh prit les armes pour la cause sainte, fut tué, et acquit ainsi la félicité du martyre. Cet événement eut lieu l'an 617 (1220) [3]. Le

---

1. Senay naquit à Ghaznah dans les dernières années du règne de Sultan Mahmoud. Il commença à se faire connaître sous le règne du Sultan Ibrahim fils de Messoud. Il eut pour maître dans le mysticisme le cheikh Abou Youssouf Yaqoub Hemdany. Il jouit de la plus grande faveur auprès du sultan Behram Châh qui voulut lui faire épouser sa sœur; mais Senay ne voulut jamais consentir à cette union. Il mourut en 576 (1180).

Son divan contient trente mille distiques. Il a composé, en outre, six Mesnevys dont les vers ont tous la même mesure. Ce sont : 1° *Hadiqat oul Haqiqah* (Le jardin de la vérité); 2° *Seïr oul ibad ilal miad* (La marche des serviteurs de Dieu vers la vie future); 3° *Kar Namèhi Balkh* (Le récit de ce qui s'est passé à Balkh); 4° *Thariq oul Tahqiq* (La voie à suivre pour arriver à la connaissance de la vérité); 5° *Ichq Namèh* (Le livre de l'amour); 6° *Aql Namèh* (Le livre de l'intelligence). Il a également mis en vers les aventures de Bèhrouz et de Behram. *Medjma oul fousseha*, page 254.

2. Mewlana Mohammed Djelal oud Din, surnommé Molla Hunkiar, mourut à Qonièh en 672 (1273). Il est le fondateur de l'ordre des Mevlevys.

3. Je crois devoir insérer ici le récit de la mort de Nedjm oud Din tel qu'il est donné par Djamy :

« Lorsque les infidèles Tatars envahirent le Kharezm, le cheikh rassembla ses com-

cheikh est auteur de *rissalèh* (opuscules) remplis de préceptes utiles [1]. Il a composé, en outre, de nombreux quatrains. Ceux que l'on va lire sont dus à sa plume.

Quatrain. — « Puisque, de tout ce qui n'existe pas matériellement, nous n'avons entre les mains que du vent, puisque tout ce qui existe n'est que néant et fragilité, suppose que tout ce qui n'existe pas dans ce monde existe et que tout ce qui s'y voit est illusoire. »

Quatrain. — « Il faut, pour s'engager dans la voie de Dieu, trouver quelqu'un qui soit déjà arrivé au but et qui se soit com-

pagnons qui étaient au nombre de plus de soixante. Sultan Mohammed Kharezm Châh s'était enfui ; mais les Tatars supposaient qu'il était encore dans le Kharezm. Nedjm oud Din appela donc quelques-uns de ses compagnons comme le cheikh Saad oud Din Hamawy, Rezy oud Din Aly Lalay et quelques autres, et leur dit : « Partez vite et allez dans votre patrie. Il s'est élevé à l'Orient un feu qui brûlera tout jusqu'à l'Occident. C'est pour ce peuple une immense calamité qui n'a point eu sa pareille. » Quelques-uns de ses compagnons lui dirent : « Que la sainteté du cheikh élève vers Dieu un vœu, et ce malheur sera peut-être alors détourné des pays de l'Islamisme ! » — « Non, répondit-il, c'est une destinée inévitable ! Des vœux ne sauraient nous y soustraire. » Ses compagnons lui dirent alors : « Des montures sont préparées; si le cheikh veut bien se joindre à nous, nous l'accompagnerons et nous gagnerons le Khorassan. Ce projet ne semble pas difficile à réaliser. » — « Je dois subir ici le martyre, répondit-il, et je n'ai pas la permission de m'éloigner. » Ses compagnons se mirent en route pour le Khorassan. Lorsque les infidèles entrèrent dans la ville, le cheikh réunit ceux de ses disciples qui étaient restés auprès de lui, et il leur dit : « Debout, au nom de Dieu ! Nous allons combattre dans la voie de Dieu ! » Il entra dans sa maison, se revêtit de son froc, se ceignit les reins et remplit de pierres les deux côtés de sa robe qui était ouverte sur la poitrine. Il sortit, tenant une lance à la main. Lorsqu'il se trouva en face des infidèles, il leur jeta les pierres qu'il portait, jusqu'à ce qu'il ne lui en resta plus une seule. Les infidèles firent pleuvoir sur lui une grêle de flèches : une d'elles atteignit sa poitrine bénie; il l'arracha et la jeta loin de lui. Il recula alors et, au moment de mourir, il saisit la mèche de cheveux d'un infidèle avec tant de force, qu'il fut impossible de faire lâcher prise à sa main et que l'on fut obligé de couper la touffe de cheveux. »

Le cheikh mourut de la mort des martyrs dans le courant de l'année 618 (1221).

Nedjm oud Din est le fondateur et le patron de l'ordre des derviches Koubrawys.

[1]. Le plus célèbre de ces opuscules (Rissalèh) traite de matières théologiques et porte le titre de « *Rissalet oul hâym il khayf min loumet il laiym*, » (Opuscule de celui qui est en proie à l'étonnement et qui craint les reproches de la critique.)

Qazwiny trouvait cet ouvrage si remarquable qu'il dit que le texte devrait être copié en lettres d'or. (*Açar oul bilad*, édition de M. Wustenfeld, Göttingen, 1848, page 355.)

plètement retiré du monde. Fortifie ta vue, car tout, dans l'univers, représente Dieu et sa toute-puissance. »

Quatrain. — « Lorsque l'amour pénètre dans le cœur, le cœur en ressent une vive douleur. Cette douleur rend l'homme fort. L'homme (voué à Dieu) est dévoré par le feu de son amour, mais il adoucit pour les autres l'ardeur des flammes de l'enfer. (Il obtient de Dieu le pardon des fautes des pécheurs.) »

Quatrain. — « Si j'imprime sur un pain le tableau de mes actes de piété; si je place ce pain sur une table devant un chien rongé par la faim et qui est resté pendant toute une année enfermé dans un grenier, la répugnance (que lui inspireront mes fautes et le peu de valeur de ma dévotion) l'empêchera d'y mettre les dents. »

Quand nous eûmes terminé notre visite pieuse au tombeau du cheikh, le gardien du mausolée nous fit savoir que la tombe du cheikh Medj oud Din Baghdady [1] se trouvait aussi dans les environs. Je m'y rendis et j'y récitai le Fatihèh. Cependant, d'après mon opinion, le tombeau de ce Cheikh ne doit point se trouver en cet endroit, parce qu'il fut précipité dans le Djihoun, et, si son cadavre a été retiré de l'eau, il est probable qu'il a été enterré sur les bords du fleuve. On lit dans le *Nefehat* que, dans l'année 607 (1210), ou, suivant une autre

---

[1]. Abou Sayd Medj oud Din Cheref Ibn Moueyyed était le fils d'un médecin que le Khalife de Bagdad avait envoyé à Sultan Mohammed Kharezm Châh sur sa demande. Il exerça lui-même la médecine. Lorsqu'il eut embrassé la vie religieuse, il reçut souvent la visite de la mère du Sultan qui se plaisait à entendre ses prédications. Des envieux persuadèrent à Sultan Mohammed que sa mère avait épousé ce cheikh. Ce prince ordonna, dans un moment d'ivresse, de le précipiter dans le Djihoun. Les biographes orientaux prétendent qu'en apprenant ce crime, le cheikh Nedjm oud Din Koubra aurait prédit la chute de Mohammed Kharezm Châh et les calamités que devait causer dans son royaume l'invasion des Mogols. *Nefehat*, édition de Calcutta, pages 487-492.

version, en l'an 616 (1219), Medjd oud Din reçut la palme du martyre. Sa femme qui était originaire de Nichabour fit porter son corps dans cette ville. On le transporta ensuite à Esferayn en 833 (1429)[1]. Medjd oud Din a composé des quatrains pleins de charme :

Quatrain. — « Demain, lorsqu'arrivera le terme de ce monde, de droite et de gauche, les têtes surgiront de la terre. Mon pauvre corps, martyr et baignant dans le sang, se lèvera de la terre sur laquelle est bâtie ta demeure. »

Quatrain. — « Le limon qui a servi à former l'homme a été pétri avec la rosée de l'amour ; la création de l'homme a rempli le monde de troubles et de discordes. On a donné un coup de lancette sur la veine de l'âme, et elle a laissé échapper une goutte de sang qui a reçu le nom de cœur. »

Quatrain. — « Je plongerai dans l'Océan; ou je périrai, ou je rapporterai une perle. Je tenterai une œuvre pleine de dangers, mais j'aurai le visage ou le cou rouge. (Je recueillerai de l'honneur ou je mourrai à la peine). »

De là, nous allâmes voir un autre tombeau, celui de Khadjèh Aly Rametiny, surnommé *Khadjèhi Azizan* (le maître des chers amis, des derviches). Ce personnage était originaire du village de Rametin[2] qui relève de Boukhara; il fut un des disciples

---

1. On voulut déposer ses restes à côté de ceux de Saad oud Din Hamawy, d'Aly Lalay et d'Abd our Rahman Esferayny qui avaient été ses compagnons. (*Heft Iqlym.* fol. 298 v°.)

2. « Rametin, village bien fortifié, possède une vaste citadelle, et son ancienneté remonte plus haut que celle de Boukhara. Le nom de cette localité se trouve cité dans quelques-uns des ouvrages qui traitent de l'histoire de cette ville. Rametin était, dans l'antiquité, la résidence des rois : lorsque Boukhara fut élevée au rang de capitale, les princes passaient l'hiver à Rametin, et cet usage s'est conservé pendant l'Islamisme. Quand Abou Mouslim, que Dieu lui fasse miséricorde ! vint à Boukhara, il s'établit dans ce village et il y séjourna.

Rametin a été fondée par Afrassiab qui, lorsqu'il venait dans la contrée, ne résidait

de Khadjèh Mahmoud Faghnèwy [1] et il était membre de la secte des Naqchbendy. De Boukhara, il se rendit dans le Kharezm et il s'y fixa. Le grand nombre de ses disciples donna de l'ombrage au Sultan Mohammed Kharezm Châh. On prétend que ce saint personnage avait, dans sa jeunesse, exercé le métier de tisserand. Djelal oud Din, auteur du Mesnewy, a dit pour le caractériser :

Distique. — « Si la morale, dans sa pureté, n'était pas supérieure à la science des choses terrestres, comment les notables de Boukhara auraient-ils rendu hommage au maître qui fut tisserand? »

Ces deux distiques sont également attribués à Khadjèhi Azizan :

Quatrain. — « Le sentiment est un oiseau enfermé dans la cage du cœur : prends-en bien soin, car l'oiseau est beau et son chant est mélodieux. Ne romps pas le lien qui attache sa patte, de peur qu'il ne s'envole, car, une fois échappé, tu ne pourras le rattraper. »

---

point ailleurs. On lit dans les livres des Parsis que ce roi vécut mille ans et qu'il était adonné à la magie. Il tua son gendre Siavech, dont le fils Key Khosrau envahit le pays à la tête d'une nombreuse armée, pour tirer vengeance du meurtre de son père. Afrassiab fortifia Rametin qui, pendant deux ans, soutint les attaques de l'armée de Key Khosrau. Key Khosrau bâtit en face de Rametin un village qui reçut, à cause de l'agrément de sa situation, le nom de Ramich (lieu de repos). Ramich est encore aujourd'hui dans un état florissant. Key Khosrau fit construire un pyrée à Rametin et les Mough (Mages) assurent qu'il est plus ancien que tous ceux de Boukhara.

Après deux années de guerre, Key Khosrau s'empara d'Afrassiab et le mit à mort. Le tombeau d'Afrassiab se trouve à Boukhara à Dervazèhi Ma'bed (la porte de l'oratoire), sur la grande colline d'Abou Hafs Kebir. Les habitants de Boukhara ont composé sur la mort de Siavech de curieuses complaintes qui sont appelées par les chanteurs de profession *Kini Siavech* (la vengeance de Siavech). Mohammed, fils de Djafer, dit que ces événements se sont passés il y a trois mille ans. Dieu connaît mieux toutes choses.» — *Tarikh-Boukhara* d'Abou Bekr Mohammed Nerchakhy, traduite en persan par Mohammed Ibn Zefer. Ms. de mon cabinet, fol. 15.

1. Khadjèh Mahmoud Faghnèwy avait recueilli la succession spirituelle et la direction de l'ordre des Naqchbendy, de Khadjèh Arif Riveguirewy, qui était lui-même le disciple de Khadjèh Abdoul Khaliq Ghoundjouwany.

Quatrain. — « Prends garde ! éloigne-toi de toute personne dont la fréquentation ne donne point le calme à ton esprit, et dont la société ne procure point le repos à ton être, sinon les âmes de ton père et de ta mère ne te reconnaîtront point comme leur fils légitime [1]. »

Quatrain. — « Lorsque la mention de l'unité de Dieu pénètre ton cœur, elle lui cause une vive douleur. C'est cependant cette mention qui donne à l'homme la force et le courage.

« Bien qu'elle ait la vertu du feu pour brûler ton cœur, elle refroidira cependant pour lui les deux mondes. (Elle te détachera des biens de la terre et te préservera des flammes de l'enfer.) »

On nous montra ensuite un autre tombeau qu'on nous dit être celui de Fakhri Razy [2].

Fakhr oud Din Abou Abdillah Mohammed Ibn Hassan el Qourachy et Temimy el Bekry.

Fakhr oud Din était, de son temps, l'un des personnages les plus avancés dans la dévotion et dans l'étude de la philosophie. Il naquit l'an 544 (1149) et mourut en 606 (1211). Son tombeau est à Kohnèh Ourguendj.

---

1. On peut traduire également ainsi le dernier membre de phrase : « Sinon les âmes des chers amis (des derviches) ne te reconnaîtront pas comme un compagnon digne d'eux.

2. L'Imam Fakhr oud Din Razy, surnommé Khatyb our Rey (le prédicateur de Rey), l'un des plus illustres docteurs de la secte chaféite, appartenait à une famille du Thabarestan. Il naquit à Rey en 543 (1148). Il jouit de la faveur du Sultan Ghouride Ghias oud Din Mohammed qui fit construire pour lui un medressèh à Hérât. Il dut quitter cette ville à la suite de ses discussions avec le Qadi Abdoul Medjid, pour lequel le peuple avait pris parti. Il fut plus tard rappelé à Hérât et il y mourut en 606 (1211).

Fakhr oud Din Razy est l'auteur de plusieurs traités sur des matières philosophiques

Il a composé de nombreux ouvrages qui jouissent d'une grande célébrité; il se livrait quelquefois à la poésie persane et il a composé des quatrains.

Je citerai ceux-ci :

Quatrain. — « Jamais mon cœur n'a cessé de s'occuper de la science ; il y a peu de mystères dont je n'ai pénétré le secret.

« Pendant soixante et douze ans, j'ai travaillé nuit et jour, et je suis arrivé à savoir que je ne savais rien. »

Quatrain. — « Je quitterai cette terre, je le crains, sans en avoir rien vu ; je rendrai l'âme sans avoir rien aperçu du monde caché. Quand, abandonnant le monde terrestre, j'irai dans la sphère des esprits, je n'aurai rien vu du monde spirituel dans le monde matériel. »

Quelques personnes assurent que ce tombeau n'est point celui de Fakhr oud Din Razy [1]. On nous montra aussi le mausolée d'Ibn Hadjib [2]; mais nous n'eûmes pas le désir de le visiter.

Tous les environs (de la ville actuelle) sont couverts des ruines d'un grand nombre de superbes édifices. Il existe un minaret dont la hauteur est de soixante coudées et la circonférence de quarante. On dit que les Mogols l'aperçurent de la distance de deux ou trois journées de marche, quand ils ravagèrent le Kharezm et Gourgandj. Au bout de deux ou trois jours, ils arrivèrent au pied de ce monument. Furieux de voir

---

et religieuses; mais le plus important de ses ouvrages est un commentaire du Qoran intitulé *Mefatih oul ghaïb* (Les clefs de ce qui est caché) qui a été imprimé au Caire (1289-1871) en huit volumes petit in-folio. — La biographie de Fakhr oud Din Razy a été écrite par Ibn Khallikan; elle se trouve dans le tome Ier (pages 676-678) de l'édition de Boulaq, 1275 (1875), et dans le tome II, page 652 de la traduction de M. de Slane.

1. Le tombeau de Fakhr oud Din est à Hérât.
2. Djemal oud Din Abou Amr Osman Ibn Omar bin Abi Bekr bin Younis, plus connu sous le nom d'Ibn Hadjib (le fils du chambellan), est l'auteur du *Kafièh fil Nahw*, du *Chafièh* et de l'*Alamy*, traités de grammaire, de syntaxe et de rhétorique. Ibn Hadjib naquit à Alexandrie et il mourut dans cette ville en 646 (1248). Son tombeau ne saurait donc se trouver à Kohnèh Ourguendj.

leurs chevaux épuisés de fatigue, ils détruisiren le minaret dont il reste cependant les débris que nous vîmes. Il y a, en outre, plusieurs autres tombeaux dont l'un est appelé le tombeau de Cheikh Cheref, et dont l'autre porte le nom de Qara Qapy (la porte noire).

Parmi les ruines, nous remarquâmes un édifice surmonté d'une coupole recouverte de plaques de faïence. Il est remarquable par sa solidité, son élévation et la pureté des lignes. On nous dit que c'était le mausolée de Tourèh Bay Khanum, fille de Qoutlouq Sultan [1].

Kohnèh Ourguendj se relève par les soins de Mohammed Emin Khan, souverain du Kharezm, et il est à supposer que sa prospérité ira toujours en augmentant. Nous vîmes, dans cette ville, quelques cavaliers Qazaq et Qara Qalpaq qui attirèrent notre attention par l'étrangeté de leurs costumes, et la forme singulière de leurs bonnets.

Gourgandj portait autrefois le nom de Djourdjanièh. Elle est située par 135° de longitude et 42° de latitude [2]. Il y a, dans les environs, un grand nombre de villages et de localités dont il est fait mention dans l'histoire, ou qui n'ont aucune notoriété.

Kat est une ville du Kharezm qui était comptée parmi les cinq places fortes de cette province. Jadis, elle a joui d'une grande prospérité, mais, aujourd'hui, elle n'a qu'une importance médiocre.

Elle est la patrie de Mehter Yaqoub, fils de Mehter Youssouf qui fut ministre des Khans de Khiva. Le gouvernement

---

1. Fakhr oud Din Qoutlouq Inandj qui défit et tua Sultan Toghroul, dans la bataille livrée par les troupes de Tékich Kharezm Châh à ce prince, près de Rey, en 583 (1187).

2. Gourgandj ou, selon la forme arabe, Djourdjanièh était, avant l'invasion des Mogols, la capitale du Kharezm. Elle porta autrefois les noms de Fil, de Kharezm et de Mançourah. Mançourah était originairement bâtie sur la rive orientale du Djihoun. Elle fut détruite par les inondations de ce fleuve. Gourgandj était une petite ville qui s'élevait en face de Mançourah sur la rive occidentale. Les habitants de Mançourah s'y transportèrent, y construisirent des maisons et s'y fixèrent.

Mançourah disparut si complètement qu'il n'en resta plus de trace. Yaqout visita Gourgandj en 616 (1219) avant sa destruction par les Mogols, et il déclare n'avoir pas vu de cité plus grande, plus riche et plus policée. *Moudjem oul Bouldan*, tome IV, page 54.

de ce district est confié à ses parents. Mohammed Rehim Khan a construit à Kât quelques édifices publics. Cette ville appartient au cinquième climat, et elle est placée sous l'influence de la troisième planète (Vénus) [1].

ZAMAKHCHAR, village défendu par un château-fort, jouit depuis les temps les plus reculés d'une grande aisance. Le savant Zamakhchary y a reçu le jour [2].

QONGHOURAT, ville et place forte du Kharezm, est la résidence du clan des Qonghourat, branche de la tribu des Uzbeks.

---

1. Kât, située par 94° de longitude et 41° 30' de latitude, était autrefois la capitale du Kharezm. Elle était, primitivement, bâtie sur la rive orientale du Djihoun; mais un débordement de ce fleuve la renversa et les habitants la reconstruisirent sur une éminence. Elle possédait autrefois une citadelle et une grande mosquée. Le palais des Kharezm Châh s'élevait à côté de cette mosquée. Un petit canal nommé Djerdour traverse la ville et se jette dans le Djihoun; le marché s'étend sur ses deux rives. En dehors de Kât, il n'y a, sur la rive orientale du Djihoun, ni village ni bourg. Qawwam oud Din, jurisconsulte du rite Hanéfite et auteur du *Miradj oud Diraièh*, Houssam oud Din, auteur d'un commentaire sur l'Isagoge, Nâcir oud Din Nouh Arrezy, auteur du *Moghrib*, Khadjèh Aboul Véfa, Pehlivan Mahmoud, fils de Pour Bay, Mewlana Kemal oud Din Housseïn et d'autres personnages ont reçu le jour à Kât.

Djihan Numa, pages 335-336.

Selon Yaqout *(Moudjem oul Bouldan*, tome IV, page 222), le mot Kat ou Kath désigne, dans le dialecte du Kharezm, une muraille élevée dans le désert et qui n'entoure aucune construction. Il est probable qu'il se trouvait anciennement dans cet endroit une muraille pareille à celles de Qizil Alan dans le Gourgan, de Bab oul Ebouab dans le Chirvan, et qui était destinée à protéger le pays contre les incursions des tribus du nord.

Il existait au XIIIe siècle, avant l'invasion des Mogols, un petit village situé près de Gourgandj et qui portait le nom de Nouz Kât (la nouvelle Kât).

2. Aboul Qassim Mahmoud Ibn Omar, surnommé Djar oullah (le voisin de Dieu), à cause de son long séjour à la Mekke, est l'auteur de nombreux traités ayant pour objet la grammaire, la philologie, la lexicographie, la rhétorique et la jurisprudence. Il a composé quelques poésies et il en dédia le recueil au Chérif Aboul Hassan Aly Ibn Hamzèh bin Wehhas, Emir de la Mekke. Les plus connus de ses ouvrages sont le recueil d'anecdotes qui porte le nom de « *Rebi oul ebrar ouè noussous oul akhyar* » (le printemps des justes et les manifestations des hommes vertueux), un traité géographique disposé alphabétiquement *(Le livre des localités, des montagnes et des eaux)* et son commentaire du Qoran « *El Kechchaf fi haqaiq il Tenzil* » (le livre qui dévoile les vérités de la révélation divine) Le Kechchaf a été imprimé au Caire en 1281 (2 volumes in-folio). Zamakhchary naquit en 467 (1074), et mourut à Gourgandj, à son retour du pèlerinage de la Mekke en 538 (1143). — Cf. Pour la biographie et les ouvrages de Zamakhchary, Ibn Khallikan « *Vie des hommes illustres* », Boulaq, 1275 (1858), tome I, pages 121-123, et la traduction de M. de Slane, tome III, page 321 et suivantes.

Les Khans de Khiva appartiennent à ce clan. Les Qyat habitent aussi Qonghourat.

Qiptchaq, Qonqaly, Manqit et Khitay sont quatre villages protégés chacun par un château-fort ; ils doivent leur nom à des fractions de la tribu des Uzbeks. L'Emir de Boukhara Nasr oullah Khan appartient à la tribu des Manqit, le Khan de Khiva à celle des Qonghourat : ces deux tribus sont Uzbeks d'origine.

Hekim Ata est une localité située sur le bord du Djihoun. Hekim Ata, qui y est enterré, était l'un des cheikhs Turks de l'ordre des Naqchbendy [1].

Le Kharezm s'étend le long du Djihoun et la plupart des villages sont situés sur ses bords. Ils sont séparés de ce fleuve par une distance de trois ou quatre fersengs, et quelquefois davantage.

Hekim Ata est à la limite extrême de la partie cultivée du Kharezm. Quand on dépasse cette localité, on arrive au pays occupé par les Qazaq et les Qara Qalpaq, soumis au Khan de Khiva. La contrée où ils résident est bornée d'un côté par le Djihoun, de l'autre par le Sihoun; elle est aride et son étendue est de vingt journées de marche.

Le Djihoun se jette dans la mer du Kharezm.

Entre la mer du Kharezm et la mer de Russie s'étend, sur une longueur de vingt journées de marche, une chaîne de montagnes qu'il faut parcourir tout entière, pour arriver à la mer Caspienne. Les Russes ont débarqué, de la mer de Russie, avec un approvisionnement de poutres et de pièces de bois, qu'ils ont transportées sur le bord de la mer d'Aral. Ils ont construit un navire qu'ils y ont lancé. Ils ont également bâti, sur le ri-

---

1. Ce village doit son nom au voisinage du tombeau de Hekim Ata enterré à Aq Qourghan. Ce saint personnage recueillit la succession spirituelle de Khodja Ahmed Yessevy t dirigea pendant vingt ans l'ordre des Naqchbendy. Il mourut en l'année 582 (1185). *Khazinet oul Eçfya*, page 510.

Nous possédons, sous le titre de « *Hekim Ata hikayety* », un recueil d'anecdotes relatives à ce personnage et écrites en turc oriental. La rédaction en est ancienne, et cet opuscule vient d'être publié à Cazan par les soins de M. Gottwaldt.

vage, un fort dans lequel ils ont mis une garnison de deux cents hommes.

Amouy ou Amouyèh est le nom d'une ville qui se trouvait sur le bord du Djihoun. Elle a donné son nom à ce fleuve [1].

Le Djihoun, que l'on appelle aussi Abi Amouy, est un fleuve qui coule entre l'Iran et le Touran. Il prend sa source dans les environs de Badakhchan, reçoit beaucoup d'affluents, passe auprès d'un grand nombre de villes et arrive au Kharezm pour se jeter dans la mer d'Aral. On met six jours pour arriver du Kharezm à l'embouchure du Djihoun. Pendant l'hiver, le fleuve gèle et la glace est d'une telle épaisseur qu'elle permet le passage des caravanes : l'eau suit son cours sous la glace.

On dit que la mer d'Aral s'écoule (par une voie souterraine) dans la mer d'Abiskoun, c'est-à-dire dans la partie de la mer Caspienne qui avoisine le Mazanderan et Esteràbad. Ces deux mers sont séparées par une distance de soixante fersengs.

Dans la mer d'Abiskoun se trouve un gouffre, d'où l'eau s'échappe en jaillissant avec force et en bouillonnant. Les marins évitent de conduire dans ses environs leurs navires qui seraient submergés.

Le lac du Djond du Kharezm (la mer d'Aral).

Ce lac a..... de tour et trente-deux fersengs de diamètre [2]. Il

---

1. Amouy et Amouyèh sont les noms de la ville d'Amol de la Transoxiane, que l'on appelle Amol du bord du fleuve ou Amol du désert (*Amol ech Chatt, Amol el Mefazèh*), pour la distinguer de l'Amol du Mazanderan. Cette ville est située à un mille du Djihoun, sur la route de Merv à Boukhara. Le pays qui s'étend entre Merv et Amol est un désert sablonneux, dont la traversée est excessivement difficile et périlleuse. *Moudjem oul Bouldan*, tome I, page 69.

2. Les deux manuscrits que j'ai eus à ma disposition portent un ferseng, ce qui est inadmissible. « Le Djihoun, dit Yaqout, déverse ses eaux dans le lac du Kharezm, à un endroit fréquenté seulement par les pêcheurs et où on ne trouve ni village, ni maisons. Cette localité porte le nom de Khouldjan. En face, s'étend le territoire occupé par la tribu turke des Ghouzz. La circonférence du lac peut être évaluée, d'après ce qui m'a été dit, à cent fersengs. L'eau est salée et elle n'a point de débouché apparent. Ce lac reçoit les

reçoit dans son sein les eaux du Djihoun et celles du Sihoun qui traverse les provinces de Tchach et de Ferganèh. Le volume de ses eaux n'augmente pas, ce qui fait supposer qu'il y a une voie qui leur permet de s'écouler, et qui aboutit à ce gouffre bouillonnant d'Abiskoun dont nous venons de parler plus haut.

On lit, dans quelques chroniques, que le Djihoun se jetait anciennement dans la mer d'Orient, mais que, lors de l'invasion des Mogols, ceux-ci en détournèrent le cours et qu'il alla verser ses eaux dans la mer d'Abiskoun. D'autres auteurs prétendent que le Djihoun se perd dans les sables, et qu'il a une embouchure souterraine dans la mer Caspienne. J'ai remarqué, pendant mon voyage au Kharezm, soit à l'aller, soit au retour, certains vestiges et certains canaux qui m'ont donné la conviction que les Mogols avaient détourné ce fleuve, et qu'on l'avait anciennement coupé dans la partie supérieure de son cours. On voit encore les traces de son lit desséché [1].

Le Sihoun est un fleuve du Turkestan qui porte aussi le nom de fleuve de Khodjend, de Mokhend, de Fenaket, et de Châhroukhièh. Toutes ces villes appartiennent à la province de Ferganèh, qui porte aujourd'hui le nom de Khoqand.

---

eaux du Djihoun et celles du Sihoun. Il faut plusieurs jours de voyage pour franchir la distance qui sépare les embouchures de ces deux fleuves. De nombreuses rivières se jettent aussi dans ce lac ; néanmoins, le goût salé de l'eau ne diminue pas, et le volume n'augmente pas. Il est donc à supposer qu'il existe, entre lui et la mer Caspienne, des conduits souterrains et des fissures qui servent à l'écoulement des eaux. Une distance de dix journées de marche, en droite ligne, sépare ces deux mers intérieures : cet espace est occupé par un vaste désert de sable qui n'est point un obstacle pour l'écoulement ou l'évaporation des eaux. » *Moudjem oul bouldan*, tome I, page 514.

Le lecteur pourra consulter sur le lac d'Aral les ouvrages suivants : *Il lago di Aral, dissertazione dell' ingegnere* Luigi Hugues, Torino, 1874; *The shores of lake Aral*, by Major Wood, London, 1876, *Turkistan*, by Eug. Schuyler, Ph. Dr, London, 1876, tome I, passim, et, *De Caspiana atque Aralica regione Asiæ, veteres geographos cum recentioribus conferendos suscepit* J.-B. Pasquier. Paris, 1876.

1. Sur le Djihoun et l'ancien cours de ce fleuve, cf. *A journey to the source of the river Oxus*, by Capt John Wood, 2e édit., Londres, 1872. *Das alte Bett des Oxus (Amû Daria)*, von J. de Goeje, Leyde, 1875, et *Notes on the lower Amû Darya, Syr Darya and lake Aral, 1874*, by major Herbert Wood, dans le journal de la Société royale de Géographie, tome XLV, Londres, 1875.

J'ai cité les noms de Boukhara, d'Amouyèh, et ceux du Djihoun et du Sihoun ; il ne me paraît donc point inutile de donner ici quelques notices succinctes sur ces localités.

Notices succinctes sur l'état actuel des villes du pays de Boukhara la Noble.

BOUKHARA est une ville célèbre du cinquième climat ; elle est située dans la Transoxiane par 96° 30' de longitude et par 39° 7' de latitude. Son enceinte est percée de onze portes; elle renferme deux cents colléges grands et petits, sept grandes mosquées où l'on fait la prière du vendredi, quarante bains et cent-cinquante caravansérails pour les marchands. Le château a un demi ferseng de circonférence; sa grande porte s'ouvre à l'occident. Les revenus du trésor, perçus dans la ville même de Boukhara, s'élèvent à la somme de cent mille toumans, chacun du poids d'un misqal. La ville est très-peuplée et le concours y est énorme [1].

QARCHY est une ville située à environ dix-sept fersengs au sud de Boukhara ; elle est séparée de Samarqand et de Boukhara par une distance de trois journées de marche, et de Kech, nommée aujourd'hui Chéheri-Sebz, par deux journées de marche.

Cette ville est plus connue sous le nom de Nakhcheb. La « lune de Nakhcheb » est le surnom donné à Mouqannah dont l'histoire est si connue [2]. Nakhcheb est aussi appelée Nessef. Elle est la patrie du cheikh Aziz Nessefy. Nessef est la forme arabisée de Nakhcheb.

Kouyouk Khan, souverain de la Transoxiane [3], construisit dans

---

1. Voy. l'appendice § IV.
2. Voy. l'appendice § V.
. Kouyouk Khan, fils d'Ogotay, monta sur le trône au mois de Rebi oul Akhir 643

cette ville un superbe château. Les Turks appellent un château « Qarchy » et c'est de là que vient le nom que Nakhcheb porte aujourd'hui. Une petite rivière traverse Qarchy qui est prospère et bien peuplée ; elle a sept portes, trois grands bains, trois collèges importants et une très-grande mosquée où l'on fait la prière du vendredi.

A l'orient de cette ville, à la distance de sept fersengs, et placée sous sa juridiction, se trouve la ville de Khazer qui est bien peuplée ; elle a cinq grandes portes, quelques collèges et quelques bains.

Tchiraghtchy est la résidence d'un gouverneur ; elle paye au trésor dix mille tillas ; elle est comptée au nombre des localités dépendant de Boukhara.

Chirabad est située à vingt fersengs de Qarchy ; c'est une ville riche et bien peuplée qui paye au trésor quinze mille toumans.

A peu de distance se trouve la ville de Bayssoun, dont le gouverneur verse au trésor de l'Emir la somme de dix mille tillas.

Termiz, au sud de Bayssoun, est une ville célèbre ; elle est la patrie d'Edib Sabir Termizy [1] ; on y voit le tombeau de Khodja

(août 1246), quatre ans après la mort de son père. Sa mère Tourakina avait, pendant ce temps, exercé la régence. Ce prince mourut de phthisie au bout d'un an. Les historiens orientaux lui reprochent vivement d'avoir préféré les chrétiens aux musulmans.

1. Le poète Edib Sabir était originaire de Boukhara. Sous le règne du Sultan Sindjar, il se rendit de Termiz à Merv. Il eut de longs démêlés avec Rechid Vathvath et ces deux poètes échangèrent de nombreuses satires. Envery et Khaqany avaient pour le talent d'Edib Sabir la plus grande admiration.
Lorsque les relations se tendirent entre le Sultan Sindjar et Etsiz, Edib Sabir fut envoyé par Sindjar, qui avait en lui la plus grande confiance, dans le Kharezm, pour lui rendre compte de la situation. Il y apprit qu'Etsiz s'était assuré le dévouement d'un Feday qui était parti pour Merv, et qui devait assassiner le sultan Sindjar un vendredi, lorsque ce prince se rendrait à la mosquée. Il envoya le portrait exact de cet homme au sultan qui le fit rechercher, arrêter et exécuter. Etsiz soupçonna Edib Sabir d'avoir fourni ces indications. Il le fit saisir et jeter dans le Djihoun, les pieds et les mains liés (546-1151). Edib Sabir a laissé un Divan et un *Saoukend Namèh*, (le livre du serment) qu'il composa pour son protecteur, le Seiyd Abou Djafer Aly ibn Husseïn de Nichabour, qui était le chef des Seiyds du Khorassan.
Daoulet Châh. *Tezkèret ouch Chouara.*
Les poésies d'Edib Sabir ont été recueillies par l'ordre de Menoutchehr Khan en 1031 (1621). Je possède l'exemplaire copié pour ce personnage.

Abdoul Hekim Termizy. La ville s'élève sur le bord du Djihoun ; le gouverneur acquitte une redevance de dix mille tillas.

KERKY est une ville située sur les bords du Djihoun, à l'ouest de Termiz.

TCHEHAR DJOUY, à l'ouest de Kerky, paye annuellement la somme de vingt mille tillas d'impôt et elle fournit à l'Emir deux mille hommes de milice. Elle est située sur les bords du Djihoun, à peu de distance du Kharezm.

QARA KOUL, située au nord, possède une bonne citadelle ; cette ville verse au trésor vingt-quatre mille tillas. Dans ces dernières années, lorsque Châhroukh Khan Qadjar, fils du Nevvab Ibrahim Khan, cousin de Feth Aly Châh, se réfugia à Boukhara, Qara Koul lui fut assignée comme apanage ; les peaux de brebis de Qara Koul sont renommées.

KERMINÈH est à l'ouest de Boukhara. Cette ville est généralement donnée comme gouvernement au fils de l'Emir de Boukhara. Le district de Kerminèh est d'une grande étendue, et tous les ans le trésor de l'Emir y perçoit des impôts qui s'élèvent à la somme de cinquante mille dinars. Une distance de onze fersengs sépare cette ville de Boukhara [1].

NOUZ est située à huit fersengs au nord de Kerminèh ; cette ville est la résidence d'un gouverneur et elle paye au trésor douze mille tillas [2].

ZIA OUD DIN, à l'est de Kerminèh, paye tous les ans soixante mille toumans qui sont employés à fournir les appointements

---

1. Aboul Hassan de Nichabour, dans son ouvrage intitulé *Khezayn oul ouloum* (les trésors des sciences), dit que Kerminèh est une localité dépendante de Boukhara. L'eau qui l'arrose est celle de Boukhara et ses impôts figurent dans le compte de ceux qui sont payés par cette ville. Kerminèh possède une grande mosquée et elle a donné naissance à de nombreux poètes et littérateurs ; elle portait autrefois le nom de *Badièhi Khourdek* (le petit désert). De Kerminèh à Boukhara, on compte quatorze fersengs. *Tarikhi Boukhara* d'Abou Bekr Mohammed Nerchakhy. — Manuscrit de ma bibliothèque, fol. 18.

2. Le texte persan imprimé porte par erreur Bouz. Nouz, dans le dialecte de Boukhara et du Kharezm, a la signification de nouveau, neuf.

des employés et la solde des troupes régulières de Boukhara [1].

Yekèh Bagh. Cette ville qui relève de Qarchy, est bâtie au pied d'une montagne.

Cheheri Sebz est un canton agréable; sa beauté et la verdure dont il est couvert lui ont valu son nom ; il est situé entre Boukhara et Samarqand. L'Emir de Boukhara s'est rendu maître de certaines parties de ce pays [2].

Samarqand est une ville célèbre du cinquième climat et de la Transoxiane.

On rapporte que les premières constructions furent élevées dans le Soghd de Samarqand par Rustem, fils de Destan, conformément aux ordres de Key Kaous.

Abou Karib Chamar, de la dynastie des Tobba du Yémen, fit la conquête de ce pays. Il rasa la ville et la livra aux flammes ; son emplacement reçut, en conséquence, le nom de Chamar Kend (Chamar l'a détruite). Samarqand est la forme arabisée de Chamar Kend.

1. Cette ville doit son nom au tombeau du Cheikh Zia oud Din qui y est enterré. Zia oud Din mourut en 751 (1350.)

2. Kech est située au sud de Samarqand dont elle est séparée par une distance de vingt fersengs. Les environs de cette ville sont si verdoyants qu'on lui a donné les noms de *Qoubbet el Khadhra* (voûte verdoyante) et de *Cheheri sebz* (ville verte). Les fruits que l'on y récolte sont d'une excellente qualité et la campagne est d'une extrême fertilité. Dans les dépendances de cette ville se trouve Nekab Targhay, lieu de naissance de l'Emir Timour. Ce prince a fait de sérieux efforts pour faire de Kech la capitale de son empire, mais la proximité de Samarqand ne lui a pas permis de réaliser ce projet. Cette ville a donné naissance au poète Emir Khosrau, à Khodja Aboul Bérékèh et à son fils Khodja Beha oud Din. *Heft Iqlym*, f° 528, v°.

Kech ou Kich, dit Hadji Khalfa, est un district qui est situé par 99° 30' de latitude et non loin de Nessef. Il s'étend sur trois fersengs de largeur et trois de longueur. Tout y est à fort bon marché; les fruits y sont très-abondants et ils mûrissent dans cette localité plus tôt que partout ailleurs. L'air est malsain. Ce district portait autrefois le nom de Cheheri Sebz.

La ville se compose d'un château-fort, d'un faubourg et d'une cité intérieure. Les bazars se trouvent dans le faubourg. Les maisons sont construites en terre et en bois. Les jardins et les vergers sont très-nombreux et on y récolte des céréales en grande quantité.

Kech a quatre grandes portes : 1° La porte de fer (Deri Ahenin) 2° La porte d'Abdallah, 3° la porte des bouchers (Deri Qassaban) 4° la porte de la cité (Deri Charistan) qui est aussi appelée la porte de Turkestan, à cause d'un village situé à proximité et qui porte ce nom. La ville est traversée par deux cours d'eau dont l'un porte le nom de Neheri Qassarin, et l'autre celui de Rivière noire (Neheri Essoued). *Djihan Numa*, page 353.

La ville occupe une vaste étendue ; elle est, après Boukhara, la plus grande de la Transoxiane. Elle doit sa splendeur à l'Emir Timour. On y voit de superbes constructions royales. Le trésor y perçoit tous les ans cent mille tillas. Elle fournit dix mille cavaliers aguerris ; on y voit encore le trône de l'Emir Timour que l'on appelle Keuk-Tach. La population s'élève au chiffre de cent mille âmes. La ville renferme cinq grandes mosquées, trente caravansérails et vingt-deux grands colléges. Tous ces édifices ont été élevés par Timour et par ses fils. On voit à Samarqand le tombeau de Qoucem Ibn Abbas et celui de Khodja Abdoullah Ahrar de l'ordre des Naqchbendy. On prétend aussi que saint Georges et Daniel y ont reçu la sépulture. La ville de Samarqand a onze portes ; elle est un peu moins grande que Boukhara. La distance qui les sépare est de trente-huit fersengs. Plusieurs villes sont placées sous la juridiction de Samarqand ; nous citerons parmi elles Khathartchy, à dix fersengs à l'ouest. Kharthartchy paye chaque année au trésor seize mille tillas, et elle fournit à l'Emir deux mille hommes de milice. A l'est de cette ville se trouve une localité nommée Pendjchenbèh et une autre appelée Douchenbèh ; elles sont à la distance de cinq fersengs l'une de l'autre. Le trésor lève sur ces deux localités la somme de dix mille tillas. De Pendjchenbèh à Samarqand on compte trois fersengs [1].

---

[1]. L'histoire de Samarqand a été écrite par Abou Sayd el Idrissy (405-1014), et par Aboul Abbas Djafer el Moustaghfiry (432-1041). Abou Hafs en Nessefy (537-1143) a composé, sous le titre de « Kitab oul Qand », une suite aux annales de Djafer el Moustaghfiry. Clavijo, ambassadeur de Henri III de Castille auprès de Tamerlan, a donné, dans la relation de son voyage, une description de Samarqand et des édifices élevés par ce prince. « *Historia del gran Tamorlan e itinerario e enarracion del viage y relacion de la Embaxada que Ruy Gonçalez de Clavijo le hizo, etc.* » Séville, 1582, f° 40, verso et suivants. La relation de Clavijo a été traduite en anglais par M. Clements R. Markham et publiée par la « Hakluyt Society », sous le titre de « *Narrative of the Embassy of Ruy Gonzalez de Clavijo to the court of Timour at Samarcand A. D. 1403-1406.* Londres, 1859.

Le lecteur trouvera dans le « *Voyage d'un faux derviche* », par A. Vambery, Paris, 1865, pages 187-198, et dans le « *Recueil d'itinéraires et de voyages dans l'Asie centrale et dans l'extrême Orient* », publié par l'Ecole des langues orientales, 1878, pages 207-245-284-310, les détails les plus complets sur l'état actuel de Samarqand.

Ederkout est une ville bien bâtie qui paie vingt mille toumans d'impôt.

Pentchèh Kint est située à cinq fersengs à l'est d'Ederkout ; elle est adossée à une montagne ; elle est à sept fersengs de Samarqand. Le chiffre de ses impôts s'élève à trois mille tillas.

Say Bouy est à sept fersengs au nord de Samarqand.

Dazakh se trouve à onze fersengs de Samarqand.

Ourèh est le nom d'une ville placée sous la juridiction de Samarqand. Il y a, en outre, une quantité de petites villes dont je ne fais point mention, pour ne point allonger mon récit.

Le pays de Boukhara s'étend sur une longueur qui représente un mois de marche ; il est borné à l'est par la province de Ferghanèh, c'est-à-dire par la contrée traversée par le Sihoun ; à l'ouest, par le Kharezm, et au nord, par le pays de Tachkend c'est-à-dire par le Dechti Qiptchaq qui forme la frontière de l'empire de Russie ; au sud, la Boukharie s'étend jusqu'aux provinces de Balkh, de Hissari Chadman, de Qoundouz et de Baqlan. Toute la contrée est bien peuplée et bien cultivée.

Par suite des circonstances actuelles, Merv Chahidjan fait aussi partie des possessions de l'Emir de Boukhara. Cette ville a échappé à l'autorité du Khan de Khiva, et tous les ans, il y a, à son sujet, des contestations à main armée ; mais les habitants de Merv ne payent aucun impôt au gouvernement de Boukhara.

Allah Qouly Khan avait construit, à Merv, un château qu'il avait armé de quelques pièces de canon ; il y avait établi comme gouverneur l'oncle de son premier ministre. Les habitants de Merv se soulevèrent contre lui, le tuèrent et s'emparèrent du château et des canons qui s'y trouvaient. Quatre cantons dépendant de Cheheri Sebz sont, en ce moment, au pouvoir de l'Emir de Boukhara.

La superficie de la province de Cheheri Sebz est de dix fersengs ; la ville a une forte citadelle et elle est adossée à une montagne ; le sol est marécageux.

Généalogie de l'Emir de Boukhara.

L'Emir de Boukhara porte le nom d'Emir Nasr oullah. Il est le fils de l'Emir Hayder qui lui-même était fils de Châh Mourad Bek, connu sous le nom de Bek Djan. Cette famile tire son origine de la tribu des Uzbeks Manqit. On dit que leur généalogie remonte aux Mogols. Dieu seul connaît la vérité de toutes choses!

Province de Ferghanèh.

Cette province est située dans le Touran et elle fait partie du cinquième climat. Elle fut, dit-on, peuplée par Nouchirevan qui y transporta un homme pris dans chacune des familles de la Perse; elle reçut, en conséquence, le nom de pays de Herkhanèh (de chaque maison). Ferghanèh en est la forme arabisée de ces deux mots.

Cette province renferme un grand nombre de villes parmi lesquelles nous citerons :

OUSROUCHINÈH ou Arouchinèh [1].

[1]. Ousrouchinèh, située par 101° de longitude et 41° 30' de latitude, est un district considérable du pays des Hiathilèh * qui s'étend entre le Sihoun et Samarqand, sur un espace que l'on estime être de vingt-six fersengs. Selon Ibn Hauqal, Ousrouchinèh est une contrée environnée, de presque tous les côtés, de montagnes, et bornée, à l'est, par des districts de Ferghanèh, à l'ouest, par les frontières de Samarqand, au nord, par Châch et quelques cantons de Ferghanèh et, au sud, par le pays de Kech et de Saghanian **. Cette contrée renferme quatre cents châteaux forts et quelques villes. Ousrouchinèh est appelée, dans le dialecte du pays, Boumehket. Les cantons portent les noms de Aran, Benamket, Kaoukeb, Araq, Sabath, Zamin et Dizek. La ville,

* Le pays des Hiathilèh est le nom sous lequel on désigne la contrée où se trouvent les villes de Boukhara, de Samarqand et de Khodjend et qui, d'après les Orientaux, aurait été peuplé par les descendants de Heïthel, fils d'Alim, fils de Sam, fils de Noé, qui s'y serait retiré après la dispersion des peuples, à la suite de la confusion des langues de Babel.

** Le district de Saghanian est limitrophe de celui de Termiz; il est remarquable par sa fertilité et le grand nombre de ses cours d'eau.

AKHSSIKET [1], patrie du poëte Ecir oud Din [2].
ESFERENG [3], qui a donné le jour au poëte Seyf [4].

dont les maisons sont construites en argile et en bois, est florissante. Elle consiste en une cité entourée d'une muraille, et en un faubourg qui est également protégé par un mur. L'enceinte est percée de deux portes, dont l'une porte le nom de Dervazèhi Charistan et l'autre celui de Dervazèhi Ballathin. La grande mosquée se trouve dans la cité qui est traversée par une rivière, dont le courant fait tourner dix moulins et dont les deux bords sont plantés d'arbres ; ses eaux tombent dans le fossé qui entoure la ville ; après l'avoir rempli, elles alimentent les maisons et les jardins et se répandent dans la campagne, où elles arrosent les champs cultivés.

Le faubourg a quatre portes : Babi Zamin, Babi Ibn Semend, Babi Ibn Hikmet et Babi Kehlian. On trouve, dans cette province, un grand nombre de mines et des gisements de sel ammoniac et de sulfate de fer. — *Djihan Numa*, page 355.

1. Akhssiket, dit Hadji Khalfa, est la principale ville du Ferghanèh. Elle se compose d'un château-fort, d'une ville intérieure et d'un faubourg. La résidence du gouverneur est dans le château ; la grande mosquée dans la ville et l'oratoire pour les prières des deux fêtes se trouvent sur le bord de la rivière. La ville a cinq portes : la porte de la chaîne (Babi Zindjir), la porte du trésor caché (Babi Definèh), la porte de Kachan (Babi Kachan), la porte du Vendredi (Babi Adinèh) et la porte d'Abèh Sar.

Akhssiket, dans le Mavera oun Neher (Transoxiane), est un gros bourg de la province de Ferghanèh. Il est situé sur le bord de la rivière de Châch, dans une plaine unie entourée de montagnes, à environ un ferseng au nord du fleuve. Akhssiket possède une citadelle et un faubourg ; sa superficie est d'environ trois fersengs. Les maisons sont construites en terre. Quatre portes donnent accès à la ville intérieure qui est, ainsi que le faubourg, traversée par des eaux courantes, et qui renferme de nombreux bassins. Chacune des portes du faubourg conduit à des jardins touffus, et des canaux d'eau courante s'étendent à la distance d'un ferseng. Akhssiket est une des villes les plus agréables de la Transoxiane. Elle est située par 94° de longitude et 37° 30' de latitude. Elle a donné le jour à un grand nombre de savants et de littérateurs, parmi lesquels nous citerons : Aboul Wefa Mohammed Ibn Mohammed ben Qassim, qui a conquis le premier rang parmi les lexicographes et les historiens. Il mourut après l'année 520 (1126). Son frère, Abou Rechad Ahmed Ibn Mohammed ben Qassim, était un littérateur, il cultivait aussi la poésie. Tous deux se fixèrent à Merv où ils moururent. — Yaqout, *Moudjem el bouldan*, édit. de M. Wüstenfeld, tome I, page 162.

2. Ecir oud Din fut le panégyriste de l'Atabek Ildeguiz et de Qizil Arslan, fils de Toghroul. Il résida successivement dans l'Azerbaïdjan, dans l'Iraq, et il se retira, en dernier lieu, à Khalkhal, petite ville de l'Azerbaïdjan, où il vécut retiré du monde et adonné à la dévotion et aux œuvres de piété. On fixe la date de sa mort à l'année 562 (1166). Des critiques persans en font l'égal de Khaqany et d'Envery ; d'autres lui accordent la prééminence sur le premier de ces poëtes.

3. Esferèh ou Esfereng est un canton montagneux situé au sud-ouest de Marghinan dont il est éloigné de neuf fersengs. Cette localité l'emporte sur toutes les autres par l'abondance de ses eaux courantes et le grand nombre de ses jardins et de ses vergers. Dans la partie montagneuse qui se trouve au sud, on remarque une pierre de dix coudées de largeur et de deux coudées de hauteur, sur la surface de laquelle les objets se réfléchissent en sens inverse et dessinés comme sur un miroir. On lui a donné, à cause de cette particularité, le nom de *Sengui Ainèh* (la pierre du miroir).

4. Seyf oud Din el A'radj (le boîteux) naquit à Esfereng ; il quitta sa ville natale pour

KHODJEND, située sur les bords du Sihoun [1] ; Kemal Khodjendy y naquit [2].

ENDEDJAN, TACHKEND, MARGHINAN, KACHAN, BENAKET, appelée aussi Fenaket et Chahroukhièh, parce que Châh Roukh, fils de Tamerlan, y construisit un château-fort. L'auteur de l'ouvrage historique connu sous le titre de « *Tarikhi Benakety,* » naquit dans cette ville [3].

se rendre à Boukhara, puis, dans le Kharezm où il se fixa. Il a composé un certain nombre de pièces de vers à la louange du Sultan Mohammed, fils de Tékich. Ce poëte, dont le divan est composé de plus de douze mille distiques, a été un imitateur de Khaqany. Seyf mourut en 572 (1176), à l'âge de quatre-vingt-cinq ans.

1. Khodjend est située à l'ouest d'Endidjan, à la distance de cinq fersengs. Les fruits, particulièrement les grenades, y sont excellents. Le château qui défend cette ville est extrêmement fort. Au nord, s'élève une montagne nommée Mioughil où l'on recueille des turquoises et d'autres pierres de prix. On trouve, dans les environs de Khodjend, de bons endroits de chasse. Les ophthalmies sont si fréquentes dans ce pays que l'on dit que les moineaux eux-mêmes y sont sujets. Entre Khodjend et Kend Badam (Kani Badam) s'étend une plaine déserte qui est constamment balayée par le vent. On raconte que plusieurs derviches furent, en la traversant, assaillis par une bourrasque si violente qu'ils furent dispersés et qu'ils périrent tous, en allant à la recherche l'un de l'autre. Depuis cette époque, ce désert a reçu le nom de Ha Dervich. (*Heft Iqlym.* fol. 563, v°)

2. Le cheikh Kemal appartenait à une des plus illustres familles de Khodjend. Il s'était voué à la vie religieuse et contemplative; il quitta sa patrie dans l'intention de faire pèlerinage de la Mekke. Dans le cours de son voyage, il séjourna à Tebriz qui, sous les princes de la dynastie de Djelaïr, était devenue le rendez-vous des gens de mérite et dont les grands personnages goûtèrent ses doctrines spirituelles. Touqtamich Khan s'empara de cette ville et, sur le désir exprimé par sa femme, Kemal fut conduit à Seray dans le Dechti Qiptchaq. Cheikh Kemal y demeura pendant quatre ans ; il obtint ensuite la permission de retourner à Tebriz, où il s'établit dans un superbe monastère que le Sultan Hassan avait fait bâtir et décorer pour lui, et pour l'entretien duquel il avait assigné les revenus de propriétés considérables.

Kemal était en relations littéraires avec Hafiz qui appréciait hautement ses poésies.

Kemal Khodjendy mourut à Tebriz en 792 (1389) et fut enterré dans le monastère qu'il habitait. Son tombeau est un but de pèlerinage et l'objet d'une vénération particulière.

3. Le titre exact de cet ouvrage est *Raouzet ouli il elbab* (le jardin de ceux qui sont doués d'intelligence). C'est une histoire générale composée par l'ordre du souverain de la dynastie mogole de Perse, Abou Sayd Behadir Khan, par Fakhr oud Din Mohammed ibn Abi Daoud Souleyman, né à Benaket.

Le *Raouzet ouli il elbab* n'est qu'un abrégé du *Djami out Tewarikh*, de Rechid oud Din.

KHOQAND est aujourd'hui la ville la plus célèbre du pays de Ferghanèh; elle en est la capitale et le souverain y réside. L'Emir de Boukhara en fit la conquête; mais le gouverneur qu'il y avait placé fut tué, à cause de sa conduite tyrannique, et les habitants rappelèrent les descendants de leurs anciens princes. Chir Aly Khan Khoqandy fut reconnu comme souverain et Khan de Ferghanèh. Aujourd'hui Khoudayar, un de ses descendants, règne à Khoqand, mais il est entièrement dominé par son vézir; il n'a qu'une autorité nominale, et il peut être considéré comme prisonnier et soumis aux ordres de son ministre qui appartient à la tribu des Qiptchaq. Que Dieu nous préserve d'un pareil malheur [1] !

Depuis les frontières de Kachghar jusqu'à celles du Turkestan, c'est-à-dire jusqu'au commencement du Dechti Qiptchaq, il y a plus d'un mois de marche; tout le pays est prospère, bien peuplé et très-bien cultivé; il est traversé par plusieurs grandes rivières telles que le Sihoun, le Naryn et le Tchirtchiq [2]. Il est divisé en plusieurs provinces dont les noms ont déjà été cités.

Les princes qui gouvernaient autrefois Ferghanèh portaient le nom de Ikhchid; aujourd'hui, ils ont le titre de Khan. Khoudayar Khan est uni au Khan de Khiva par les liens de

---

1. Khoudayar Khan a fait écrire l'histoire de la principauté de Ferghanèh depuis l'avénement de sa dynastie. Ces annales qui portent le titre de « *Tewarikh i Châhroukhièh* », ont été rédigées par Molla Niaz Mohammed et s'étendent de 1211 (1796) à 1284 (1867). Je dois ce renseignement à l'obligeance de M. Gottwaldt, bibliothécaire de l'Université impériale de Cazan.

2. Le Naryn prend sa source dans les hauts plateaux des Tien-Chan, au sud du lac Issiq Koul. Il reçoit, à cent milles de sa source, les eaux du Qara Say et du Qarmenta et près de Baliqtchy, dans le Khoqand, celles du Qara Qouldja. Ces deux rivières réunies prennent à leur jonction le nom de Sihoun ou de Syr Deria. Le Naryn passe dans d'étroites vallées et dans de longs défilés, Son courant est d'une extrême rapidité et il coule, dans toute son étendue, sur un lit de rochers.
Le Tchirtchiq prend sa source dans le Kyndyr Tau, montagne dont on aperçoit de Tachkend le sommet couvert de neiges éternelles. Le courant de cette rivière est extrêment rapide. Elle se jette dans le Sihoun, non loin de Tchinaz. *Voyage à Khokand entrepris en 1813 et 1814*, par Philippe Nazarov, publié par J. Klaproth, dans le « *Magasin Asiatique* ». Tome 1er, Paris, 1825, page 33,

l'amitié, mais il est l'ennemi de l'Emir de Boukhara. La Russie s'est emparée de quelques districts de ses Etats. Qu'adviendra-t-il dans l'avenir ?

Kachghar, ville célèbre du sixième climat, est située dans le pays des Ouigours, qui fait partie du Turkestan ; elle porte le nom du pays dont elle est la capitale [1]. Khodja Saad oud Din Kachghary, de l'ordre des Soufys, est le personnage le plus célèbre qui soit né dans cette ville [2].

Le Touran tire son nom de Tour, fils de Toudoun ; mais, en réalité, on donne à tout l'Orient le nom de Touran.

---

1. Kachghar, capitale de l'Etat de ce nom, se compose de deux villes distinctes : la vieille ville (Kohnèh Cheher), située sur la rive droite du Touman, et la nouvelle ville (Yenghy Cheher), bâtie dans la plaine à cinq milles au sud. Entre les deux villes coule le Qizil Sou, sur les bords duquel on a construit des casernes fortifiées et où s'élèvent le tombeau de Seiyd Djelal oud Din Baghdady et celui de Hazreti Padichâh.

La vieille ville est entourée d'une enceinte fortifiée, percée de deux portes, Sou Dervaʒèh (la porte de l'eau ou de la rivière) au nord et Qoum Dervaʒèh (la porte du sable) au sud. Elle a été bâtie en 1513 par Mirza Abou Bekr, après la destruction de l'ancienne capitale. A deux milles au nord de la ville, on voit le tombeau de Haʒreti Afaq, le saint le plus populaire de Kachghar : ce personnage mourut en 1693. Yaqoub bey a fait élever autour du tombeau une construction élégante recouverte de plaques de faïence à dessins bleus et blancs, un collège, une mosquée et un monastère qu'il a richement dotés

A peu de distance, à l'ouest de la vieille ville, se trouvait le fort de Gul Bagh qui fut enlevé aux Chinois et détruit par Djihanguir Khodja.

La nouvelle ville a été bâtie en 1838 par Zhehir oud Din, Hakim beg ou gouverneur de la province. Le palais de l'Emir a été construit sur l'emplacement du palais de l'Amban Chinois, et la grande mosquée sur celui de la pagode. Yenghy Cheher est entourée de travaux de fortifications. *Report of a mission to Yarkund in 1873 under command of sir Thomas Forsyth*. Calcultta, 1875, in-4°, p. 38-41.

On trouve des détails historiques sur Kachghar dans le *Tarikh Turkistan* de Medj oud Din ben Adnan, dans l'histoire de la dynastie de Djenguiz Khan par Mohammed Tachkendy, dans le *Tarikhi Rechidy* de Mirza Hayder Doughlat, dans le *Teʒkerèhi Boughra Khan* et dans le *Tarikhi Munedjdjim Bachy*.

M. Bellew a publié une histoire de cet Etat dans le compte rendu de la mission de Sir Thomas Forsyth, pages 106-214.

Le lecteur pourra également consulter l'ouvrage du même auteur qui a pour titre : *Kashmir and Kashghar*, London, 1875, in-8°. Cf. Robert Shaw, *Visits to high Tartary, Yarkand and Kashgar and return journey over the Karakoram pass*. London, 1871; *The Roof of the world*, by lieutenant-colonel T. E. Gordon, Edinburgh, 1876, grand 8°; et les travaux des agents et voyageurs russes, traduits par MM. John et Robert Mitchell : *Russians in Central Asia*, London, 1865, pages 108 à 238.

2. Saad oud Din fut le disciple du Cheikh Nizham oud Din Khamouch et du Cheikh Zeyn oud Din Khâfy. Il mourut le 9 djoumazy oul Akhir 860 (1455-1456).

Le Khita et le Khoten sont deux royaumes célèbres du Turkestan. Khitha avec un tha est la forme arabisée de Khita. Le Khita est un vaste empire situé à l'orient et qui a pour capitale Khan Baligh (Pékin).

La ville frontière du côté de la Transoxiane est Seghaoul; de Samarquand à Seghaoul, on compte cent et une étapes qui se décomposent ainsi : de Samarqand à Kachghar, vingt-cinq étapes; de Kachghar à Khoten, quinze étapes; de Khoten à Qara Khodja, vingt-cinq étapes; de Qara Kodja à Seghaoul, trente et une étapes [1].

Qobaligh est une ville du Touran connue aussi sous le nom de Belassaghoun [2].

Tchatch est une ville nommée par les Arabes Châch [3].

---

1. Les noms des étapes de Samarqand à la frontière de Chine sont donnés dans le *Kitab Messalik oul memalik* d'Aboul Hassan Said el Djourdjany. Cet auteur les a relevés dans le Journal des ambassadeurs envoyés par Oulough Beg et Châhroukh Mirza à la cour de Pékin. Le récit de cette ambassade a été inséré par Kemal oud Din Abdour Rezzaq dans son *Mathla ous Saadeïn*, et par Khondemir dans le *Habib ous S'ïer*. M. Quatremère a donné la traduction du journal de Khodja Ghias oud Din, dans le tome XIV des *Notices et extraits des manuscrits de la bibliothèque du Roi*. Witsen a extrait du *Messalik oul memalik*, l'itinéraire de Samarqand à la Chine, et l'a mis au jour dans son ouvrage qui a pour titre : *Noord en oost Tartaryen*. Amsterdam, 1785, in-folio, tome Ier, pages 491-494.

2. Belassaghoun est située au delà du Sihoun, non loin de Kachghar, par 101° de longitude et 47° 30' de latitude. *Djihan Numa*, page 367.

3. Châch est la forme arabisée du nom de Tchâtch. Cette grande ville est portée dans le *Taqouim*, comme située à 101° 30' de longitude et 42 degrés de latitude. Elle relève de Samarqand et elle est située au-delà du Sihoun. Toutes les maisons sont arrosées par des eaux courantes. Châch est la ville la plus agréable de la Transoxiane, et le district dont elle est le chef-lieu contient près de quinze gros bourgs. Elle est éloignée de cinq journées de marche de Ferghanèh et de quatre journées de marche de Khodjend. L'auteur du *Messalik* dit que Châch est aussi grande que la moitié de Benaket, que la ville est entourée d'une enceinte fortifiée, qu'elle a un faubourg, qu'elle est traversée par des eaux courantes et que l'on voit dans son enceinte de nombreux jardins et vergers. Les limites du district de Châch confinent à celles de Iylaq. Les habitants appartiennent aux tribus des Ghouzz et des Khouldj qui sont musulmans et font des expéditions contre les infidèles. Ils jouissent de la plus grande indépendance.

L'auteur du *Heft Iqlym* prétend que Châch est la même ville que Sensket et Tachkend. *Djihan Numa*, page 304.

DJEND [1] est une ville du Touran ; TIRAZ [2], une ville du Turkestan ; FARAB [3], un canton du Turkestan ; Abou Nasr Faraby y a reçu le jour.

GULVERAN est une grande ville du Turkestan.

BIKEND [4] est une ville du Turkestan qui porte aussi le nom

1. Djend, dit Yaqout, est une grande ville du Turkestan, située non loin du Sihoun et à la distance de dix journées de marche du Kharezm. Ses habitants professent l'islamisme et suivent le rite de l'imam Abou Hanifèh. Cette ville a donné naissance au Qadi Yaqoub ibn Chirin el Djendy, littérateur, poète et grammairien et l'un des disciples les plus distingués de Zamakhchary. *Moudjem oul Bouldan*, tome II, page 167.

Djend, dit Ahmed Razy, est aujourd'hui en ruines. Cette ville est la patrie de Baba Kemal, disciple de Nedjm oud Din Koubra et de Cheikh Mouayyed, disciple du Cheikh Sadr oud Din. *Heft Iqlym*, f° 572.

2. Tiraz ou Theraz se trouve par 100° de longitude et par 44° 30' de latitude. Les habitants suivent le rite Chafeïte. Elle a donné naissance à un grand nombre de savants, parmlesquels il faut citer Abou Nasr Faraby et l'auteur du *Qanoun oul Edeb*. Cette ville jouissait autrefois d'une grande célébrité : mais elle a été totalement ruinée par les Uzbeks et son nom ne sert plus qu'à désigner une caverne qui se trouve dans les environs. *Djihan Numa*, page 368.

3. Farab, ville du Turkestan, située au delà du Sihoun, est la capitale du district de ce nom, qui est plus près de Belassaghoun que de Châch. Ce pays est abrupte et les montagnes sont presque toutes couronnées par des châteaux forts. Les habitants suivent le rite Chafeïte. Farab a donné naissance à Ismayl ibn Hammad el Djauhery, auteur du *Sihhah*, à Abou Ibrahym, auteur du traité de lexicographie qui porte le titre de *Diwan oul Edeb*, et au célèbre Abou Nasr Mohammed el Faraby, mort à Damas en 339 (950). Le lecteur pourra consulter, pour la biographie et les œuvres de Faraby, la Bibliothèque orientale de d'Herbelot, tome II, pages 17-18, La Haye, 1787, in-4°, et les *Vies des hommes illustres* d'Ibn Khallikan, tome II, page 112, de l'édition de Boulaq et tome III, page 307, de la traduction anglaise de M. de Slane.

« Farab est une ville qui a plusieurs cantons placés sous sa juridiction. Elle est située à un ferseng du Djihoun et, quand ce fleuve déborde, elle n'en est plus séparée que par un demi-ferseng. Quelquefois même, ses eaux arrivent jusqu'à la ville. Farab possède une grande mosquée où l'on fait la prière du vendredi ; les murs et le toit sont construits en briques cuites et il n'y entre pas un morceau de bois. » *Tarikhi Boukhara*, f° 18 v°.

4. « Bikend est comptée parmi les villes ; les habitants n'ont jamais consenti à ce qu'elle fût considérée comme un village. Si l'un d'eux se rend à Bagdad et, si on lui demande quelle est sa patrie, il répond toujours : « Je suis de Bikend » ; il ne dit pas : « Je suis de Boukhara ». Cette ville possède une grande mosquée où l'on fait la prière du vendredi. Les maisons sont très-hautes. Jusqu'en l'année 240 (854) elle comptait un grand nombre de *Rebath* (caravansérails). Mohammed, fils d'Abou Djafer, affirme dans son livre que le nombre des Rebath dépassait celui des villages qui s'élèvent autour de Boukhara, c'est-à-dire qu'il y en avait plus de mille. En voici le motif : Bikend est une ville d'une grande étendue. Les habitants de chacun des villages dépendant de Boukhara y avaient fait construire un Rebath, dans lequel ils avaient établi des gens dont ils payaient la dépense. A

de Kondour. Elle est le lieu de naissance d'Abou Nasr Kondoury [1].

QIRGHIZ est une ville qui doit son nom à quarante vierges

l'époque de l'hiver, lorsque les infidèles se livraient à leurs incursions, les habitants des villages se formaient en troupes, se rassemblaient à Bikend et de là, ils entreprenaient de saintes expéditions. La troupe fournie par chaque village s'établissait dans son Rebath. Les habitants de Bikend étaient négociants; ils étaient en relations avec la Chine, et ils se livraient au commerce maritime. Ils étaient tous fort riches. Qoutayba ibn Mouslim eut beaucoup de peine à s'emparer de Bikend, à cause de la solidité de ses fortifications.

Bikend a porté le nom de « la ville de cuivre » (Cheheristani Rouîyn); elle est plus ancienne que Boukhara. Tous les souverains qui ont gouverné ce pays y ont établi leur résidence. Entre Farab et Bikend se trouve un désert sablonneux qui a douze fersengs d'étendue.

Arslan Khan Mohammed, fils de Souleyman, releva Bikend. On y accourut de toutes parts et on y construisit de beaux bâtiments. Ce prince y fit élever, pour lui, un palais décoré avec le plus grand luxe. Le Haramkam coule à Bikend qui est entourée de champs de roseaux; non loin se trouve un grand lac qui a reçu les noms de Barguini Firakh et de Qara-Koul. J'ai entendu dire à des personnes dignes de foi, qu'il avait une étendue de vingt fersengs.

L'auteur du *Kitab oul messalik lil memalik* (Aboul Abbas Ahmed el Serakhssy) lui donne le nom de Sam Khen. Ce lac reçoit le superflu des eaux de Boukhara. On y voit un grand nombre d'animaux aquatiques et on ne trouverait nulle part, dans le Khorassan, une aussi énorme quantité de poissons et de gibier d'eau.

Arslan Khan ordonna de creuser un canal assez grand pour que l'eau fut fournie à tous les édifices de Bikend, car l'eau du Haramkam, tantôt arrivait dans la ville, tantôt faisait défaut.

Bikend est construite sur une montagne peu élevée. Le Khaqan donna l'ordre de faire passer le canal par la montagne. On rencontra des pierres extrêmement dures sur lesquelles les outils ne pouvaient mordre. Les ouvriers furent déconcertés; on employa une grande quantité d'huile et de vinaigre pour amollir les pierres. On ne parvint cependant à creuser que la longueur d'un ferseng. Beaucoup d'ouvriers périrent et le travail fut abandonné après de grands efforts et une dépense considérable.»

Tarikhi Boukhara, fol. 17 et 18.

«Bikend, dit Yaqout, est située entre le Djihoun et Boukhara à la distance d'une journée de marche de cette ville. Elle est citée dans le « *Livre des conquêtes* ». C'était une grande et belle ville, qui a donné naissance à un grand nombre de savants, mais elle est ruinée depuis longtemps. Bikend est la seule ville de la Transoxiane de qui ne relèvent ni champs ni villages : mais elle est celle qui possède le plus grand nombre de Rebath, et leur nombre s'élève, m'a-t-on dit, à près de mille. Elle est entourée par une forte muraille et l'on y voit une belle mosquée, d'une grande hauteur et dont le mihrab recouvert de sculptures et d'arabesques dorées, n'a point son pareil dans la Transoxiane pour la beauté de ses ornements. »

1. Kondour est un village de la province de Nichabour; il ne peut donc être assimilé à Bikend.

Abou Nasr Manssour ibn Mohammed el Kondoury el Djerrahy, qui avait reçu le

qui s'y étaient établies. Dans l'origine, son nom était Qirq-Qiz, c'est-à-dire les quarante filles. On orthographie aussi ce nom Khirkhiz.

Qaraqoum est une ville du Touran située dans le pays des Qirghiz [1].

Thourfan est une ville située sur les frontières du Khita [2].

Le Thakharistan est un pays situé sur les bords du Djihoun ; il s'étend, d'un côté, depuis Balkh jusqu'à Kaboul, et, de l'autre, depuis la partie montagneuse de Badakhchan jusqu'au Ghardjistan. Ce pays renferme quelques villes [3].

---

titre honorifique de Amyd oul Moulk (le soutien du royaume), était ministre de Thogroul Bek. Il fut, à cause de ses malversations, mis à mort en 459 (1066), au commencement du règne d'Alp Arslan.

Cf. pour la biographie d'Amyd oul Moulk les *Vies des hommes illustres* d'Ibn Khallikan, édit. de Boulaq, tome II, page 163, et la traduction de M. de Slane, tome III, page 290.

1. Qaraqoum signifie « sable noir ». Aboulfeda dit, dans le *Taqouim*, que cette ville est la capitale d'une contrée située aux confins extrêmes des pays des Turks. Ibn Sayd la place par 106° 30' de longitude et par 30° 30' de latitude.

Cette ville est habitée par des Qalmaq. *Djihan Numa*, page 368.

2. Thourfan est une ville située sur la route qui conduit de Samarqand en Chine. Elle s'élève au milieu du pays des Mogols et elle est distante de dix-huit journées de marche d'Endidjan. Quelques auteurs la placent entre Kachghar et Khoten. Il y a vingt étapes de Thourfan à la frontière de Chine. *Djihan Numa*, page 367.

Thourfan, dans l'itinéraire des ambassadeurs de Châhroukh Mirza, est désignée comme se trouvant dans le pays occupé par les Qalmaq, qui se livrent au brigandage et aux déprédations. *Messalik oul memalik*, d'Aboul Hassan Sayd el Djourdjany.

Thourfan est la même ville que Ouch Turpan qui figure sur les itinéraires de l'Asie centrale recueillis par les Russes. A. de Humboldt, *Fragments de géologie et de climatologie asiatiques*. Paris, 1831, tome Ier, page, 289.

Thourfan a été détruite en 1765 par les Chinois, lors de la révolte des Khodjas, et toute la population fut massacrée. C'est, aujourd'hui, une ville ouverte de huit cents maisons, commandée par un petit fort bâti sur une colline et occupé par trois cents hommes de garnison. Les habitants sont des Tarantchy implantés par les Chinois. *Report of a mission to Yarkund, etc.*, page 5.

3. Le Thakharistan ou Thokharistan est une vaste province qui fait partie du Khorassan et qui renferme un grand nombre de districts. Elle est divisée en haut et en bas Thakharistan. Le haut Thakharistan s'étend à l'orient de Balkh et à l'ouest du Djihoun. Il est séparé de Balkh par une distance de vingt-huit fersengs. Le bas Thakharistan est également situé à l'ouest du Djihoun, mais il est plus éloigné de Balkh et s'étend plus vers l'orient que le haut Thakharistan. Cette province a vu naître un grand nombre de savants.

Les villes principales sont Khoulm, Simidjan, Baghsan, Sekakend, Vezvalin. La

BALKH BAMY [1] est une ville célèbre du quatrième climat ; elle est située dans le Khorassan et à une distance de dix fersengs du Djihoun. On prétend que Balkh est la première ville qui

plus grande ville, dit Isthakhry, est Thaliqan, bâtie dans une plaine unie, entourée de montagnes qui s'élèvent à la distance d'un trait de flèche.

1. Balkh est une des villes les plus anciennes du Khorassan ; aucune d'elles ne remonte à une plus haute antiquité. Les provinces qui forment l'état de Balkh sont celles du Thakharistan, de Semengan, de Baghlan, Seray, Varseng, Thaliqan, Endkouh, Chibourghan, Fariab, Djourgan, Bamian, Ghaznah, Bedjeher. Le Kaboul et Ferwan, jusqu'aux bords du Sind, sont également comptés parmi les dépendances de Balkh, ainsi que le pays qui s'étend depuis Lenguer et Tchitchektou jusqu'au Mourghâb.

Le pistachier croît naturellement dans les montagnes de Balkh comme à Badghis, mais les pistaches de Badghis ont une amande plus charnue que celles de Balkh. Une partie du Ghardjistan dépend de Balkh, l'autre partie relève de Hérât. Menoutchehr fit bâtir à Balkh un vaste édifice auquel on donna le nom de Nao Behar. C'était le plus vaste des temples, et il était l'objet d'une vénération particulière. Cet édifice couvrait une superficie de cent coudées carrées, et sa hauteur était de plus de cent coudées. Les murs étaient tapissés d'étoffes de soie et de brocard, et des torsades ornées de pierreries y étaient suspendues. Les habitants de la Perse et du Turkestan avaient pour ce pyrée un respect particulier ; ils s'y rendaient en pèlerinage et y apportaient des offrandes et des *ex-voto*.

Lohrasp établit sa capitale à Balkh. Ce prince était l'héritier présomptif de Key Kaous et il lui succéda. Lohrasp est le premier souverain qui eut des troupes recevant une solde réglée ; il se fit faire à Balkh un trône en or, incrusté de pierreries et de rubis. Les princes de l'Inde et du pays de Roum lui avaient fait leur soumission et obéissaient à ses ordres. Il fit venir de l'Inde à Balkh, qui était sa capitale, un grand nombre d'Indiens : il entoura la ville d'une enceinte fortifiée et fit construire un château-fort qui reçut le nom de Château des Indiens.

Balkh est, dit-on, la ville la plus grande du Khorassan ; elle est celle dont le territoire est le plus vaste et les eaux les plus abondantes.

A l'époque des Kharezm Châh, le Kharezm avait une population si nombreuse que les récoltes de ce pays ne suffisaient point à nourrir les habitants. On transportait de Balkh au Kharezm sur des bateaux, une grande quantité de blé, car cette contrée produit des céréales en abondance.

Balkh est située dans une plaine. Les montagnes s'élèvent à la distance de quatre fersengs. Une grosse rivière, appelée Roudi Hach, traverse la ville qui est, de tous côtés, entourée de jardins et de vergers.

Aly ibn Issa Mahan fut pendant quelque temps, à l'origine des Abbassides, gouverneur du Khorassan. Il établit sa résidence à Balkh. C'est à lui que le village d'Aly Abad doit son nom. Les princes de Balkh portaient avant l'islamisme le nom de Barmek. On dit : les Barmek de Balkh, comme on dit les Césars de Grèce, les Cosroës de Perse et les Pharaons d'Egypte.

Khalid le Barmécide se rendit à Damas à l'époque des Khalifes Ommiades, et il eut la gloire d'embrasser l'islamisme. Les Barmécides qui furent les ministres des Abbassides, sont ses descendants.

Ibrahim Edhem a également vu le jour à Balkh. Il était de la race des Adjela qui a

fut bâtie dans le monde, et que Keyoumers en a été le fondateur. Envery, pour se faire pardonner sa satire contre Balkh, parle en ces termes de l'antiquité de cette ville : « Si le ciel était un petit enfant, Balkh serait sa nourrice; la Mekke pourrait, de son côté, être la mère de toutes les villes du monde. » Balkh, dans les siècles passés, a joui d'une grande prospérité. L'insalubrité de son climat est devenue proverbiale. Dans ces dernières années, elle était tombée au pouvoir du fils de l'Emir Dost Mohammed Khan.

KHOULM [1], CHIBOURGHAN et le KHATLAN dépendent de Balkh. Les chevaux Khatly, que les poètes célèbrent dans leurs vers, tirent leur origine de Khatlan [2].

fourni des princes qui ont gouverné Balkh. Cette ville a également donné naissance aux Cheikhs Abou Aly Cheqiq ibn Ibrahim et Ahmed Khizhrouièh. Rechid Vathvath, poète et secrétaire des Kharezm Châh, Mevlana Djelal oud Din Roumy sont également originaires de Balkh. *Zoubdet out Tewarikh*, de Nour oud Din Louthf oullah Hafiz Abrou el Hèrèvy, pages 180-181.

Balkh fut complètement détruite par les Mogols en 618 (1221), et ses habitants massacrés jusqu'au dernier. Cette ville était arrivée, à cette époque, à un si haut degré de prospérité, qu'elle renfermait douze cents mosquées où l'on faisait la prière du vendredi et douze cents bains. Au rapport d'Abou Nasr Parsa, il y avait à Balkh cinquante mille descendants du prophète, cheikhs, ulémas et mollas.

Enlevée par Timour à Sultan Hussein en 771 (1369), Balkh se releva sous la domination des successeurs de ce prince. Mais elle tomba de nouveau en décadence lorsqu'elle fut au pouvoir des Uzbeks. Fraser (*Journey into Khorassan*, appendice, page 106) a donné une courte notice sur la situation de cette ville au commencement de ce siècle.

1. Khoulm est un district situé à dix fersengs de Balkh, dont le territoire est occupé par les Arabes des tribus d'Assad, de Benou Temim et de Qaïs qui s'y sont établis lors de la conquête. La ville de Khoulm est petite, mais elle est entourée de villages, de vergers et de cultures. Pendant l'été, le vent s'y fait sentir presque continuellement, nuit et jour. La ville est occupée aujourd'hui par les Uzbeks et porte le nom de Tach Qourghan. Cf. Moorcroft, *Travels*, etc. London 1841, tome II, pages 412-413. — Fraser, *Journey into Khorassan*, app., page 107. — Mohan Lal, *Travels to Balkh, Bokhara and Herat*. London, 1845, pages 103-108.

2. « Le Khatlan ou Khoutlan est un district célèbre par l'abondance de ses fruits, et dont les revenus s'élèvent à une somme considérable. Les chevaux khatly jouissent d'une réputation universelle. Les habitants sont, pour la valeur et le courage, les rivaux de Rustem et d'Isfendiar.

Distique.— « Chacune de leurs lances est semblable à un météore qui dissipe les ténèbres, chacune de leurs flèches est une foudre qui transperce les rochers. »

La capitale de ce district est Koulab dont le château est merveilleusement fortifié. On visite, dans les environs de Koulab, le tombeau de l'Emir Aly Hemdany. »

Koulab a vu naître les poètes Adily et Baqy. *Heft Iqlym*, f° 231, v°.

Merv Chahidjan[1] est une ville célèbre du quatrième climat. On la rattache au Khorassan. Les personnages nés dans cette ville reçoivent le surnom de Mourouzy, forme que rien ne justifie. Le nom de Châhidjan signifie « l'âme de l'Empire. » Elle a été construite par Alexandre qui lui donna le nom grec de Merdjanos ; elle était autrefois, ainsi que je l'ai déjà fait remarquer, administrée par les fonctionnaires des Khans du Kharezm ; les habitants se sont soustraits à l'autorité du Khan de Khiva et ils ont embrassé le parti de l'Emir de Boukhara, mais ils ne paient d'impôt à personne et ils se vantent d'être indépendants, et de se gouverner eux-mêmes.

1. « Merv Chahidjan, une des villes les plus importantes du Khorassan, a été fondée, selon quelques auteurs, par Alexandre, et, selon d'autres, par Chapour Zoul Ektaf. Mais la version la plus exacte est celle qui fait remonter son origine à Tehmouras. Cette ville a été la capitale du prince Seldjouqide Sindjar. A la suite de la défaite de ce prince par les Ghouzz, la ville fut livrée au pillage pendant trois jours et trois nuits ; on appliqua à la torture les Seiyds et les notables, pour leur arracher l'aveu des trésors qu'ils avaient cachés. Cette calamité fut, pour Merv, la cause d'une décadence complète. Elle se releva cependant et se repeupla peu à peu.

Lors de l'invasion de Djenguiz Khan, elle fut totalement ruinée et elle ne revit plus la prospérité dont elle avait joui autrefois. L'auteur du « *Habib ous Sier* » rapporte que Djenguiz Khan, après avoir pris Balkh qu'il livra au pillage et dont il massacra les habitants, fit marcher contre le Khorassan son fils Touly Khan à la tête de quatre-vingt mille cavaliers. Touly mit le siège devant Merv.

Moudjir oul Moulk qui gouvernait la ville au nom du Sultan Mohammed Kharezm Châh, voyant toute résistance impossible, résolut de faire sa soumission. Il se rendit au camp de Touly, porteur de magnifiques présents. Les Mogols entrèrent dans la ville et en firent sortir les habitants dont le défilé dura quatre jours. On mit à part quatre cents artisans et les femmes et les enfants auxquels on accorda la vie sauve. Les habitants furent partagés entre les Mogols, et chaque soldat en eut quatre cents pour sa part. Tous furent massacrés. Seiyd Izz oud Din Nessay, aidé par quelques commis, passa seize jours et seize nuits à faire le dénombrement des gens qui avaient été tués. Leur nombre s'élevait à plus de treize cent mille. Quatre personnes seulement échappèrent à la mort.

La ville resta en ruines jusqu'au règne de Châhroukh Mirza. Sultan Sindjar fit tous ses efforts pour lui rendre sa prospérité ; il construisit une nouvelle ville qui se peupla rapidement. Aujourd'hui, Merv renferme deux parties dont l'une est la vieille ville, l'autre la ville nouvelle.

Merv est bâtie sur un sol uni et elle a de nombreuses localités sous sa juridiction. L'eau lui est fournie par le Merv Roud qui n'est autre que le Mourghâb, dont le cours finit sur son territoire. Les fruits, et surtout le raisin et les melons, y sont abondants. Le climat est insalubre ; les maladies y sont nombreuses. Dans quelques localités, on voit des mouches de la grosseur d'une guêpe et qui incommodent tellement les habitants, qu'ils sont obligés de passer trois mois de l'été dans des lieux élevés où ils campent. » *Heft Iqlym*, f° 203 recto et verso.

Mourghab est une ville située à quarante fersengs de Merv. La rivière du Mourghâb est appelée aussi Merv Roud. On se rend de Merv à Hezaresp en dix journées de marche.

Serakhs est une ville du quatrième climat et qui fait partie du Khorassan. Elle doit son nom à Serakhs, fils de Gouderz.

Les Iraniens et les Touraniens se sont livré des batailles sanglantes autour de Serakhs.

Serakhs est située par 94 degrés de longitude et 37 degrés de latitude. Cette ville a, autrefois, donné naissance à des cheikhs d'une haute piété, comme le cheikh Loqman Serakhssy et Aboul Fazhl Serakhssy [1]. Aujourd'hui, elle est au pouvoir des Turkomans Tekèh qui, suivant leurs intérêts, tantôt embrassent le parti du Khan de Khiva et tantôt se soumettent aux ordres des gouverneurs du Khorassan. En l'année 1248 (1831), feu le Châh Zadèh, auquel Dieu accordait son aide, le Naïb ous Salthanèh (Abbas Mirza), marcha sur le Khorassan, à la tête de quelques régiments, par la route d'Aq Derbend; il assaillit Sérakhs, tua un grand nombre de Turkomans Salour, rendit la liberté à trois mille esclaves persans et fit prisonniers trois mille Turkomans. En cette année 1268 (1851-1852), le Nevvab Hussam ous Salthanèh dirigea, du Khorassan, une expédition contre Serakhs; à son retour, il fit main basse sur les Turkomans qui se livraient au pillage; mais certaines difficultés ne lui permirent pas de mener à bonne fin son entreprise, et Abbas Qouly Khan Derèh Guèzy fut investi du gouvernement de ce pays. Une route conduit de Serakhs à Thijen, et on se rend de Thijen à Khiva en quelques jours. Mir Ahmed Khan Djemchidy, gouverneur de Thijen, au nom du Khan de Khiva, est chargé de maintenir le bon ordre dans cette contrée. Que décidera, dans l'avenir, la prédestination céleste?

Kelat [2] est le nom d'une place forte du Khorassan, construite

---

1. Djamy a donné la biographie de ces deux personnages dans son *Nefehat oul ouns*. Calcutta, 1858, pages 320 et 334.

2. « La ville de Kelat est environnée de montagnes abruptes et absolument inaccessibles. Elle a, du côté de Merv, une grande porte où les gardes visitent ceux qui en-

sur le sommet d'une colline. Nadir Châh Efchar y avait transporté son trésor, et il avait augmenté considérablement le nombre des édifices de cette ville. Aujourd'hui elle est gouvernée par Djafer Aga. En apparence, il semble obéir au gouvernement persan, mais ses sympathies secrètes sont pour le Khan de Khiva.

Hérat, ville du quatrième climat et du Khorassan, a été soustraite, de nos jours, à la domination des princes Afghans. Elle était au pouvoir du vézir Yar Mohammed Khan, qui s'était rattaché au gouvernement persan et avait reçu le titre de Zhehir oud Daoulèh. Il gouvernait d'une manière indépendante la province de Hérât. Il est mort dans le courant de cette année. Sa Majesté le Roi, dont le rang est égal à celui de Djem, l'asile du monde, Nacir Eddin Padichâh, puisse Dieu rendre son règne éternel! déférant aux vœux exprimés par les notables de Hérât, expédia un diplôme et un vêtement d'honneur au fils de Zhehir oud Daoulèh, Sayd Mohammed Khan qui est assis, aujourd'hui, sur le trône de la souveraineté.

Hérât est une des villes célèbres de l'antiquité; elle est située à 94° 30' de longitude des Iles Fortunées et à 34° de latitude de l'équateur. Son climat est salubre, ses eaux sont excellentes. Les médecins, pour caractériser la brise du nord qui souffle à Hérât, ont dit : « Si l'on réunissait dans une seule localité le sol d'Ispahan, le vent du nord de Hérât et l'eau du Kharezm, les hommes n'y mourraient jamais. » Un poète a dit :

Vers. — « Si on te demande quelle est la plus belle des vil-

---

trent ou qui sortent. Cette porte conduit à un passage si étroit, qu'un cavalier a de la peine à le traverser. Au-dessus, s'élève la cime des montagnes, de manière à former une espèce de voûte naturelle. Le canal qui arrose toutes les cultures de Kélat entre dans cette ville du côté de Mechhed et en sort par le défilé de Merv.... Notre monarque (Nadir Châh) déposa dans cette ville les bijoux et les trésors dont il n'avait pas besoin pour le moment.» *Voyage de l'Inde à la Mekke* par Abdoul Kérim, traduit de l'anglais par feu L. Langlès. Paris, 1825, page 74.

Cf. Fraser, *Journey into Khorassan*, appendice, page 53, et Valentine Baker, *Clouds in the East*, London, 1876, pages 201-202.

les, réponds, si tu veux être véridique, que c'est Hérât. Imagine que le monde est une mer, le Khorassan une coquille et, au milieu de cette coquille, la ville de Hérât brille comme une perle. »

Cette ville est bâtie entre deux montagnes et elle s'étend plutôt du côté du nord. La plaine ouverte qui sépare ces deux montagnes a une superficie de trois fersengs et demi. Les montagnes dont je viens de parler, forment une chaîne de vingt-cinq fersengs de longueur. La province de Hérât est, dans toute son étendue, bien cultivée et bien peuplée; elle est arrosée par sept grands cours d'eau. On diffère d'opinion sur le nom du fondateur de Hérât. Un poète a composé sur ce sujet le quatrain suivant :

Quatrain. — « Lohrasp a jeté les fondements de Hérât; Gouchtasp a rebâti la ville; après lui, Behmen en a augmenté les constructions et Alexandre de Grèce en a fait une cité nouvelle. »

On trouve, dans l'histoire de Hérât, de nombreux détails relatifs à cette ville [1]. Elle a été plusieurs fois ruinée et rebâtie. On rapporte qu'à l'époque des rois du Ghour et de la dynastie des Kert, Hérât était dans un tel état de prospérité que l'on y comptait cent deux mille boutiques, six mille bains, caravansérails et moulins, et trois cent cinquante collèges et monastères. Elle tomba ensuite en décadence, mais sous le règne de Châhroukh, fils de l'Emir Timour, et sous celui de Sultan Hussein Mirza Gouregany, elle était si peuplée que, chaque jour, on employait, dans les boutiques des boulangers, vingt kharvar [2] de

---

1. L'histoire de la ville de Hérât a été écrite par plusieurs auteurs. Je me bornerai à citer celle d'Abou Rouh Issa el Héréwy, mort en 544 (1149) et celle qui a été rédigée en persan, en 897 (1492) par Mou'in oud Din Isfizary et qui porte le titre de *Raoudhat oul Djennat fi aoussaf Herat*. (Les parterres de fleurs du paradis renfermant la description de Hérât.)

2. Le kharvar (charge d'un âne) représente le poids de cent men de Tebriz (320 kilogrammes.)

graines de faux cumin *(Siâh Danèh)* pour saupoudrer le pain. Cette assertion est extraordinaire. Il y avait, à cette époque, douze mille étudiants qui recevaient des pensions et leur subsistance du trésor royal. Aujourd'hui, cette ville ne compte pas plus de six mille habitants.

On trouve en dehors de la ville, des endroits agréables et des monuments d'une construction élégante. Je citerai Kazergâh et Takhti Sefer qui servent à la population de promenades et de lieux de divertissement. Hérât a six portes. Sous le rapport de l'agrément et du bien-être, elle n'a pas de rivale. Au dire des gens intelligents, Merv est la clef du Kharezm et Hérât est celle de tout le Khorassan et du Turkestan. Les beautés de Hérât se trouvent décrites en détail dans la plupart des ouvrages d'histoire; on m'excusera donc de ne point m'étendre davantage sur ce sujet, dans le cours de ce récit. Mon désir était de donner seulement un abrégé de la situation et de l'histoire du Kharezm; mais, en vertu du proverbe qui dit : « La parole provoque la parole », j'ai cru convenable de parler d'autres pays, et ma narration s'en est trouvée augmentée. L'excuse est toujours acceptée par les hommes généreux.

L'histoire de la dynastie actuelle des Khans de Khiva n'est pas dépourvue d'intérêt, au point de vue de la situation présente du Kharezm. Je vais donc, en peu de mots, en donner un aperçu.

Résumé de l'histoire des Khans de Khiva.

Lorsque Nadir Châh eut bouleversé les Etats de la plupart des souverains de l'Asie, la tribu des Turkomans Yomout s'empara des provinces et des places fortes du Kharezm. Elle posa le pied de la domination sur le trône de la souveraineté. Pendant un certain temps, elle gouverna d'une manière absolue cette vaste contrée. Une tribu Uzbek, fixée à Qonghourat, et dont l'origine remontait aux Mogols, déploya le drapeau de la conquête. Iltouzer, fils d'Ivaz Inaq, fils de Mohammed Emin, fut le premier chef de cette tribu qui aspira au pouvoir suprême. Il se créa un parti et, appuyé par sa tribu, il sortit de Qonghourat en l'année 1211 (1796) et attaqua les Turkomans Yomout. Ses affaires prirent peu à peu une tournure favorable; il chassa les Yomout de Gourgandj et du Kharezm et les refoula sur les frontières du Gourgan. Les Yomout se rallièrent, marchèrent de nouveau contre lui, mais ils furent défaits et mis en fuite dans la bataille qui se livra à Ghanqah Tchachkin. Iltouzer s'assit alors sur le trône avec le titre de Khan. Après avoir gouverné pendant deux ans, il périt en 1213 (1798), noyé dans le Djihoun.

Mohammed Rehim Khan, fils d'Ivaz Inaq, succéda à son frère aîné Iltouzer avec le titre de Khan. Il mit tous ses soins à rétablir l'ordre dans les affaires du gouvernement; il livra aux Boukhares, aux Tekèh et aux Yomout de nombreux combats, dans lesquels il fut toujours vainqueur. Il régna pendant vingt-sept ans, et mourut en l'année 1257 (1841). Son fils, Allah Qouly Khan, lui succéda. Il gouverna le pays qui lui était échu par droit de naissance, et il vécut heureux et tranquille. Il mourut après un règne de dix-sept ans.

Rehim Qouly Khan, fils d'Allah Qouly Khan, occupa le trône après son père. Selon la règle établie à Khiva, son frère Rahman Qouly Tourèh exerça les fonctions d'Inaq, c'est-à-dire celles du pouvoir civil et militaire. Rehim Qouly Khan quitta ce bas monde en l'année 1263 (1847), après avoir régné cinq ans.

Mohammed Emin Khan, fils d'Allah Qouly Khan, reçut le titre de Khan et le pouvoir souverain après la mort de son frère aîné. En l'année présente 1268 (1852), il y a six ans qu'il est monté sur le trône. Il est âgé de trente-deux ans. Il y a, parmi les enfants de Mohammed Rehim Khan et d'Allah Qouly Khan, des princes qui portent le nom de Tourèh ; aucun d'eux n'a pu jusqu'à présent être élevé au rang de Khan.

Dieu connaît la vérité sur toutes choses. Que se déroulera-t-il à nos yeux lorsque le rideau qui nous voile le spectacle des choses cachées se sera levé ? Que décidera la prédestination céleste ? La dynastie actuelle règne sur le Kharezm depuis cinquante-huit ans. L'avenir est soumis aux ordres du Dieu qui ne périra jamais.

Règles observées pour l'élection et l'intronisation d'un Khan.

Lorsqu'un Khan de Khiva vient à mourir, les qadis, les ulémas, les grands officiers militaires et les vézirs se rassemblent après les cérémonies funèbres, et ils offrent le titre de Khan à son fils, qui est l'héritier présomptif et qui doit être doué de toutes les qualités exigées pour exercer la souveraineté. Celui-ci refuse d'abord et se défend d'accepter le pouvoir ; puis, il fait à haute voix la déclaration suivante : « Si vous êtes unanimes pour me conférer la dignité de Khan, il faut que vous ne contreveniez à mes ordres en aucune circonstance, quand bien même je prononcerais une sentence de mort. » Le grand qadi et les assistants donnent leur adhésion. On fait alors asseoir le nouveau Khan sur un tapis de feutre blanc. Les Tourèhs, les officiers militaires, les ulémas en saisissent les bords, le soulèvent et lancent le Khan sur le trône, avec une violence telle qu'il est jeté sur la face, ou que son bonnet roule à terre. Chacun des assistants coupe alors, avec son couteau, un morceau de ce tapis et l'emporte chez lui. On prétend que la présence d'un des descendants de Djaghatay est nécessaire, pour que l'intronisation du Khan soit valable. D'après ce que l'on dit, Mehter Yaqoub le Vézir prétend descendre de Djaghatay ;

mais les habitants du Kharezm savent qu'il est originaire de Kât, et que la prétention qu'il affiche est mensongère.

Le Khan actuel a un fils âgé de cinq ans, qui a une taie sur l'œil. Seiyd Mahmoud Tourèh, Seiyd Ahmed et Seiyd Mohammed Tourèh, fils de Mohammed Rehim Khan, sont encore en vie; ils attendent que le destin les fasse parvenir à la dignité de Khan.

Hémistiche. — « Ils attendent que l'un disparaisse, et qu'un autre se produise au jour. »

Moussa Tourèh, fils de Rahman Qouly Khan, est un jeune homme d'une grande bravoure, d'une taille élevée et d'un aspect agréable. Il a les sympathies de la population et il est digne et capable de gouverner ce pays. Parmi les Tourèhs, se trouve un enfant de douze ans qui, par sa corpulence et sa taille, a l'apparence d'un lutteur de trente ans. Un cheval a de la peine à supporter son poids. Sa grosseur, son embonpoint et sa haute taille sont l'objet de l'attention générale, et ce prince est une des curiosités du pays.

Exposé de quelques faits.

Le Khan de Khiva a pour règle de donner à ses officiers qui appartiennent aux tribus des Yomout, des Gouklan, des Tchouder et autres, des terrains irrigués. Quiconque reçoit un arpent de terre est obligé, en temps de guerre, de fournir un cavalier. Celui qui reçoit dix arpents amène donc dix cavaliers. Chaque cavalier est suivi par deux chameaux qui portent les vivres nécessaires pour une campagne. Quand cinq mille cavaliers sont réunis, on croit voir, à cause du grand nombre des chevaux de charge et des chameaux, un corps de quinze mille hommes. Lorsque le nombre s'élève à dix mille, on s'imagine qu'il y a trente mille combattants. Une telle armée paraît considérable aux yeux des personnes qui ne sont point au fait de cette particularité, et elle épouvante les gens inexpérimentés. Lorsque le Khan de Khiva fait une expédition, il établit chaque nuit, dans une plaine, son camp auquel on donne une forme circulaire; les officiers doivent, sur une longueur qui leur est indiquée, faire creuser un fossé qui finit par entourer le campement tout entier et dans lequel on fait couler de l'eau, s'il s'en trouve à proximité.

Quiconque, en temps de guerre, perd un cheval ou un chameau, en reçoit le prix. Au retour d'une expédition, le Khan donne une gratification de cinq toumans à chaque cavalier. La solde fixe ne dépasse, pour personne, la somme de cinquante toumans. Cette faible dépense ne porte point atteinte à la richesse du pays et n'appauvrit pas le trésor. Les cavaliers les plus aguerris sont, en réalité, ceux de la tribu des Djemchidy; leur nombre s'élève à deux mille. L'infanterie compte aussi un certain nombre de Djemchidy dans ses rangs, ainsi que des esclaves persans. La garde du corps du Khan est formée de cinq cents cavaliers Aq Derbendy et Djamy. Son artillerie se compose de dix canons mal entretenus et mal servis. Les artilleurs sont persans, ainsi que la plupart des officiers; aussi le Khan ne leur accorde-t-il qu'une médiocre confiance, et pendant les expéditions, chacun d'eux est l'objet d'une surveillance rigoureuse.

Dans le Kharezm, les esclaves persans sont plus nombreux que les habitants du pays. On voit un seul Uzbek en posséder cinquante. Si les Persans se sentaient appuyés par le gouvernement de leur patrie, ils se révolteraient certainement contre leurs maîtres.

Le samedi vingt-cinq Zyqaadèh (12 septembre), nous quittâmes Kohnèh Ourguendj pour continuer notre voyage. Je fis prévenir mes quarante compagnons de route qui remplirent les outres avec l'eau du Djihoun, et préparèrent tout ce qui était nécessaire pour traverser le désert. On chargea les bagages sur les chameaux et nous montâmes à cheval, après avoir placé la litière sur un chameau de grande taille.

Vers. — « Lorsque j'eus achevé tous les préparatifs du voyage, je demandai trois files de chameaux à la marche rapide ; les chameliers turkomans qui servent de guides dans le désert, me les amenèrent sans retard ; ils en choisirent un dont la bosse, semblable à une montagne, était capable de porter la litière. Posée sur son dos, elle ressemblait, à cause de la hauteur où elle se trouvait placée, aux vapeurs qui s'élèvent au-dessus de l'Elbourz. Le chamelier turk (turkoman) avait la vigueur et l'humeur vindicative du chameau et il poussa, avec la vélocité du loup, les animaux qu'il conduisait dans la direction du Gourgan. »

Après avoir franchi quatre fersengs, nous arrivâmes à la station de Ghatqar, où nous vîmes un jardin nouvellement planté par les ordres du Khan de Khiva. Nous y goûtâmes le repos pendant la nuit, et, lorsque le jour parut, nous nous remîmes en route. Molla Moukhtar qui avait été désigné par le Mehter Aga, ministre du Khan du Kharezm, m'avait accompagné depuis Khiva en qualité de mihmandar. Il me témoigna le désir de s'en retourner. Je lui fis cadeau d'une robe brodée de paillettes *(qabaï poulèky)*, et je le laissai partir pour Khiva. En un mot, nous nous arrêtâmes à toutes les stations où nous avions déjà campé pendant notre voyage d'Esterâbad à Khiva. A Tchirichly, nous apprîmes que dans la province d'Esterâbad, la tribu des Yomout du Gourgan s'était soulevée et mise en état de révolte contre le gouverneur Mohammed Vely Khan Beylerbey Qadjar.

Cette nouvelle nous causa de vives inquiétudes. Mais, nous étions forcés de suivre la route d'Esterâbad et aucune station ne nous présentait assez de ressources, pour que nous pussions nous y arrêter. Si nous prolongions notre séjour dans l'une d'elles, l'eau et les vivres viendraient à nous manquer. Nous poursuivîmes donc notre marche, pleins d'appréhensions. Arrivés à la station de Qouymet-Ata, nous y trouvâmes un grand nombre de femmes et d'enfants et quelques vieillards; nous apprîmes qu'ils appartenaient à la tribu des Yomout, et que la crainte des soldats du corps d'armée persan et des Gouklan leur avait fait quitter les bords du Gourgan. Il se dirigeaient vers le Kharezm et Khiva. Les hommes valides et les jeunes gens, réunis aux Yomout, livraient combat aux troupes du Beylerbeg.

Mon compagnon de route, l'ambassadeur du Khan du Kharezm, les engageait, en se cachant de moi, à aller à Khiva et il leur faisait espérer un bon accueil de la part du Khan. Moi, de mon côté, je les détournais de l'idée d'émigrer et je les exhortais à retourner chez eux en toute sécurité. Nous vîmes les effets de la lutte entre les Yomout et le Beylerbeg. Les craintes, les perplexités de mes compagnons de voyage ne firent qu'augmenter; ils me dirent que les troupes du Beylerbeg avaient enlevé aux Yomout vingt mille moutons, et que les Turkomans Gouklan s'étaient emparés de mille de leurs chameaux; que la route du Gourgan n'offrait aucune sécurité, à cause des déprédations des Turkomans qui avaient tous fait cause commune pour tuer, pour piller, pour ravager le pays et pour emmener en captivité les gens qu'ils rencontraient.

Vers. — « Dans cette contrée sauvage, les loups du Gourgan faisaient trembler de crainte le cœur des guerriers semblables à des lions valeureux; car le nombre des Turkomans armés de lances, qui se trouvaient sur cette route, dépassait cent mille. »

Je me dis :

Hémistiche. — « Je n'ai ni la force d'aller en avant ni la possibilité de rester. »

Cependant, nous continuâmes notre voyage, en puisant des forces dans l'influence de l'heureuse étoile de la fortune de Sa Majesté le Roi. Nous ne nous préoccupâmes pas de ces nouvelles, jusqu'au moment où nous arrivâmes à la station qui porte le nom Kessik Minar et de Mechhedi Missrian.

Mechhedi Missrian.

On rencontre fréquemment de Gourgandj jusqu'au Gourgan, les vestiges de villes détruites et abandonnées. Il est probable que leur ruine date de l'époque des bouleversements provoqués par les armées des Tatares et des Mogols. Parmi ces ruines, se trouvent celles d'une grande ville, située non loin de la route. Dans la première période de mon voyage, il ne m'avait point été possible de les visiter; mais, à mon retour, je m'y rendis, accompagné par quelques cavaliers Kharezmiens et Yomout. Je reconnus qu'une grande ville s'était élevée autrefois en cet endroit, et j'y vis les restes de vastes constructions, de monuments religieux, de réservoirs d'eau et de nombreux tombeaux. On apercevait des coupoles de diverses grandeurs, construites en grandes briques cuites et en plâtre. J'en visitai quelques-unes, et j'entrai dans la plus grande de toutes; elle était bâtie sur une colline. J'y récitai le Fatihèh. C'est une ancienne construction, une énorme coupole d'une grande hauteur. Elle est bâtie en briques et recouverte de plaques de faïence d'une rare élégance. Je vis autour de la coupole des vestiges d'inscriptions, qui me parurent être tracées en caractères coufiques [1]

---

1. Les ruines qui portent aujourd'hui le nom de Mechhedi Misrian (le cimetière ou le lieu du martyre des Egyptiens) me paraissent être celles de la ville et de la nécropole de Dehistan, qui fut détruite et abandonnée au milieu du xve siècle. Je ne connais aucun fait historique qui justifie l'appellation sous laquelle ces ruines sont aujourd'hui dési-

Nous nous éloignâmes de ce lieu, et nous continuâmes notre voyage d'étape en étape. Partout, sur notre route, nous recevions des nouvelles et des renseignements relatifs au soulèvement des Yomout du Gourgan et à leur révolte contre le gouverneur d'Esterâbad. Nous apprîmes qu'ils nous attendaient, pour s'opposer à notre passage et nous faire prisonniers. Il était donc imprudent d'envoyer en avant un courrier pour prévenir le Beylerbey, car c'eût été les informer d'avance du jour de notre arrivée. Nous atteignîmes les environs de la rivière d'Etrek, où réside le plus grand nombre des Turkomans qui se livrent au brigandage et qui sont en état de révolte constante.

Le soir, après avoir dîné, nous jugeâmes convenable de ne point nous livrer au sommeil, et, au bout de deux

---

gnées. Les habitants du Mazanderan lui donnent le nom de Mechhedi Mustan, les Turkomans, celui de Mestourian. Ces ruines ont été visitées par Conolly *(Travels to the north of Persia,* Londres, 1834, tome I, page 76) et par Vambéry, *Voyage d'un faux derviche,* page 95-96.

Le général Lamakine se rendit au mois d'août 1875 à Mechhedi Misrian, qu'il appelle Mestourian, et il a donné de cette ville, aujourd'hui déserte, une description détaillée : « La ville de Mestourian, dit-il, se composait d'une forteresse entourée d'un fossé et d'un rempart, derrière lequel s'élevait une double enceinte de murs d'une grande hauteur, construits en briques d'une extrême dureté et de la dimension d'une demi-archine carrée (25 dm). Aux angles et au milieu de ces murs se trouvaient des tours. La ville formait un rectangle d'une superficie d'une verste carrée (1 Km 140) : le sol, ainsi que celui des environs jusqu'à une distance de deux verstes (2 Km 135) à la ronde, est recouvert de monceaux de briques, provenant de monuments dont les fondations existent encore en partie. Les portes de la ville et une partie de la mosquée de Chir Kebir ont seules échappé à une destruction complète. Dans l'enceinte de la forteresse s'élèvent encore deux minarets, ayant treize sagènes (27,7 m.) de hauteur et trois sagènes (6,4 m.) de diamètre. On y voit, en outre, une mosquée, un bassin et des citernes. Tous les monuments se font remarquer par leur élégance et leur légèreté. Ils sont construits en briques cuites et couverts de sculptures, de mosaïques, de plaques de faïence ornées d'arabesques et d'inscriptions en relief d'une hauteur de sept pouces anglais........ Quant à l'autre ville, située à cinq verstes de Mestourian, ce n'est qu'une nécropole appelée par les Turkomans Mechhed. Une vaste étendue de terrain est couverte de tombeaux, de chapelles et de mosquées en ruines. On y montre le tombeau de Chir Kebir qui attire, comme Mechhed en Perse, de nombreux pèlerins. La chapelle est ornée de tapis ; on y voit une armoire ouverte avec des livres sacrés ; une lampe est suspendue au plafond et quelques vases sont placés çà et là, pour servir aux ablutions : mais pas une âme n'habite la ville ou les environs. » -- A. Petermann, *Mittheilungen,* 1876, XXII° Vol. I, pages 16-19.

ou trois heures après la tombée de la nuit, je me mis en route avec mes gens et les voyageurs qui s'étaient attachés à moi, dans le dessein de traverser l'Etrek et d'arriver au Gourgan et à Esterâbad. Après avoir franchi une courte distance, nous aperçûmes des traces nombreuses de pas de chevaux ; il devint évident pour nous que les Turkomans s'étaient mis en marche et avaient passé à côté de nous. Chacun exprima son opinion et voulut dire son mot. Des preuves matérielles et des suppositions fondées sur le raisonnement, et appuyées sur ce que nous avions entendu dire, me firent penser que les Turkomans révoltés de l'Etrek avaient l'intention de se saisir de ma personne. Je résolus donc de passer par une route peu fréquentée, à quelque distance des localités où ils campent. Lorsque nous arrivâmes à l'Etrek, les clameurs des marchands de Boukhara, de Khiva et de Kaboul, les cris des chameaux, les hennissements des chevaux, le vacarme fait par mes gens à leur arrivée remplirent de bruit la montagne et les bords de la rivière. Malgré cela, nous prîmes une route qui se trouvait à notre gauche et nous traversâmes un terrain imprégné de sel. Bientôt, nous eûmes derrière nous cette localité, objet de toutes nos craintes ; mais, comme la plaine entière était, pour nous, dangereuse et redoutable, nous continuâmes notre route vers le Gourgan et Esterabâd, en mettant notre confiance et notre espérance en Dieu.

Lorsque nous nous rendions à Khiva, nous avions, après nous être éloignés des bords de la rivière du Gourgan, reçu l'hospitalité dans le campement de Qara Khan, chef des Yomout Ata Bay, personnage dont la famille était, de père en fils, comptée au nombre des serviteurs du gouvernement d'éternelle durée des souverains Qadjar. Nous avions mangé son pain et son sel, et nous avions lié connaissance avec quelques-uns des notables et avec le qadi de la tribu des Yomout Ata Bay. Nous jugeâmes donc plus convenable de descendre dans la tente de Qara Khan ou de Qouly Khan, ou dans celle du qadi. Nous étions dans l'ignorance de ce qui s'était passé à Esterâbad.

Nous marchions droit devant nous, quand un piéton arriva à notre rencontre. On l'interrogea sur les événements qui s'étaient produits. Il nous apprit que le Beylerbey avait arrêté et jeté en prison Qara Khan. « Voici, ajouta-t-il, vous avez devant vous mille cavaliers révoltés qui sont en marche pour détruire le barrage de la rivière du Gourgan. » L'ambassadeur du Khan de Kharezm, ainsi que les autres personnes qui m'accompagnaient, se montrèrent effrayés et troublés de cette nouvelle. Un de nos compagnons émit l'avis qu'il était préférable de nous jeter sur notre gauche, là où la route n'était pas fréquentée, parce que les cavaliers, qui étaient devant nous, finiraient par nous rejoindre ; que Derdy Qouly Khan avait son campement de ce côté, qu'il considérerait notre arrivée comme une bonne fortune et que, si besoin en était, lui-même et ses cavaliers nous accompagneraient jusqu'à Esterâbad.

Nous aperçûmes de loin quelques tentes et quelques pavillons. Nous nous dirigeâmes de ce côté ; mais nous prenions le mirage pour de l'eau et la poix pour du camphre raffiné. Nous dépêchâmes un homme en avant et nous apprîmes, quand il revint, que ces tentes n'étaient point celles de Derdy Qouly Khan, mais bien celles de la tribu des Ilqay. Ces gens nous firent dire que la règle des Turkomans était d'assurer toute sécurité contre leurs ennemis, à tous ceux qui entraient dans leur campement. Ne pouvant faire autrement, nous marchâmes partagés entre la crainte et l'espérance, et nous arrivâmes à ce campement où nous descendîmes de cheval. On nous apporta du pain et on se mit en devoir de nous servir. Nous aperçûmes quelques soldats de l'armée persane qui avaient été faits prisonniers, et nous nous rendîmes compte, alors, des services que nous pouvions attendre de ces gens. Nous prîmes donc le parti de nous éloigner au plus vite, plutôt que de rester parmi eux. Nous franchîmes un espace que l'on parcourt en deux ou trois temps de galop ; mais, pendant le peu d'instants que nous nous étions arrêtés, les gens de cette tribu avaient trouvé le moyen de voler le fusil de Mohammed Chérif Bay et d'instruire nos ennemis de notre approche. Eux-mêmes se mirent en route en même temps que nous, dans l'espoir de nous piller. Quelle belle escorte que celle de brigands qui avaient l'air de nous témoigner de l'amitié, mais qui n'avaient d'autre dessein que celui de nous traiter en ennemis! Nous dûmes considérer les loups du Gourgan comme des bergers, et supposer que ces voleurs de grand chemin étaient nos guides. Tout à coup, des tourbillons de poussière s'élevèrent dans l'air à notre gauche; nous reconnûmes qu'ils enveloppaient des hommes altérés de sang et nous fûmes convaincus que l'on allait fondre sur nous et nous attaquer. La poussière devint plus épaisse; les cavaliers apparurent plus nombreux et ils se jetèrent sur les bagages en poussant des cris et des clameurs semblables à ceux des *ghouls* et des *divs*. On aurait dit des loups se précipitant sur une tête de mouton, ou des Turks se jetant sur un sac de blé. Mes bagages, confiés à la garde des Turkomans Yomout qui voyageaient avec nous et qui étaient les associés des voleurs, se trouvaient, par suite de notre négligence, relégués à l'extrémité de la caravane. Les Turkomans s'élancèrent dessus et se mirent à piller. Beaucoup de nos effets furent jetés à terre; d'autres demeurèrent intacts, mais la plus grande partie en resta aux mains de ces voleurs de grand chemin. (Puissent leurs femmes se vendre!)

J'avais un pistolet à ma ceinture; je poussai mon cheval dans la direction des assaillants; ils me reconnurent et se mirent à pousser les bêtes de charge devant eux en se moquant de moi. En effet,

Vers. — « La raison n'admettra pas qu'un impie affamé, pénétrant dans une maison déserte et remplie de mets préparés, se préoccupe du jeûne du Ramazan [1]. »

Mes compagnons s'écrièrent : « Tout ceci n'a lieu qu'à cause

---

[1]. Ce distique est tiré du Gulistan, livre Ier.

de vous ! Pourquoi cherchez-vous à combattre ces cavaliers supérieurs en force, et courez-vous à votre perte ? » Je ne fus pas sans m'apercevoir que c'était à moi qu'ils en voulaient, et que c'était contre moi qu'ils avaient lancé le coursier de l'attaque. Je retournai donc sur mes pas ; je m'arrêtai et j'excitai les gens de ma suite à les repousser. J'étais inquiet et anxieux de savoir comment se terminerait cette aventure.

Mohammed Chérif Bay, envoyé du Khan de Kharezm, s'adressa à eux et leur cria : « Je suis chargé par Khan Hazret Mohammed Emin Khan, d'une mission auprès de S. M. le Châh de Perse ! Vos familles et vos amis sont, dans le Kharezm, soumis à l'autorité du Khan. Je ne sais qui a pu vous inspirer l'audace de nous attaquer ! D'un côté, les troupes de S. M. le Châh sont à Esterâbad, d'autre part, en arrière de vous, le Khan est à Kohnèh Ourguendj. Nous sommes des ambassadeurs envoyés par une puissance à une autre puissance ! »

Hémistiche. — « Cette témérité ressemble à de la folie ! »

« Nous n'avons, répondirent-ils, rien à démêler avec aucun de vous, et nous ne voulons exercer de violence contre personne. Livrez-nous seulement un tel, qui est l'ambassadeur du Roi de Perse, et continuez votre voyage sains et saufs. C'est à lui que nous avons à faire. » Je reconnus que :

Hémistiche. — « Leur but était ma mort. »

« Je n'ai, leur répondis-je, aucun rapport, aucun point de contact avec vous ; quelle inimitié, quel sujet de querelle y a-t-il entre nous ? » — « Nous n'avons eu, me répondirent-ils, aucune relation avec vous ; mais nous avons été, pendant des années, soumis à la Perse. Dans ces derniers temps, nous la servions encore. On nous a enlevé nos moutons ! on s'est emparé de nos chefs ! Aujourd'hui, nous nous saisirons de vous, nous vous retiendrons et nous réclamerons les biens qui nous ont été ravis. » — « Insensés! m'écriai-je, dans ce désert, j'ai un nom et un titre, j'ai un rang et un caractère officiels, une suite et un train nombreux. Mais à la cour du Roi, personne n'a souci de moi, personne ne demande : Qui es-tu? d'où viens-tu ? On trouve des serviteurs comme moi dans tous les coins; leur nombre dépasse toute énumération et tout calcul. Je sais que je ne suis pas capable de servir de rançon, car personne ne dépenserait une pièce de cuivre pour me racheter et ne donnerait quoi que ce soit, pour me posséder. » — « Il n'en est point ainsi, me dirent-ils, nous allons nous emparer de vous et nous vous vendrons. Si on ne vous rachète pas, nous vous tuerons ou nous vous garderons prisonnier. La somme que vous représentez, vous et vos compagnons de voyage, et ce que vous possédez ne nous échapperont ni par la ruse, ni par l'astuce, ni par la force, ni par les armes. Vous ne retournerez ni à Esterâbad, ni à Téhéran ! » Quoique je fusse intérieurement en proie à la crainte, je me mis à rire et je dis :

Vers. — « Je fais partie de la cour de Dara, qui donc aura le pouvoir d'enchaîner mes mains? Lorsque je fixerai sur la corde de mon arc une flèche au vol rapide, je ne demanderai pas si celui qu'elle doit percer est Turk ou Turkoman. Je ne me laisserai point faire prisonnier par les Yomout, pas plus que le faucon ne se laisse prendre dans la toile de l'araignée. Voir mon sang couler sur la terre et les pierres de ce désert, vaut mieux pour moi que de devenir captif et d'être voué au déshonneur. »

Je convoquai les notables de Boukhara, de Ferganèh, de Khiva et du Kaboul qui m'accompagnaient et je leur dis : « Voici ce qui se passe : tous ces discours n'ont d'autre but que celui de semer la division parmi nous, afin de nous faire tous prisonniers. » — « Oui, répondirent-ils, il en est ainsi! »

— « Soyez sans crainte, continuai-je, jamais la peur n'a sauvé l'homme du danger et le lâche n'affronte pas les périls. » Aussitôt cavaliers et piétons se formèrent en troupe, on fit accroupir en cercle les chameaux de charge, et on plaça au milieu d'eux les vieillards et les femmes. Les jeunes gens et les braves apprêtèrent leurs mains et leurs bras, ils saisirent leurs armes et s'élancèrent en avant. Ils firent bravement face aux Turkomans. « Tant qu'un seul de nous sera vivant, dirent-ils, il vous sera impossible de mettre la main sur l'ambassadeur. » Ils tirèrent leurs sabres, chargèrent leurs fusils, et me demandèrent la permission d'engager le combat. « Ne frappez pas, leur dis-je, les cavaliers Yomout : tirez autour d'eux et sur leurs chevaux afin qu'ils sachent qu'ils n'ont point entrepris une tâche facile. » — « Eloignez-vous ! crièrent les nôtres à plusieurs reprises aux Turkomans, sinon nous allons tirer. » Ceux-ci se refusèrent à le croire. On fit donc une décharge et deux ou trois chevaux tombèrent blessés ou morts. Les cavaliers reculèrent et se mirent à parler entr'eux; puis, ils se rallièrent, et poussant tous à la fois de grands cris, ils fondirent sur nous. Une ou deux personnes de ma suite les chargèrent le sabre à la main et leur en assénèrent des coups sur les épaules. Ceux qui furent blessés quittèrent la place. Les cavaliers Khiviens intervinrent pour s'opposer aux Turkomans et pour leur donner des conseils. « Nous renonçons à notre entreprise, dirent ceux-ci, remettez-vous en marche. » Lorsque les chameaux de charge se furent ébranlés et mis en mouvement, ils environnèrent la caravane et enlevèrent quelques pèlerins du Turkestan qui, ayant quitté le centre, marchaient sur les flancs. Cette action ralluma le feu des hostilités et le brasier de la lutte et du combat. Les cavaliers Afghans et du Kaboul, comme des braves du Zaboul[1], poussèrent

---

1. Le Zaboul est la vaste province qui est bornée à l'est par le Kaboul, à l'ouest par le Sistan, au nord par les montagnes des Hezarèh et le Khorassan et au sud par le Sind. Cette province est la patrie de Zal et de Rustem.

le *tekbir* [1] ; ils jetèrent sur leur cou l'étoffe de leurs turbans, et, saisissant leurs sabres et leurs fusils, ils fondirent de tous côtés sur les ennemis ; mais, ils furent enveloppés par des cavaliers des tribus turkomanes accourant de tous côtés au secours des leurs. Leur nombre croissait à chaque instant.

Vers. — « Les cavaliers arrivaient de la plaine du Gourgan : leur apparence était celle des Divs : leur taille était aussi haute qu'une montagne. Il advint que le nombre des Turks armés de lances, qui se trouvaient dans la plaine, n'était pas inférieur à mille. »

Le soleil était sur le point de quitter l'horizon, le jour était sur son déclin. Il devint évident pour nous que, lorsque la nuit serait tombée et aurait couvert la terre de ses ombres, on ne pourrait distinguer les amis des ennemis qui se précipiteraient de tous côtés sur nous et nous massacreraient. L'envoyé du Khan de Khiva fit des propositions de paix : les Turkomans demandèrent mille toumans pour la conclure. Ils finirent par consentir à recevoir quatre cent cinquante tillas, en s'engageant à nous escorter. Peu de temps avant le coucher du soleil, le tumulte augmenta. Nous fîmes agenouiller de nouveau en cercle les chameaux de charge, gardés par les gens qui les montaient. Nous ne vîmes point la possibilité de nous échapper du lieu où nous étions. L'eau et les provisions que nous avions emportées pour la route étaient épuisées. Depuis deux jours et deux nuits, nous n'avions point goûté le sommeil et nous n'avions pris aucune nourriture, ni eau ni pain. Nous avions l'espérance d'arriver ce même jour à Esterâbad. Nous étions rompus de fatigue et brisés de lassitude : nos outres étaient vides.

Nous formâmes alors le projet d'envoyer un cavalier à

---

[1]. Le cri de « Allahou Ekber » (Dieu est le plus grand!) que poussent les musulmans au moment d'engager un combat.

Esterâbad, pour instruire le Beylerbey et l'Emiri Pentchèh de notre situation. Les Yomout qui nous accompagnaient, craignant les Gouklan, et mes serviteurs, redoutant les uns et les autres, ne voulurent point y consentir. Les routes étaient interceptées de toutes parts. Les choses en vinrent au point que les gens de la caravane me regardaient en pleurant, et en s'attendrissant sur mon sort.

Distique. — « J'étais au milieu d'eux ; mon âme était livrée aux dernières angoisses ; j'étais dans la main du désespoir, semblable à la perdrix dans les serres de l'aigle. »

Je vis la route de la possibilité et des expédients barrée de tous côtés, et moi-même, sans force et sans vivres, devenu le prisonnier des Yomout.

Distique. — « Cet homme, aux mœurs pures et innocentes, avait l'habitude de se transporter dans le monde invisible. »

Je plaçai ma confiance contre la violence des féroces Yomout, dans la protection du Dieu vivant qui ne meurt jamais, et je récitai lentement cette prière : « Mon Dieu ! ne nous afflige point de ta colère ! Ne nous fais point périr dans ton courroux, pardonne-nous avant cela, ô mon Dieu ! ne nous châtie pas pour nos mauvaises actions ! Ne suscite point contre nous ceux qui n'ont point pitié de nous ! Eloigne de nous les mains des oppresseurs. Je t'adjure par Mohammed et par toute sa famille ! »

Convaincu que nous ne pouvions échapper que par la grâce du Seigneur, il me vint à l'esprit que notre délivrance ne pourrait être obtenue qu'en semant la discorde au milieu de nos ennemis, et en les excitant les uns contre les autres.

Je répétai, à plusieurs reprises, cette invocation : « O mon Dieu, suscite les oppresseurs contre les oppresseurs et fais-nous sortir sains et saufs du milieu d'eux ! »

J'en arrivai à consentir de demeurer prisonnier des Yomout pour sauver mes compagnons, et je pensai que ce serait une honte et un opprobre pour le gouvernement persan, qui marquerait ainsi son indifférence pour un serviteur dévoué, s'il ne me délivrait pas des mains des Turkomans. D'autre part, s'il me réclamait, les Turkomans pourraient formuler des demandes exagérées. Il était, en outre, probable que certains personnages, qui n'avaient point approuvé mon voyage à Khiva, représenteraient à S. M. que je n'avais pu remplir la mission qui m'avait été confiée, et que je n'avais fait que rendre la situation encore plus difficile. Je me réfugiai de nouveau en Dieu; et, invoquant la force toute-puissante de l'étoile heureuse de S. M., je consultai le sort pour savoir si je serais délivré. Tout-à-coup, mon valet de chambre se présenta devant moi et me dit : « Le qadi des Yomout, que vous avez vu chez Qara Khan et qui vous a accompagné jusqu'à l'Etrek, lorsque vous vous rendiez à Khiva, vient d'arriver. Il désire vous voir et s'entretenir avec vous. » Je reconnus, dans ce fait, une grâce divine et un effet de la fortune propice de S. M.

Hémistiche. — « A qui veut venir, dis-lui : viens! A qui veut parler, dis-lui : parle! »

Voici, je suis dans le désert du Gourgan, et, entouré de tous côtés par les Turkomans.

Vers. — « Je suis comme Joseph au milieu des loups : petits et grands veulent m'arracher la vie. »

Le qadi se présenta devant moi, me donna le salut et entama la conversation : « O qadi! lui dis-je, sans prendre en considération notre ancienne amitié, vous avez consenti à ce que je fusse fait prisonnier! Et vous êtes venu ici, associé avec les vils Turkomans de l'Etrek, pour me retenir captif! Quelle belle affection! quelle sincère amitié! » — « Non, par Dieu, reprit le qadi, je ne suis point le complice de ces gens-là, et je n'étais point informé des projets de ces rebelles! Je me trouvais dans ma tente, sur les bords du Gourgan, lorsque j'ai appris ces nouvelles qui m'ont troublé ; maintenant, je vois que l'on est réuni en forces et prêt à combattre. Quelles que soient les menaces que je fasse à ces séditieux, à ces fauteurs de troubles, ils ne voudront prêter l'oreille ni à mes paroles ni à mes conseils; mes discours ne feront aucune impression sur eux. Ils ne se retireront pas sur ce que je leur dirai. » — « Là où l'on n'écoute pas la parole d'un homme sensé, répondis-je, l'opinion de la multitude ignorante prévaudra. Si vous dites vrai, si vous êtes sincère, envoyez un homme à votre tribu, à votre campement, à ceux de Qara Khan et de Qouly Khan qui sont liés d'amitié avec moi. Appelez, pour me délivrer, les cavaliers Ata Bay et Aq pour que l'on sache quels sont les gens dévoués et quels sont les traîtres! » Le qadi dépêcha sur-le-champ son frère pour instruire sa tribu de ce qui se passait.

La sœur de Qara Khan Ata Bay qui était mariée à Naqd Aly Khan Yomout, son cousin, et que je connaissais un peu, était, depuis l'emprisonnement de Qara Khan et de ses enfants à Esterâbad, le chef de la tribu et l'arbitre de toutes les affaires dans le campement de son frère. Lorsqu'elle sut que j'avais eu l'intention de me rendre à la tente de Qara Khan, et qu'en route, j'avais été assailli par les Turkomans de l'Etrek et autres bandits, elle dénoua, selon la coutume des femmes turkomanes, ses cheveux blancs, les laissa flotter et se mit à pousser des cris et à se lamenter : « O Turkomans! disait-elle, qu'est devenue votre valeur? nos âmes et nos corps, ceux de nos pères ont goûté le sel des rois Qadjar. Khodjend Verdy repose, après sa mort, sous une coupole élevée à Dervazèhi Daoulet par les ordres d'Aga Mohammed Châh! Que Qara Khan cesse de vivre, si le serviteur du roi de Perse, qui se rendait à notre tribu et à nos tentes, vient à être enlevé par les Turkomans de l'Etrek! quelle honte ce serait pour nous! si vous ne l'amenez pas avec honneur à notre campement, considérez-moi comme morte, empoisonnée par l'indignation ! » Après avoir entendu ces paroles, les parents et les clients de la tribu Ata Bay et les Aq se prévinrent les uns les autres. Ils se réunirent et prirent la route du désert. Au moment où, avec mon fils Aly Qouly, mon parent Nedjef Qouly et tous mes domestiques, j'étais livré aux plus vives appréhensions et en proie à la frayeur, un neveu de Qara Khan, nommé Kazhim, qui m'avait servi en qualité de *Qaraoul* (guide) et de *Khadim* et auquel j'avais donné un beau khilat, se présenta devant moi. Il me trouva assis dans l'obscurité au milieu des chameaux. Il m'informa de ce qui se passait ; je refusai de le croire. Après lui, arrivèrent Mohammed Kerim Khan, Iltouzer Khan, les parents de Qara Khan, ceux de Qouly Khan et le qadi. « Il ne s'agit point de rester ici, me dirent-ils ; si vous demeurez cette nuit dans ce désert, les tribus turkomanes arriveront demain matin en si grand nombre, qu'il vous sera impossible de fuir et de vous échapper. »

Hémistiche.— « La crainte du serpent nous a fait tomber dans la gueule du dragon. »

Je réfléchis qu'il était, dans tous les cas, préférable de gagner la tente de Qara Khan, plutôt que de rester dans ce désert, théâtre de tant de meurtres et de tant d'assassinats. Nous nous mîmes donc en marche ; les Turkomans nous suivirent en nous entourant, nous et les bagages, et ils semblaient épier l'occasion de nous attaquer. Ils n'osèrent cependant pas le tenter. Chaque fois qu'ils se rapprochaient de nous, les cavaliers Ata Bay et principalement Kazhim, les accablaient d'injures et leur criaient leurs noms. Ces brigands étaient saisis de crainte en entendant nommer leurs chefs. Ils nous suivirent ainsi pendant un ferseng ; puis, voyant l'inutilité de leur poursuite, ils s'éloignèrent peu à peu et se dispersèrent. Nous arrivâmes après minuit à la tente de Qara Khan et nous nous y établîmes.

Une femme d'un caractère viril et dont j'ignore le nom, vint me trouver, accompagnée par le qadi ; elle versait des larmes abondantes. « Si vous pleurez sur Qara Khan, lui dis-je, Dieu est assez puissant pour le délivrer. » — « Non, me répondit-elle ; chacun de nous vaut Qara Khan ; c'est sur vous que je pleure ! Les Turkomans voulaient vous faire prisonnier. En vérité, ils n'avaient d'autre but que celui de nous déshonorer. Tout homme, en apprenant ce qui s'était passé, aurait pu supposer que la tribu de Qara Khan avait commis une pareille félonie, pour venger son emprisonnement. » La fermeté d'esprit et la sagacité de cette vieille femme me frappèrent d'étonnement ; je lui donnai l'espoir que Qara Khan serait l'objet de la bienveillance des ministres de la cour, asile de l'équité. Je pris quelque nourriture et je me couchai :

Hémistiche. — « Pour assister le lendemain matin à la naissance de l'enfant que la nuit portait dans son sein. »

Le jour suivant, à mon réveil, je disposai la tente pour recevoir les chefs Yomout. Ils s'y présentèrent, et j'eus une conférence avec eux. Il fut décidé que je ferais partir un homme porteur d'une dépêche rendant compte de tous ces événements. Je la rédigeai et je la confiai à Mirza Aly Naqy, médecin du régiment Efchar, que j'avais trouvé prisonnier à Khiva et que je ramenais avec moi : je le chargeai de se rendre à Esterâbad. Le Beylerbey me répondit par un billet : « qu'il reconnaissait l'importance du service rendu par les Ata Bay et les Aq. » Il m'engageait ensuite à ne pas rester plus longtemps au campement de Qara Khan, et à prendre la route de Mahmoud Abad pour revenir à Esterâbad, où il viendrait me voir.

Hémistiche. — « Grand Dieu ! est-ce ici la place de pareilles paroles ! »

J'appris que l'on avait établi un barrage sur le Gourgan,

construit le fort de Sultan Abad, élevé des fortifications en terre et qu'un corps de troupes royales était échelonné sur les frontières d'Esterâbad. Pouvais-je retourner à Téhéran sans avoir examiné tout cela, sans m'être mis au courant de la situation des Yomout et d'Esterâbad, sans avoir appris quelles étaient les populations soumises et celles qui étaient insurgées?

S. M. le Roi, dont le rang égale celui de Djem, qui est l'asile du monde, que notre âme et celles des mortels lui servent de rançon! me dirait à mon retour : « O homme! lorsque vous avez quitté la cour, il vous a été ordonné de prendre note de tous les faits d'ensemble et de tous les détails qui vous frapperaient dans le royaume, depuis le jour de votre départ jusqu'à celui de votre retour. Vous deviez les consigner minutieusement, afin d'avoir la plus ample connaissance de tous les lieux que vous auriez visités. Maintenant, vous revenez d'Esterâbad, rendez-moi compte de ce que vous avez vu ; faites-moi connaître vos appréciations. » Pourrais-je répondre que je n'avais point vu le bend (barrage) du Gourgan, que j'ignorais les événements qui ont surgi à Esterâbad et chez les Yomout? Dans ce cas, le Roi punirait sévèrement, sans aucun doute, ma négligence. Il faut que je revienne, en passant au milieu des tribus Turkomanes Ata Bay et Djafer Bay, pour que j'examine avec soin le bend du Gourgan, que je compte les soldats qui sont en garnison dans cet endroit, que je voie les fortifications, les troupes, le fort de Djafer Abad, etc. Je résolus de ne point aller à Esterâbad sans avoir vu toutes ces choses.

Le Beylerbey m'adressa une seconde lettre : « Je vous envoie, m'écrivait-il, Qouly Khan et Qilidj Khan pour que vous veniez à Esterâbad par la route que vous désirerez suivre : les tribus des Djafer Bay et d'Ata Khan, et celle d'Allah Nazhar Khan recevront l'ordre de se porter à votre rencontre et de se mettre à votre disposition. »

Retour à Esterâbad.

Après avoir passé, dans la tribu des Ata Bay, deux nuits et un jour, je fis cadeau d'un vêtement d'honneur au qadi, à la sœur de Qara Khan et à son neveu Kazhim Bek. Je quittai le campement de Qara Khan, où la plupart des notables et des chefs Yomout étaient venus me faire visite. Je reçus même celle de Hassan Khan, surnommé Hassan Tchighan, qui se plaignit vivement à moi du Khan Beylerbey. « Le Beylerbey, lui répondis-je, est un homme d'un rang élevé et d'une grande intelligence. Vos paroles ne détermineront pas les ministres du Roi à ne pas tenir compte de ses mérites. » On s'était abouché avec lui et on lui avait inspiré de la sympathie pour le Khan de Khiva. Je détruisis toutes ses illusions et je lui déclarai que le Khan de Khiva avait fait, à l'égard de S. M., acte de soumission et de dévouement loyal et qu'il m'avait fait accompagner par un ambassadeur. « Si les Turkomans Yomout et Gouklan qui dépendent du gouvernement d'Esterâbad, se déclaraient pour Khiva, ajoutai-je, un ordre des ministres de la cour de Téhéran déterminerait le Khan à les renvoyer prisonniers. Abandonnez donc ces folles pensées et ne faites aucune opposition au Beylerbey d'Esterâbad, car on ne le destituera pas pour complaire à vos désirs. J'intercéderai en votre faveur, je serai votre intermédiaire auprès du Beylerbey. » Hassan Khan et la plupart des notables se séparèrent de moi, à peu de distance du campement de Qara Khan, après m'avoir fait leurs adieux. Après un séjour de deux jours, Mohammed Qouly Khan, Qilidj Khan, Iltouzer Serdar, les autres Khans Ata Bay et Aq et les parents du qadi, avec un grand nombre de cavaliers vinrent me prendre pour m'escorter. Lorsque nous fûmes arrivés près du Gourgan, les cavaliers Djafer Bay se portèrent à ma rencontre, et je congédiai ceux de la tribu Ata Bay qui retournèrent sur leurs pas.

Description du Bend (barrage) du Gourgan.

Arrivé près du bend du Gourgan, je m'y arrêtai un instant pour l'examiner. Ce bend peut avoir cinquante coudées de longueur sur quinze de largeur. Le Beylerbey a réussi, en fort peu de temps, à achever ce travail sur une rivière aussi considérable. L'ouvrage a des avantages de plus d'un genre, et il est d'une grande utilité pour l'augmentation des revenus publics.

Les fusiliers de Kurd Mahallèh et d'Esterâbad, commandés par Riza Qouly Khan, fils de Moustafa Khan Seden Roustaqy, tiennent garnison dans les tours élevées à la tête du barrage.

Nous nous arrêtâmes là, pendant quelque temps, et je demandai quel était le nombre des soldats. Il me fut répondu que les tours construites des deux côtés du bend, servaient de logement à cinquante hommes qui étaient de garde jour et nuit. Quand nous eûmes dépassé le bend, les *Serguerdèh* (officiers de troupes irrégulières) d'Esterâbad vinrent à notre rencontre. Je demandai des nouvelles de Hamzèh Khan Enzany. On me répondit qu'il était, avec ses fusiliers, chargé de la garde des fortifications, qu'il y demeurait et qu'il n'en sortait jamais. Il était indispensable pour moi de lui faire visite et d'examiner ces fortifications.

Nous nous dirigeâmes donc de ce côté, et nous rencontrâmes son fils Mohammed Baqir Khan qui venait à pied au devant de nous.

Hamzèh Khan, avec les notables de la tribu, s'avança, de son côté, jusqu'au bord du fossé du rempart où nous nous abordâmes. Nous franchîmes le rempart et nous restâmes une heure sous sa tente. J'appris tous les détails du combat livré par les Turkomans aux troupes du Beylerbey et de l'Emiri Pentchèh. Je pris congé de Hamzèh Khan et je revins sur mes pas. Le camp du Beylerbey et de l'Emiri Pentchèh était placé près de Djafer Abad. Nous nous établîmes, moi et mes compagnons de voyage, Boukhares, Khiviens, ainsi que tous les gens de Kachghar et de Kaboul, sur la colline de Djafer Abad, à portée du camp. Les neveux du Beylerbey et les officiers des troupes, sous les ordres de l'Emiri Pentchèh, prirent la peine de me faire visite et de me présenter les excuses du Beylerbey et celles de l'Emiri Pentchèh, qui n'avaient pu venir, étant occupés, me dirent-ils, avec Mirza Bey, porte-arquebuse du Roi et porteur des fonds du trésor, à distribuer la solde aux troupes. Ils m'offrirent une grande quantité d'oranges, de citrons et de melons. Je reçus aussi un billet du Beylerbey qui m'invitait à l'aller voir et à dîner le soir avec lui. Je me rendis à son invitation avec Mohammed Chérif Bay. La conversation s'engagea entre nous ; je lui racontai brièvement les incidents de mon voyage et je lui fis part de toutes mes opinions ; je lui dis avec la plus entière franchise que, si l'on poussait les Turkomans au désespoir, ils se laisseraient entraîner par les suggestions des ambitieux et passeraient sur le territoire Khivien, et qu'alors, la province du Gourgan serait continuellement troublée par leurs brigandages. « La mise en liberté de Qara Khan, ajoutai-je, sera accueillie par les tribus Ata Bay avec joie et comme un gage de sécurité pour eux; et, en vérité, il n'a commis contre le Gouvernement aucun acte de trahison. »

« J'ai porté cette affaire, me répondit le Beylerbey, à la connaissance de Sa Majesté; mais, vous, l'Emiri Pentchèh et moi, nous intercèderons en sa faveur, afin qu'il obtienne son pardon. Comme sa tribu vient de rendre un nouveau service en vous protégeant, on lui enlèvera la chaîne du cou et on le traitera bien. Quant à vous, rendez-vous à la ville où je compte aller vous faire visite. »

Le lendemain matin, je me mis en route pour Esterâbad. Nous rencontrâmes, jusqu'à la porte de la ville, les employés et les gens de métier qui se portaient à notre rencontre par détachements, les uns à pied, les autres à cheval. On assigna des logements agréables et dignes d'eux, à Mohammed Chérif Bay, à Seiyd Ahmed Naqib Khodja de Boukhara, cousin de l'Emir, à Seiyd Miran Châh de Qandahar, à Khodja Rahmet Oullah Ichan de Khoqand et aux autres personnages, et nous les laissâmes se livrer au repos. Moi-même, je m'établis dans le Divan Khanèh (salle de réception) du Beylerbey. Le lendemain, j'allai au bain. Il y avait sept mois que je n'en avais vu et je débarrassai mon visage et ma barbe de la poussière du voyage. Les ulémas de la ville vinrent me voir. Le prévôt des marchands et le *Kelanter* (maire) m'envoyèrent des sucreries et des fruits.

Les Turkomans ayant pillé la plus grande partie de ma batterie de cuisine, de ma vaisselle de voyage et de mes plats d'office, je dus les remplacer et acheter d'autres ustensiles en cuivre. Le lendemain, le qadi et le cheikh oul islam prirent la peine de me faire visite. Je leur rapportai, ainsi qu'aux autres docteurs, les discussions que j'avais eues sur des matières spirituelles et sur des sujets politiques. Ils donnèrent une approbation complète à tout ce que j'avais dit. Ils virent les esclaves originaires d'Esterâbad et du Mazanderan que je ramenais avec moi du Kharezm, et ils firent des vœux pour le Roi, dont ils exaltèrent les vertus. Je leur fis montrer aussi les autres esclaves et ils m'adressèrent de nombreuses questions sur Khiva.

Départ d'Esterâbad.

Le 1ᵉʳ Moharrem (15 octobre), nous partîmes d'Esterâbad et nous prîmes la route de la montagne et des cols de Qizliq et de Châh Kouh. La route de Qizliq est très-raide : elle traverse une montagne d'une grande hauteur et difficile à gravir. Les chameaux du Kharezm, qui n'avaient jamais vu que la plaine et qui, depuis plus d'un mois, n'avaient goûté ni repos ni sommeil et n'avaient pris qu'une nourriture insuffisante, se fatiguèrent, s'épuisèrent et se blessèrent en franchissant cette montagne. Quelques-uns de ces animaux s'abattirent dans le défilé ; ne pouvant supporter les difficultés de la route et réduits à une grande faiblesse, ils finirent par succomber. En vérité, ce passage est, pour les chameaux, malaisé à franchir.

Le roi des poètes, Sabay Kachany [1], a dit avec justesse :

Vers. — « J'ai dit au chameau : Vas-tu mourir ? Il serait fâcheux que tu périsses si tôt. Il me répondit : Je me nourris d'épines, j'en ai la bouche remplie ; mon dos plie sous le poids des fardeaux ; si la mort vient vite, ce sera encore trop tard pour moi. »

Quoiqu'il en fût, nous marchâmes du matin jusqu'au soir. Au coucher du soleil, nous arrivâmes au *Rébathi Evvel* [2]. Les bagages étaient restés en arrière. Les chameaux s'étaient abattus avec leurs charges. Le jour déclina et Rahmet Oullah Ichan de Khoqand, de l'ordre des Naqchbendy, qui était malade, tomba de sa litière. Pendant la nuit, les bagages et les hommes qui les conduisaient arrivèrent, après avoir éprouvé mille difficultés. Cette route fut une route de fatigue pour les Uzbeks et les Turkomans qui, vivant dans des déserts et des plaines, avaient vu peu de montagnes, leur pays ne possédant ni forêts, ni montagnes élevées. Quand ils entendent des paroles qui les frappent, ou qu'ils vont par un chemin diffi-

---

1. Sabay est le surnom poétique de Feth Aly Khan Kachany, disciple de Hadji Suleyman Bey Bidgouly. Lorsqu'en 1211 (1796), Feth Aly Châh arriva de Chiraz à Téhéran après la mort d'Aga Mohammed Châh, Feth Aly Khan lui présenta un qacidèh (ode) et il en composa un autre pour féliciter le Châh sur son avénement au trône : cette pièce de poésie fut lue solennellement le jour de la fête du Naurouz. Feth Aly Khan reçut à cette occasion le titre honorifique de *Melik ouch Chouara* (roi des poètes). Il dédia à Feth Aly Châh deux poèmes épiques : Le *Chehinchâh Namèh* et le *K'houdavend Namèh*. Le premier de ces ouvrages contient quarante mille distiques, le second trente mille. Feth Aly Khan mourut à Téhéran en 1238 (1822).

2. Le premier caravansérail.

cile, ils ont l'habitude de mettre leurs mains sur la poitrine et de s'écrier à plusieurs reprises : « Pardon, pardon ! ô Dieu gardien, ô Dieu gardien ! » Pendant ce jour et cette nuit, la vue des forêts épaisses et les difficultés du chemin leur firent souvent faire ce geste et pousser cette exclamation.

Je rafraîchis ma langue en récitant ce quatrain :

Vers. — « Les Uzbeks de Khiva qui parcourent le désert, et qui de Khiva se dirigent vers la ville de Rey, s'écrient à la vue des forêts et des hautes montagnes : Que Dieu nous garde ! que Dieu nous garde ! »

Le lendemain, nous quittâmes ce Rébath ruiné, où la nécessité nous avait forcés de nous arrêter, et nous nous dirigeâmes vers la station de Châh Kouh. La route était fort mauvaise : nous parcourûmes un ferseng dans des gorges et des défilés, puis nous gravîmes le Châh Kouh. Aga Mehdy Châh Kouhy, personnage d'une grande expérience, qui, pendant de longues années, avait été au service du Naïb ous Salthanèh Abbas Mirza, apprit notre arrivée et envoya ses enfants à notre rencontre. Lui-même se porta, également, au-devant de nous, il nous offrit le logement, et s'acquitta envers nous, de la manière la plus complète, de tous les devoirs qu'impose l'hospitalité. Il vint me voir la nuit, et nous nous livrâmes au plaisir de la conversation. Le matin, j'appris que Rahmet oullah Ichan, un homme d'une science profonde et d'une grande dévotion et chef de l'ordre des derviches Naqchbendy, était mort pendant la nuit. Il avait revêtu l'*Ihram* [1] du Hedjaz et avait formé le projet de se rendre en pèlerinage à la Mekke. Cette perte me causa une vive douleur. Je donnai ordre à Aga Mehdy Châh Kouhy et à d'autres personnes, de l'ensevelir et de l'enterrer. On lui rendit les derniers devoirs et on le confia à la

---

1. L'Ihram est le manteau pénitentiel que les pèlerins doivent revêtir pour s'acquitter des devoirs qu'impose la visite à la Kaabèh. L'Ihram consiste en deux pièces d'étoffe blanche sans coutures, dont l'une couvre le haut et l'autre le bas du corps.

terre. Que Dieu lui fasse miséricorde! J'emmenai avec moi son fils et sa famille. Puis, après avoir parcouru plusieurs fersengs, je me dirigeai vers Tchardèh Kelatèh, patrie de mes aïeux.

Tchardèh Kelatèh [1].

Ce canton, qui relève de Damghan et qui fait partie de l'arrondissement de Hezar Djerib, a joui, pendant de longues années, d'une grande prospérité. Les habitants se montrèrent dévoués à la glorieuse dynastie des rois Qadjar, depuis l'époque à laquelle Mohammed Hassan Khan Kichver Sitan, fils de Feth Aly Khan Qadjar de la tribu de Qavanlou, s'empara du pouvoir. Pendant le règne de Kérim Khan Zend, les habitants de Tchardèh Kelatèh refusèrent tout service aux officiers Zend, à cause de la sympathie et de l'affection qu'ils avaient vouées aux Qadjars. Mon grand-père Mohammed Ismayl bek, connu sous le nom d'Ismayl Kemal, était le chef des notables de ce canton. Il refusa de faire sa soumission à Zéky Khan Zend, cousin de Kerim Khan Vékil. Quarante et un notables et personnages marquants de Tchardèh Kelatèh s'étaient retranchés dans la résidence du gouverneur qui était solidement fortifiée, et ils repoussaient les attaques et les assauts qui leur étaient livrés. Zéky Khan leur fit parvenir un message : « Venez auprès de moi, leur faisait-il dire, j'ai juré sur le glorieux Qoran de ne pas mettre à mort un d'entre vous. » Les assiégés se laissèrent aller à ajouter foi à la perfidie de ce serment, et ils descendirent du château pleins de sécurité. Zéky Khan, pour tenir son serment hypocrite, donna la liberté à l'un de ces notables et fit mettre à mort les quarante autres; il pres-

---

[1]. Le canton de Tchardèh Kelatèh est situé entre Hezar Djerib et Damghan. Il renferme quatre villages : Bala Qalèh, Païyn Qalèh, Verzinèh et Kelatèh.

crivit, en outre, d'élever une tour avec leurs têtes pour perpétuer le souvenir de son action. Ismayl Kemal, mon aïeul paternel, lui dit : « Si tu veux me tuer et si tu veux élever une tour avec nos têtes, fais placer la mienne au sommet, car je suis le primat et le chef de tous ces notables. » Zéky Khan accéda à son désir.

Kérim Khan Vekil apprit avec indignation l'acte de cruauté, de félonie et de trahison de Zéky Khan. Il lui fit sentir sa colère, le disgrâcia et rendit la liberté aux habitants de Tchardèh Kelatèh qui étaient détenus prisonniers.

Depuis l'avènement de la dynastie des Qadjars et sous les règnes d'Aga Mohammed Châh et de Feth Aly Châh, ce canton était l'apanage de l'Itizhad oud Daoulèh, Souleyman Khan Qadjar Qavanlou. Feth Aly Châh le donna à son gendre, l'Emir Kebir Mohammed Qassim Khan Qadjar Qavanlou.

Je revis Kelatèh après un grand nombre d'années : j'y reçus la visite de nombreux parents, hommes et femmes, mais je ne connaissais aucun d'eux. Je m'arrêtai une journée, puis je gagnai Daoulet Abad [1], Qouchèh et Ahewan [2] et de là, je me dirigeai sur Semnan.

SEMNAN est une ville célèbre, bâtie par Tehmouras Divbend. Elle est située par 91° de longitude des îles Fortunées et 39° de latitude. Elle fut autrefois une grande ville, mais elle est tombée en décadence depuis longtemps. Ses fruits et ses céréales jouissent d'une grande réputation. Les grenades, le raisin, les figues, les amandes, les pistaches et le raisin sec y sont excellents. La ville est construite sur un terrain accidenté. Le Cheikh Roukn oud Din Ala oud Daoulèh est un des ascètes et des cheikhs de cette ville célèbre. Il mourut en 736 (1335). La mosquée royale de Semnan, construite par l'ordre de Feth Aly Châh, a coûté plus de vingt mille toumans. L'étendue,

1. Daoulet Abad, un des plus beaux villages de Perse, est entouré d'une triple enceinte et renferme un palais, une mosquée, un bain et de vastes écuries. Sous le règne de Feth Aly Châh, cette forteresse était la résidence d'un fils de ce souverain, gouverneur de ce district. — Ferrier, *Voyage en Perse*, tome Ier, page 139.

2. Ahewan et Qouchèh sont deux caravansérails.

la position, la beauté de cet édifice n'ont jamais été égalées [1].

Le gouvernement de ce pays est confié aujourd'hui à Rahmet Oullah Khan Efchar. Après être parti de Semnan, j'allai loger dans la maison de poste nouvellement construite dans les environs de la forteresse de Lasguerd, place forte ancienne et célèbre [2].

Je passai successivement par Dèh Nemek [3], Qichlaq Khar [4], Veramin [5], Eïvanek [6], Khatoun Abad [7] et je m'arrêtai au village

---

1. Semnan, à six journées de Téhéran, ne renferme que trois ou quatre mille habitants, jardiniers ou cultivateurs. Cette ville, qui était déjà à moitié ruinée au XIIIe siècle, se compose de pauvres cabanes et d'un misérable bazar. On remarque, à Semnan, quelques constructions en briques paraissant remonter à une époque reculée, une mosquée recouverte de plaques de faïence sur lesquelles se détachent en bleu, sur un fond blanc des inscriptions en caractères coufiques et des tables de marbre sur lesquelles on a gravé des ordonnances de Châh Abbas et de Châh Hussein. Eastwick, *Three Years' residence in Persia*, London, 1864. tome II, page 147. — Ferrier, *Voyage en Perse, dans l'Afghanistan*, etc., Paris, 1860, tome Ier, 124 et suiv.

2. « Lasguerd ou Lasguird possède quatre-vingt-deux familles, un caravansérail, un *âb-anbar* (réservoir) et un cours d'eau saumâtre. Vis-à-vis et à deux cents pas de Lasguerd, il y a, sur la route, une vaste muraille d'enceinte, de huit mètres de hauteur, assez bien conservée et dont la partie supérieure est creuse et percée de meurtrières. Ces couloirs qui ont six pieds de hauteur et autant de largeur, pouvaient servir de logis pour les troupes. L'enceinte pourrait contenir deux mille hommes. Sa position convient parfaitement à un campement militaire. » — Ferrier, *Voyage en Perse*, tome I, page 221. Les revenus du village de Lasguerd étaient affectés à l'entretien de la mosquée de Mechhed.—Truilhier, *Mémoire descriptif de la route de Téhéran à Meched*, Paris, 1841 pages 13-14.

3. Dèh Nemek (le village du sel) est un caravansérail bâti par Châh Abbas, et situé à quatre journées de marche à l'est de Téhéran, sur la route qui conduit à Châhroud. Le sol est couvert d'efflorescences salines et l'eau est extrêmement saumâtre. — Fraser, *Journey*, page 296, Eastwick, *Three years' residence*, pages 143-144. — Ferrier, *Voyage en Perse*, page 118. — Truilhier, *Mémoire descriptif*, etc., page 12.

4. Qichlaq Khar est un village insignifiant du district de Khawar (ou Khar), au sud de l'Elbourz, à trois journées de marche de Téhéran : on y trouve un chemin menant directement vers le sud-ouest à Kachan et Isfahan.

5. Veramin, village ruiné, situé dans la plaine de ce nom, dépendait autrefois de la ville de Rey.

6. Eïvanek ou Eïvani Keïf ou plutôt Eïvani Key, est un village de quatre cents feux avec un caravansérail à moitié ruiné, de nombreux jardins et des cultures très-étendues. Une petite rivière, descendant des montagnes du Mazanderan, coule dans ce village. La contrée est riante et fertile, et les habitants jouissent d'une certaine aisance. On trouve, tout le long de la route, de distance en distance, des éminences couvertes de ruines provenant, sans doute, d'anciens fortins. Le peuple les appelle Guebrâbad.—Truilhier, *Mémoire descriptif*, etc., page 8. — Fraser, *Journey*, pages 287-290.— Ferrier, *Voyage en Perse*, tome I, page 110, Eastwick, *Three years' residence*, tome II, pages 136-138.

7. Khatoun Abad (le séjour de la Dame) est un hameau situé à quatre heures de Téhéran et composé de cinquante pauvres maisons.

du Châh Zadèh Abdoul Azhim [1], qui fait partie du territoire de Rey. Je me rendis, le lendemain matin, au tombeau de ce saint pour y faire mes dévotions, en compagnie de Mohammed Chérif Bay et de Seiyd Ahmed Khodja, Naqib de Boukhara. J'y fis mes prières et des vœux pour l'éternité du règne de Sa Majesté. Mes parents, mes amis et mes connaissances, informés de mon arrivée, se portèrent à ma rencontre. Leur vue me combla de satisfaction et de joie. Je rendis grâces à Dieu, et je pris le chemin de la capitale, comblé de marques de considération et d'honneur. J'offris à Dieu l'hommage de ma reconnaissance et je rentrai chez moi le 17 de Moharrem (le 3 novembre 1852). Mes compagnons de route s'installèrent dans les logements qui avaient été préparés pour eux, et ils furent traités avec la plus extrême bienveillance.

On assigna six toumans par jour à Mohammed Chérif Bay pour sa dépense, et vingt *hézar dinars* (deux toumans) au Naqib Seiyd Ahmed Khodja pour la sienne. Au bout de quelques jours, Mohammed Chérif Bay se rendit avec moi à l'audience de S. M. Nacir Eddin Châh et il eut l'honneur d'être reçu. Il fit passer sous les yeux de S. M. les présents envoyés par le souverain du Kharezm, Mohammed Emin Khan, et qui consistaient en deux faucons dressés, en un fusil fabriqué à Khiva, en pistolets russes et en vases en porcelaine d'Europe. Il remit également deux montres en or, destinées aux ministres du Roi. Ahmed Naqib Khodja avait également apporté, pour être offerts au Roi, deux aigles et deux émerillons dressés pour la chasse.

Il sollicita et obtint la permission de se rendre à la Mekke.

J'ai narré, dans un qacidèh composé à la louange du Roi, les incidents les plus marquants de mon voyage, à l'aller et au

---

1. Le village de Châh Abdoul Azhim, à un ferseng et demi de Téhéran, est presque une petite ville; on y trouve des bazars, de larges rues plantées d'arbres et arrosées par des courants d'eau vive, une habitation royale, des bains, un caravansérail et une belle mosquée où est enterré l'imam dont elle porte le nom. On s'y rend en pèlerinage de tous les points de la Perse. Le village de Châh Abdoul Azhim est situé au milieu des ruines de l'ancienne ville de Rey.

retour, et je prends la liberté de placer cette pièce de poésie à la fin de ma relation.

Qacidèh.— « A l'heure la plus heureuse, à l'époque du printemps, je montai à cheval et je partis de Rey, me dirigeant vers le Kharezm. J'étais précédé par mes serviteurs et suivi par mes chevaux de main; tantôt, je jetais les yeux sur ceux-ci, tantôt, je surveillais ceux-là. De Firouz Kouh à Sary, je traversai des campagnes où j'avais, pour me reposer, des matelas et des coussins de rubis et de turquoises (de coquelicots et de bleuets). La douceur du printemps avait donné aux fleurs des prairies la beauté de celles que l'on cultive dans les serres ; leur éclat faisait ressembler les pelouses à la galerie des peintures de la Chine. Tout ce qui frappait mes yeux avait les perfections de l'Eden ; tout ce qui s'offrait à mes regards avait les charmes des houris du Paradis. »

« Parfois mon pied foulait le cou du poisson (qui supporte la terre), parfois ma tête effleurait la couronne des Pléiades. »

« Je montais un cheval aux mouvements agiles, dont la taille était aussi haute qu'une montagne élevée. Sa course égalait la rapidité du vent du matin ; ses hennissements jetaient l'effroi dans le cœur du tonnerre, et la légèreté de ses mouvements inspirait à l'araignée la honte et le dépit. Lorsque son sabot s'imprimait sur le front d'une montagne, il y laissait une trace aussi large que l'empreinte que ferait une enclume. Ses oreilles, en se dressant, s'enfonçaient comme un dard dans le sein de la planète de Saturne. »

« Je le poussai dans un défilé dont l'aspect était plus effrayant que la vue d'un lion ; il franchit les collines avec plus de vitesse qu'un faucon. Comment les gravissait-il? Avec la rapidité de l'éclair qui sillonne l'horizon de bas en haut. Comment les descendait-il? Comme un torrent qui se précipite du sommet d'une montagne. Je me dirigeai d'Esterâbad vers le Gourgan; les souvenirs de Qabous et de Gourguin se présentaient tour à tour à mon esprit. Je parcourus, en quarante étapes, la distance de deux cents fersengs, à travers une contrée dépouillée de végétation, privée d'eau potable et où l'on ne voyait ni bêtes fauves, ni oiseaux, ni djinns, ni créatures humaines, ni montagnes, ni arbres. Le ciel s'étendait sur nos têtes; l'immensité du désert se déroulait sous nos pieds. »

« Les chameaux attachés en files, marchaient jour et nuit d'un pas cadencé, semblables à des navires qui voguent pendant des mois et des années entières. »

« L'ardeur du soleil avait rendu le sol brûlant comme l'enfer, l'herbe était empoisonnée par les exhalaisons d'un air méphitique; elle était aussi vénéneuse que le poison de la tarentule. Dans les terres imprégnées de sel, l'eau était saumâtre et amère, son goût ressemblait à celui des larmes purulentes qui s'échappent des yeux des damnés. Lorsque j'arrivai au terme de cette route semblable au chemin qui conduit à l'enfer, le Kharezm apparut à mes yeux comme un paradis céleste. Cent canaux dérivés du Djihoun coulaient de tous côtés. Leurs ondes pures et douces étaient aussi délicieuses que celles du Kaoucer et du Selsebyl. Partout, s'étendaient des champs cultivés, des villages et des jardins; partout, on apercevait des arbres, de la verdure et des rosiers. »

« Je fis à Khiva une entrée pompeuse et solennelle. Cette ville est florissante, et la solidité de ses fortifications lui donne l'aspect d'une montagne. On y voit de magnifiques mosquées et de superbes medressèhs : on s'acquitte dans les premières des devoirs qu'impose une religion pure, et on s'initie dans les autres aux sciences qui ont pour objet la connaissance de la théologie et de la jurisprudence. »

« Je goûtai le repos dans une grande maison entourée d'un vaste jardin qui m'avait été assignée comme résidence. Je fus, pendant deux mois, condamné à rester au lit, dévoré par la fièvre. »

« Le Kharezm Châh revint de l'expédition de Merv, suivi d'une nombreuse escorte. Le jour de son arrivée, le bruit du canon ébranla la voûte du firmament. Je me rendis à son palais ; j'étais comme l'ange Sourouch qui parcourt dans son vol les pavillons les plus élevés du ciel. Dans mes entretiens avec le Khan, je traitai tous les sujets avec la plus entière liberté. Toutes mes paroles étaient marquées au coin de l'éloquence ; tous mes raisonnements reposaient sur les bases les plus solides. »

« Après être resté dans les Etats de ce prince et avoir été son hôte pendant trois mois, un jour heureux fut fixé pour mon voyage. On me fit partir pour Téhéran par la route du Gourgan, afin que je pusse me rendre compte de l'état du pays, et faire mon pèlerinage au tombeau de Nedjm oud Din. J'atteignis les bords de l'Etrek et ceux du Gourgan ; là, les Turkomans pleins de perfidie me tendirent une embuscade. Grâce au bonheur qui favorise le règne du Roi des Rois du monde, je pus échapper aux coups de ces rebelles maudits. Bien que la route du Gourgan ait été, pour moi, semée de dangers, je ne récoltais point des fatigues, mais bien les richesses et les trésors (de l'expérience). Ma tête s'éleva jusqu'au ciel, lorsque je pus l'incliner devant le seuil du palais du Roi, père de tout secours, Nacir Eddin Châh. »

« La splendeur qui illumine son visage nous permet de voir tout ce qui existe dans le monde terrestre. La lumière qui s'échappe de son front fait éclater sa majesté à nos yeux. Sa gloire et sa dignité resplendissent comme le firmament. Sa gravité et sa fermeté sont inébranlables comme une montagne. Parfois, il donne cours à sa colère, parfois on voit briller en lui la bonté et la clémence. Tantôt, il incline vers la paix et la patience, tantôt il se laisse aller à ses instincts guerriers. Son caractère ne le porte qu'à faire le bien ; il ne reconnaît d'autres lois et d'autres règles que celles du code religieux. Si ma vie se prolongeait sous son règne pendant mille ans, jamais je ne cesserais de faire des vœux pour lui et de maudire ceux qui lui portent envie. Il est le souverain qui prête son aide à la religion de Dieu, et qui accorde son appui à la loi du du Prophète ; que le Prophète veuille donc lui donner son appui et Dieu son aide ! »

Pendant que je remplissais, dans le Kharezm, la mission dont j'avais été chargé et que je tâchais, par mes conseils, de ramener le Khan à des sentiments de sympathie et de conciliation, Sa Majesté s'était, à la tête de son armée, rendue dans l'Iraq pour visiter cette province. Elle se montra, dans le cours de ce voyage, mal satisfaite de la conduite et des services de l'Emiri Nizham Mirza Taqy Khan Ferahâny. La poussière du mécontentement se fixa sur le miroir de l'esprit du Roi qui trouvait que l'Emir outrepassait ses pouvoirs et agissait avec témérité, dans l'exercice de ses fonctions de ministre et d'émir. Le Roi, justifiant le proverbe qui dit : « Le sultan est comme le lion », fut irrité contre lui. Le 19 du mois de Moharrem 1269 (3 novembre 1852), il traça sur le feuillet de sa position les lettres de la destitution. Obligé de se soumettre, l'Emir fut éloigné des affaires et condamné à la retraite. Il ne fut cependant ni lié, ni enchaîné : il ne fut soumis à la surveillance ni d'Amr ni de Zeïd (de personne), mais il dut garder les arrêts et il perdit toute espérance de conserver la vie.

Un ministre qui, sur l'échiquier de la puissance, fait marcher le cheval au corps d'éléphant sur le même rang que le roi, est, par un billet contenant peu de mots, confiné dans le coin de la destitution. Le rokh de sa faiblesse est placé sur le sol de l'avilissement. Il tombe du cheval de la considération pour n'être qu'un piéton (pion) et il devient mat.

Sur le trictrac du désespoir, le dé de son espérance reste dans la case de la stupéfaction, sans pouvoir en sortir [1]. Oui :

---

1. Toutes ces métaphores sont empruntées au jeu des échecs et à celui du trictrac. Châh Souvar est le roi, Esp (le cheval) le cavalier ; Rokh la tour, Piadêh le pion. Le mot Rouqa'a a, tout à la fois, la signification de lettre, billet officiel, et celle du petit tapis en drap qui remplace, chez les orientaux, la table de l'échiquier. Cf. Thomas Hyde, *Mandragorias seu historia shahiludii, viz. ejusdem origo, antiquitas ususque per totum Orientem celeberrimus. Speciatim prout usurpatur apud Arabes, Persas, Indos, et Chinenses*, etc. Oxonii, 1694. Th. Hyde a également publié un traité sur le jeu du trictrac : *Historia nerdiludii, hoc est dicere, trunculorum, cum quibusdam aliis Arabum, Persarum, Indorum, Chinensium et aliarum gentium*, etc. Oxonii, 1694. Voyez encore : *Persian Chess, illustrated from Oriental sources; especially in reference to the great chess, improperly ascribed to Timur, and in vindication of the Persian origin of the game, against the claims of the Hindus*, by N. Bland, London, 1850.

Vers. — « Dans ce jeu d'échecs du chagrin, dans ce trictrac de la douleur, celui-là sera un homme qui ne sera ni mat ni bloqué. »

Malgré toute sa pompe et tout son luxe, l'Emir erra éperdu dans le désert du trouble et de l'infortune. Le jour allait, pour lui, faire place à la nuit.

Sa Majesté se rendit compte que les personnages d'une naissance distinguée sont les seuls qui soient aptes à s'acquitter des hautes fonctions de l'Etat; qu'eux seuls n'égratignent pas, avec l'épine de l'avilissement, le cœur des nobles, et qu'ils ne tirent point vanité des richesses de ce monde.

Sa Majesté choisit donc, parmi les fonctionnaires d'un rang élevé et les grands dignitaires, S. A. l'Itimad oud Daoulèh Mirza Aga Khan Noury, qui, précédemment, avait été intendant général de l'armée. Ses aïeux avaient acquis de la célébrité au service de Feth Aly Châh. Son intelligence qui s'était révélée dès son enfance, l'avait fait parvenir aux plus éminentes dignités. Il avait éprouvé les vicissitudes de la fortune et connu tour à tour la faveur et la disgrâce. Il avait, à plusieurs reprises, joui de l'abondance et souffert de la privation des biens de ce monde.

Sa Majesté lui conféra la dignité de Grand Vézir et lui fit don d'un khilat dont l'éclat, égal à celui du soleil, était orné de nœuds en perles et en pierreries. Il reçut, en outre, une canne incrustée de pierres précieuses.

Cette nomination combla de joie les grands et les petits qui se sentirent délivrés de tous soucis.

Hémistiche. — « Après chaque automne, on voit paraître un nouveau printemps. »

Cet événement eut lieu le 6 du mois de Safer (20 novembre), anniversaire heureux de la naissance de Sa Majesté, jour de fête nationale pour la Perse. Cet anniversaire, cette destitution et cette nomination formèrent trois fêtes en un seul jour. Ce furent trois murailles de Yadjoudj (Gog), élevées pour arrêter les mauvais desseins des pervers.

Je conduisis deux ou trois fois Mohammed Chérif Bay, envoyé du Khan de Khiva, à l'audience de ce ministre qui lui témoigna la plus grande bienveillance. Au bout de quelques mois, l'envoyé eut son congé, après avoir reçu une robe d'honneur et des cadeaux. S. M. le Roi lui fit remettre, pour l'offrir en son nom au Khan, une tabatière enrichie de brillants et le premier ministre envoya en présent au Mehter Yaqoub, fils de Youssouf, Vézir du Khan, une écritoire en or émaillé. Les recommandations verbales et écrites, relatives à la soumission du Khan au Roi, furent faites à Mohammed Chérif Bay dans le plus grand détail et celui-ci partit, après avoir donné l'assurance formelle que ses bons services ne feraient pas défaut.

Il se passa quelque temps sans que l'on eût des preuves des bonnes dispositions du Khan; bien au contraire, on voyait surgir, chaque jour, de nouvelles manifestations de son orgueil et de son esprit de révolte. Il fit marcher des troupes contre Serakhs et Merv, et, une autre fois, il donna ordre aux Turkomans de faire des incursions dans les districts du Khorassan et de les livrer au pillage. Les ministres, blessés d'une pareille conduite, dissimulèrent leur mécontentement. Cependant, les actes d'hostilité, d'hypocrisie, de rébellion et de rapine atteignirent la dernière limite. Les gouverneurs de Merv et de Serakhs, et les officiers préposés à la garde des frontières du Khorassan et du Gourgan, faisaient parvenir leurs plaintes à la cour. Les courriers spéciaux et les dépêches se succédaient sans interruption. Le Nevvab Feridoun Mirza, ancien gouverneur général de la province de Fars et oncle du Roi qui est l'asile du monde, fut investi du gouvernement du Khorassan[1]. Mirza Fazhl Oullah, Vézir Nizham (intendant général de la guerre) et frère de S. A. le premier ministre, lui fut adjoint pour l'assister dans les af-

---

1. Feridoun Mirza est le cinquième fils d'Abbas Mirza Naîb ous Salthanèh.

faires de l'administration et il fut investi de la charge de *Mulevelly* (curateur) du tombeau de l'Imam Aly Riza. Ces deux personnages se mirent en route pour leur destination, au mois de Ziqaadèh (août). Le 9 du mois de Redjeb (29 mars), ils entrèrent dans la sainte ville de Mechhed.

Feridoun Mirza, se conformant aux ordres du roi, fit partir pour Téhéran son frère cadet, le Nevvab Hussam ous Salthanèh, et il s'occupa de mettre en ordre les affaires de la province qui lui était confiée. Les Turkomans de Merv et de Serakhs, fatigués des excès et des incursions annuelles du Khan de Khiva, lui portèrent leurs plaintes et ils acceptèrent, comme gouverneur, un des grands personnages de sa cour; ils témoignèrent le plus grand zèle pour les intérêts du gouvernement persan.

Behadir Khan Derèhguèzy était, à cette époque, gouverneur de Merv, au nom du Roi. Le Khan de Khiva avait désigné les Turkomans de Qariab, pour faire des incursions dans les environs de Merv et pour les dévaster. Il avait établi sur les frontières, en qualité de commandant en chef, Mir Ahmed Khan Djemchidy. Ces circonstances avaient fait hausser le prix du blé à Merv. Emir Hussein Khan, père de Sam Khan, Ilkhany du Khorassan [1], accompagné de deux cents cavaliers, portait à Merv une somme en or monnayé, destinée à Behadir Khan et aux troupes cantonnées dans cette ville. A la distance d'une étape de Merv, il fut entouré par deux mille cavaliers Qariaby et Turkomans; il fut, pendant quatre jours, enveloppé par ces gens et occupé à les combattre et à repousser leurs attaques. Le quatrième jour, ses cavaliers ayant mis le sabre à la main, fondirent sur les Qariaby, en mirent quinze hors de combat et, passant au milieu d'eux, ils réussirent à franchir la distance qui les séparait de Merv et à entrer dans cette ville. Au moment où ils s'en approchaient, Behadir Khan fit une sortie avec de l'infanterie régulière et de l'artillerie; il tomba sur les

---

1. V. sur le titre d'Ilkhan ou d'Ilkhany la note 2 de la page 81.

Qariaby, en tua trois cents, en blessa cinq cents et, s'emparant de mille charges de blé qu'ils transportaient à Qariab, il les fit entrer à Merv où elles furent partagées entre les habitants de la ville.

La nouvelle de ces événements parvint au Kharezm, et elle détermina le Khan à se mettre à la tête d'une expédition, pour enlever aux Persans les villes de Merv et de Serakhs. Le Nevvab, gouverneur général, après être resté dix jours à Mechhed et avoir fait ses dévotions au tombeau de l'Imam Riza, y fut rejoint par Sam Khan Ilkhany et l'Emiri Pentchèh Aly Qouly Khan Efchar qui conduisait les régiments Nousret [1] et Efchar et de l'artillerie. Sam Khan, avec mille cavaliers d'élite, fut chargé de conduire à Merv mille charges de blé. Le gouverneur général, de son côté, se dirigea sur Serakhs. Les notables de cette ville, tels que Erazh Khan, Ghouchid Khan et autres, vinrent lui présenter leurs hommages. Dans ces circonstances, l'Emir Nizham avait réussi à soulever les habitants de Kelat contre leur gouverneur, Djafer Agha Djelaïr, qui avait embrassé le parti du Khan de Khiva, après avoir déserté le service du gouvernement persan. Une troupe de soldats déterminés fut envoyée contre Kelat. Djafer Agha prit la fuite et se réfugia dans le Kharezm, pour invoquer l'assistance du Khan et rentrer dans son pays.

Le gouverneur général alla lui-même à Kelat et il en confia la garde au général de brigade Mirza Ibrahim Khan Khamsèh, puis il se rendit dans les cantons d'Atou, d'Ichq Abad et d'Akhal. Des combats furent livrés aux Turkomans, combats dans lesquels ceux-ci furent mis en fuite. Tous ces faits sont racontés en détail dans l'histoire que j'ai publiée [2]. Après avoir

1. Le régiment qui porte le nom de Nousret est recruté dans le Sewad Kouh du Mazanderan. Il tient ordinairement garnison à Téhéran, où il est préposé à la garde du palais et du harem du roi.

2. Le récit des événements dont les frontières du Khorassan furent le théâtre, après l'arrivée de Feridoun Mirza à Mechhed, et du combat dans lequel Mohammed Emin Khan perdit la vie, se lit dans le *Raouzet ous Sefay Naciry* de Riza Qouly Khan, tome X, pages 177-180; dans le *Nassikh oul Tewarikh* de Mirza Sipehr (Histoire de

rétabli l'ordre dans ces localités, le gouverneur général retourna à Mechhed.

Djafer Agha, à son arrivée dans le Kharezm, implora le secours du Khan. Mohammed Emin lui donna mille cavaliers Qariaby pour faire une expédition contre Kelat. Il s'en suivit un combat qui dura cinq heures et dans lequel le frère de Djafer Agha et cent cavaliers furent tués. Djafer Aga dut battre en retraite, après avoir échoué dans son entreprise. Il ne cessait d'exciter Mohammed Emin Khan à se rendre maître de Serakhs, de Merv et de Kelat. Ce prince envoya des messages à Meïmenèh, à Hérât, à Akhal et à tous les Turkomans, pour réclamer leur secours et des hommes. On se rendit à ses instances, et le Khan forma le projet non-seulement de reconquérir ces villes, mais encore de s'emparer de Nichabour et de Sebzvar. Il commença par faire marcher contre Merv de l'artillerie et trois mille cavaliers, commandés par Châh Murad Ouïnaq et le Qouch Beguy. Ayant fait tous ses préparatifs, il se mit lui-même en marche pour envahir le Khorassan, après avoir réduit Serakhs.

Lorsque ces nouvelles parvinrent à Féridoun Mirza, ce prince partit de Mechhed le 17 du mois de Djoumazy oul akhir (8 mars 1855), à la tête de dix mille hommes, et il se dirigea, à marche forcée, du côté d'Aq Derbend. Il détacha Hassan Khan Sebzvary, avec deux ou trois cents cavaliers, pour porter secours aux habitants de Serakhs. Celui-ci se présenta devant la ville, au moment où une action était engagée entre les gens de Serakhs et les Khiviens. Son arrivée ranima le courage des Serakhssy qui infligèrent à leurs ennemis une rude défaite. Six pièces de canon, cinq cents mousquets de gros calibre tombèrent aux mains des cavaliers du Khorassan. La nouvelle de ce combat excita l'ardeur du Khan de Khiva;

---

la dynastie des Qadjars), tome III, pages 188-200; dans le « *Haqaïq oul Akhbar* » de Mirza Djafer Khan, Téhéran 1284, tome Ier, *sub anno* 1271, et dans le second volume du *Miraat oul bouldan* de Mohammed Hassan Khan Seny oud Daoulèh. Téhéran 1295 (1878), pages 159-163. Ce second volume est entièrement consacré à l'histoire des quinze premières années de Nacir Eddin Châh.

il prit la détermination de livrer bataille, et il s'avança à la tête de plusieurs milliers de cavaliers. Le Nevvab, gouverneur général, après avoir expédié Hassan Khan Sebzvary, fit partir, pour secourir Serakhs et offrir le combat à l'armée Khivienne, le général de brigade Mohammed Hassan Khan avec deux régiments de Ferâhan et un de Guerrous[1], quatre pièces d'artillerie et mille cavaliers d'élite.

Cinq cents cavaliers furent envoyés en toute hâte comme éclaireurs. Hassan Khan rencontra dans sa marche deux mille cavaliers khiviens qui, ayant dépassé Serakhs, voulurent s'opposer à son passage. Hassan Khan, sans se laisser effrayer, fit une vigoureuse résistance, repoussa l'ennemi et s'approcha de Serakhs. Le lendemain, environ cinq cents cavaliers arrivèrent également près de cette ville. Le Khan de Khiva apprit que les troupes persanes, semblables aux flots de la mer, continuaient à arriver, jour et nuit, à la suite les unes des autres. Il reconnut que le succès deviendrait plus difficile à obtenir et qu'il valait mieux se hâter de se rendre maître de Serakhs. Ayant donc résolu de porter secours aux troupes du Kharezm qui étaient engagées, il se mit en marche, à la tête de quarante mille hommes pris dans les clans et dans les tribus des Djemchidy, des Qariaby, des Teïmény, parmi les soldats de Meïmenèh et de Chibourghan, parmi les Salour, les Sarouq, les Tekèh, les Gouklan, les Yomout et autres Turkomans. Avant son arrivée, des combats avaient eu lieu, tous les jours, entre les gens de Serakhs et les Khiviens et la victoire s'était, le plus souvent, déclarée pour les premiers et pour les guerriers du Khorassan. Mohammed Hassan Khan Ferâhany était arrivé avec ses bataillons à la distance de six fersengs de Serakhs. Le Nevvab Feridoun Mirza fit partir d'Aq Derbend pour Serakhs, deux mille cavaliers sous les ordres de Mehdy Qouly Mirza, de Sam Khan Ilkhany, du prince Mohammed Youssouf de Hérât, d'Emir

---

1. Les Guerrous sont une tribu Kurde qui occupe les districts du nord du Kurdistan persan, et qui s'étend jusque dans les environs de Tebriz dans l'Azerbaïdjan.

Khan Chahyoun et de Mohammed Hussein Khan Hezarèh.

Mohammed Emin Khan arriva le même jour que les troupes persanes; il excita, par toutes sortes de promesses et de menaces, ses soldats à donner l'assaut à Serakhs et à s'en emparer. On dressa sa tente, qui était en étoffe de couleur vert clair, sur le sommet d'une colline qui porte, en turc, le nom de *Qanly Tèpèh* (la colline sanglante); il s'y établit avec les officiers attachés à sa personne, les ministres, les Tourèh, ses parents et les personnages les plus notables de ses Etats, afin d'avoir le spectacle de la bataille, de pouvoir donner ses ordres à ses cavaliers et récompenser leurs chefs.

Mohammed Hassan Khan Sebzvary, de son côté, sortit de la ville et lança les cavaliers du Khorassan contre les Khiviens auxquels ils offrirent le combat. Les habitants de Serakhs les attaquaient, en même temps, avec le plus grand courage et la plus grande impétuosité. Une grande bataille s'ensuivit. L'air fut obscurci par la poussière que soulevaient les combattants; les cimeterres, semblables au destin immuable, ne cessaient de couper les veines du cou; les fers de lance, pénétrant dans les cœurs et dans les foies, leur racontaient leurs secrets.

Vers. — « On aurait dit que les Persans étaient la chaîne d'une étoffe, et les Khiviens, la trame. (La mêlée fut telle) que ceux-ci devinrent la chaîne et ceux-là la trame. La boutique de l'espoir (d'avoir la vie sauve) n'avait pas de chalands; le bazar de la mort en était, au contraire, encombré. Le sabre, semblable au lis, se teignit de sang. Les fers de lance, qui ont la couleur du jasmin, se changèrent en fleurs de grenadiers. Le malheur s'associa aux Khiviens, le bonheur devint l'ami et l'auxiliaire des Persans [1]. »

Le désordre se mit dans les rangs des Khiviens qui com-

---

[1]. Ces quatre distiques sont tirés du Qacidèh que Riza Qouly Khan présenta au Roi, pour le féliciter de la victoire remportée par les Persans. (Voy. pp. 221 et suiv.)

mencèrent à s'enfuir. Les troupes persanes, aidées par Dieu, coupèrent près de trois mille têtes et s'emparèrent d'un grand nombre de chevaux et de chameaux, d'une grande quantité de mousquets de fort calibre, de fusils, d'une pièce de canon du calibre de dix-sept pounds, de seize fauconneaux (*Saff Chiken*), et de deux drapeaux. Elles poursuivirent les Khiviens dans leur fuite. Lorsqu'elles eurent refoulé les troupes du Kharezm jusqu'à la distance de deux mille pas au-delà de la ville, elles arrivèrent au pied de la colline de Qanly Tèpèh. Mohammed Emin Khan voyait la plaine de Serakhs transformée en un fleuve de sang qui égalait le Sihoun et qui rivalisait avec le Djihoun, et ses troupes mises en déroute. Il reconnut qu'il ne pouvait plus rester en sûreté là où il était. Il voulut monter à cheval et s'enfuir, et il demanda sa monture. Son cheval avait une selle brodée en or; une aigrette se dressait sur sa tête et une boule d'or était attachée à sa croupière. Le costume du Khan présentait aussi des particularités qui servaient à le distinguer; il avait, sur la tête, une aigrette et une plaque en or; le haut de son bonnet était couvert de drap rouge et personne autre que lui, dans ses Etats, n'a le droit de porter cette couleur. Lorsque les cavaliers de Serakhs et du Khorassan arrivèrent au bas de Qanly Tèpèh, ils reconnurent le Khan et ils gravirent la colline dans l'intention de le tuer.

La plupart des gens qui formaient l'escorte du prince s'étaient dispersés et les cavaliers persans purent arriver jusqu'à lui; ils mirent le sabre hors du fourreau. Qourban Kel[1] s'approcha de lui. Le Khan de Khiva cria à ses gens : « Détournez de moi la fureur de cet hérétique! » Qourban lui asséna un coup de sabre qui l'atteignit à la bouche et la fendit jusqu'à l'oreille. Le Khan criait : « Je suis Khan Hazret, je suis un grand personnage, conduisez-moi vivant devant le roi de Perse et renoncez à me tuer. » Personne ne prêta l'oreille à ses paroles. Qourban s'était précipité sur lui et l'avait blessé. Une lutte s'engagea

---

1. Kel est un surnom ; ce mot signifie teigneux.

entre les cavaliers qui voulaient lui couper la tête, lutte dans laquelle douze d'entre eux furent tués. A la fin, Sihhat Niaz Khan, fils d'Erazh Khan, de Serakhs, sépara la tête du Khan de son corps; puis, on pilla ses dépouilles. Cet événement eut lieu le dernier jour du mois de Djoumazy oul Akhir de l'année 1271 (7 mars 1855). Trente-deux des personnes qui accompagnaient le Khan de Khiva furent massacrées, et, parmi elles, quatorze étaient ses cousins. Le qadi du Kharezm, qui était venu avec lui pour rendre le fetva qui autorisait la guerre sainte, goûta aussi le breuvage mortel que contient la coupe du sabre. Les noms des personnages tués, et dont je connaissais la plupart, étaient donnés dans la lettre qui annonçait la victoire. Les voici :

Bek Djan, Divan Beguy, qui avait le rang de ministre des affaires étrangères; Khoudayar By, un de ses principaux fonctionnaires; le Darougha Mahrem (chef de la police); Abdoullah Mahrem, un des chambellans; Daoulet Yar By, Serdar (général), Bek Djan, Niaz Qouly Bin bachy, qui avait mille hommes sous ses ordres; Allah Qouly Yuz bachy (capitaine), Haqq Nazhar Bin bachy, Daoulet Niaz Yuz Bachy. Ce dernier était le fils de Niaz Mohammed Bay dont le père avait été envoyé par Allah Qouly Khan, père de Mohammed Emin Khan, en qualité de gouverneur à Merv. Les habitants de cette ville se révoltèrent contre lui et le massacrèrent. Il était le cousin du Mehter Vézir de Khiva. Ya Sin Bay, maire (*Kelanter*) de Khiva, fils de Hukoumet Khan, fils de Mizrab Khan qui avait été gouverneur de Meïmenèh. Il avait amené au secours du Khan un corps de mille cavaliers. Bek Mourad Bay de la tribu des Tekèh de Qariab, Sulthan de la tribu des Tekèh de Qariab; Mohammed Cheikh, de Qariab qui, à la tête de deux mille cavaliers, faisait constamment des incursions dans le Khorassan; le fils d'Abbas Bay de la même tribu. Djafer Aga Kelaty et Mir Ahmed Khan Djemchidy furent blessés. Les autres officiers tués, dont le nombre s'élevait à soixante-dix, eurent la tête séparée du corps.

Ces têtes furent placées au bout des lances, et les troupes persanes revinrent à Aq Derbend avec ces trophées.

Le mercredi 2 du mois de Redjeb (10 mars) qui était le jour de la fête du Naurouz, les vainqueurs arrivèrent au camp du gouverneur général et la nouvelle de ce succès parvint à Téhéran le 13 Redjeb (24 mars), anniversaire de la naissance du prince des croyants, Aly fils d'Abou Thalib. S. M. ordonna que ce jour heureux fût consacré comme fête publique, et que tous les ans elle fût célébrée avec toutes les marques du respect.

La tête du Khan de Khiva, son bonnet et quelques-uns de ses insignes furent présentés le 15 (26 mars) à S. M. Le Roi me fit appeler; il me questionna sur les signes qui la distinguaient et sur sa physionomie. Je dis tout ce que j'avais vu et je reconnus la tête qui portait les marques de la blessure reçue, et la barbe qui était en désordre et arrachée par places. Je reconnus également la plaque et le bonnet que l'on avait apportés. Je songeai aux exemples que nous offre la fortune, en me rappelant les conseils de tous genres que j'avais donnés au Khan pour qu'il se soumît au Roi de Perse, conseils dont il n'avait tenu aucun compte, jusqu'à ce qu'il subit le sort qui lui était réservé. J'improvisai ce quatrain que je soumis à S. M.

Quatrain. — « O Roi, la renommée de ton généreux caractère s'est élevée jusqu'au ciel. Les Djinns et les anges ont connu tes libéralités et tes dons. Ce Kharezm Châh s'était, avec arrogance, élevé contre toi! Voici sa tête, elle est arrivée et elle roule dans la poussière de tes pieds! »

Le Khan de Khiva était un descendant des princes du Kharezm; ses ancêtres avaient reçu, de la part des princes de la dynastie des Séfévy, des marques de faveur qui avaient fortifié leur autorité et ces Khans avaient rendu de bons services aux souverains de la Perse. Ils suivaient, en outre, la religion musulmane et ils étaient les observateurs des lois du Prophète. S. M. ne fut donc point satisfaite de voir sa tête apportée dans la capitale. Elle décida qu'un tombeau et qu'un édifice élevé seraient construits en dehors de la porte appelée *Dervazèhi Daoulet*, et que l'on y enterrerait la tête du Khan et celles des personnages tués en même temps que lui.

Cet ordre fut exécuté. Des lecteurs furent établis dans ce tombeau pour y lire le Qoran, et des distributions d'eau et de soupe furent faites aux pauvres. Mohammed Emin Khan, fils d'Allah Qouly Khan, pouvait avoir trente-cinq ans au moment de sa mort. Il avait régné près de neuf ans.

Le gouverneur général du Khorassan se rendit à Serakhs où il resta cinq jours; puis, il se mit en route pour Merv où il arriva le 17 du mois de Redjeb (23 mars). Il s'occupa de mettre en ordre toutes les affaires de ces localités et, le premier jour du mois de Ramazan (6 mai), il rentra dans la sainte ville de Mechhed.

Il m'a paru nécessaire, en terminant mon opuscule, d'y ajouter ce récit de la fin du règne du Khan de Khiva. J'ai donc mis en appendice ces quelques feuillets supplémentaires. Les poètes contemporains ayant présenté à S. M. des pièces de poésie pour célébrer cette grande victoire, j'ai composé, de mon côté, les vers que l'on va lire :

Qacidèh. — « La gloire de Nacir Eddin Qadjar vient de rendre une nouvelle jeunesse à la fortune de la Perse. Si la royauté était un œil, ce prince en serait la lumière; si la souveraineté était un arbre, il en serait le fruit. Ses armées, en marchant, creusent dans les plaines de profonds sillons. Les coups de son poignard transforment les montagnes en cavernes. Son coursier, de race arabe, est un tigre qui sème la mort sous ses pas. Son sabre d'acier de l'Inde fait pleuvoir les calamités autour de lui. Son lacet, semblable à un serpent, enserre l'aide divine dans son nœud; sa flèche, rapide comme le vautour dans son vol, a la victoire fixée à sa pointe. »

« Sa main, le jour où il distribue ses libéralités, est semblable à cent nuages qui laissent échapper de leur sein une pluie abondante. Son cœur, quand il donne cours à sa générosité, nous représente cent mers agitées. »

« Pendant le banquet, son visage reflète lumière sur lumière ; pendant le combat, son caractère jette feu sur feu. Son visage est l'image du paradis, sa colère nous donne l'idée de l'enfer. »

« Ses bataillons sont comme les flots de l'Océan ; ses officiers sont comme des lions qui se désaltèrent dans le sang. Tantôt ils attaquent Qarchy ou le Kharezm, tantôt ils jettent la terreur dans le pays de Saqssin ou dans celui des Bulgares. »

« Un jour, ils marchent contre Hérât et Balkh ; un autre jour, ils attaquent Kelat et Merv. Leurs lances, qu'ils tiennent élevées, font ressembler le ciel à un champ de roseaux ; la poussière, que soulèvent leurs pas, donne aux nuages l'aspect d'un bosquet de jasmins. »

« Lorsque le Roi des Rois s'aperçut que le souverain du Kharezm désirait répandre le sang et faire appel à la violence, il me donna l'ordre de me rendre dans ce pays et de réveiller le Khan du sommeil dans lequel il était plongé. Ce prince ne voulut écouter ni mes conseils, ni mes remontrances ; dans son orgueil, il refusa de venir à résipiscence. Il voulait jouer avec la queue du lion, et chercher la thériaque sous celle du serpent. »

« Il forma le projet de ravager les provinces de l'Orient ; sa tête était remplie des plus folles illusions, et elle tomba avilie dans la poussière. Semblable à Houman [1], il marcha contre Serakhs, entouré des Tourèh et de nombreuses bandes de Turkomans. Il était accompagné par plus de cinquante mille cavaliers ; chacun d'eux était semblable à un dragon, et il aurait été le vainqueur de Behmen [2]. Il fit planter ses tentes qui

---

1. Houman était le frère de Piran qui commandait l'armée d'Afrassiab. Il fut tué par Bijen, fils de Guiv.
2. Behmen, fils d'Isfendiar, fils de Gouchtasp.

étaient de couleur verte ; mais déjà le sabre de sa vie était rongé par la rouille du malheur. Il donna l'ordre à ses troupes de marcher au combat : celles-ci se mirent en mouvement, avides de carnage. »

« Lorsque les nouvelles de ce qui se passait à Serakhs et de la conduite du Khan parvinrent au gouverneur du Khorassan, ce haut personnage, oncle du roi, l'auguste Feridoun, plus favorisé par la fortune que le roi Feridoun qui mérita le surnom d'heureux, sortit de Thous, semblable à Guiv et à Gouderz [1]. Il entra à Derbend et il coupa la route, pour pouvoir faire prisonniers ces ghouls à la course rapide. »

« L'armée persane n'avait que mille hommes à opposer à chaque dix mille Turkomans : elle se mit en marche vers Serakhs pour livrer bataille. Les soldats persans fondirent sur les troupes de Khiva, semblables à des faucons qui se jettent sur des canards et sur des hérons [2]. »

« On aurait dit que les soldats persans étaient la chaîne d'une étoffe, et les Khiviens, la trame. La mêlée fut telle, que ceux-ci devinrent la chaîne et ceux-là la trame. La boutique de l'espoir (d'avoir la vie sauve) n'avait pas de chalands ; le bazar de la mort en était encombré. Le sabre, semblable au lis, se teignit de sang. Les fers de lances, qui ont la couleur du jasmin, se changèrent en fleurs de grenadiers. Tous les Khiviens étaient comme des chameaux et des béliers, tous les Persans étaient comme des bouchers et des sacrificateurs. »

« Les flots de sang roulèrent avec tant d'impétuosité du côté du Kharezm, que les eaux des canaux du Djihoun prirent une teinte rouge. »

« Le malheur s'associa aux Khiviens, le bonheur devint l'ami et l'auxiliaire des Persans. Les cavaliers du Roi aperçurent le Kharezm Châh établi au sommet d'une colline. Ils lâchèrent

---

1. Guiv et Gouderz sont deux héros persans dont Fridoussy a chanté les exploits.
2. Le texte persan porte *bagh* (jardin) ce qui n'offre point un sens satisfaisant. Il faut substituer, ce me semble, au mot *bagh* celui de *magh* qui signifie canard et spécialement une espèce dont le plumage est noir.

la bride à leurs chevaux, dont la course était aussi rapide que le vol du gerfaut. On aurait cru qu'un faucon royal venait d'apercevoir une perdrix sur une hauteur. Les cavaliers se précipitèrent, gravirent l'éminence, et, arrivés au haut, ils mirent le sabre à la main. La colline et ses pentes furent changées en un champ de tulipes. Le front du Kharezm Châh fut dépouillé de son diadème, l'aigrette fut abattue de la tête de son cheval. Les officiers et les chefs furent tués ; il ne resta ni mehter, ni dignitaires, ni généraux. Leurs corps furent allégés du poids de leurs têtes et leurs têtes n'eurent plus à supporter celui de leurs lourds bonnets. »

« La tête du prince qui avait formé le projet de se révolter contre le Roi des Rois, fut envoyée à la cour de Khosrau. Celles des généraux roulèrent à ses pieds et elles présentaient les excuses du crime qu'elles avaient commis. »

« La tête du Kharezm Châh fut apportée à Téhéran et son corps resta à Serakhs. Ceux qui purent s'échapper, couverts de blessures et de honte, se réfugièrent dans le Kharezm, en proie au désespoir. »

« Ils marchaient, succombant sous le poids de la fatigue, et leur démarche était celle de gens frappés d'apoplexie. Leurs corps, privés de force, ressemblaient à ceux des malades. »

« Les pleurs et les lamentations éclatèrent dans tout le Kharezm ; les plaintes et les gémissements retentirent dans toute la ville de Gourgandj. Le Turkestan tout entier fut rempli de gémissements semblables au bruit que font les vagues du Djihoun. Le deuil s'étendit de Boukhara à Ferkhar [1]. Les soupirs étaient aussi glacés que le vent d'Azer [2] ; les yeux étaient aussi humides que le nuage d'Azar [3]. Tous se retirèrent, comme des hi-

---

1. Deux petites villes portent le nom de Ferkhar : l'une est située dans le Turkestan et a donné naissance au poëte Ferkhary, l'autre se trouve sur la frontière de la Chine de Kachghar.

2. Azer mah est le neuvième mois du calendrier persan : il correspond aux mois de novembre et de décembre (du 21 novembre au 21 décembre).

3. Azar est le nom du mois de mars dans le calendrier grec oriental.

boux dans de tristes ruines, rongés par le chagrin. Tous étaient, comme la chouette, la proie de la tristesse. Le bonheur qui veille sur le Roi, les bonnes dispositions prises par le ministre menèrent facilement à bonne fin cette entreprise ardue. Un roi qui est assisté par un pareil vézir, voit toujours ses entreprises couronnées de semblables succès. Ces événements doivent être racontés en détail par l'histoire ; on ne peut en donner, en vers, qu'une brève relation. »

« Puissent, aussi longtemps que le firmament se servira du soleil et de la lune pour nous donner le spectacle des événements, puissent les têtes des ennemis du Roi rouler au pied des lances, et les corps des rivaux du souverain, qui est l'égal de Darius, être suspendus aux gibets ! »

FIN

APPENDICE

APPENDICE

I

REY

Rey, la Rhagès du livre de Tobie, est l'une des villes les plus anciennes de la Perse. Yaqout, dans le *Moudjem oul bouldan,* lui a consacré une longue notice qui a été traduite par M. Barbier de Meynard [1].

L'importance de Rey, le rôle qu'elle a joué comme capitale de différents États, m'ont engagé de donner un aperçu très-sommaire de son histoire, et d'y joindre la traduction des articles qu'Abou Ishaq Ibrahim el Isthakhry et Qazwiny lui ont consacrés dans leurs ouvrages géographiques.

Rhagès était déjà une ville ancienne à l'époque de Tobie, et l'on peut conjecturer que sa fondation remonte au temps où les Mèdes commencèrent à élever la ville d'Ecbatane. Lorsque le séjour de Suse fut abandonné, les rois parthes vinrent passer à Rhagès les mois du printemps.

---

[1]. Dictionnaire géographique, historique et littéraire de la Perse, extrait du *Moudjem el bouldan*, par C. Barbier de Meynard. Paris, 1861, pages 273 et suivantes.

Il est probable que cette ville fut anéantie par un tremblement de terre.

Seleucus Nicator la reconstruisit et doubla son étendue.

Strabon [1] nous apprend que ce prince lui donna le nom d'Europeas. Les Parthes la désignaient sous celui d'Arsacie [2].

Les Rois Sassanides ayant abandonné le séjour de Rhagès, cette ville tomba en une décadence si complète, qu'elle était en ruines lorsque les Arabes en firent la conquête (22 A. H. 642 A. D). Le district de Rey et la province de Qoumes ne furent imposés qu'à cinq cent mille dirhems, pour assurer aux habitants la vie sauve et la conservation des pyrées. Sous le khalifat de Mançour, son fils Mohammed el Mehdy rebâtit la ville de Rey ; il l'entoura d'un fossé et d'une double enceinte construite en briques, et il fit inscrire sur les murailles son nom et la date de la reconstruction (158, 774).

La ville reçut, en l'honneur de ce prince, le nom de Mohammediéh. Le château de Zenbedy, qui dominait la grande mosquée et le palais du gouvernement, fut réparé et compris dans la nouvelle enceinte de la ville. Mehdy y fixa sa résidence [3]. C'est à Rey que naquit Haroun Errechid. La ville conserva une certaine richesse qu'elle devait à l'activité de son commerce ; mais les dissensions religieuses qui divisaient ses habitants portèrent un coup funeste à sa prospérité et hâtèrent sa ruine.

Rey [4] tomba, en l'année 374 (984), au pouvoir du prince Samanide Nasr ibn Ahmed. Le sultan Mahmoud le Ghaznevide en

---

1. Géographie de Strabon traduite par M. Larchey. Paris, 1814, tome IV, Ire partie, livre XI, page 313.

2. Les historiens arabes orthographient ce nom « *Araẓy.* » Belazoury, *Liber expugnationis regionum, auctore Imamo Ahmed Ibn Iahja bin Djabir el Beladsori* quem edidit M. J. de Goeje. Leyde, 1866, page 320.

3. Belazoury, *Liber expugnationis regionum,* page 319.

4. Rey a été le siége d'un métropolite Nestorien qui avait sous son autorité spirituelle les communautés chrétiennes de la province de Rey et du Thabarestan.

Le Quien, (*Oriens Christianus,* tome II, pages 1292-1293) et Assemani (*Bibliotheca orientalis,* tome III, pages 492), nous ont conservé le nom de prélats ayant occupé le siége épiscopal de cette ville.

fit la conquête en 420 (1029), mais il la perdit l'année suivante. Toghroul Bek, le fondateur de la dynastie des Seldjouqides de l'Iraq, s'en rendit maître en 436 (1044) et il y mourut, en 455 (1063), d'une maladie qui fut attribuée à l'insalubrité du climat. Après la victoire remportée par Tekich Khan et Qoutlouq fils d'Inandj, en 590 (1193), sur Toghroul Bek, fils d'Alp Arslan, Rey fut annexée aux États du Kharezm Châh Tekich Khan [1].

En 617 (1220), lors de l'invasion des Mogols, un corps d'armée, détaché à la poursuite du sultan Mohammed Kharezm Châh, se présenta à l'improviste devant Rey. La ville restée sans défense fut mise à sac et détruite, et les habitants massacrés ou réduits en esclavage. Ghazan Khan essaya, sans y réussir, de la relever de ses ruines et, depuis cette époque, son nom n'apparaît plus que rarement dans les annales de l'histoire.

« Rey, dit Abou Ishaq el Isthakhry [2], est la ville la plus considérable que l'on rencontre à l'est en franchissant la frontière de l'Iraq. Jusqu'aux confins des pays de l'Islamisme, aucune n'est plus florissante, plus grande et plus riche, à

---

[1]. « Tekich fit une diligence si grande qu'il arriva aux portes de Rey pendant que le Sultan était encore noyé dans le vin. Le Sultan, se réveillant en cet état, ne laissa pas de marcher à la tête de ses troupes et en prononçant ces vers tirés du Châh Namêh : « Aussitôt que de loin on vit la poussière excitée par cette armée qui avançait, la joie parut sur le visage de mes soldats et de mes capitaines. D'un seul coup de ma masse d'armes, j'ouvris le chemin à mes troupes au milieu de mes ennemis, et les efforts de mon bras furent si violents que, sans quitter les arçons de ma selle, je fis tourner la terre comme une meule de moulin. » En prononçant ces paroles, animé par la chaleur du vin, et en maniant sa masse d'armes, comme s'il eût voulu frapper, il en déchargea un si grand coup sur les jambes de devant de son cheval, que le cheval s'abattit sous lui, et qu'il fut lui-même renversé par cette chute. Qoutlouq, le voyant par terre, courut aussitôt à lui, lui ôta la vie de son cimeterre et termina, par le même coup, la durée de la puissance des Seldjoucides. Un poète persien, s'adressant à ce prince mort par cet accident, dit : « Grand Roi, le monde a aujourd'hui le cœur serré, et l'azur des cieux change même à tout moment de couleur. Hier, il y avait une coudée entre votre tête et la voûte du ciel, et aujourd'hui, il y a un ferseng entre votre tête et votre corps. » D'Herbelot, *Bibliothèque orientale*. Maestricht, 1776, in f., page 869.

[2]. *Viæ regnorum, auctore Abu Ishàk al Fàrisi al Istakhri*. Edidit M. J. de Goeje. Leyde, 1870, page 207.

l'exception toutefois de Nichabour. Celle-ci occupe une plus vaste superficie, mais Rey l'emporte sur elle par la masse serrée des constructions, par la prospérité et l'aisance des habitants. Elle a un ferseng et demi de longueur sur autant de largeur. Les maisons sont construites en terre, en mortier et en briques cuites.

« Les portes de Rey sont connues : ce sont celles de Bethaq [1], que l'on franchit pour se rendre dans le Djibal et dans l'Iraq; celle de Belissan, qui conduit à Qazwin; celle de Kouhek (la petite montagne), qui mène au Thabarestan; celle de Hicham, que l'on passe quand on va à Qoumes et au Khorassan; et celle de Sin, qui conduit à Qoum. Les bazars les plus célèbres sont ceux de Roudèh, de Belissan, de Deheki Nao (le petit village neuf), de Naçrâbad, de Serbanan et ceux des portes du Djibal, de Hicham et de Sin. Celui de Roudèh est le mieux approvisionné ; il s'y fait le plus de transactions commerciales et l'on y trouve la plus grande partie des caravansérails. Ce bazar consiste en une voie large, bordée d'une file non interrompue de boutiques et d'édifices.

« La ville intérieure est commandée par un château que l'on appelle *Qala'ah;* elle renferme aussi la grande mosquée. La plus grande partie de cette ville est en ruines et la population habite, en majorité, les faubourgs.

« Des puits fournissent l'eau nécessaire aux habitants. Il y a aussi des canaux souterrains et deux autres qui sont à ciel ouvert. L'un porte le nom de Sourqany et traverse le bazar de Roudèh; l'autre, appelé Guilany, traverse celui de Serbanan. Les canaux ont plus d'eau que n'en exigent les besoins de la population ; le surplus est distribué dans les villages et sert à l'irrigation des terres. Les transactions se font à Rey en dirhems et en dinars. Les habitants ont le même costume que les gens de l'Iraq. Ils se font remarquer par leur générosité, leur finesse et leur expérience des affaires. On voit dans cette

---

1. Le nom de cette porte indique qu'elle était surmontée d'un dôme ou coupole.

ville les tombeaux de Mohammed ibn Hassan el Kessay, jurisconsulte et lecteur du Qoran, et de l'astronome Fezary. »

« Rey, dit Qazwiny [1], est une des villes les plus anciennes et les plus célèbres du monde. Elle abonde en tous biens et son territoire produit une énorme quantité de fruits et de céréales. Sa fondation remonte aux temps les plus reculés et Ibn el Kelby l'attribue à Houcheng, l'un des successeurs de Keyoumers. Selon d'autres auteurs, elle aurait été bâtie par Raz, fils de Khorassan, et c'est pour ce motif que le qualificatif de Rey est Razy. C'est une ville remarquable située dans une plaine. Non loin de Rey, s'élève la montagne qui a reçu le nom d'Aqra' (la chauve), parce que le sol ne porte aucune végétation. Cette montagne est aussi appelée Theberek (la petite hache) [2]. On dit qu'elle renferme dans son sein une mine d'or, mais, le produit ne couvrant pas les dépenses, l'exploitation en a été abandonnée.

« Les maisons de la ville sont creusées dans la terre; elles sont fort obscures et d'un accès très-difficile. Cet usage provient des avanies que les habitants ont eu à supporter de la part des gens de guerre, qui pillaient les maisons quand ils étaient ennemis, et qui s'y installaient de force quand ils venaient en amis : aussi a-t-on construit l'entrée des maisons de manière à ce qu'elles fussent obscures, pour se mettre à l'abri de ces vexations. Les gens qui font des fouilles à Rey trouvent des bijoux d'une grande beauté et des fragments d'or. Le sol cache un grand nombre de trésors dont on voit, en tout temps, mettre au jour des parties; car cette ville a toujours été une résidence royale. »

« Sous le gouvernement d'Ilqalmich, en l'année 614 (1217), on y découvrit des cruches remplies de pièces d'or; on ne put reconnaître sous quel roi elles avaient été frappées.

---

1. *Açar oul bilad*, édition de M. Wüstenfeld. Goettingue, 1848, pages 250-256.
2. Cette montagne porte aujourd'hui le nom de montagne de Biby cheher Banou, à cause du tombeau d'une femme morte en odeur de sainteté, et qui fut regardée comme la patronne protectrice de la ville.

» Rey a été plusieurs fois ruinée, soit par la guerre, soit par des tremblements de terre [1].

« Djafer ibn Mohammed er Razy dit que la ville actuelle fut bâtie par ordre du Khalife Mehdy, fils de Mançour, et par les soins d'Ammar, fils de Khaçyb. La construction en fut achevée en l'année 158 (774).

« Les canaux qui fournissent l'eau coulent dans la ville, mais l'eau est immonde parce que les habitants y jettent toutes leurs ordures, et que les eaux des bains publics s'y déversent. On ne va puiser dans les canaux qu'à minuit, parce qu'à cette heure l'eau est moins souillée d'impuretés. L'atmosphère est, pendant l'automne, lourde et malsaine et il est rare que les étrangers ne soient pas cruellement éprouvés, car les fruits sont, à cette époque, fort abondants. On donne à vil prix les figues, les pêches et le raisin. La récolte du raisin ne peut être achevée avant l'hiver. On en trouve à Rey une espèce appelée Melahy. Chaque grain est aussi gros qu'une datte à moitié mûre, et les grappes, aussi volumineuses qu'un régime de dattes, atteignent le poids de cent rothls. Cette espèce dure jusqu'à l'hiver et on l'exporte à Qazwin pendant toute cette saison. Malgré leur grosseur, les grains ont une peau fine et le goût en est excellent. Il y a aussi une espèce de raisin qui ressemble au Rizaqy : seulement il ne donne que peu de suc pour faire le *Douchab* [2]. Quand on l'a cueilli, on le place à l'ombre et il devient un excellent raisin sec que on l'exporte dans tous les pays.

---

1. Les anciens mentionnent déjà les tremblements de terre qui désolaient la province de Rhagès (Rey). « Posidonius parle d'une de ces commotions qui fut si violente que deux villages et plusieurs villes furent engloutis. Diodore de Sicile ajoute que cet événement changea la face de toute la contrée et que des fleuves parurent où l'on n'en avait encore vu. De pareils désastres ont dû s'y renouveler quelquefois ; et l'on en connaît deux exemples remarquables, l'un dans le viiie siècle, l'autre dans le xviie. » *Recherches géographiques et historiques sur la Médie* par M. de Sainte-Croix, dans les *Mémoires de littérature de l'Académie des Inscriptions et Belles-Lettres*, tome I, page 135.

2. Le douchâb (en arabe dibs, en turc pekmez) est un sirop très épais qui s'obtient en soumettant à une forte cuisson le jus du raisin légèrement pressé. Le douchâb le plus renommé était celui que l'on fabriquait à Arredjan ou Argân, dans la province de Fars.

« On exporte également de Rey une argile extrêmement onctueuse et dont on se sert pour nettoyer la tête : elle est si estimée qu'on l'offre en cadeau. Les fabricants de peignes de cette ville sont d'une grande habileté. Ils font des peignes de toute beauté, que l'on donne en présent dans les pays où on les transporte. On y fabrique également des ustensiles et des objets avec le bois de *Khalendj* (buis). Ce bois est apporté du Thabarestan à l'état brut. A Rey, on le dégrossit au tour, on lui donne une forme élégante, on le couvre de sculptures et d'ornements et il devient alors un objet d'exportation estimé dans tous les pays. »

Les voyageurs qui ont visité les ruines de Rey nous en ont laissé des relations qui présentent quelque intérêt : mais celle que nous a donnée M. Pascal Coste dans son ouvrage sur les « Monuments modernes de la Perse »[1] m'a semblé la plus complète et je l'insère ici, pour terminer cette notice sur une des plus anciennes villes du nord de la Perse.

« Aujourd'hui, c'est à peine si, en traversant cette contrée voisine de Téhéran, on rencontre quelques monticules, restes de maçonnerie qui avertissent le voyageur qu'autrefois, dans ces lieux, existait une immense cité, une capitale ; et encore les débris que l'on y découvre ne datent que de la seconde et plus moderne période de son existence, celle qui commence avec l'Islamisme. L'ensemble de ces ruines occupe une étendue de 2,100 mètres du nord au sud et de 2,250 mètres de l'est à l'ouest ; tout ce vaste emplacement est situé au pied d'un chaînon qui part de l'Elborz. Sur le principal rocher isolé, l'on voit les débris d'une citadelle, des restes de murs et de tours en terre dont quelques-unes sont revêtues de maçonnerie en blocage. On y voit aussi des ruines de constructions en briques cuites au four, que les Persans enlèvent chaque jour pour les employer aux constructions qu'on exécute à Téhéran.

---

1. *Monuments modernes de la Perse mesurés, dessinés et décrits*, par M. Pascal Coste. Paris, 1867, in-f°, pages 43 et suivantes.

« Au centre de tous les monticules et des murs d'enceinte se trouve une tour circulaire construite en bonnes et fortes briques cuites; elle a seize mètres soixante centimètres de diamètre à l'extérieur, et onze mètres vingt centimètres à l'intérieur. Sa face extérieure est formée de vingt-deux cannelures triangulaires terminées vers la partie supérieure par trois rangs de voussures superposées, et d'une frise portant encore des fragments d'une inscription en caractères cufiques. La partie supérieure, qui se terminait par une coupole, est entièrement ruinée. La hauteur de la tour, non compris la frise d'inscription, est de vingt mètres; la porte, à l'ouest, est encadrée d'un chambranle couronné par une corniche à trois rangs de petites voussures, comme cela se voit dans les monuments de l'architecture arabe. La porte, à l'est, n'a plus qu'une voussure ogivale et son encadrement a disparu. Au dessus de cette porte, l'on voit, dans l'épaisseur du mur, le vide d'un petit escalier en spirale à l'aide duquel on montait au haut de la tour. Sir W. Ouseley nous apprend que, selon la tradition répandue dans le pays, il était d'usage d'annoncer à la ville de Rey les victoires remportées sur l'ennemi au moyen d'un drapeau rouge arboré au haut de cette tour.

« Vers la partie est, et en dehors des enceintes et des ruines, on voit plusieurs tours construites en maçonnerie de blocage. Une de ces tours est encore bien conservée et l'inscription cufique qui l'orne est faite avec de petites briques cuites au feu incrustées dans la maçonnerie. Cette tour a onze mètres quatre-vingt-cinq centimètres de diamètre à l'extérieur et huit mètres vingt-cinq centimètres à l'intérieur, sur une hauteur de douze mètres, y compris l'inscription. Sa porte vise au sud; elle est à voussure ogivale à l'extérieur et à plate-bande à l'intérieur, à la hauteur du centre de la voussure. On voit encore vers la partie supérieure, à la hauteur de sept mètres, deux petits escaliers construits dans l'épaisseur du mur pour monter au haut de la tour. La voûte et la coupole n'existent plus; il ne reste des autres tours qui se trouvaient parmi ces ruines que leurs bases : elles sont carrées. Ces diverses tours ne se rattachent à aucun des murs d'enceinte.

« Rien parmi ces débris dont on peut encore déterminer la forme ne nous reporte dans la haute antiquité; les inscriptions comme les constructions elles-mêmes sont de la période musulmane, par conséquent, les plus anciennes ne sauraient aller au delà du viiie siècle de notre ère.

« A côté de ces ruines d'un autre âge, on voit, sur la face de deux rochers, deux bas-reliefs très-modernes sculptés sur une surface polie. Celui qui est au nord-est des ruines représente Feth Ali Châh à cheval, combattant un lion. Celui au nord-ouest, éloigné du premier d'un kilomètre, représente, dans un grand cadre, le même monarque assis sur son trône, et entouré de plusieurs des princes ses fils et de ses ministres. Au bas du rocher, jaillit une source abondante d'eau fraîche et limpide. »

II

LE DEMAVEND

LE pic le plus élevé de la chaîne de l'Elbourz est désigné par les géographes orientaux sous les noms de Demavend, Dibavend, Dumbavend ou Denbavend. Ce volcan est, depuis les temps les plus reculés, l'objet de la terreur superstitieuse des habitants de l'Iraq, du Djibal et du Thabarestan qui prétendent que nul mortel ne peut en atteindre le sommet. Parmi les légendes populaires auxquelles il a donné naissance, celle de Biverasp ou Zohak, enchaîné dans ses flancs, rappelle celle d'Encelade écrasé sous l'Etna.

L'ascension du Demavend fut tentée par Miss'ar ibn Mouhalhil (vers 330-942); mais il ne put arriver qu'à la moitié de la hauteur de la montagne. Des gens du Thabarestan, envoyés par le naturaliste Aly ibn Rezin, parvinrent au sommet après cinq jours d'efforts. Qazwiny nous a conservé la relation que ces deux auteurs ont donnée de leur ascension.

Parmi les Européens, Thomas Herbert qui accompagna Sir Dormer Cotton, ambassadeur de Charles Ier auprès de Châh Abbas, réussit à monter jusqu'au haut du Demavend dans le courant du mois de juin 1627.

De nos jours, M. W. J. Thompson, puis après lui, Lord Schomkerker et M. R. F. Thompson, et, enfin, en 1860, M. le capitaine Ivostchinzov, de la commission russe de la mer Caspienne, gravirent le pic et y firent une série d'observations qui leur permirent d'évaluer approximativement la hauteur de la montagne. J'insère ici, en premier lieu, les extraits des écrivains orientaux, et je les fais suivre par le résumé des relations européennes qui nous fournissent sur la composition géologique de la montagne et sur sa hauteur, des données à peu près certaines.

« Le Demavend, dit Abou Ishaq Ibrahim el Isthakhry, s'élève sur les confins du district de Rey. Je l'ai contemplé de cette ville, du milieu du bazar de Roudèh. On l'aperçoit, m'a-t-on dit, de Savèh [1]. Cette montagne s'élève au-dessus des autres comme une coupole et sa base couvre, au milieu d'elles, une superficie de quatre fersengs. Je ne pense pas que l'on puisse la gravir jusqu'à son sommet. On dit, dans les fables ridicules, léguées par le passé, que le roi Zohak est enchaîné dans ses flancs et que les sorciers tiennent leurs assemblées sur son faîte. Il s'en échappe continuellement une épaisse fumée » [2].

Naciri Khosrau qui traversait le nord de la Perse en 438 (1046) dit, dans la relation de son voyage, que le Demavend est « semblable à une coupole »; qu'il porte aussi le nom de « Montagne de Livassan [3]; et qu'au sommet, s'ouvre un cratère dans lequel on recueille du sel de natron et du soufre; on les met dans des peaux de bœuf que l'on fait rouler du haut de la montagne, car il n'y a point de chemin qui permette de les transporter [4]. »

Yaqout, dans son dictionnaire géographique, ne consacre que deux lignes au Demavend. Hamd oullah Qazwiny, dans son *Nouzhet oul qouloub,* résume très-brièvement les détails donnés dans l'*Adjaïb oul Makhlouqat* et il ajoute que « l'a-

---

1. Savèh est située à égale distance de Hamadan et de Rey. Trente fersengs la séparent de chacune de ces deux villes.
2. *Viæ regnorum. Descriptio ditionis moslemicæ,* auctore Abu Ishâk al Fârisi al Istakhri. Lugduni Batavorum. 1870, page 210.
3. Livassan est le nom d'un village situé sur le versant de la montagne.
4. *Sefer Namèhi Naciri Khosrau.* Manuscrit de mon cabinet, page 6.

moncellement des neiges est la cause de fréquentes avalanches qui entraînent mort d'hommes. Les gens du peuple, ajoute-t-il, prétendent que le bruit de la voix en provoque la chute, mais cela signifie simplement qu'il ne faut point s'attarder à parler, mais passer rapidement pour n'être pas surpris par la chute des neiges ».

Enfin, dans son *Heft Iqlym*, Ahmed Razy se borne à traduire la notice relative au Demavend, insérée par Qazwiny dans son *Adjaïb oul Makhlouqat*.

« Le Demavend, dit Miss'ar ibn Mouhalhil [1], est une montagne d'une prodigieuse élévation, et personne ne peut atteindre son sommet couvert de neige, hiver et été. On l'aperçoit de la montée de Hamadan et, quand de Rey, on jette les yeux sur elle, on s'imagine qu'elle surplombe la ville, bien qu'elle en soit à la distance de deux ou trois fersengs.

« La croyance des gens du peuple est que Souleyman, fils de David, a enfermé dans le sein de cette montagne un génie rebelle appelé Sakhr. On prétend encore que le roi Feridoun y a emprisonné Biverasp, appelé aussi Zohak. La fumée qui s'échappe de la caverne (située sur cette montagne) serait, au dire du vulgaire, la vapeur de sa respiration; le feu que l'on voit brûler au dehors de cette caverne, les éclairs de ses yeux, et les bruits que l'on entend, les éclats de sa voix [2].

« Je voulus, ajoute le même auteur, me rendre compte par moi-même et j'entrepris l'ascension de la montagne. Je parvins, au prix de grandes fatigues et au péril de ma vie, jusqu'à la moitié de la hauteur et je ne crois pas qu'il soit possible de dépasser l'endroit où je me suis arrêté. J'examinai avec soin

---

1. Qazwiny, *Adjaib oul Makhlouqat* (les merveilles de la nature), édition de M. Wüstenfeld. Gœttingue, 1849, pages 158 et suivantes. La première partie de cet ouvrage a été traduite par M. le Dr Ethé : Zakarija ben Muhammed el Kazwîni's *Kosmographie. Die Wunder der Schœpfung*. Leipzig, 1869, in-8°. La traduction que je donne ici diffère, en quelques points, de celle de M. Ethé.

2. Cette légende est également mentionnée par Moyse de Khorène et les auteurs arméniens. *Études sur les chants historiques et les traditions populaires de l'ancienne Arménie*, par Ed. Dulaurier. *Journal asiatique*, IV série, tome XIX, 1852, page 40.

tout ce qui m'entourait. Je vis une soufrière environnée de blocs de soufre qui jetaient un vif éclat aux rayons du soleil levant et paraissaient tout en feu. A côté, se trouve le lit d'un torrent qui se précipite au pied de la montagne ; le vent qui s'engouffre dans cette gorge et les courants d'air qui s'y produisent donnent naissance à des bruits de diverse nature. Tantôt on croit entendre le hennissement d'un cheval ou le braiment d'un âne, tantôt on s'imagine que l'oreille perçoit des voix d'hommes se livrant à une conversation dans une langue incompréhensible.

« La fumée dont j'ai parlé plus haut sort de la soufrière. Quand les habitants la voient devenir plus intense et qu'ils s'aperçoivent que les fourmis font une plus ample provision de grains, ils en concluent que l'année sera une année de disette ; quand des pluies d'une trop longue durée leur ont causé des dégâts, ils répandent du lait de chèvre sur le feu et la pluie cesse à l'instant même. J'en ai, moi-même, fait l'expérience à plusieurs reprises, et j'ai constaté la vérité de ce qui m'avait été dit.

« Jamais personne n'a vu une partie quelconque du sommet dégarnie de neige, sans que le sang n'ait coulé dans les contrées situées de ce côté de la montagne, ni sans que des calamités ne se soient abattues sur elles. Ce présage est attesté par le témoignage unanime des habitants de la province.

« On trouve, dans les environs du Demavend, des gisements d'antimoine, de plomb et de sulfate de cuivre. Tels sont les détails donnés par Miss'ar.

« Mon père, dit Mohammed ibn Ibrahim el Dharrab (le monnayeur), désira se procurer du soufre qui se trouve dans les anfractuosités du mont Demavend, car il avait entendu dire que c'était du soufre rouge[1]. Il fabriqua des spatules en fer pourvues d'un long manche et il mit tout en œuvre pour recueillir le soufre ; mais, ajoutait-il, le fer entrait en fusion aussitôt qu'il était en contact avec le feu. Les habitants de

---

1. Le soufre rouge est, dans l'opinion des alchimistes de l'Orient, la substance indispensable à la transmutation des métaux. Le soufre rouge a le sens de pierre philosophale.

Demavend affirment qu'un individu du Khorassan fabriqua de longues spatules qu'il enduisit de substances particulières, et qu'il réussit à recueillir du soufre pour le compte d'un roi.

« Aly ibn Rezin, qui était versé dans la connaissance des sciences naturelles et qui a composé un grand nombre d'ouvrages, fait le récit suivant :

« Nous avions décidé un certain nombre d'habitants du Thabarestan à gravir le Demavend, montagne d'une hauteur prodigieuse et dont le sommet est visible à la distance de cent fersengs. Des vapeurs, semblables à des nuages amoncelés, en couvrent le pic et elles ne se dissipent ni pendant l'hiver, ni pendant l'été. Une source dont les eaux sont sulfureuses et de couleur jaune jaillit à sa base. Les hommes, auxquels nous avions fait faire l'ascension de la montagne, nous rapportèrent qu'ils avaient mis cinq jours et cinq nuits pour arriver au sommet. Lorsqu'ils y furent parvenus, ils constatèrent que c'était un plateau d'une superficie de cent djeribs, bien que, pour le spectateur placé au bas de la montagne, celle-ci paraisse se terminer en pointe. Nos gens nous dirent aussi qu'ils avaient trouvé, au sommet, du sable dans lequel les pieds s'enfonçaient et disparaissaient, et qu'ils n'avaient vu ni animal, ni trace d'être vivant. Les oiseaux, dans leur vol, ne peuvent s'élever à la hauteur du sommet. Le froid y était excessif, et le vent d'une extrême violence. Ils comptèrent soixante-dix fissures d'où s'échappaient des vapeurs sulfureuses : autour d'elles on voyait du soufre dont la couleur jaune avait l'éclat de l'or. Ils en rapportèrent quelques morceaux. Ils nous racontèrent, en outre, que les montagnes environnantes semblaient être des collines et que la mer Caspienne produisait l'effet d'une petite rivière. Le Demavend en est éloigné de vingt fersengs. »

« A une grande lieuë angloise de ce sepulcre [1], dit Thomas

---

[1] Le tombeau de la veuve de Behmen Mirza, fils de Châh Abbas.

Herbert, et plus haut dans l'air, est le pic, ou la haute montagne de Damoan, que Strabon en le II livre appelle Jasonia, dont le sommet qui est formé en pyramide, passe en hauteur tout le reste du mont Taurus. Nous y montâmes avec beaucoup de peine, et y estans, nous pûmes voir la mer Caspie, qui est à huit-vingt lieuës angloises de là. Le haut de cette montagne n'est que soulfre, ce qui est cause que la nuit elle donne de la clarté, et paroist en feu comme le mont Ethna, ce qui est assez agréable à la veuë, mais si fascheux à l'odorat, qu'il seroit besoin d'un bon parfum d'ail pour chasser la puanteur que l'on y rencontre. C'est icy, où toute la Chaldée, et toute la Perse presque viennent quérir du soulfre. Il n'y avoit que nostre curiosité qui nous obligeast à y monter à dessein de voir les bains chauds, qui sont sur la croupe de cette montagne. Il y en a cinq en tout, dont les trois sont enfermez de murailles, et les deux autres sont ouverts. Les premiers sont pour les personnes de qualité, et les autres pour le commun peuple. Et c'est au mois d'aoust que les malades et incommodez y accourent de tous costez, pour y chercher du remede. »

« Il seroit bien difficile de dire, si c'est de cette montagne que la ville de Damoan qui est à cinq lieuës de là, a pris son nom, ou si c'est la ville qui donne son nom à la montagne. Le mot, en son étymologie, signifie seconde plantation, et les Juifs croyent par tradition, que c'est sur cette montagne, que l'arche de Noë s'arrêta apres le deluge. Ce qu'ils croyent non seulement parce que c'est la plus haute montagne de toutes, mais aussi parce que le vignoble et l'air y sont meilleurs, qu'en aucune autre partie de l'Armenie. Auprès de cette montagne, où le Taurus s'élève plus haut qu'ailleurs, est une partie de Paropamisa, où Becanus place l'arche, niant que l'Ararat soit dans l'Armenie, quoy que Hayton, pour le confirmer, l'appelle Aremnoé. Mais quelque peu d'apparence qu'il y ayt en cecy, il semble neantmoins que l'on peut dire que c'est en cette ville de Damoan, et aux environs, que les tribus idolâtres emmenées par Salmanassar, ont esté logées icy; particulièrement celles de Dan, Zabulon, Assur et Nephtali, et que les autres emmenées par Tiglath Pillesar, sçavoir celles de Ruben et Gad, et la moitié de la tribu de Manassés, ont esté logées auprès de Lar, Jaarowon et autres villes de Chusistan. Car encore que Ptolomée au livre VI. cha. XVIII. dise que Gozana est une branche de la riviere d'Oxus, a plus de 40 degrez, et que l'Histoire sacrée dise que l'Assirien les logea à Harra, Hala, et Ghabor, villes de Medie, auprès de la rivière de Gozan, il est impossible pourtant que la riviere de Gozan mele ses eaux avec l'Oxus; veu qu'il n'y a point de partie de Medie, qui ne soit à près de trois cent lieuës angloises éloignée de là. D'ailleurs les eaux de l'Araxis descendent du mont Ararat, montagne d'Armenie, et coulent vers la partie occidentale de la mer Caspie : au lieu que cette riviere, qui est grande et large, descend du Taurus, et passant par la Médie et l'Hircanie, quoy que le peuple l'ayt coupée en plusieurs petites branches, pour la conduire par plusieurs chemins, il faut nécessairement que ce soit le Gozan. Ce qui me fut confirmé par plusieurs Juifs, qui y derneurent depuis plusieurs siècles, qui disent aussi qu'ils furent amenez captifs en ces quartiers là, et qu'ils y sont restez, nonobstant les désordres continuels, et les révolutions fréquentes que l'on a veuës en la monarchie de Perse.

« Vers l'est de cette haute pointe de Damoan est une petite ville, nommée Nova, composée d'environ cent familles. Un jeune homme, fils de Hodge Suare, marchand Persan, qui mourut à Londres en l'an 1625, et frère de Mahomet, que nous enterrâmes dans la mer, ayant sceu que nous passions en son voisinage, vint au devant de nous, accompagné de tous ses parens et bons amis, et nous pria de luy faire l'honneur de l'aller voir chez luy. Il estoit couvert d'une longue veste de drap d'or, et avoit sur la teste un tulban fort haut, de brocard d'or et d'argent. Nous y trouvâmes préparé un fort beau festin, et il nous traitta magnifiquement. Il nous voulut obliger à y demeurer quelques jours, mais l'estat de nos affaires nous obligeant à continuer nostre voyage, nous prîmes congé de luy. En allant vers la ville de Damoan, nous trouvâmes sur la croupe d'une montagne fort droite, une grande tente noire, remplie d'environ trente femmes, habillées à l'antique, et d'autant d'hommes. Il sembloit qu'ils célébrassent les *Taurilia* et *Boalia* des anciens Romains; mais nous sceûmes après que c'estoit une nopce. La mariée pouvoit avoir environ dix ans, et le marié trente. La mariée ressembloit parfaitement à Venus, et le marié à Vulcan. Toutes les filles de la mariée sortirent de la tente pour nous voir passer, et n'admiroient pas moins nos habits, que nous estions etonnez de voir les leurs. Leurs visages, leurs mains, et leurs pieds estoient peints de toutes sortes d'oyseaux, bestes, châteaux et fleurs, en cela semblables à nos anciens Bretons, ou Pictes, tels qu'ils estoient du temps de Jules César. Leurs jambes estoient volontairement chargées de chaines de cuivre et d'argent : ce qui faisoit un assez bel effet, et avoit en leur façon moresque quelque chose de plus agréable, que ce que l'on conte des bergères d'Arcadie. Nous logeâmes cette nuit là à Damoan. »

« Il est incertain si la ville de Damoan est un reste de Ghabor ou bien de Hala : mais l'on peut juger par la longue demeure, que les Juifs, que l'on appelle Jehuds en ces quartiers là, y ont faite pendant leur captivité, que c'est une de ces deux : et ce n'est pas une des moindres villes de ce royaume. Il y en a qui écrivent Damawan, mais ils se trompent. Elle est scituée à trente-six degrés vingt minutes d'élevation, et quatre-vingt-huit de longitude. Le mont Taurus l'enferme presque de tous costez, et elle est scituée en la province de Kaboncharion, qui est une partie de Ghelac, vers le nort des frontières de Medie. Elle ne manque point d'eau, estant arrosée par une branche de la rivière de Gozan, et est peuplée la pluspart de Juifs, qui y sont au nombre de plus de deux cent familles. Le Buzzar ou Bazar est bâty fort haut, mais ne mérite pas qu'on le voye, sinon à cause du vin et du fruit, que l'on y vend en grande quantité, et à bon marché. Nous demeurâmes deux jours à Damoan, pour nous remettre un peu de la fatigue, que nous avions soufferte. Nous en partîmes le 13 juin, et allâmes ce jour là à Bomahim, qui est à vingt-cinq lieuës Angloises de Damoan. » — *Relation du voyage de Perse et des Indes orientales traduite de l'anglais de Thomas Herbert*, à Paris, chez Jean Du Puis, rue saint Jacques, à la couronne d'or. M. D. C. LXIII, in-4°, pages 307-309.

Le pic de Demavend est situé à soixante-quatre kilomètres nord-est de Téhéran et à soixante-douze kilomètres au sud de la mer Caspienne.

Cette montagne d'origine volcanique est un amas de matières éruptives, de pierres ponces et de basalte.

La partie supérieure, sur une hauteur de plus de trente mètres, est formée d'une roche tendre d'où l'on extrait le soufre à l'état pur. Des sources d'eau chaude jaillissent à sa base.

Les observations faites démontrent que le Demavend était, autrefois, le foyer central de toute une région volcanique. Ses feux mal éteints pourraient, en se rallumant, provoquer des éruptions et des secousses du sol qui bouleverseraient la contrée environnante.

Un secrétaire de la légation britannique à Téhéran, M. W. S. Thompson, tenta, dans le courant de l'année 1837, l'ascension du Demavend.

Il rencontra, à peu de distance du sommet, une petite caverne divisée en deux parties. Celle du fond, qui est la plus grande, ne peut contenir guère plus de cinq ou six personnes.

Le sol y est brûlant, la température très-élevée et la main ne peut supporter la chaleur d'un courant d'air qui s'échappe de l'un des angles. M. Thompson passa la nuit dans cette caverne. Les terreurs superstitieuses des Persans ne lui permirent pas de se procurer des guides et des porteurs pour s'élever plus haut. Il recommande aux personnes qui tenteraient l'ascension de la montagne, de l'entreprendre pendant les grandes chaleurs du mois de juillet et par le clair de lune. En partant vers minuit de la caverne qui est à la base du cône, on pourrait passer presque toute la journée sur le sommet du pic et éviter ainsi l'influence malsaine des vapeurs brûlantes qui se dégagent de la caverne.

Guermâb (eau chaude), sur le versant méridional de la montagne, est le village le plus élevé de la région. Dans ses environs se trouvent les sources chaudes de Guermsyr. L'une d'elles atteint la température de 64 degrés centigrades.

En observant la constitution géologique de la montagne, depuis Guermâb jusqu'à une distance de trente mètres de la cime qui est uniquement formée par un dépôt de soufre, on trouve d'abord une couche de tuf calcaire, puis un lit de pierres à sablons de l'époque carbonifère, avec un filon de charbon de qualité inférieure d'une épaisseur de 300 mètres environ, puis une couche de pierres à chaux qui n'a pas moins de 360 mètres, et enfin de la pyrite jusqu'à 30 mètres du sommet : ce dernier est formé d'un dépôt de soufre pur.

La partie inférieure de la montagne est presqu'entièrement composée de roches calcaires. De hautes et longues arêtes prennent naissance à la base du cône : au bout d'une certaine distance, elles s'arrêtent brusquement : entre ces arêtes se trouvent des ravins et de profondes excavations remplis de pierres, de sable et de terre ; de gros blocs de roches volcaniques émergent çà et là à la surface.

Lorsque l'on commence l'ascension de la partie supérieure de la montagne, il faut d'abord s'engager dans un ravin étroit dont la pente est fort raide ; les pierres roulantes qui se dérobent sous les pieds rendent la marche extrêmement pénible. On rencontre ensuite un autre ravin rempli de neige, et qui coupe le premier presque à angle droit. Quand on l'a traversé, le terrain, bien que toujours fort escarpé, devient plus praticable ; il est formé d'une terre rouge couverte de plantes d'espèces variées. Toute végétation cesse à la hauteur d'environ 3,750 mètres. De loin, le cône de la montagne semble uni et l'on croirait qu'il forme de sa base au sommet une pente de 45 degrés. Mais, en approchant, on voit qu'il est sillonné de haut en bas par un grand nombre d'arêtes, séparées l'une de l'autre par de profondes excavations remplies de neige, de glace et de fragments de rochers. Puis, on trouve un amas confus de roches, de laves et de basaltes entassés les uns sur les autres. On atteint ensuite une longue arête formée par une coulée de lave et dont la pente est si raide et si unie que le pied a grand'peine à s'y fixer. Après l'avoir franchie, l'ascension devient plus facile : on gravit une montée couverte de rochers jaunâtres, formés de pierres calcaire et de soufre. On atteint alors le sommet de la montagne. On y voit un cratère de soixante-dix-sept mètres de diamètre. Il est presqu'entièrement rempli de neige.

De deux cavernes situées près du sommet, et des fissures des rochers, s'échappe une eau fortement chargée de soufre.

De violents tremblements de terre ébranlent quelquefois la montagne.

Morier rapporte qu'en 1814 il en ressentit, pendant son séjour dans le village de Demavend, une très-forte secousse.

Neuf années auparavant, un grand nombre de villages du Mazanderan avaient été totalement détruits par des tremblements de terre.

La neige couvre toute l'année le sommet du Demavend, mais seulement par plaques, et certaines parties en sont entièrement dégagées.

Aucun Persan ne tente l'ascension de la montagne. Avant celle de M. Thompson et celle des membres de la légation d'Angleterre à Téhéran, les habitants du pays prétendaient qu'une telle entreprise était absolument impraticable.

Les hommes qui vont recueillir le soufre sur le Demavend ne se livrent à leur travail qu'après s'être nourris pendant quelque temps d'ail et d'oignons.

M. W. J. Thompson évalue la hauteur du Demavend à 14,695 pieds anglais (4,480 mètres). M. R. F. Thompson et lord

Schomkerker, qui atteignirent le sommet quelques années plus tard, calculèrent que la hauteur était de 21,520 pieds anglais (6,560 mètres). M. le capitaine Ivostchinzov, attaché à la mission russe de la Caspienne, constata, en 1860, au moyen de mesures trigonométriques, une hauteur de 18,549 pieds (5,651 mètres).

Le village de Demavend est bâti dans un vallon qui s'étend au pied du versant méridional de la montagne ; il est arrosé par deux cours d'eau qui se rejoignent un peu au-dessus du village et le traversent. Les bords en sont plantés de saules, de peupliers et de châtaigniers. Demavend ne renferme que cinq cents maisons dont trois cents sont occupées par les anciens habitants du pays, et les deux cents autres par des familles transportées du Kerman par Aga Mohammed Châh. On remarque, à Demavend, quelques vieilles tours bâties sur une éminence et un minaret en briques cuites qui faisait, autrefois, partie de la grande mosquée. Demavend et les trente hameaux de la vallée sont gouvernés par un Seiyd qui paie annuellement au fisc quatre cent quatre-vingt-dix-sept toumans et cent dix-huit kharvar de blé.

III

FERROUKHY

Ferroukhy fut l'un des poètes en titre de la cour du Sultan Mahmoud le Ghaznévide ; le recueil de ses œuvres poétiques renferme un grand nombre de pièces consacrées à la louange de ce prince et à celle des principaux personnages de son temps. Sa biographie a été insérée dans le *Medjma oul fousseha* (l'assemblée des hommes éloquents) par Riza Qouly Khan, qui a réuni dans cette notice les renseignements épars dans les nombreux Tezkerèhs consacrés aux poètes persans. Elle renferme des détails curieux sur la condition des poètes au IVe siècle de l'hégire et cette considération m'a déterminé à en donner ici la traduction.

« Hekim Aboul Hassan Aly, dont le surnom poétique est Ferroukhy, reçut le jour dans le Sistan. Son père qui portait le nom de Qoulou' était attaché au service de l'Emir Khalif ibn Ahmed, gouverneur général de cette province. Ferroukhy s'appliqua à l'étude des belles-lettres et acquit des connaissances très-étendues. Il cultiva également la musique. Il composa des poésies pleines de douceur et de charme, qui le firent rechercher par de grands personnages et admettre dans leur société et dans leur intimité. Il récitait ses vers d'une voix agréable en s'accompagnant sur la harpe. Il ravissait tous les cœurs. Sa renommée s'étendit; l'estime qu'on lui portait grandit, mais il ne pouvait cependant s'élever au-dessus de son humble condition. Le patron, à la personne duquel il était attaché, était un *Dehqan* (grand propriétaire terrien) d'un caractère bas et méprisable, qui ne lui donnait, par an, que deux cents kilèh de cinq men de blé chacun et une somme de cent dirhem *Nouhy* [1]. Ferroukhy qui n'avait point d'autres ressources, épousa une esclave affranchie de l'Emir Khalif et cette circonstance augmenta ses dépenses à tel point que son revenu ne lui permit plus d'y faire face.

« N'ayant aucun espoir dans la générosité de son patron, et réduit à la dernière extrémité, il résolut de s'éloigner du Sistan et de s'expatrier. Il s'enquit des noms des grands seigneurs dont il pourrait rechercher le patronage.

« La renommée des nobles qualités de l'Emir Aboul Mouzhaffer Thahir Tcheghany, souverain de Balkh et du Thakharistan, était parvenue jusqu'à lui [2]. Ce prince accordait sa protection aux littérateurs distingués et répandait ses bienfaits sur les poètes. Il composait lui-même, avec succès, des pièces de vers et il savait apprécier toutes les délicatesses de la poésie. Aboul Mouzhaffer était particulièrement estimé et honoré par Sultan Mahmoud le Ghaznévide. Ferroukhy résolut donc de se rendre auprès de lui; il fit ses préparatifs de départ et se mit en route après avoir composé une ode à la louange de ce prince.

« Arrivé au but de son voyage, il apprit qu'Aboul Mouzhaffer s'était rendu dans la plaine de Filèh où il possédait un haras renfermant dix-sept mille juments, dont chacune, au rapport de l'auteur du *Tchehar Meqalèh* (les quatre discours), était suivie par un poulain. Chaque année, il s'établissait dans cette plaine pour faire la revue de ces poulains et pour les faire marquer.

« Amyd Essa'ad, l'intendant de l'Emir, se préparait à aller le

---

1. Les dirhem Nouhy sont les pièces d'argent frappées à Boukhara par l'Emir Samanide Nouh, fils de l'Emir Nasr (332-344).

2 Aboul Mouzhaffer Melik Thahir ibn Aboul Fazhl Mohammed el Mouhtadj était le descendant des princes du Tcheganian dans la Transoxiane. Il résidait à Balkh. Quelques-uns de ses vers sont parvenus jusqu'à nous.

rejoindre. Ferroukhy se présenta devant lui et lui récita l'ode qu'il avait composée. Amyd était un homme lettré qui possédait des connaissances très-étendues. Il ne put croire que Ferroukhy, avec son extérieur inculte et sauvage et son costume étrange, fût l'auteur d'un morceau de poésie aussi remarquable. Il l'emmena avec lui, et, pour le mettre à l'épreuve, il lui demanda de composer une pièce de vers dont le sujet serait l'opération de la marque des poulains. Ferroukhy la termina la nuit même, et il y ajouta la description du campement de l'Emir en des termes qui excitèrent l'étonnement d'Amyd Essa'ad.

« Celui-ci présenta Ferroukhy à Aboul Mouzhaffer et lui raconta quelques particularités propres à faire connaître son mérite. Il ajouta que, depuis la mort de Daqiqy, on n'avait point vu se produire un semblable poète [1].

« Le soir, lorsqu'on se fut réuni pour se livrer au plaisir du vin, Ferroukhy récita, d'une voix pleine de charme, sa première pièce de poésie. L'émir en fut ravi et lui donna l'autorisation de s'asseoir devant lui. Lorsque le vin eut répandu la gaieté parmi les convives, Ferroukhy déclama le *Qacidèh* (ode) qu'il avait composé pour décrire l'opération de la marque des poulains. Aboul Mouzhaffer en fut enthousiasmé. « On vient, dit-il au poète, de rassembler mille poulains pour les marquer ; je te donne tous ceux dont tu parviendras à te rendre maître. » Ferroukhy se jeta au milieu de ce troupeau, tenant une mauvaise serviette à la main. Il réussit à faire entrer dans un caravansérail ruiné qui se trou-

---

[1]. Oustad Abou Mançour Mohammed Daqiqy ibn Ahmed Berkhy était, au dire de quelques auteurs, né à Balkh, et selon d'autres à Samarqand. Il acquit une certaine réputation à l'époque des derniers princes Samanides. Il se plaça sous le patronage d'Aboul Mouzhaffer Mouhtadj Tcheghany, puis sous celui de l'Emir Nasr, fils de Nacir oud Din Sebektekin dont il fut le panégyriste.

Son séjour à la cour de Sultan Mahmoud le Ghaznévide lui donna la célébrité. Il fut chargé par ce prince de composer en vers une histoire des anciens rois de Perse. Il rédigea l'histoire du règne de Gouchtasp, dont Firdoussy a inséré mille distiques dans son Châh Namèh. Daqiqy fut tué en 341 ('952), par un esclave turc qui était son mignon. — *Medjma oul fousseha*, page 214.

vait à proximité un certain nombre de poulains, et il tomba lui-même devant la porte, épuisé et rompu de fatigue. L'émir, instruit de ce qui s'était passé, se mit à rire et lui fit don des poulains, au nombre de quarante-deux, dont il était parvenu à s'emparer. Il lui fit cadeau, en outre, d'une tente, de chevaux, de chameaux, de meubles, de vêtements et de tapis. Ferroukhy connut alors l'opulence.

« Il se rendit, suivi d'un train magnifique, à la cour du Sultan Mahmoud qui l'accueillit avec distinction, lui assigna un traitement considérable et le combla de faveurs.

« Ferroukhy devint un des personnages les plus en vue, un courtisan des plus influents et l'un des poètes favoris du souverain. Il recevait des sommes énormes pour toutes les poésies qu'il composait en l'honneur du Sultan. Sa fortune devint si grande que, lorsqu'il voyageait, son train égalait celui des plus hauts dignitaires. On dit même qu'il était toujours suivi par vingt esclaves ayant des ceintures recouvertes de plaques d'or.

« Ayaz Ouymaq, favori du Sultan Mahmoud, avait pour Ferroukhy la plus vive affection et la plus tendre amitié; ils vivaient sur le pied de la plus complète intimité. Cette liaison excita la jalousie de Sultan Mahmoud qui, dans un accès de colère, chassa Ferroukhy de la cour. Le poète composa, à l'occasion de cette disgrâce, plusieurs pièces de vers dans lesquelles, cherchant à se disculper, il sollicitait son pardon et demandait à rentrer en grâce.

« Ferroukhy est un poète des plus agréables : ses œuvres respirent la douceur et l'amour. Le sens des expressions qu'il emploie paraît facile, mais l'interprétation en est malaisée.

« Il a parmi les poètes lyriques le rang que Saady occupe parmi ceux qui ont cultivé le genre des *Ghazels*.

« Ferroukhy mourut en l'année 429 (1037). » *Medjma oul fousseha*, par Riza Qouly Khan, tome Ier, page 439.

IV

BOUKHARA

L'ANCIENNETÉ et l'importance de Boukhara, le rôle brillant qu'elle a joué dans l'Asie centrale, pendant une longue période de l'histoire, surtout à l'époque où elle était la capitale des princes Samanides, m'ont engagé à réunir les renseignements que j'ai pu recueillir sur cette ville dans les ouvrages des géographes et des historiens orientaux. Ils feront connaître l'histoire de ses principaux monuments jusqu'à l'invasion de Djenguiz Khan.

Boukhara, comme toutes les villes de l'Asie, se composait d'une citadelle (*Qoundouz, Hissar*), puis, d'une cité proprement dite (*Cheher, Charistan*) entourée d'une muraille, puis, enfin, de faubourgs qui étaient également protégés par un mur d'enceinte. De plus, pour mettre les villages de la banlieue à l'abri des incursions des tribus turkes, on avait construit un mur bastionné qui portait le nom de Kounsserek [1]. Nous trouvons partout, en Orient, l'usage de ces murailles destinées à assurer la sécurité des populations contre les invasions des hordes nomades. Sans parler de la grande muraille de la Chine, nous savons que la vallée du Soghd était ainsi défendue; à Kàt, au

---

1. Ce mot me paraît être la corruption des deux mots persans *Koungourèh Serek* (au faîte crénelé) qui indiquent que cette muraille était surmontée de créneaux. Les exemples de pareilles altérations de mots sont fréquents dans les dialectes de l'Asie centrale.

nord du Kharezm, s'élevait un mur qui devait arrêter les Ghouzz ; on trouve encore les traces de pareils travaux de défense élevés dans le Gourgan, pour contenir les Turkomans des rives orientales de la Caspienne. Enfin, la muraille de Derbend ou Bab oul Ebouab, dans le Chirvan, est celle dont les auteurs orientaux ont donné la description la plus complète.

Les géographes orientaux dont nous possédons les ouvrages, ne nous fournissent que des données générales sur Boukhara. Abou Ishaq Ibrahim el Isthakhry, après une courte description de la ville, s'étend assez longuement sur le régime des eaux et le système des irrigations. Ibn Hauqal, Chems oud Din Mohammed el Mouqadessy et Idrissy ne nous fournissent point de renseignements dignes de remarque.

Yaqout, dans son *Moudjem oul Bouldan*, et Qazwiny, dans son traité géographique qui porte le titre de *Açar oul bilad*, se sont bornés à abréger et à copier la notice qu'Aboud Zeid el Balkhy (340-951) a insérée dans son *Sawar oul Aqalym* (les figures des sept régions habitées).

« Boukhara, dit Abou Zeyd, est une des villes les plus grandes et les plus célèbres de la Transoxiane. On s'y rend (du Khorassan) par la route d'Amol ech Chatt [1], et elle est située à la distance de deux journées de marche du Djihoun. Elle est la capitale des princes Samanides.... Les jardins qui l'entourent produisent des fruits exquis et en telle abondance qu'on les exporte jusqu'à Merv, située à une distance de douze journées de marche et jusqu'à Kharezm éloignée de quinze étapes. »

Abou Zeyd ajoute qu'il n'y a point, dans tous les pays soumis à l'Islamisme, de ville dont les alentours soient plus riants. Du haut de la citadelle, partout où se porte le regard, on ne voit qu'une plaine verdoyante dont la couleur se confond avec celle du ciel, et au milieu de laquelle on voit briller, comme des lampes, d'innombrables maisons de plaisance. La rivière du Soghd traverse le faubourg, fait tourner des moulins, et ses

---

[1]. Voir sur cette ville la note 1 de la page 152.

eaux, après avoir arrosé les jardins et les cultures, vont se déverser dans le lac qui se trouve près de Ferber, dans le district de Bikend et qui porte le nom de Sam Khas (Sam Khen) [1].

Dans les transactions commerciales, on se servait, du temps des Samanides, de pièces d'argent et l'on n'avait pas de monnaie d'or. Ce dernier métal était considéré comme une marchandise et un objet de commerce. On trouvait aussi à Boukhara des dirhem qui portaient le nom de Ghithryfièh [2]. Ils étaient composés d'un alliage de fer, de cuivre et d'étain. Ils n'avaient cours que dans la ville et ses environs. Ces pièces portaient des figures humaines. Il y avait aussi des dirhem appelés Mousseiybièh et Mohammedièh. Toutes ces monnaies ont été frappées du temps de l'Islamisme [3].

L'histoire de Boukhara a été écrite, au quatrième siècle de l'hégire, par Abou Abdillah Mohammed el Boukhary, mort en 312 de l'hégire (924) et, au cinquième siècle, par Abdoullah Mohammed, plus connu sous le nom de Ghandjar el Boukhary (412-1021). Ces monuments historiques ne sont pas parvenus jusqu'à nous. Deux autres ouvrages, l'histoire de Samarqand et celle des villes de Kech et de Nakhcheb, composés au onzième siècle par Djafer ibn Mohammed el Moustaghfiry (mort en 432-1041), contenaient de nombreux détails sur la ville de Boukhara et sur les princes qui y ont régné. Malheureusement ils sont également perdus pour nous. Un autre auteur, Abou Bekr Mohammed ibn Djafer, natif du village de Nerchakh dépendant de Boukhara, avait composé, en 332 (943), pour

---

1. Voir page 166, note 4.

2. Ces pièces durent leur nom à l'Emir Ghithryf, oncle maternel du Khalife Haroun er Rechid et que ce prince nomma gouverneur général du Khorassan.

3. On peut consulter sur les monnaies de Boukhara le mémoire de M. P. I. Lerch, lu à la troisième session du congrès des Orientalistes et qui a pour titre : « *Sur les monnaies des Boukhar Khoudas ou princes de Boukhara, avant la conquête du Mavera ennahr par les Arabes.* Leyde, 1878.

Les dirhem Mousseiybièh et Mohammedièh étaient ainsi nommés parce qu'ils avaient été frappés sous le règne du Khalife Mohammed Mehdy, par l'Emir Mousseiyb ibn Zoheyr ez Zaby qui fut, en l'année 163 (779), investi du gouvernement général du Khorassan.

le prince Samanide Ahmed ibn Mohammed ben Nouh, un ouvrage écrit en arabe et dans un style relevé. Il donnait la description de Boukhara et des villages qui l'entourent, ainsi que celle des monuments de cette capitale. Cet ouvrage avait pour appendice une histoire de la dynastie des Samanides jusqu'au règne d'Abou Salih Mançour, fils de Nasr. L'usage de la langue arabe s'étant perdu dans la Transoxiane, Abou Nasr ibn Ahmed el Qobady traduisit en persan le texte de Mohammed ibn Djafer, en élaguant les détails qu'il jugea inutiles ou de peu d'intérêt pour les lecteurs. Cette traduction, achevée en l'année 522 (1128), fut, cinquante-deux ans plus tard, abrégée par Mohammed ibn Zoufer qui dédia son livre à l'Imam Edjell Abdoul Aziz.

C'est cette troisième rédaction qui est connue sous le nom de *Histoire de Boukhara* par Nerchakhy et dont il se trouve quelques exemplaires dans la Bibliothèque publique et impériale de Saint-Pétersbourg et dans celle de l'Académie des sciences de cette ville. Il en existe également un exemplaire au British Museum à Londres. J'en possède moi-même deux, dont l'un est une copie soignée faite au XVIe siècle, à Boukhara, pour un Khodja. L'ouvrage de Nerchakhy, autant qu'on en peut juger par l'abrégé qui nous a été conservé, est écrit avec peu d'ordre; il y règne une certaine confusion et de nombreuses contradictions. Les historiens orientaux négligent, de parti pris, l'histoire antéislamique des pays conquis, excepté pour les pays arabes, et ils se taisent sur les usages, les coutumes et les idées religieuses qu'ils méprisaient, tout en les tolérant. Nous trouvons, cependant, dans Nerchakhy d'anciennes traditions sur la formation géologique de la plaine de Boukhara, sur ses premiers habitants, sur les chefs qui les gouvernèrent avec le titre de Boukhar Khouda. Nous pouvons conclure de quelques-unes de ses assertions que le Bouddhisme, importé de la Chine, et le culte du feu, emprunté aux Persans, étaient les deux religions pratiquées dans l'État de Boukhara[1]. L'histoire des Boukhar Khouda

---

1. Lorsque Qouteïbah s'empara de Bikend, il trouva dans cette ville une pagode où

avant l'invasion arabe est obscure et incomplète, et rien ne peut fixer l'époque à laquelle vécurent quelques-uns de ces personnages. Nous ne possédons de détails certains que sur la Khatoun, épouse de Beydoun, qui gouvernait Boukhara pendant la minorité de son fils Taghchadèh, lorsque les Arabes franchirent le Djihoun. Il est incontestable que l'Islamisme eut beaucoup de peine à s'implanter dans la Transoxiane, et que tous les gouverneurs du Khorassan durent user des plus grands ménagements, surtout envers les classes élevées qui se refusaient à accepter les dogmes de la nouvelle religion. Sous les Khalifes, les gouverneurs généraux du Khorassan se bornèrent à placer dans les principales villes des gouverneurs militaires et, à Boukhara, l'autorité civile fut laissée, jusqu'à l'avénement de la dynastie des Samanides, aux mains des descendants de Taghchadèh qui, dans les premiers temps du moins, se firent remarquer par leur répugnance à professer la religion musulmane.

Aboul Hassan Abdour Rahman ibn Mohammed de Nichabour, dans son ouvrage qui porte pour titre « *Khezaïn oul ouloum* » (les trésors des sciences), dit que le sol sur lequel s'élève Boukhara était autrefois envahi par les eaux ; une partie des terrains était couverte de roseaux, d'arbres ou d'herbes, et, dans d'autres endroits, l'eau y avait une telle profondeur qu'aucun animal n'y avait pied. L'accumulation de ces eaux provenait de la fonte des neiges qui couvrent les montagnes dans les environs de Boukhara; elles grossissaient la grande rivière de Samarqand qui porte le nom de Massef, et en rendaient le cours plus rapide. Cette rivière s'était creusé un lit dans le sol, et,

---

l'on voyait la statue en argent d'une divinité; son poids était de quatre mille dirhem : des vases, également en argent, pesaient cent cinquante misqal. Il trouva également dans cette pagode, deux perles de la grosseur d'un œuf de pigeon. Il en demanda la provenance. Il lui fut répondu que deux oiseaux les avaient apportées dans leur bec et les avaient déposées dans ce temple. Ces perles et les autres objets de prix furent envoyés à Hedjdjadj, avec la lettre de victoire annonçant la prise de Bikend.

Nerchakhy nous apprend aussi qu'Eskedjket épousa une princesse chinoise qui apporta, outre les objets qui constituaient sa dot, les vases et ustensiles nécessaires au service de son culte pour un temple ou une pagode qui fut construite à Rametin.

dans ses débordements, elle déposait au loin une grande quantité de limon ; ces terres d'alluvion finirent par combler les cavités du sol. Les eaux dans leurs cours arrivaient jusqu'à Boutek et Ferber, et elles se déversaient dans un lac situé au-delà de ces deux localités. Le territoire de Boukhara fut aplani grâce aux dépôts de limon et le lit de ce grand cours d'eau devint la plaine du Soghd.

Les hommes y affluèrent de tous côtés pour s'y fixer, et la principale immigration vint du Turkestan. Les eaux étaient abondantes, les arbres en grand nombre et le gibier foisonnait. Les immigrants, séduits par les agréments du pays, s'y établirent. Ils habitèrent d'abord sous des tentes et des huttes. Puis, la population s'accroissant avec le temps, on contruisit des maisons : on choisit, ensuite, un chef qui portait le nom d'Ebrevy, et auquel on délégua le pouvoir.

Boukhara n'existait point encore à cette époque, mais il y avait déjà quelques villages, entre autres Nour, Kharqan Roud, Ferdanèh, Terakhèh, Sefnèh et Isvanèh.

Le gros bourg qui servait de résidence au chef était Bikend et la place de guerre, à laquelle on donnait le nom de ville, était Debous.

La puissance d'Ebrevy s'accrut avec le temps, et son gouvernement devint si tyrannique que les habitants du pays ne purent supporter ses violences. Les gens riches émigrèrent et se réfugièrent dans le Turkestan, où ils fondèrent la ville de Tiraz à laquelle ils donnèrent le nom de Hamouk Ket, en l'honneur du personnage qui était leur chef, lorsqu'ils s'éloignèrent du territoire de Boukhara. Hamouk, en dialecte de Boukhara, veut dire « joyau, bijou » et Ket signifie ville. Hamouk Ket est donc la ville du joyau. A Boukhara, le mot de Hamouk désigne, par extension, tout grand personnage qui, à cause de son rang, doit être tenu en aussi haute estime qu'un joyau. Les gens qui étaient restés à Boukhara expédièrent un envoyé auprès de leurs chefs et de leurs patrons, pour se plaindre des actes tyranniques d'Ebrevy. Les principaux de ces personnages se rendirent auprès du souverain du Turkestan, nommé Qara Djourin Turk et qui avait reçu, à cause de sa puissance, le surnom de Biaghou. Ils implorèrent son aide. Biaghou confia à son fils, Chiri Kichver [1], une nombreuse armée à la tête de laquelle il envahit le territoire de Boukhara. Il s'empara d'Ebrevy dans Bikend et il le fit mourir en l'enfermant dans un sac que l'on avait rempli de guêpes.

Chiri Kichver trouva le pays agréable : il écrivit à son père pour le prier de lui en faire don et de lui accorder l'autorisation de s'y fixer. Biaghou y consentit.

Chiri Kichver envoya à Hamouk Ket une personne chargée de faire revenir à Boukhara, avec leurs femmes et leurs enfants, tous ceux qui s'étaient éloignés de cette ville. Ceux-ci étaient de grands propriétaires ou des personnages riches : les gens qui étaient restés à Boukhara étaient, au contraire, pauvres et dénués de ressources. Il fut établi, lors du retour des premiers, qu'ils formeraient la classe aristocratique et que les autres leur seraient soumis et les serviraient.

Parmi ceux qui revinrent à Boukhara se trouvait un grand seigneur terrien, auquel on donna le titre de Boukhar Khouda, parce qu'il appartenait à une grande famille de Dèhqan. Il possédait la plus grande partie des villages et la plupart des individus de la seconde classe étaient ses vassaux et ses serviteurs. Chiri Kichver bâtit la ville de Boukhara : il fonda les villages de Masty, de Saqmetin, de Semetin et de Tarab Memasty. Il régna pendant vingt ans et eut pour successeur Eskedjket, qui bâtit Chera, Rametin et le village de Verakhchy.

Lorsque les Arabes franchirent le Djihoun sous la conduite de Zyad el Harithy et d'Oubeïd oullah, le Boukhar Khouda Beydoun était mort, laissant un enfant à la mamelle. La Khatoun, sa femme, exerçait le pouvoir au nom de son fils.

---

[1]. Chiri Kichver (le lion du pays) me paraît être la traduction du nom turc d'Il Arslan, encore usité de nos jours.

Cette princesse était douée d'une fermeté d'esprit et d'une énergie qui lui avaient assuré l'obéissance de ses sujets.

Tous les jours, elle sortait à cheval du palais de Boukhara, par la porte qui s'ouvre sur le Riguistan et que l'on appelle aujourd'hui « La porte des marchands de fourrages » (Dervazèhi alef fourouchan). Elle s'asseyait sur une estrade, entourée de ses ministres, de ses esclaves et de ses eunuques. Deux cents jeunes gens, appartenant aux familles des Dèhqan et des gouverneurs, et portant des ceintures dorées et un sabre suspendu à un baudrier, l'attendaient à la sortie du palais. Lorsque la Khatoun paraissait, ils lui présentaient leurs hommages et se formaient sur deux rangs. La Khatoun prenait connaissance des affaires de l'Etat, donnait ses instructions et ses ordres et récompensait ou châtiait qui bon lui semblait. Cette séance durait depuis le matin jusqu'au milieu du jour. La Khatoun rentrait alors au palais et faisait servir un repas à tous ceux qui avaient formé sa suite. Vers le soir, elle sortait dans le même appareil; elle s'asseyait sur son trône et les fils des Dèhqan et des gouverneurs se rangeaient sur deux files. Au coucher du soleil, elle rentrait au palais et les jeunes gens qui avaient figuré dans son cortège retournaient dans leurs villages.

Le lendemain, une nouvelle troupe arrivait pour remplacer celle qui était partie. L'obligation de paraître devant la Khatoun se renouvelait quatre fois par an.

Les Arabes se montrèrent pour la première fois, dans la Transoxiane, en l'année 53 (672-673). Oubeïd oullah, fils de Zyad el Harithy, gouverneur général du Khorassan au nom du Khalife Moavièh, franchit le Djihoun à la tête vingt-quatre mille hommes et s'empara de Bikend et de Rametin, où il fit de nombreux prisonniers. Il en eut quatre mille pour sa part. Après la prise de ces deux places, il se présenta devant Boukhara, au commencement de l'année 54 (674). Il fit construire des machines de guerre pour en faire le siége. La Khatoun dépêcha un émissaire auprès des Turks pour implorer leur secours, et elle fit partir pour le camp d'Oubeïd oullah un envoyé porteur de présents et chargé de demander un délai de sept jours, au bout desquels elle devait faire sa soumission. Les secours attendus ne s'étant point présentés, la Khatoun fit offrir de nouveaux cadeaux, en demandant une prolongation de sept jours.

Les tribus Turkes arrivèrent et firent leur jonction avec les troupes de Boukhara. De nombreux combats furent livrés; dans le dernier, les Musulmans mirent les Turks en déroute, en tuèrent et en firent prisonniers un grand nombre. Une énorme quantité d'armes, de vêtements, d'objets en or ou en argent furent le partage des vainqueurs. Une botte ornée de plaques en or incrustées de pierres précieuses, et un bas tissé en or, appartenant à la Khatoun, tombèrent aux mains des Musulmans. La valeur de ces objets fut estimée à la somme de vingt mille dirhem.

La Khatoun se réfugia dans la citadelle. Oubeïd oullah fit couper les arbres et mettre au pillage les villages de la banlieue. Redoutant le même sort pour Boukhara, la Khatoun offrit de faire sa soumission et de conclure la paix. Elle lui fut accordée moyennant le paiement d'une somme d'un million de dirhem, et Oubeïd oullah s'éloigna, chargé de butin et emmenant avec lui les quatre mille prisonniers qu'il s'était attribués.

Il fut destitué du gouvernement général du Khorassan en l'année 56 (675). Son successeur, Sayd ibn Osman, franchit le Djihoun et se présenta devant Boukhara. La Khatoun lui envoya un ambassadeur, pour lui exposer qu'elle observait les conditions de la paix conclue avec Oubeïd oullah ibn Zyad, et pour lui offrir en présent une somme d'argent considérable.

Tout à coup, elle apprit l'arrivée d'une armée de cent vingt mille hommes, composée de soldats du Soghd, de Nakhcheb et de Kech. Elle se repentit d'avoir fait acte de soumission et d'avoir payé tribut à Sayd. Les Musulmans s'apprêtaient à livrer bataille aux infidèles, quand ceux-ci, saisis d'une terreur panique, prirent la fuite sans combat. La Khatoun dut subir les conditions du vainqueur, payer un tribut plus considérable et livrer, comme ôtages, quatre-vingts personnages de marque qui devaient garantir à Sayd la sécurité du retour, lorsqu'il reviendrait de Samarqand, contre laquelle il entreprenait une expédition. Rentré à Boukhara, Sayd étant tombé malade, séjourna pendant quelque temps dans cette ville. Il fut séduit par la beauté de la Khatoun et ses amours servirent de sujet à des chansons qui furent composées à cette époque.

Qouteïbah, fils de Mouslim, investi par Hedjdjadj du gouvernement du Khorassan, rétablit l'ordre dans cette province et se rendit maître du Thakharistan. Il passa le Djihoun en l'année 88 (706). Les habitants de Bikend, instruits de son approche, fortifièrent leur ville. Le siége en fut des plus pénibles et, pendant cinquante jours, les assiégés repoussèrent les attaques des Musulmans. Qouteïbah fit jouer une mine qui ouvrit une brèche dans la muraille. Au moment de donner l'assaut, Qouteïbah fit proclamer qu'il payerait le prix du sang à ceux qui y monteraient et il promit de donner la même somme aux enfants de ceux qui viendraient à succomber. La ville fut emportée et les habitants demandèrent quartier. Qouteïbah le leur accorda et les frappa d'un tribut. Werqa ibn Nasr el Bahily fut établi comme gouverneur militaire. Qouteïbah se dirigea alors vers Boukhara ; mais, arrivé à Khenboun, il apprit que les habitants de Bikend s'étaient soulevés et avaient tué Werqa. Celui-ci avait, lui-même, provoqué cette révolte en enlevant, à un habitant de la ville, ses deux filles qui étaient d'une beauté remarquable. « Bikend, lui avait dit leur père, est une grande ville ; tu n'as donc pu y trouver d'autres femmes que mes deux filles ? » Werqa ne lui ayant pas répondu, il s'était précipité sur lui et lui avait porté un coup de couteau dans la région du nombril. La blessure ne fut pas mortelle et Werqa se rétablit promptement. En apprenant cette nouvelle, Qouteïbah revint sur ses pas. Tous les habitants de Bikend, en état de porter les armes, furent passés au fil de l'épée ; les autres furent réduits en esclavage.

Bikend fut entièrement dépeuplée et ruinée. Un grand nombre des habitants, qui se livraient au négoce, s'étaient rendus en Chine et dans d'autres pays, pour les besoins de leur commerce. A leur retour, ils rachetèrent leurs femmes et leurs enfants et il s'établirent de nouveau dans la ville qui recouvra son ancienne prospérité.

Après la prise de Bikend, Qouteïbah marcha sur Khenboun : de nombreux engagements eurent lieu dans les environs de cette localité. Khenboun, Tarab et beaucoup d'autres villages tombèrent au pouvoir de Qouteïbah, qui se dirigea alors sur Werdanèh. Ce district était gouverné par un prince qui portait le titre de Werdan Khouda ; il mourut et Qouteïbah s'empara de ses domaines. Mais les ennemis se réunirent en grand nombre entre Werdanèh, Tarab et Ramin et entourèrent Qouteïbah. Therkhoun, prince du Soghd, Henek Khouda et Werdan Khouda avec leurs troupes se joignirent à eux. Ils avaient pris à leur solde Gour Neghanoun, neveu de l'Empereur de Chine, qui leur avait amené quarante mille hommes de renfort.

La jonction de tous ces corps de troupes rendit la situation de Qouteïbah très-difficile : ses soldats manquaient d'armes. Il fit vœu de ne point les laisser se débarrasser de celles qu'ils avaient et quitter le camp. Les armes y atteignirent un prix élevé : une lance valut cinquante dirhem, un bouclier, cinquante ou soixante, et une cotte de mailles, sept cents.

Au moment de livrer une bataille qui devait être décisive, Haiyan Nabathy dit à Qouteïbah : « Je pense qu'il est utile de laisser aux officiers la disposition d'une journée, avant d'engager le combat. » Le lendemain, Haiyan Nabathy envoya un messager au prince du Soghd pour lui faire savoir qu'il avait un conseil à lui donner, et qu'il était indispensable qu'ils eussent une entrevue. Therkhoun l'accepta et demanda à quel moment elle pourrait avoir lieu. « Lorsque les troupes en seront venues aux mains, répondit Haiyan, et lorsque la bataille sera vigoureusement engagée. » Voici comment les choses se passèrent : au plus fort de l'action, Haiyan alla trouver Therkhoun et lui dit : « Tu vas perdre la souveraineté et tu l'ignores ! » « Et comment ? » demanda ce dernier. « Nous ne pouvons rester ici, reprit Haiyan, que pendant le temps des chaleurs. Le froid vient d'arriver et il nous oblige à nous éloigner. Tant que nous serons ici, les Turks seront occupés à nous combattre; mais, lorsque nous serons partis, ils t'attaqueront. Le Soghd est un pays délicieux et on n'en trouve point, dans le monde, un seul qui réunisse autant d'agréments. Les Turks s'en empareront et ne retourneront plus dans le Turkestan; tu seras la proie de l'infortune et ton royaume te sera ravi. » — « Que faut-il faire ? » demanda Therkhoun. « .Conclure la paix avec Qouteïbah, répondit Haiyan, lui payer un tribut et faire savoir aux Turks qu'un puissant secours de troupes envoyées par Hedjdjadj à Qouteïbah, arrive par la route de Kech et de Nakhcheb. Tu leur diras, ajouta Haiyan, que tu te retires, afin qu'ils battent aussi en retraite. Lorsque tu auras fait la paix avec nous, que nous serons liés par un pacte, nous te traiterons avec égards et tu échapperas au malheur qui te menace. » — « Tu m'as donné un conseil salutaire, répartit Therkhoun et je le suivrai. Je me retirerai cette nuit même. » En effet, Therkhoun envoya un messager à Qouteïbah pour régler les conditions de la paix et verser entre ses mains, à titre de tribut, une somme de deux mille dirhem ; puis, il fit sonner les trompettes et se mit en marche.

Les Dèhqan et les officiers de son armée lui demandèrent le mobile de sa détermination. « Tenez-vous sur vos gardes, leur répondit-il, et usez de toutes sortes de précautions; Hedjdjadj a expédié à Qouteïbah des troupes qui arrivent par la route de Kech et de Nakhcheb. Elles ont la mission de nous cerner. Je retourne dans mon pays. » Gour Neghanoun, de son côté, fit demander à Therkhoun le motif de sa conduite. Quand il l'eut appris, il fit aussi sonner la retraite et il se retira en ravageant et en pillant le pays sur son passage.

Dieu éloigna des Musulmans la catastrophe qui les menaçait. Qouteïbah était resté quatre mois entouré par l'ennemi. Pendant ce laps de temps, Hedjdjadj n'avait reçu de lui aucune nouvelle et son esprit était assiégé par les plus cruelles appréhensions. Dans toutes les mosquées, on récitait le Qoran, on faisait des vœux et des prières publiques pour la délivrance de Qouteïbah.

Après un succès aussi décisif, Qouteïbah marcha contre Boukhara pour la quatrième fois, et il en prit définitivement possession : la moitié des maisons de la ville et des propriétés rurales fut attribuée à ses soldats. L'impôt à payer fut fixé au chiffre de deux cent mille dirhem qui devaient être versés, chaque année, dans le trésor du Khalife, plus dix mille dirhem destinés au gouverneur général du Khorassan. Les paysans des environs de Boukhara furent, en outre, astreints à fournir aux Arabes le bois et les fourrages qui leur étaient nécessaires.

Pendant les premières expéditions, les habitants de Boukhara feignaient, en présence des Arabes, de pratiquer l'Islamisme, mais, après leur départ, ils retournaient aux pratiques de leur ancien culte.

Qouteïbah leur imposa l'Islamisme et il donna aux Arabes, établis dans la ville, la mission de surveiller la conduite de leurs nouveaux coreligionnaires et de signaler toutes leurs infractions à la loi religieuse.

Nerchakhy nous fournit, dans son histoire, quelques détails sur les Boukhar Khouda qui paraissent avoir exercé l'autorité civile sur Boukhara. Mais les renseignements que l'on trouve dans divers passages de son ouvrage sont contradictoires et confus. Les mêmes personnages sont désignés sous des noms différents et les dates me semblent inexactes. Les monuments historiques pouvant nous servir à contrôler et à rectifier le récit de Nerchakhy ne sont point parvenus jusqu'à nous ; je crois cependant devoir insérer ici les données éparses dans l'histoire de Boukhara.

La Khatoun, veuve de Beydoun, mourut après la dernière expédition de Qouteïbah ; son fils Taghchadèh, qui eut, après elle, le titre de Boukhar Khouda, était jeune, sans expérience et entouré d'ennemis. Qouteïbah le prit sous sa protection, réduisit ses ennemis à l'impuissance et affermit l'autorité entre ses mains. Taghchadèh fit profession de foi à l'Islamisme entre les mains de Qouteïbah, mais sa conversion ne paraît pas avoir été bien sincère. Il fut assassiné à Samarqand, où il était allé voir le gouverneur général du Khorassan, Nasr ibn Seiyar, dans les circonstances suivantes :

En l'année 156 (772), Essed ibn Abdillah mourut à Merv. Le Khalife Hicham, fils d'Abd el Melik, fils de Merwan, donna l'investiture du gouvernement du Khorassan à Nasr ibn Seiyar, qui se rendit dans la Transoxiane pour faire une expédition contre les Turks; il les battit, les dispersa et s'empara de Ferghanèh. Il revint ensuite à Samarqand où Taghchadèh Boukhar Khouda alla le trouver. Nasr qui avait demandé sa fille en mariage l'accueillit avec les plus grands honneurs et lui témoigna la plus haute considération. Nasr ibn Seiyar, lorsqu'il reçut la visite de Taghchadèh, était assis à la porte de sa tente. On était au mois de Ramazan et le soleil était sur le point de se coucher ; ces deux personnages causaient ensemble, lorsque deux Dèhqan de Boukhara, parents du Taghchadèh, et dont Nasr ibn Seiyar avait reçu la profession de foi à l'Islamisme, se présentèrent devant lui pour se plaindre de Taghchadèh qui s'était, disaient-ils, emparé violemment de leurs villages. Ils réclamèrent aussi justice contre Wacil ibn Amrou, gouverneur militaire, qui, selon eux, faisait cause commune avec le Boukhar Khouda pour dépouiller les gens de leurs biens. Taghchadèh s'entretenait, en ce moment, à voix basse avec Nasr ibn Seiyar. Les deux Dèhqan s'imaginèrent qu'il demandait leur mort et ils prirent, après s'être concertés, la résolution de le tuer. Taghchadèh faisait remarquer à l'Emir Nasr que ces deux personnages qui avaient embrassé l'Islamisme par ses soins, portaient des poignards à leur ceinture. Nasr leur demanda pourquoi ils étaient ainsi armés. « C'est, répondirent-ils, parce que nous sommes les ennemis de Taghchadèh, qui ne nous inspire aucune confiance pour notre sûreté. » Nasr ibn Seiyar leur témoigna son mécontentement et donna à Haroun, fils de Siavech, l'ordre de leur enlever leurs poignards. Les Dèhqan s'éloignèrent. Nasr se leva alors pour faire la prière à la tête des Musulmans qui l'entouraient.

Taghchadèh, qui pratiquait encore secrètement l'idolâtrie, demeura assis sur son siège. Nasr, après avoir achevé sa prière, rentra dans sa tente et invita Taghchadèh à le suivre. Celui-ci avait à peine posé le pied sur le seuil qu'un des Dèhqan se précipita sur lui et lui plongea son couteau dans le ventre. L'autre s'élança sur Wacil ibn Amrou qui n'avait point encore achevé sa prière et il le frappa également d'un coup de couteau. Wacil qui avait vu son mouvement eut le temps de tirer son sabre et de lui en asséner un coup sur la tête. Tous deux tombèrent morts. Nasr ibn Seiyar fit immédiatement tuer le Dèhqan qui avait frappé Taghchadèh; il fit transporter ce dernier dans sa tente et étendre sur son lit. Les médecins appelés en hâte ne purent le sauver, et il succomba au bout d'une heure, après avoir fait connaître ses dernières volontés.

Les serviteurs de Taghchadèh réclamèrent son corps : ils détachèrent les chairs de ses os qu'ils transportèrent à Boukhara. Son fils Becher fut investi de la dignité de Boukhar Khouda et Kalid ibn Djouneïd succéda à Wacil comme gouverneur militaire. Taghchadèh avait exercé le pouvoir pendant trente-deux ans.

Taghchadèh avait eu, après sa conversion à l'Islamisme, un fils auquel il avait donné le nom de Qouteïbah par affection pour ce dernier. Ce fils gouverna Boukhara après la mort de son père. Après avoir pratiqué l'Islamisme, il apostasia secrètement. Informé de ce fait, Abou Mouslim le fit mettre à mort, lui et ses serviteurs. Il fut remplacé par son frère Beniyat qui suivit, pendant quelque temps, les préceptes de l'Islamisme. Mais, à l'époque où Mouqannah proclama sa mission, et lorsque les Sefid Djamègan parurent dans les environs de Boukhara, Beniyat embrassa leurs doctrines et leur prêta aide et assistance. Ces faits furent portés à la connaissance du Khalife Mehdy par le chef de la police. Lorsque ce souverain fut débarrassé de toute crainte du côté des Sefid Djamègan, il envoya des cavaliers pour mettre à mort Beniyat.

Ce prince était dans le kiosque du village de Verakhchy, se livrant au plaisir du vin, lorsqu'il aperçut du haut du balcon, dans le lointain, des cavaliers qui arrivaient à toute bride. Il comprit immédiatement que ces gens étaient envoyés par le Khalife. En effet, dès qu'ils parurent, ils mirent le sabre à la main et, sans lui dire un mot, lui coupèrent la tête. Cet événement eut lieu en l'année 166 (782). Les gens de la suite de Beniyat se dispersèrent et les cavaliers s'en retournèrent.

Abou Mouslim, après avoir fait mettre à mort Qouteïbah pour le punir de son apostasie, avait fait don de tous les domaines et de tous les immeubles de sa famille à Beniyat. Ces biens demeurèrent entre les mains de ses descendants jusqu'à l'époque de l'Emir Ismayl le Samanide.

La dernière personne qui les posséda fut Abou Ishaq fils d'Ibrahim, fils de Khalid, fils de Beniyat, qui résidait à Boukhara et qui, tous les ans, faisait parvenir à son frère Nasr une partie des revenus et des récoltes pour les remettre entre les mains du Khalife Mouhadhad. Voici le motif qui détermina l'Emir Ismayl à le dépouiller. Ahmed, fils de Mohammed Leïs, chef de la police, lui dit un jour : « Tous ces villages si prospères qui produisent tant de céréales et qui sont aux mains d'Abou Ishaq ne sont point sa propriété ; ils appartiennent à l'Etat. Le Khalife les a confisqués à cause des apostasies répétées de ses aïeux et ils ont été réunis au domaine public. L'administration lui en a été confiée à la condition de payer certains revenus et certaines redevances, mais il ne s'acquitte pas de ses obligations et il s'imagine que ces villages sont sa propriété légitime. » La conversation en était là lorsqu'Abou Ishaq, fils d'Ibrahim, entra. « Abou Ishaq ! lui demanda l'Emir Ismayl, combien tes villages te rapportent-ils de blé chaque année ? » — « J'en récolte à grand' peine pour vingt mille dirhem après avoir fait des frais considérables. » — « Eh bien, dit l'Emir à Ahmed ibn Mohammed Leïs, prends ces domaines et dis à Aboul Hassan Ariz de donner, chaque année, à Abou Ishaq la somme de vingt mille dirhem. » Ces propriétés échappèrent ainsi pour toujours à cette famille. Abou Ishaq mourut en 301 (913) et ses enfants se fixèrent dans les villages de Sefnèh et de Siounedj.

La citadelle de Boukhara.

Aboul Hassan Nichaboury dit, dans son ouvrage qui porte le nom de « *Khezaïn oul ouloum* » (Les trésors des sciences), que Siavech, fils de Key Kaous, s'étant enfui de la cour de son père, franchit le Djihoun et se réfugia auprès d'Afrassiab. Ce prince l'accueillit avec bienveillance et lui accorda sa fille en mariage. Siavech voulut laisser une trace de son séjour dans le pays où il ne devait demeurer que temporairement. Il construisit le château de Boukhara et il y établit sa résidence. Des propos malveillants, attribués à Siavech, furent rapportés à Afrassiab qui le fit mettre à mort. Il fut enterré dans l'intérieur de la citadelle, près de la porte orientale appelée *Dervazèhi Ghourian*. Les Mough (mages) de Boukhara ont pour le lieu de sa sépulture une vénération particulière, et chacun d'eux y sacrifie tous les ans un coq le jour du Naurouz [1] avant le lever du soleil.

Les habitants de Boukhara ont composé sur la mort de Siavech des élégies qui sont répandues partout ; les musiciens ont composé des airs pour les chanter, et les conteurs publics les désignent sous le nom de « Les pleurs des Mough » *(Guiristeni moughan)*. Les événements dont je viens de parler se sont accomplis il y a plus de trois mille ans.

Selon une autre version, la citadelle aurait été construite par Afrassiab lui-même. Elle tomba en ruines et resta en cet état pendant de longues années. Lorsque Beydoun, mari de la Kha-

---

1. Le 21 mars, jour où le soleil entre dans le signe du bélier.

toun et père de Taghchadèh, devint souverain de Boukhara, il la fit relever et il construisit dans l'intérieur un grand palais. Au-dessus de la porte, il fit fixer solidement une plaque de fer qui portait son nom. Cette plaque existait encore à l'époque où écrivait Mohammed ibn Zoufer. Aboul Hassan Nichaboury dit que ce palais, bâti par Beydoun Boukhar Khouda, s'écroula à plusieurs reprises, et qu'il fut chaque fois reconstruit. Pour conjurer un nouveau malheur, on réunit des savants qui furent d'avis de le réédifier en lui donnant la configuration de la constellation de la grande Ourse et en le faisant soutenir par sept piliers.

Cet expédient le préserva de tout accident. Depuis sa reconstruction, on constata encore une particularité singulière. Aucun des souverains qui ont établi leur résidence dans ce château n'a jamais éprouvé de défaites, et ils ont tous constamment été victorieux. Autre fait extraordinaire : aucun prince n'y est mort, ni au temps de l'idolâtrie ni pendant l'Islamisme. Lorsque l'heure de la mort approchait pour l'un d'eux, il survenait une circonstance qui le forçait à s'éloigner, et il allait rendre ailleurs le dernier soupir. Les choses se sont toujours passées ainsi, depuis le jour où ce château a été construit, jusqu'au jour où il a été détruit.

La citadelle a deux portes dont l'une s'ouvre à l'orient et l'autre à l'occident. Celle-ci porte le nom de porte du Riguistan, celle-là s'appelle porte des Ghoury (*Dervaʒèhi Ghourian*).

Le nom de la première porte a été, du temps de Mohammed ibn Zoufer, changé en celui de porte des marchands de fourrages (*Deri alef fourouchan*). Un chemin en droite ligne relie ces deux portes entre elles. La citadelle a été, depuis les temps les plus anciens, la résidence des souverains, des Emirs (gouverneurs militaires) et celle des grands officiers. Elle renfermait la prison, les bureaux des princes, le palais où ils demeuraient, le harem et le trésor.

A l'époque de Mohammed ibn Zoufer, cette citadelle était

en ruines; mais, quelques années plus tard, Arslan Khan la fit reconstruire; il y fixa sa résidence et, pour y assurer le bon ordre, il y établit comme gouverneur un Emir d'un rang élevé. Le peuple avait pour cette citadelle un respect tout particulier. Lorsque le Kharezm Châh entra à Boukhara dans le courant de l'année 534 (1139), l'Emir Zenguy Aly Khalifèh en était le gouverneur au nom du Sultan Sindjar. Le Kharezm Châh le fit prisonnier et le mit à mort. La citadelle fut alors démolie. Elle resta en ruines pendant deux ans; en 536 (1141), Alp Tekin, nommé gouverneur de Boukhara par Gour Khan, donna l'ordre de la reconstruire, et il y établit sa résidence.

En 538 (1143), les Ghouzz se présentèrent devant Boukhara et y assiégèrent Aïn oud Daoulèh Qaradjèh Bek et le Vézir Chehab oud Din ; après de violents assauts et de rudes combats, les Ghouzz se rendirent maîtres de la citadelle, la rasèrent et mirent à mort le Vézir Chehab oud Din. Elle resta en ruines jusqu'à l'année 560 (1164). A cette époque, on résolut de construire un faubourg qui devait être entouré d'une muraille de briques cuites. On employa à cette construction les matériaux dont étaient bâtis les murs et les tours de la citadelle. Il ne resta alors aucun vestige ni de la citadelle ni du palais. En 604 (1207), le Kharezm Châh Mohammed, fils de Sultan Tekich, s'empara de Boukhara et fit reconstruire la citadelle. En 616 (1219), elle fut prise, après douze jours de siège, par les Tatars commandés par Djenguiz Khan, et complètement rasée.

La grande mosquée de Boukhara.

Qouteïbah ibn Mouslim construisit, en l'année 94 (712), la grande mosquée dans l'intérieur de la citadelle de Boukhara, sur l'emplacement d'un temple consacré à l'idolâtrie.

Tous les habitants furent astreints, par un cri public, à se rendre tous les vendredis à la grande mosquée pour assister à la prière. Chaque habitant pauvre recevait, à cet effet, deux dirhem. Les Boukhares qui, dans les premiers temps de l'Islamisme, ne pouvaient comprendre l'arabe, récitaient en persan les prières et les chapitres du Qoran. Lorsque les fidèles devaient s'incliner, un homme placé derrière l'assistance disait à haute voix : *Neguinéta Neguinet*, et, lorsqu'ils devaient se prosterner la face contre terre, il criait : *Nigounya, Nigouny* [1].

Mohammed ibn Djafer dit avoir vu sculptées, sur les portes de la grande mosquée, des représentations de personnages dont la figure avait été effacée, mais dont le reste avait été respecté. Ces portes provenaient des habitations de plaisance des environs de Boukhara. C'étaient des demeures occupées par des gens riches qui n'avaient aucune sympathie pour l'Islamisme. Les pauvres seuls allaient, le vendredi, à la mosquée pour y recevoir les deux dirhem qu'on leur donnait.

Un vendredi, les Musulmans se portèrent dans le quartier des riches pour en inviter les habitants à se rendre à la prière ; ceux-ci refusèrent ; les Musulmans insistèrent, ils furent repoussés à coups de pierres lancées du haut des terrasses et il s'ensuivit une échauffourée. Les Musulmans vainqueurs arrachèrent les portes des maisons, les transportèrent dans la ville et les placèrent dans la grande mosquée, après avoir fait disparaître les figures des idoles que l'on y avait fait sculpter.

Lorsque l'Islamisme se fut définitivement établi à Boukhara et que le nombre de ses adhérents se fut considérablement augmenté, la grande mosquée de Qouteïbah ne fut plus assez vaste pour contenir tous les fidèles. Les habitants s'associèrent, sous l'administration de Fadhl ibn Yahya le Barmécide, Emir du Khorassan au nom du Khalife Haroun er Rechid, et ils bâtirent, en l'année 179 (795), une grande mosquée sur un terrain situé entre la ville et la forteresse. Fadhl ibn Yahya affecta à sa construction des sommes considérables. L'ancienne mosquée de Qouteïbah fut abandonnée, et on y établit les bureaux de la

---

1. Ces mots sont persans d'origine. L'ancien verbe *neguiniden* veut dire être rond, se courber, s'incliner ; il n'en reste plus aujourd'hui de trace que dans le substantif *neguin*, anneau, bague. *Nigouniden* et *nigouhiden* signifient être la tête en bas.

perception des impôts. L'Emir Ismayl le Samanide acheta un grand nombre de maisons et agrandit cette mosquée d'un tiers. Sous le règne de l'Emir Sayd, fils de Mohammed, fils d'Ismayl, la mosquée s'écroula subitement, un vendredi du mois de Ramazan, pendant que le peuple y était réuni. Un grand nombre de gens furent tués sur le coup ; ceux qui furent retirés de dessous les décombres avaient les bras et les jambes brisés, et ils ne tardèrent pas à succomber. Le deuil fut universel dans la ville qui fut à peu près dépeuplée. Cependant, grâce aux secours du gouvernement et à la bonne volonté des fidèles, la mosquée fut reconstruite dans l'espace d'un an. L'année suivante, les deux côtés du Qiblèh s'écroulèrent; mais, à ce moment, la mosquée était déserte, et personne ne perdit la vie.

Le minaret de la mosquée fut construit dans l'espace de cinq ans par Oubeïd oullah ibn el Haiyany, Vézir de l'Emir en l'année 306 (918) et la dépense en fut faite sur ses revenus particuliers. Le sommet était couvert en bois. Pendant les combats livrés par Chems oul Moulk Nasr ibn Ibrahim, des matières incendiaires furent lancées du château sur le minaret pour en déloger les archers qui inquiétaient les soldats renfermés dans la citadelle. Le haut prit feu et des tisons enflammés tombèrent dans l'intérieur de la mosquée qui fut entièrement consumée (460 — 1067).

Chems oul Moulk, devenu maître de Boukhara, la fit reconstruire ; le sommet du minaret fut rebâti en briques cuites et on creusa un large fossé pour séparer la mosquée de la citadelle. Les fonctionnaires et les gens riches contribuèrent à l'envi à cette reconstruction qui fut terminée dans l'espace d'une année. Le maqçourèh, le minber et le mihrab furent fabriqués et ornés de sculptures à Samarqand et apportés ensuite à Boukhara. Arslan Khan Mohammed ibn Souleyman, voulant éviter les accidents qui s'étaient produits du temps de Chems oul Moulk, résolut de faire reconstruire la grande mosquée à une plus grande distance de la citadelle. Il acheta un nombre considérable de maisons dans l'intérieur de la ville et il fit bâtir la mosquée sur leur emplacement. Le minaret qui s'élevait à côté de l'ancienne mosquée fut abattu, pour être réédifié à côté de la nouvelle. Il était de la plus grande élégance, couvert d'ornements, et il n'avait point son pareil. La construction en était à peu près achevée et le faîte était posé, lorsqu'une influence maligne le fit écrouler, et, dans sa chute, il détruisit le tiers de la mosquée et brisa les poutres couvertes de peintures ainsi que les ouvrages de menuiserie. Arslan Khan la fit immédiatement reconstruire, et relever le minaret qui fut bâti en briques cuites. La mosquée d'Arslan Khan fut achevée en l'année 515 (1121) et les dépenses de sa construction furent prélevées sur les revenus particuliers de ce prince.

Il y a dans la mosquée cinq chapelles intérieures : les deux qui se trouvent du côté de la ville sont, ainsi que le minaret, l'œuvre d'Arslan Khan. La grande chapelle et le maqçourèh sont dus à Chems oul Moulk. Au milieu s'élèvent les deux autres chapelles, celle qui est la plus rapprochée de la citadelle date du règne de l'Emir Ismayl le Samanide qui la construisit en l'année 290 (902), l'autre qui donne sur le palais du gouverneur général du Khorassan a été bâtie par l'Emir Hamid Nouh ibn Nasr bin Ismayl en 340 (951).

Le Mouçalla de Boukhara [1].

Qouteïbah, après avoir construit la grande mosquée dans l'intérieur de la citadelle, établit le *Mouçalla* à l'extérieur de la ville, dans l'endroit qui a reçu le nom de Riguistan. L'Islamisme n'étant point encore solidement établi à Boukhara et les infidèles n'inspirant aucune confiance, Qouteïbah donna l'ordre aux Musulmans de se rendre armés au Mouçalla.

---

1. Le Mouçalla est un emplacement entouré de murs et généralement situé hors de la ville, où toute la population musulmane se rend pour assister à la prière de la fête de la rupture du jeûne et à celle de la fête des sacrifices.

Cet usage a été conservé depuis comme une tradition religieuse.

On y fit la prière des fêtes jusqu'à l'époque de l'Emir Mançour ibn Nouh, fils de Nasr (351-366 A. H., A. D. 962-976). Celui-ci acheta à grand prix des maisons et des jardins situés sur la route de Semetin et il dépensa des sommes considérables pour y établir un Mouçalla. Il fit construire un minber et un mihrab d'une grande beauté et il fit élever des tours pour servir à l'appel de la prière.

Le Mouçalla était à la distance d'un demi-ferseng de la porte de la citadelle et la foule y était considérable. On y fit la prière depuis l'année 360 (970) jusqu'à l'époque d'Arslan Khan (495-1101), qui affecta pour l'établissement du Mouçalla l'emplacement de Chems Abad, ancienne propriété royale située près de la porte d'Ibrahim, dont les constructions étaient tombées en ruines et dont les terres avaient été mises en culture. Il le rapprocha de la ville pour épargner une grande fatigue aux fidèles et les mettre, en cas de guerre, à l'abri d'un coup de main. Le Mouçalla fut alors entouré d'une enceinte formée par une haute muraille : on construisit dans l'intérieur un minber et un mihrab en briques cuites et on y éleva également des tours pour servir à l'appel de la prière. Ce Mouçalla fut achevé en l'année 513 (1119).

Muraille de Boukhara, vulgairement appelée Kounsserek.

Le Khalife Mehdy confia le gouvernement du Khorassan à l'Emir Aboul Abbas ibn el Fadhl bin Souleyman de Thous qui arriva en 166 (782) à Merv et y établit sa résidence. Il reçut dans cette ville la visite de tous les grands personnages et de tous les notables du Khorassan. Ceux du Soghd se rendirent aussi auprès de lui, pour lui présenter leurs hommages. L'Emir s'enquit de la situation de leur pays. « Nous avons à souffrir, dirent-ils, des Turks idolâtres. Ils font des incursions continuelles, et pillent nos villages; tout dernièrement encore, ils ont saccagé le village de Samedoun et ils ont emmené des Musulmans en captivité. » — « Avez-vous, reprit l'Emir, un moyen de porter remède à cette situation; j'en ordonnerai l'exécution. » Yezid, fils de Ghourek, était présent à l'entrevue : « Que la durée de la vie de l'Emir soit éternelle! dit-il. Dans les temps anciens, à l'époque de l'idolâtrie, les Turks livraient le Soghd au pillage. Une femme le gouvernait alors ; elle fit élever un mur fortifié et le Soghd n'eut plus à redouter les invasions des Turks. » L'Emir donna l'ordre à Mouhtedy ibn Hammad bin Amrou ed Dehely, gouverneur de Boukhara, de faire construire une muraille et de comprendre dans son enceinte tous les villages de la banlieue pour assurer leur sécurité contre les attaques des Turks. On perça des portes de distance en distance, et, à chaque demi-mille, on éleva une tour d'une construction solide. Saad ibn Khalif, Qadi de Boukhara surveilla les travaux qui furent achevés à l'époque de Mohammed, fils de Mançour, fils de Heldjid, fils de Waraq, en l'année 215 (830). Les gouverneurs qui se succédèrent veillèrent à l'entretien de cette enceinte. On prélevait, à cet effet, tous les ans des sommes considérables sur les habitants de la ville. Cet impôt fut perçu jusqu'au règne de l'Emir Ismayl qui le supprima et laissa la muraille tomber en ruines. « Tant que je serai vivant, dit ce prince, je serai le rempart de Boukhara. » En effet, il paya toujours de sa personne et il ne laissa aucun ennemi pénétrer en vainqueur sur son territoire.

En 235 (849), lorsque Mohammed ibn Abdallah bin Qalhah était gouverneur du Khorassan, Boukhara fut entourée d'une enceinte fortifiée, flanquée de tours et qui était réparée chaque fois que Boukhara se trouvait menacée.

Arslan Khan fit élever une autre enceinte devant celle qui existait; elles tombèrent toutes deux en ruines et elles furent successivement relevées par Arslan Khan, par Messoud Qilidj Thamghadj Khan en 560 (1164) et par le Kharezm Châh Mohammed, fils de Sultan Tekich. Les Tatars la rasèrent en l'année 616 (1219).

Le palais des rois à Boukhara.

Depuis la porte de l'Occident (*Deri Gharby*) jusqu'à celle de l'oratoire (*Deri Maabed*) s'étend un terrain qui a reçu le nom de Riguistan. C'est sur cet emplacement que l'on a élevé, depuis les temps les plus reculés, depuis l'époque de l'idolâtrie, le palais des princes qui ont gouverné Boukhara.

Sous la dynastie des Samanides, l'Emir Sayd, fils d'Ahmed, fils d'Ismayl, fils de Nouh, fit bâtir un palais somptueux pour la construction duquel on dépensa des sommes considérables. Il fit élever, à proximité, d'autres bâtiments destinés à renfermer les administrations des hauts fonctionnaires de l'État, telles que le divan du Vézir, celui du ministre des finances, le divan de l'Amyd oul Moulk, les bureaux du maître de la police, le divan du Sahib Moueyyed, le divan de la noblesse, celui du domaine privé, celui du Mohtessib, le divan des fondations pieuses et celui du Qadi. A l'époque de l'Emir Rechid Amyd oul Moulk, fils de Nouh, fils de Nasr, fils d'Ismayl, son Vézir Aboul Nasr Mohammed el Outby, auteur de l'ouvrage qui porte le titre de « Yeminy »[1] et dont le tombeau se trouve dans le quartier de la porte de Mançour, dans le voisinage du bain du Khan, fit construire, en face du Medressèh, une mosquée qui donna à cette place un aspect irréprochable. L'Emir Rechid tomba de cheval et mourut des suites de cette chute. La nuit de sa mort, ses esclaves pénétrèrent dans le palais et se mirent à le piller. Les femmes du prince et les servantes allumèrent un incendie, en voulant résister aux envahisseurs. Le palais fut entièrement brûlé, jusqu'à ses fondements, et tous les objets précieux en or ou en argent qui s'y trouvaient furent anéantis.

Quand l'Emir Mançour, fils de Nouh, parvint au trône, au

---

1. Le *Tarikhi Yeminy* est l'histoire de Sultan Mahmoud, fils de Sebektekin Yemin oud Daoulèh.

mois de Chevval 350 (novembre 961), il donna l'ordre de construire le palais qui avait été anéanti et il y accumula des objets encore plus précieux que ceux qui avaient été détruits. Lorsqu'il fut achevé, l'Emir s'y établit : l'année ne s'était point écoulée que, pendant la nuit du Sour, on alluma, selon l'usage antique, un grand feu [1]. Des étincelles jaillirent sur le toit et l'embrasèrent : le palais fut entièrement consumé. L'Emir Mançour se transporta cette nuit même à Djouy Mevalian, après avoir donné l'ordre de faire enlever, par des gens de confiance, les trésors et les objets conservés dans les souterrains et de les transporter à Djouy Mevalian. Au jour, on s'assura que rien n'avait été perdu, à l'exception d'une tasse en or.

Le Vézir en fit faire, à ses frais, une autre du poids de sept cents miçqal et il l'envoya au trésor.

Le Riguistan demeura une place sablonneuse et couverte de ruines.

Les souverains continuèrent à résider à Djouy Mevalian. Cet endroit est, en effet, le plus agréable de Boukhara à cause des palais qui s'y élèvent, des jardins, des prairies, des vergers, des eaux courantes qui serpentent au milieu des prés en se confondant les unes avec les autres.

Un poète dit à ce sujet : « L'eau de la fontaine de Jouvence coule au milieu de la prairie et elle s'éloigne en gémissant : elle pleure en voyant qu'il lui faut quitter ces jardins remplis de fleurs. »

L'espace qui s'étend de la porte du Riguistan jusqu'à Dechtek est entièrement couvert de superbes allées, de magnifiques bassins, de caravansérails décorés de peintures, de maisons en pierres d'une grande élévation, bâties dans de belles proportions et ornées d'arabesques sculptés. Des ormes y forment des voûtes impénétrables aux rayons du soleil.

Les allées sont plantées en arbres fruitiers de toutes sortes,

---

1. La nuit du Sour ou de la fête est le nom de celle qui précède le Naurouz. L'usage d'allumer de grands feux était général dans les pays de langue persane, et cette coutume existe encore dans plusieurs parties de la Perse.

nachpaty, amandiers, pistachiers, cerisiers, jujubiers ; bref on y voit tous les arbres qui se trouvent dans le paradis.

Le village du Djouy Mevalian avait appartenu jadis à Taghchadèh, qui en avait attribué une partie à ses enfants et à ses gendres. L'Emir Ismayl le Samanide acheta ce village de Hassan ibn Mohammed bin Thalout, général du Khalife Moustaïn, fils de Moustacim. Il y fit construire des palais et des jardins ; il affecta les revenus de la plus grande partie de ces propriétés à des fondations pieuses. Ces domaines sont encore aujourd'hui des biens de main-morte.

L'Emir Ismayl était continuellement préoccupé du sort de ses affranchis. Un jour, dans le château de Boukhara, il portait ses regards dans la direction de Djouy Mevalian ; Sima el Kebir, affranchi de son père et pour lequel il avait la plus vive amitié, se tenait debout devant lui : « Fasse Dieu, lui dit l'Emir Ismayl, que j'aie l'occasion d'acquérir ce village pour vous, et puisse ma vie se prolonger assez longtemps pour que je vous voie le posséder, car ce village est, des environs de Boukhara, le plus beau, le plus agréable et celui qui jouit du climat le plus salubre ! »

Dieu lui permit de l'acheter et il le donna à ses affranchis. C'est pour ce motif que le village reçut le nom de Djouy Mevalian (le canal ou la rivière des affranchis) que le peuple prononce Djouy Moulian. Une plaine qui porte le nom de Dechtek s'étend à partir de la porte de la citadelle. Elle était couverte de roseaux ; l'Emir Ismayl l'acheta aussi à Hassan Thalout pour dix mille dirhem. La première année la récolte des roseaux produisit cette somme.

L'Emir Ismayl affecta les revenus de Dechtek aux dépenses de la grande mosquée.

La beauté du site, les charmes et les agréments de Djouy Mevalian déterminèrent les descendants de l'Emir Ismayl à y planter des jardins et à y construire des kiosques. Les princes Samanides fixèrent leur séjour à Djouy Mevalian et à Kareki Alevyan jusqu'à la chute de leur dynastie. Puis les palais tombèrent en ruines et la résidence officielle fut de nouveau établie dans le château de Boukhara, jusqu'à l'époque de Chems oul Moulk Nasr ibn Ibrahim ben Thamghadj Khan qui habita Chems Abad.

Le Bazar de Makh.

Ce marché se tenait deux fois par an, et chaque fois, il s'y faisait des transactions pour la somme de cinquante mille dirhem. On y vendait des statuettes d'idoles. Ce marché existait encore à l'époque de Mohammed ibn Djafer qui questionna, à ce sujet, les vieillards et les notables de Boukhara. Ceux-ci lui répondirent que ce marché était fort ancien; qu'autrefois les habitants de Boukhara étaient idolâtres et que c'était là que l'on vendait les figures de dieux.

Aboul Hassan de Nichabour rapporte, dans son « Khezaïn oul ouloum, » qu'un roi, portant le nom de Makh, régna jadis à Boukhara. Il ordonna aux ouvriers en bois et aux peintres de fabriquer un certain nombre d'idoles que l'on exposait en vente dans ce marché, à des jours déterminés. Ceux dont les idoles avaient été perdues ou endommagées y venaient en acheter d'autres.

L'endroit où s'élève aujourd'hui la mosquée de Makh, sur le bord de la rivière, était une plaine couverte d'arbres, à l'ombre desquels on tenait le marché que le roi présidait lui-même, assis sur son trône.

On éleva ensuite, sur cet emplacement, un pyrée qui était fréquenté, le jour du marché, par la population. Les gens y entraient, adoraient le feu, se livraient à leurs achats et retournaient chez eux. Ce pyrée a subsisté jusqu'à l'époque où l'Islamisme fut prédominant à Boukhara. On le convertit en une mosquée qui est une de celles qui jouissent de la plus grande vénération.

La fabrique de tissus (Beit outh Thiraz) qui existait et existe encore aujourd'hui à Boukhara.

Boukhara possédait une fabrique de tissus située entre la citadelle et la ville, à proximité de la grande mosquée. On y fabriquait des tapis, des tentes, des *Yezdis*, des coussins et des tapis de prières, de couleur vert-clair, qui étaient réservés pour l'usage du Khalife. Les impôts de Boukhara servaient à payer la confection d'une seule grande tente. Tous les ans, un fonctionnaire spécialement désigné arrivait à Boukhara et emportait des tissus pour une somme équivalente à celle des impôts.

Le travail cessa dans cette fabrique et les ouvriers qui y étaient employés se dispersèrent et allèrent s'établir dans les villes du Khorassan. Les marchands y venaient acheter les étoffes fabriquées là, ainsi que le Zendpitchy[1] et ils les portaient en Egypte, en Syrie et dans les villes de l'Asie Mineure. Un fait est à noter pour sa singularité : bien que ces étoffes fussent fabriquées avec les mêmes procédés que ceux qui étaient employés à Boukhara, elles n'avaient ni le lustre ni l'éclat qu'on leur donnait dans cette ville. Il n'y avait ni roi ni émir, ni ministre, ni haut fonctionnaire qui n'en possédât. On en fabriquait de rouges, de blanches et de vertes. Aujourd'hui, le Zendpitchy est plus connu dans tous les pays.

---

1. Le Zendpitchy est une mousseline très fine et de couleur blanche. Les Guèbres enroulaient autour de leur tête une pièce de Zendpitchy, lorsqu'ils faisaient la lecture de leurs livres sacrés et c'est à cet usage que cette étoffe doit son nom (*Zend* et *pitchyden*, rouler, enrouler).

Les poètes persans du moyen âge comparent la neige au Zendpitchy.

V

MOUQANNAH

Les historiens musulmans sont, en général, fort sobres de détails sur la mission religieuse que s'était attribuée Mouqannah, et sur les troubles que ses prédications et celles de ses missionnaires excitèrent dans l'Asie centrale.

Thabary ne donne que peu de renseignements sur cet imposteur. Ibn el Athir se contente de dire qu'il professait la doctrine de la métempsycose; qu'il prétendait être une incarnation de la Divinité qui s'était, avant lui, manifestée dans le corps d'Adam et, en dernier lieu, dans celui d'Abou Mouslim; qu'il séduisit les populations et leur fit abandonner les croyances de l'Islam; qu'il recruta de nombreux partisans parmi les Turks idolâtres; et, enfin, que le cri de guerre de ses soldats était : O Hachim, sois-nous en aide !

Les annalistes persans Hafiz Abrou, Mirkhond, Khondemir ne font que reproduire, sans y rien ajouter, les renseignements donnés par les auteurs que je viens de citer.

Il semble que les historiens musulmans aient répugné à parler des anciennes croyances persanes et indiennes, qui avaient encore de profondes racines dans l'esprit des peuples du Khorassan et de la Transoxiane.

La révolte de Mouqannah mit en péril, dans la Transoxiane, l'autorité du Khalife Mehdy, et les plus grands efforts furent faits par ce prince pour anéantir une secte qui menaçait de détruire son pouvoir dans toute l'Asie centrale.

Abou Bekr Mohammed Nerchakhy a consacré à Mouqannah, dans son « Histoire de Boukhara, » un chapitre assez étendu. Il s'appuie sur le témoignage d'un certain Ibrahim qui, sous le titre de « *Akhbar Mouqannah* » avait composé une histoire de cet imposteur. Ce document ne nous est pas parvenu.

Il ne m'a pas paru inutile de donner ici la traduction du récit d'Abou Bekr Nerchakhy : il renferme des détails curieux qui donnent une idée exacte de l'état de la Transoxiane, à la fin du IIe siècle de l'hégire, et je me plais à espérer qu'ils offriront quelque intérêt au lecteur.

Je dois d'abord donner l'explication du surnom de « Lune de Nakhcheb » ou de « faiseur de lune de Nakhcheb » donné à Mouqannah.

Qazwiny rapporte [1] qu'il avait, dans cette ville, creusé, selon les règles de la géométrie, un puits, duquel il semblait faire sortir une lune, et que l'on accourait de toutes parts pour être témoin de ce prodige. Le vulgaire y voyait une œuvre surnaturelle, mais ce résultat était obtenu au moyen d'un grand bassin rempli de mercure qui renvoyait au loin l'éclat des rayons qui venaient s'y refléter. Ce fait causa un étonnement général; on y fit allusion dans des poésies; il donna naissance à des proverbes et on le cita dans les entretiens littéraires.

Ibrahim, auteur des « *Akhbar Mouqannah* » et Mohammed ibn Djerir Thabary disent que Mouqannah reçut le jour à Kazèh, village de la banlieue de Merv. Son nom était Hachim, fils de Hekim.

« Il exerça, d'abord, le métier de blanchissseur de toiles (*Kazerguery*). Il se livra ensuite à l'étude et acquit les connaissances les plus variées. Il devint habile dans la pratique de la

---

[1] *Açar oul bilad, Cosmographie de Zekerya ibn Mohammed el Qazwiny*, publié par M. Wustenfeld. Gœttingue, 1848, page 312.

magie blanche, de la sorcellerie et dans l'art des incantations. Il eut la prétention de se faire passer pour prophète. Il périt en l'an 167 (783) sous le règne du Khalife Mehdy, fils de Mançour.

« Mouqannah était un homme d'un esprit délié et plein de ruses ; il avait lu un grand nombre des livres de sciences de l'antiquité et il était très-versé dans la connaissance des choses surnaturelles.

« Hekim, son père, était originaire de Balkh, et il avait servi comme officier dans les troupes de l'Emir Abou Djafer Dewaniqy, gouverneur général du Khorassan.

« Mouqannah était d'un aspect repoussant ; il était teigneux et borgne. L'habitude qu'il avait de se couvrir le visage d'un voile vert *(Miqna'ah)* pour cacher sa laideur lui fit donner le surnom sous lequel il est connu. Il avait été lui-même au service militaire, dans l'armée du Khorassan, sous les ordres du Vézir Abdoul Djebbar, à l'époque d'Abou Mouslim [1]. Il se donna comme prophète ; Abou Djafer Dewaniqy le fit arrêter et l'envoya à Bagdad où il resta en prison pendant quelques années. Il fut, à la fin, élargi et il retourna à Merv, où il réunit autour de lui un certain nombre de gens.

« Savez-vous qui je suis ? demandait-il.

— Tu es, lui répondait-on, Hachim, fils de Hékim. »

— Vous êtes dans l'erreur, disait-il ; je suis votre Dieu et le Dieu de tout l'univers. Je prends les noms qu'il me plaît, car je suis celui qui s'est successivement incarné dans Adam, dans Noé, dans Abraham, dans Moïse, dans Jésus, dans Mohammed, puis dans Abou Mouslim. J'ai pris enfin la forme sous laquelle vous me voyez aujourd'hui.

— Ceux qui t'ont précédé, lui fut-il répondu, se donnaient comme prophètes, mais toi, tu prétends être Dieu.

— Ces prophètes, répliquait-il, étaient revêtus d'une forme

---

[1]. Abdoul Djebbar ibn Adirrahman el Azdy fut nommé gouverneur du Khorassan en 140. Cf. *Kamil fit Tarikh* d'Ibn el Athir, tome V, pages 380-385-387.

matérielle, mais moi, je suis l'essence spirituelle qui les animait. J'ai, de plus, le pouvoir de me manifester sous telle forme que je choisis. »

« Mouqannah résidait encore à Merv quand il envoya, de tous côtés, des missionnaires qu'il chargea de détourner les peuples de leur foi. Il écrivit des lettres qu'il confia à ses émissaires qui devaient les répandre dans tous les pays. Elles étaient conçues en ces termes : « Au nom du Dieu clément et miséricordieux. Louange au Dieu en dehors duquel il n'y a point d'autre divinité ! Il est le Dieu d'Adam, de Noé, d'Abraham, de Moïse, de Jésus, de Mohammed et d'Abou Mouslim. La puissance, la souveraineté, la gloire et la révélation sont mon partage. La royauté et la puissance créatrice m'appartiennent. Il n'y a point d'autre Dieu que moi ! Celui qui croira en moi entrera dans le paradis, celui qui sera incrédule sera précipité dans l'enfer. »

« Ses missionnaires détournèrent un grand nombre de gens de la voie du devoir.

« Un Arabe, fixé à Merv, nommé Abdoullah ibn Amr, embrassa ses doctrines et lui donna sa fille en mariage. Cet Abdoullah passa le Djihoun et se rendit à Nakhcheb et à Kech où il fit un grand nombre de prosélytes ; ses prédications eurent surtout du succès à Kech et dans les villages des environs de cette ville.

« Le village de Choubeck[3] fut le premier dont les habitants firent profession publique de la nouvelle religion ; ils se soulevèrent, prirent pour chef Amrou Choubekhy et massacrèrent leur gouverneur qui était un Arabe attaché à l'Islamisme.

« Le plus grand nombre des villages du Soghd embrassa le parti de Mouqannah, et beaucoup de localités relevant de Boukhara abandonnèrent, ouvertement, les pratiques religieuses de l'Islamisme.

« La révolte prit de vastes proportions et la situation des fidèles

---

1. Yaqout orthographie le nom de cette localité Soubekh. *Moudjem*, tome III, page 182.

devint extrêmement pénible. Les caravanes furent attaquées et les villages pillés ; le pays se couvrit de ruines. La nouvelle de ces troubles se répandit dans le Khorassan. L'Emir Homeïd ibn Qahthabah [1], qui en était le gouverneur, donna l'ordre d'arrêter Mouqannah ; mais celui-ci s'enfuit du village où il résidait et il se tint caché jusqu'au moment où il apprit que, dans la Transoxiane, un grand nombre de gens avaient embrassé sa religion et la pratiquaieut publiquement. Il résolut de franchir le Djihoun. L'Emir du Khorassan en faisait surveiller les rives, et cent cavaliers qui faisaient des patrouilles continuelles avaient l'ordre de l'arrêter quand il se présenterait.

« Mouqannah arriva sur les bords du fleuve et il le passa avec trente-six de ses partisans. Il gagna la ville de Kech qui se soumit à lui et où il fut accueilli avec des transports de joie.

« Sur le mont Siam [2] s'élevait une vaste enceinte entourée de solides murailles ; dans l'intérieur se trouvaient des eaux courantes, des arbres et des champs cultivés : on y avait aussi construit un château d'une extrême solidité. Mouqannah le fit réparer et il y fit déposer de grandes richesses et d'immenses approvisionnements, dont il confia la garde à une garnison qu'il y établit.

« Le nombre des Sefid Djamègan [3] devint très-considérable et les Musulmans ne purent leur résister. »

« Le bruit de cette sédition parvint à Bagdad et le Khalife Mehdy en fut profondément affecté. Il fit partir une puissante armée pour réduire ces sectaires, et il se rendit lui-même à Nichabour pour étouffer la révolte. Ce prince craignait l'anéan-

---

[1]. On peut consulter sur ce personnage le *Kamil fit Tarikh*, édition de M. Tornberg, tomes V et VI, *passim*.

[2]. Le mont Siam est situé dans les environs de Nakhcheb. Le poète Roudeky en cite le nom dans une pièce de vers.

[3]. Le mot *Sefid Djamègan* signifie « les gens vêtus de blanc ». Les historiens arabes les désignent sous le nom de « *Moubaiydèh* » qui a le même sens.

La couleur blanche avait été adoptée par Mouqannah, soit comme emblème de la pureté de ses doctrines, soit comme marque d'opposition à la dynastie des Abassides dont les vêtements et les drapeaux étaient noirs.

tissement de l'Islamisme et le triomphe sur toute la terre de la religion de Mouqannah.

« Celui-ci implora alors le secours des Turks ; il leur promit qu'il leur serait licite de verser le sang des Musulmans et de s'emparer de leurs biens. Attirées par l'appât du pillage, des hordes accoururent du Turkestan ; elles ravagèrent les campagnes, réduisirent en esclavage les femmes et les enfants, et massacrèrent les Musulmans.

« Une troupe de Sefid Djamègan, qui avaient prêté serment à Mouqannah, parut devant Boukhara et envahit pendant la nuit le village de Nemdjeket ; elle tua les muezzins de la mosquée et quinze personnes ; puis, le lendemain, elle passa toute la population au fil de l'épée.

« Cet événement eut lieu dans le courant de l'année 159 (775) alors que l'Emir Hussein, fils de Ma'az, était gouverneur militaire de Boukhara.

« Parmi les chefs des bandes de Mouqannah, se trouvait un habitant de Boukhara appelé Hekim Ahmed. Il avait avec lui trois officiers, dont deux nommés Khachouy et Baghy étaient nés à Kouchki Fezil. Le troisième, qui portait le nom de Guirdek, était originaire du Ghoudjevan. Ces trois personnages se faisaient remarquer par leur courage, par un esprit fertile en expédients et en stratagèmes et par la rapidité de leurs marches et de leurs mouvements.

« Lorsque la nouvelle du massacre des gens de Nemdjeket parvint à Boukhara, les habitants de cette ville se réunirent et se présentèrent devant l'Emir. « Il faut, lui dirent-ils, livrer bataille aux Sefid Djamègan. » L'Emir Hussein, accompagné par le Qadi Amir ibn Imran, sortit de la ville suivi par ses troupes et par la population (Redjeb 159 — mai 776). Il s'avança jusqu'au village de Nerchakh, appelé aujourd'hui Nerdjaq, et il y établit son camp en face de l'ennemi. Le Qadi représenta qu'il fallait inviter les rebelles à embrasser la vraie religion, et qu'il ne convenait pas de les attaquer avant d'avoir fait cette démarche.

« Le Qadi et quelques hommes pieux se rendirent dans le village, pour faire rentrer les révoltés dans la voie de l'Islamisme. « Nous ne reconnaissons rien de tout ce que vous dites », répondirent-ils au Qadi et, persistant dans leurs blasphèmes, ils rejetèrent les conseils qui leur étaient donnés. L'attaque fut donc résolue et l'action s'engagea. Le guerrier qui le premier fondit sur les rebelles fut un arabe nommé Naym, fils de Sehl. Il combattit pendant longtemps, tua quelques Sefid Djamègan, mais à la fin il succomba. Les partisans de Mouqannah furent mis en fuite après avoir perdu sept cents des leurs. Le lendemain, ils envoyèrent un député pour demander quartier, affirmant qu'ils étaient devenus Musulmans. La paix leur fut accordée et un traité stipula comme conditions : « qu'ils ne battraient plus les grands chemins; qu'ils ne tueraient plus les Musulmans; qu'ils se disperseraient et retourneraient dans leurs villages où ils reconnaîtraient l'autorité des chefs. »

« Enfin, comme clause spéciale, ils devaient s'engager à obéir aux ordres de Dieu et à ceux du Prophète. Tous les notables de Boukhara apposèrent leur signature sur ce traité.

« Lorsque les Musulmans se furent retirés, les Sefid Djamègan rompirent les engagements qu'ils avaient pris. Ils infestèrent les routes, massacrèrent les Musulmans, coupèrent les blés encore verts et les transportèrent dans le château de Nerchakh. La situation des Musulmans devint des plus critiques.

« Le Khalife Mehdy fit partir le Vézir Djebrayl ibn Yahya [1] et le chargea de réduire Mouqannah. Celui-ci arriva à Boukhara et établit son camp à la porte de Samarqand.

« L'Emir Husseïn ibn Ma'az se rendit auprès de Djebrayl et lui dit : « Accordez-moi votre assistance pour combattre les Sefid Djamègan, et, quand nous serons venus à bout de cette entreprise, je me joindrai à vous pour attaquer Mouqannah. »

« Djebrayl accueillit cette demande. Il leva son camp et se di-

---

[1]. Djebrayl ibn Yahya el Badjely est cité dans le *Kamil fil Tarikh*, tomes V, pages 382, 441, 452 et tome VI pages 26 et 27.

rigea vers Nerchakh. Il fit creuser un fossé entre le village et son camp et il recommanda à ses soldats de se tenir sur leurs gardes, prévoyant que les Sefid Djamègan feraient une sortie et les attaqueraient pendant la nuit. Les choses se passèrent ainsi ; mais les assaillants furent repoussés après avoir éprouvé de grandes pertes.

« Le gouverneur de Boukhara, Husseïn ibn Ma'az, témoin de ce fait d'armes, exprima à Djebrayl la plus vive reconnaissance et il le pria de ne marcher contre Kech que lorsque Nerchakh serait emporté. Djebrayl y consentit : pendant quatre mois, on se livra matin et soir des combats incessants. L'avantage restait toujours aux Sefid Djamègan et les Musulmans furent réduits à la dernière extrémité.

« On chercha un expédient qui pût assurer le succès. Malik ibn Farim proposa de pratiquer une mine, qui partant du camp, aboutirait à la muraille de Nerchakh. On donna l'ordre à des soldats armés de creuser un fossé dont les parois furent consolidées avec des pièces de bois et qui fut couvert de claies de roseaux et de terre. On arriva ainsi jusqu'aux fondements de la muraille sous laquelle on fit une excavation de cinquante *guez* (coudées) de largeur. On la soutint avec des poutres, puis, on la remplit de bois sur lequel on répandit du naphte et on y mit le feu, pour que, les poutres une fois consumées, la muraille s'écroulât.

« Le manque de courant d'air ne permit pas au feu de se développer. On dressa alors, en face de la tour minée, des machines de guerre avec lesquelles on lança des pierres. On pratiqua une brèche qui donna naissance à un courant d'air : la flamme jaillit dans la mine, les poutres qui la soutenaient furent brûlées et la muraille s'effondra sur une largeur de cinquante coudées. Les Musulmans s'élancèrent à l'assaut, le sabre à la main, et massacrèrent une partie des défenseurs de la place, le reste demanda la vie sauve. On fit accord sur les mêmes bases que dans le premier traité, c'est-à-dire que les Sefid Djamègan durent s'engager à s'abstenir de toute violence à l'égard des Musulmans ; à retourner dans leurs villages ; à envoyer leurs chefs auprès du Khalife et à renoncer à porter des armes.

« Ces conditions furent acceptées. Les Sefid Djamègan sortirent de la place et franchirent le fossé. Ils avaient cependant sur eux des armes cachées.

« Le Vézir Djebrayl remit Hekim, leur chef, à son fils Abbas. « Conduis-le à ma tente, lui dit-il, et fais-le mettre secrètement à mort. » Cet ordre fut exécuté. Djebrayl regagnait le camp quand il vit arriver Khachouy, compagnon de Hekim, envoyé pour lui faire savoir que les Sefid Djamègan ne s'éloigneraient pas, si Hekim ne leur était pas rendu.

« Khachouy, qui était à cheval et portait des bottes jaunes, faisait cette déclaration au Vézir, quand Abbas vint lui dire que Hekim avait été mis à mort. Djebrayl donna aussitôt l'ordre de jeter Khachouy à bas de son cheval et de le tuer. A cette vue, les Sefid Djamègan poussèrent de grands cris, et, saisissant leurs armes, ils fondirent sur les soldats de Djebrayl. Celui-ci fit monter ses gens à cheval, il s'engagea un combat qui fut le plus rude de tous ceux qui avaient été livrés jusqu'alors. Les Sefid Djamègan furent battus et ceux qui échappèrent à la mort se dispersèrent.

« Le village de Nerchakh était la propriété d'une femme dont le mari, appelé Echref, avait été officier au service d'Abou Mouslim qui l'avait fait exécuter. On l'amena devant Djebrayl. Elle se présenta accompagnée par un de ses cousins qui était aveugle, d'un extérieur repoussant et d'un méchant caractère. « Pardonne à Abou Mouslim, lui dit Djebrayl. » — « Non, répondit cette femme, on appelle Abou Mouslim le père des Musulmans, mais il ne mérite pas ce nom, car il a tué mon mari !

« Djebrayl la fit couper par le milieu du corps et il fit également exécuter son cousin.

« Guirdek se réfugia auprès de Mouqannah. Baghy périt les armes à la main. Djebrayl fit porter dans le Soghd les têtes des Sefid Djamègan qui avaient succombé, afin de répandre la terreur parmi les habitants de cette contrée. Ceux-ci avaient pour chef un homme appelé Soghdian. Dans un des derniers engagements qui furent livrés, Soghdian fut tué par un habitant de Boukhara. Ses partisans se dispersèrent. De Nerchakh, Djebrayl se rendit à Samarqand et il livra dans les environs de cette ville de nombreux combats aux Sefid Djamègan et aux Turks.

« En l'année 161 (777), il alla à Merv avec le gouverneur du Khorassan, l'Emir Ma'az ibn Mouslim [1]. De Merv, il se dirigea sur Boukhara en passant par le désert d'Amouy. Il fit, dans cette dernière ville et dans ses environs, une levée de cent soixante-dix mille hommes. Ma'az ibn Mouslim fit fabriquer une énorme quantité de matériel de guerre et il organisa un corps de trois mille hommes munis de haches, de pioches et de pelles ; il enrôla tous les gens de métier dont la présence est nécessaire dans une armée. Il fit aussi construire des catapultes et des balistes. Il se mit en marche et se dirigea vers le Soghd où les Sefid Djamègan et les Turks étaient réunis en grand nombre. L'Emir de Hérât avait amené avec lui un troupeau de dix mille moutons. L'Emir Ma'az lui dit : « Nous avons près de nous les Turks qui sont nos ennemis et qui désirent ardemment s'emparer de ces moutons. Laissez-les à Boukhara ou vendez-les moi, afin que j'en fasse le partage entre mes troupes. » L'Emir de Hérât n'y voulut point consentir. Les Turks fondirent à l'improviste sur ces moutons ; ils s'en emparèrent et les conduisirent à leur campement qui était situé entre Zikten et Zermaz. Les troupes se mirent à la poursuite des pillards, en tuèrent quelques-uns et mirent les autres en fuite. Ma'az ibn Mouslim, après avoir, pendant deux ans, guerroyé contre les Sefid Djamègan et les Turks, aux environs de Samarqand et dans le Soghd et avoir été, tantôt vainqueur, tantôt battu, demanda à être relevé de son gouvernement.

---

1. On peut consulter sur ce personnage le *Kamil fit Tarikh*, tome V, page 452, et tome VI, pages 26, 31, 33, 34 et 41.

« Il fut remplacé à Merv, comme gouverneur du Khorassan, par Mousseiyb ibn Zoheyr ez Zaby [1] qui fit son entrée à Boukhara au mois de Djoumazy oul evvel de l'année 163 (779).

« L'Émir de Boukhara était alors Djouneïd ibn Khalid. Mousseiyb l'envoya dans le Kharezm, où il livra de nombreux combats à un chef nommé Gouder Tekin que Mouqannah avait envoyé dans cette province, avec un corps de troupes considérable.

« Mohammed ibn Djafer raconte le fait suivant : Cinquante mille soldats d'origine turke qui faisaient partie de l'armée de Mouqannah se réunirent à la porte du château où il résidait. Ils se prosternèrent et demandèrent à grands cris qu'il se montrât à eux. On ne tint pas compte d'abord de leurs prières; ils insistèrent et déclarèrent qu'ils ne partiraient pas sans avoir vu leur Seigneur.

« Mouqannah avait un esclave qui portait le nom de Hadjib. Il lui donna l'ordre de se rendre auprès de ces soldats. « Fais savoir à mes esclaves, lui dit-il, que Moïse a désiré voir ma face, mais je n'ai point exaucé sa prière, car il n'aurait point eu la force d'en supporter l'éclat. Quiconque me voit est frappé de mort à l'instant.

« Les Turks redoublèrent leurs prières et leurs supplications. « Nous voulons voir notre seigneur, s'écrièrent-ils, et, si nous devons périr, que notre mort soit licite. » — « Venez tel jour, leur fit dire Mouqannah, et je me montrerai à vous. »

« Mouqannah avait auprès de lui, dans le château qu'il occupait, cent femmes qui toutes étaient filles de Dèhqan du Soghd, de Kech et de Nakhcheb. Partout où se trouvait une fille d'une beauté remarquable, on la lui signalait, et il la faisait amener pour la garder auprès de lui. Il n'y avait, dans le château, que ces femmes et le serviteur intime dont nous venons de parler. Ce dernier ouvrait tous les jours la porte et commandait à un

---

1. Mousseiyb ibn Zoheyr ibn Amr ibn Mouslim. *Kamil fit Tarikh*, tome V, pages 303, 310, 347, 348, et tome VI *passim*.

intendant qui se trouvait à l'extérieur tout ce qui était nécessaire pour les repas : on préparait tout au dehors et on l'introduisait dans le château dont la porte était refermée jusqu'au lendemain.

« Personne ne pouvait ainsi voir la figure repoussante de Mouqannah, recouverte d'un voile vert.

« Mouqannah donna à ses femmes l'ordre de monter sur la terrasse du château et de se placer les unes en face des autres, un miroir à la main. Les soldats turks de Mouqannah ne manquèrent pas de se rassembler au jour fixé. Lorsque le soleil se leva, ses rayons se réfléchirent sur ces miroirs et en firent jaillir des flots de lumière. Mouqannah dit alors à son serviteur : « Crie à mes esclaves que Dieu leur montre sa face : qu'ils la contemplent !

« Ceux-ci, en levant les yeux, virent le haut du château resplendissant de lumière; saisis de terreur, ils se prosternèrent. « Seigneur, s'écrièrent-ils, cette marque de ta puissance et de ta majesté nous suffit. Si tu les manifestais davantage, nous ne pourrions pas en supporter la splendeur! » Et ils restaient la face contre terre. Mouqannah donna l'ordre à son serviteur de leur dire ces mots : « Que mon peuple se relève! Moi qui suis son Dieu, je suis satisfait de lui et je lui pardonne ses péchés! » Ces gens se tinrent debout pleins de crainte et d'angoisses. « Je vous accorde, ajouta-t-il, la possession de toute la terre ; je vous autorise à verser le sang et à réduire en esclavage les femmes et les enfants de ceux qui ne croiront point en moi. » Ces Turks s'éloignèrent pour aller se livrer au pillage, et ils se faisaient gloire auprès de leurs coreligionnaires d'avoir vu la face de Dieu.

« L'Emir de Hérât fut chargé par Sayd [1] de faire le siège du château de Mouqannah. Une nombreuse armée en fit l'investissement. On construisit des maisons et des bains, afin que l'armée pût rester au siège l'été et l'hiver.

---

1. Sayd ibn Amr, bin el Essoued el Harachy. *Kamil fit Tarikh*, tome VI, pages 34-35.

« La place se composait d'une enceinte fortifiée dans laquelle il y avait des eaux courantes, des arbres et des champs cultivés. Elle était défendue par des officiers de confiance qui avaient sous leurs ordres des troupes aguerries. Dans cette enceinte s'élevait un château fort, bâti sur le sommet de la montagne, et dans lequel personne ne pouvait pénétrer. Il était la résidence de Mouqannah et de ses femmes; il avait l'habitude de prendre ses repas avec elles et de se livrer, en leur compagnie, aux plaisirs du vin.

« L'Emir de Hérât pressa vivement la garnison et la mit en déroute dans toutes ses sorties. A la fin, le chef qui commandait la première enceinte fit sa soumission, ouvrit les portes et embrassa l'Islamisme. Les Musulmans prirent possession de l'enceinte extérieure, et Mouqannah reconnut alors qu'il ne pourrait pas conserver le château intérieur.

« Mohammed ibn Djafer cite les faits suivants qui lui avaient été rapportés par Abou Aly Mohammed ibn Haroun, personnage considérable de la ville de Kech :

« Mon aïeule, racontait celui-ci, était une des femmes que Mouqannah s'était réservées et qu'il gardait dans son château. Un jour, disait-elle, Mouqannah nous réunit pour manger avec lui et nous livrer, selon la coutume, aux plaisirs du vin. Il fit donner à chacune de ses femmes un gobelet rempli d'un vin dans lequel on avait mis du poison. « Quand je viderai ma coupe, leur dit-il, vous devrez imiter mon exemple. » Elles se conformèrent toutes à cet ordre, excepté moi qui, en cachette, versai dans mon sein le contenu de mon gobelet. Après avoir bu, toutes les femmes tombèrent et expirèrent sur le champ. Je me laissai choir au milieu d'elles, et je contrefis la morte sans exciter les soupçons de Mouqannah qui se leva, jeta les yeux autour de lui et alla trouver son serviteur. Il lui asséna un coup de sabre et lui abattit la tête. Il avait, depuis trois jours, fait chauffer un brasier; il se dépouilla de ses vêtements et se jeta dans le feu. Il s'en éleva une colonne de fumée. Je m'approchai de ce brasier, et je n'aperçus aucune trace de Mouqannah. »

« Voici le motif qui le détermina à se précipiter dans cette fournaise. Il ne cessait de répéter : « Lorsque mes esclaves seront rebelles à ma loi, je monterai au ciel et j'en ramènerai des anges pour les châtier. » Il se voua à la mort, afin que le peuple pût dire : Mouqannah est allé au ciel et il viendra nous secourir avec les anges et il fera fleurir sa religion dans le monde entier.

« Les portes du château furent ouvertes, et Sayd el Harachy enleva tous les trésors qui y étaient entassés.

« Ahmed Ibn Mohammed ben Nasr affirme qu'il existe encore des sectateurs de Mouqannah dans les districts de Kech et de Nakhcheb et dans quelques villages des environs de Boukhara, tels que Kouchki Omer, Kouchki Khochtouvan et Zermaz. Ils ne savent rien au sujet de Mouqannah, mais ils suivent les préceptes de sa religion. Ils ne font point la prière, n'observent pas le jeûne, et ne font point le *ghousl* (ablution générale) après avoir rempli leurs devoirs conjugaux. Ils dissimulent leurs pratiques aux yeux des vrais croyants, et ils affectent les dehors de sectateurs de l'Islam.

« On assure qu'ils permettent à leurs femmes de se livrer à qui leur plaît. « La femme, disent-ils, est comme la rose; on ne peut empêcher personne d'en respirer l'odeur. »

« Lorsqu'un homme entre chez une femme pour jouir de ses faveurs, il fait une marque sur la porte de la maison afin que le mari, s'il survenait, s'abstienne d'y entrer. Celui-ci ne rentre chez lui que lorsque l'étranger est parti.

« Il y a, dans chaque village, un *Reïs* (chef) dont ils reconnaissent l'autorité.

« On raconte aussi que, dans chaque village, un homme est chargé de déflorer les jeunes filles, avant qu'elles ne soient remises aux mains de leur mari.

« J'ai, dit Ahmed ibn Mohammed ben Nasr, demandé aux vieillards de ces villages pourquoi ils livraient à un seul homme un bien aussi précieux et pourquoi ils en privaient les autres. On a pour règle, me fut-il répondu, de permettre aux jeunes gens arrivés à l'âge viril de satisfaire leurs passions sur cet individu. On lui permet, en récompense, de passer la première nuit avec chaque nouvelle mariée. Quand il est affaibli par l'âge, on lui donne un remplaçant. Tous les célibataires de chaque village en usent de la sorte avec ce personnage qui porte le nom de *Çoukancèh* Je n'ai pu m'assurer par moi-même de l'exactitude de ces faits, mais je les ai entendu raconter par les vieillards de ces villages et par les gens qui habitent les mêmes localités.

« Que Dieu nous préserve de pareilles abominations! »

FIN DE L'APPENDICE

INDEX ALPHABÉTIQUE

INDEX ALPHABÉTIQUE

A

Abbas Abad (défilé d' —), 21.
Abbas Bay, 219.
Abbas, fils de Djebrayl, 293.
Abbas Mirza, xviii, 81 note, 81 n., 172, 202, 212 n.
Abbas Qouly, 113.
Abbas Qouly Khan, 27 n.
Abbas Qouly Khan Derèh Guèzy, 172.
Abbassides, les —, xii, 101, 107, 140, 169 n., 289 n.
Abdal Idjmek, les —, 62 n.
Abdallah (porte d' — à Cheheri Sebz), 157 n.
Abdallah es Saffah, 101.
Abdallah ibn Wahib, 107 n.
Abdoul Azhim, voy. Châh Abdoul Azhim.
Abdoul Aziz, 101.
Abdoul Aziz (l'Imam Edjell-), 258.
Abdoul Djebbar, 287.
Abdoul Ghaffar Qazwiny, xx.
Abdoul Kerim, 173 n.
Abdoullah (le Qadi — de Khoqand), 139.
Abdoullah el Afthah, 102 n., 103 n.
Abdoullah, fils d'Amir, x.
Abdoullah ibn Amr, 288.
Abdoullah Khan de Boukhara, xiii.
Abdoullah Mahrem, 219.

Abdoullah Mohammed, voy. Ghandjar el Boukhary.
Abdoul Lethif ben Aby Thalib Nour oud Din Chouchtery, 25 n.
Abdoul Medjid (Le Qadi), 147 n.
Abdour Rahman, frère de Qouteïbah, x.
Abdour Rahman Djamy, voy. Djamy.
Abdour Rahman Esferayny, voy. Nour oud Din Abdour Rahman Esferayny.
Abi Amouy, 152, voy. Djihoun.
Abi Khour (riv.), 56 n.
Abiskoun, xii, 46, 47, 57 n., 59, 140, 152, 153.
Abiverd, 126.
Abou Abdallah Djafer, 102 n.
Abou Abdillah Mohammed el Boukhary, 257.
Abou Aly Cheqiq ibn Ibrahim (le Cheikh —), 170 n.
Abou Aly Mohammed ibn Haroun, 297.
Abou Bekr (le Khalife —), 100 n., 105.
Abou Bekr Mohammed ibn Djafer Nerchakhy, 146 n., 156 n., 166 n., 257, 258, 259 n., 267, 274, 282, 286, 295, 297.
Abou Djafer Aly ibn Husseïn, 155 n.
Abou Djafer Dewaniqy (l'Emir —), 287.
Abou Hafs en Nessefy, 158 n.
Abou Hafs Kebir, 146 n.
Abou Hafs Soghdy, xxiii.
Abou Ibrahim, 166 n.

Abou Ishaq ibn Ibrahim, fils de Khalid, 270, 271.
Abou Ishaq Ibrahim el Isthakhry, voy. Isthakhry.
Abou Karib Chamar, 157.
Aboul Abbas Ahmed el Serakhssy, 167 n.
Aboul Abbas Djafer el Moustaghfiry, voy. Djafer el Moustaghfiry.
Aboul Abbas ibn el Fadhl bin Souleyman, 277.
Aboul Abbas Mamoun, viii, ix, xi, xxi, xxii.
Aboul Berekat, 81 n.
Aboul Djennab, Thammet el Koubra, Nedjm oud Din Ahmed ben Amr (le Cheikh —), voy. Nedjm oud Din Koubra.
Aboul Faradj Medjzoub (le Cheikh —) 141.
Aboul Faradj Qoudamah, 57 n.
Aboul Fazhl Beyhaqy, voy. Beyhaqy.
Aboul Fazhl Hassan, 85 n.
Aboul Fazhl Serakhssy, 172.
Aboulfeda, 168 n.
Aboul Feth Bosty, 123 n.
Aboul Feth Khan, 103 n.
Aboul Feth Mohammed ibn Abdoul Kerim Chehristany, voy. Chehristany.
Aboul Ghazy (Sultan —), xiii.
Aboul Harith Mohammed, xi, 123 n.
Aboul Hassan Aly ibn Hamzèh bin Wehhas (le Chérif —), 150 n.
Aboul Hassan Aly ibn Ismayl el Achary, voy. Aly el Achary.
Aboul Hassan Ariz, 271.
Aboul Hassan Ferroukhy Sistany, xxi, xxiii, 123, 151 et suiv., 254.
Aboul Hassan de Nichabour, 156 n., 259, 271, 272, 282.
Aboul Hassan Saïd el Djourdjany, 165 n., voy. Sa'id ben Aly el Djourdjany.
Aboul Mouzhaffer Thahir Tcheghany (l'Emir), 252, 253.
Aboul Qassim Mahmoud ibn Omar, voy. Zamakhchary.
Aboul Wefa Mohammed ibn Mohammed bin Qassim, 161 n.
Abou Mouslim, 145 n., 269, 270, 285, 287 et suiv.
Abou Nasr Ahmed, 123 n.

Abou Nasr Faraby, 166.
Abou Nasr ibn Ahmed el Qobady, 258.
Abou Nasr Kondoury, 167.
Abou Nasr Parsa, 170 n.
Abou n Nedjm Ahmed, 30 n., voy. Menoutchehry.
Abou Rechad Ahmed ibn Mohammed ben Qassim, 161 n.
Abou Rouh Issa el Héréwy, 174 n.
Abou'r Reïhan Mohammed el Birouny, voy. Birouny.
Abou Salih Mançour, 258.
Abou Sayd Behadir Khan, 162 n.
Abou Sayd el Idrissy, voy. Idrissy.
Abou Sayd Medj oud Din Cheref ibn Moueyyed, voy. Medj oud Din Baghdady.
Abou Sofian, 101.
Abou Thahir, xi.
Abou Thahir Khan, xiv.
Abou Thalib, 101.
Abou Youssouf Yaqoub Hemdany (le Cheikh —), 142 n.
Abou Zeyd el Balkhy, 256.
Açar oul Bilad, 143 n., 223 n., 256, 286.
Acef oud Daoulèh, voy. Allah Yar Khan.
Achagha bach, les —, 59.
Achary, les —, 102.
Adam, 285, 287.
Adily (le poète —), 170 n.
Adjaïb oul Makhlouqat, 240, 241.
Adjela, les —, 160 n.
Adoun Ata, 65, 66.
Afghanistan, l' —, 27 n., 128 n.
Afghans, les —, 173, 189.
Afrassiab, 29, 121, 145 n., 146 n., 222 n., 271.
Afthahièh, les —, 102.
Aga Mehdy Châh Kouhy, 202.
Aga Mirza Aga, xxii.
Aga Mohammed Châh, xvi, 17, 31, 34 n., 30, 45, 97 n., 103 n., 193, 201, 204, 250.
Aga Riza, xx n.
Ahevan, 204.
Ahmed Djouzqany (le Cheikh —), 142.
Ahmed el Meniny, 123 n.
Ahmed, fils de Mohammed Leïs, 270, 271.
Ahmed (Seiyd —), fils de Mohammed Rehim Khan, 178.

INDEX ALPHABÉTIQUE

Ahmed ibn Hassan el Outby, voy. Outby.
Ahmed ibn Iahja ben Djabir el Beladsori, voy. Belazoury.
Ahmed ibn Mohammed ben Nasr, 298.
Ahmed ibn Mohammed ben Nouh, 258.
Ahmed Khizhrouièh (le Cheikh —), 170 n.
Ahmed Khodja (Seiyd —), Naqib de Boukhara, 119, 120, 200, 206.
Ahmed Razy, 84 n., 166 n., 241.
Aïnèh Verzan, 12, 15, 17 n.
Aïn oud Daoulèh Qaradjèh Bek, 273.
Akhal, 89 n., 109, 112, 214, 215.
Akhbar Mouqannah, 286.
Akhound Ata Djan, 76.
Akhssiket, 161.
Alah, 65.
Alains, les —, 57 n.
Alamout (château d' —), 108 n.
Alamy, 148 n.
Ala oud Din Mohammed Djouweïny, 140 n.
A'lem (titre honorifique), 76.
Alexandre le Grand, IV, 57 n., 99, 171, 174.
Alexandrie, 148 n.
Alhagi (plante), 68 n.
Ali Aba (la famille du manteau), 101 n.
Alim, 160 n.
Allah Nazhar Khan (tribu d' —), 196.
Allah Qouly Khan, XIV, 87, 127, 159, 176, 219.
Allah Qouly Yuz Bachy, 219.
Allah Yar Khan Devalou, XIV, 98 n., 109.
Alp Arslan, VIII, XI, 168 n., 231.
Alp Tekin, 273.
Altountach, V, XI.
Alyâbad (ville et plaine), 26, 27, 57 n., 169 n.
Aly Allahy, les —, 106 n.
Aly Bay, 69.
Aly el Achary, 102 n.
Aly (l'Imam —), fils d'Abou Thalib, 4, 27 n., 101, 102 n., 103 n., 104-107, 140, 220.
Aly, fils de Husseïn, 103 n.
Aly, fils de Mamoun, IX.
Aly, fils de Moussa er Riza, 110, 111.
Aly Hemdany (l'Emir —), 170 n.
Aly ibn Issa Mahan, 169 n.
Aly ibn Rezin, 239, 243.
Aly Lalay, voy. Rezy oud Din Aly Lalay.

Aly Murad Khan, 103 n.
Aly Qouly, fils de Riza Qouly Khan, XXIII, 61, 194.
Aly Qouly Khan Efchar (l'Emiri Pentchèh), 191, 198, 199, 214.
Aly Riza (l'Imam), 213, 214.
Aly Tchechmèh, 63 n.
Amid (montagnes d' —), XII.
Amir ibn Imran (le Qadi —), 290.
Ammar, fils de Khacyb, 234.
Ammar Iasir Bedlissy, 141.
Amol, 29, 30, 33.
Amol ech Chatt (Amol de la Transoxiane), III, IV, VI, 152 n., 256.
Amol el Mefazèh, III, voy. le précédent.
Amou Deria, Amu Daria, voy. Djihoun.
Amouy, 152 (le désert d' —), 294.
Amouyèh, l' — 125, voy. Djihoun et Amouy.
Amrou Choubekhy, 288.
Amyd Essa'ad, 252, 253.
Amyd oul Moulk, voy. Abou Nasr Kondoury et Rechid (l'Emir —).
Anatolie, l' —, 11.
Ançars, les —, 105 n.
Anezan (bulouk d' —), 41 n., 42, 47 n.
Angleterre, l' —, 97.
Anouchtekin, XI, 124.
Aq, les —, 58 n., 193, 194, 195, 197.
Aq Beyat, les —, 87 n.
Aq Derbend, 90, 172, 215, 216, 220.
Aq Derbendy, les, 113, 179.
Aqindjy, XI.
Aql Namèh, 142 n.
Aq Mesdjed, 62 n.
Aq Qalèh, 45, 59, 60.
Aq Qourghan, 65 n, 151 n.
Aqra' (mont), 233.
Aq Tèpèh, 137.
Arab, les —, 63 n.
Arabes, les —, 170 n., 230, 259, 261, 262, 267.
Arab Mohammed Sultan, XIV.
Arab Soubhan Qouly, XIII.
Aral (mer d' —), III, 151, 152, 153 n.
Aran, 160 n.
Araq, 160 n.
Ararat (mont —), 244, 245.
Araxe, l' —, 25 n., 59, 245.
Arazy, 230 n.

Arcy Todd, E. d' —, 18 n., 23 n., 24 n.
Argân, voy. Arredjan.
Argoun Khan, 81 n.
Arménie, l' —, 11, 244, 245.
Arna (canal d')—, vii.
Arouchinèh, voy. Ousrouchinèh.
Arouzhy Samarqandy, xxi.
Arredjan, 234, n.
Arrien, iv.
Arsacie, 230.
Arslan Châh, viii, xi.
Arslan Khan Mohammed, 167 n., 273, 275-278.
Aryq, les —, 58 n.
Asdjedy, xxi.
Aryq Saqally, les —, 58 n.
Assad, les —, 170 n.
Assassins (l'ordre des —), 108 n., voy. Ismaïly.
Assemani, 230.
Asser (tribu d' —), 245.
Astracan, 32.
Ata, les —, 62 n.
Ata Bay, les —, 58, 181, 193-196.
Ata Khan, les —, 196.
Ataligh, voy Tourèh Ataligh.
Ataliq, les —, xiv.
Ata Niaz Mahrem (envoyé du Khan de Kharezm), xv, 6, 8, 9, 33, 54, 67, 70, 76, 82, 91, 92, 94, 98, 111-116, 188.
Atou (canton d' —), 211.
Avend, 16.
Avezac, M. d' —, xii.
Ayaz Ouymaq, 251.
Ay Dervich, les —, 63 n.
Ayrtam, 69.
Azer (le vent d' —), 221 n.
Azerbaïdjan, l' —, 11, 25 n., 29 n., 87 n., 161 n., 216 n.
Aziz Nessefy (le Cheikh —), 154.

B

Baba Kemal Djendy, 142,166 n.
Bab Arslan, 65 n.
Baber (Sultan —), xiii.

Babi Abèh Sar, Babi Adinèh, Babi Definèh, Babi Kachan, Babi Zindjir (portes d'Akhssiket), 161 n.
Bab Ibn Semend, Bab Ibn Hikmet, Bab Kelian, Bab Zamin (portes d'Ousrouchinèh), 161 n.
Bab oul Ebouab (mer de —), 59 ; (mur de —), 150 n., 256.
Babys, les —, 27, 108.
Badakhchan, 11, 152.
Badghis, 169 n.
Badièhi Khourdek (Kerminèh), 156 n.
Badraq, les —, 62 n.
Bagdad, v, vii, 141, 287, 289.
Baghi Châh, 17, 18.
Baghi Echref, 36, 37 n., 38.
Baghlan, 169 n.
Baghsan, 168 n.
Baghy, 290, 293.
Bahri Khazer, 59.
Bahr oul Haqaïq, xix.
Baihaki, voy. Beyhaqy.
Baker (Valentine —), 173 n.
Bakhtiar, 58 n.
Bala Peleng, 13 n.
Bala Qalèh, 203 n.
Bala Tidjan (Boulouk de —), 26 n.
Balducci Pegolotti, xii.
Baliqtchy, 163 n.
Balis, 107 n.
Balkh, v, vii, 123 n.. 142 n., 159, 168 n., 169, 170, 222, 252, 253 n., 287.
Balkhan, le —, 62 n.
Bamian (province de —), 169 n.
Bamiyan (dans l'Hindou-Kouh), 13 n.
Baqat, les —, 62 n.
Baqlan, 159.
Baqy (le poète —), 170 n.
Barbier de Meynard, 229.
Barfourouch, xvii, 22 n., 23 n., 25, 26 n., 27 n., 31, 32, 39 n.
Barguini Firakh (lac), 167 n.
Barkiarouk, xi.
Barmek, 169 n. Barmécides, les —, 169 n.
Bataq Qoum (désert), iii.
Bathiny, les —, 108 n.
Bathinyèh, les —, 102 n.
Bayssoun, 155.
Becanus, 211.

Becher, fils de Taghchadèh, 269.
Bedjeher, 169 n.
Bedr (bataille de —), 107 n.
Bedy Mounchy, 125.
Bedy ouz Zeman Hamadany, 128 n.
Bedy ouz Zeman (le jardin de —), 51.
Bedy ouz Zeman Mirza, 44.
Behadir Khan Derèhguèzy, 213.
Behbehan, 61 n.
Behmen, 174, 222.
Behmen Mirza, xxi, 128 n., 243 n.
Behram Châh (le sultan —), 142 n.
Behrouz, 142 n.
Beit outh Thiraz (à Boukhara), 283.
Beizhavy, 29 n.
Bek Arslan, 67.
Bek Djan, voy. Châh Mourad Bek, 160.
Bek Djan Mahrem, 88, 111, 115, 219.
Bek Mourad Bay, 219.
Bek Niaz Mahrem, 115, 216.
Bektach, xix.
Bektach Namèh, voy. *Goulistani Irem*.
Belassaghoun, 165, 166 n.
Belazoury (Beladsori), 230 n.
Belissan (porte et bazar à Rey), 232.
Bellew, M. 164 n.
Benaket, 162, 165 n.
Benamket, 160 n.
Bend, le — (du Gourgan), 195, 196, 198.
Bender Abou Cheher, 68 n.
Beng, le —, 128.
Bengale, le —, 11, 123.
Beni Mamoun (dynastie des —), v.
Beni Sa'idèh, les —, 105.
Beniyat, 269, 270.
Benou Temim (tribu de —), 170 n.
Beratekin, voy. Feratekin.
Berbery (les Seiyd), 27.
Bergeron, Pierre —, xii.
Bestham, 25 n., 30, 79 n.
Bethaq (porte de —, à Rey), 232.
Beyat (tribu de —), 87.
Beydoun, 259, 261, 271, 272.
Beyhaqy, iv, v.
Biaghou, voy. Qara Djourin Turk.
Biberstein Kazimirski, M. de —, xxii.
Bibi Chirvan, 62 n.
Biby Cheher Banou (mont.), 233 n.

Bichèhi Narven (ancien nom du Mazanderan), 30.
Bijen, 222.
Bikend, 166, 167, 257, 258 n., 260-265.
Birouny, iv, v, vi.
Biverasp, 239, 241.
Bland, N., 210 n.
Bode, M., 27 n.
Bouddhisme, le — (à Boukhara), 258.
Boudjnourd, voy. Bouzoundjerd.
Boukhara, ix, xi, 7, 76, 82, 83, 100, 106, 117, 119, 125, 128, 132, 145, 146, 152-167, 171, 188, 224, 256 et suiv., 290-298.
Boukhares, les —, 110, 176.
Boukhar Khouda, les —, 257 n., 258, 261, 267-269.
Boumehen, 12, 13 n.
Boumehket (Ousrouchinèh), 160. n.
Bouqidjèh, les —, 63 n.
Bourany (mets), 116.
Bourhani Qathi, xxiii.
Bouriah Qoutchin, xii.
Boutek, 260.
Bout Khanèh, xxi.
Bouvvèh (canal de —), vii.
Bouzoundjerd, 66, 81 n., 98.
Bulgares (le pays des —), 222.
Burnes, A., 42 n., 89 n., 90 n., 111 n.

C

Caire, le —, 10.
Caramanie, la —, 11, 61 n.
Casbin, voy. Qazwin.
Caspienne (mer —), 23 n., 25 n., 28, 29, 32, 33, 30, 44-46, 56, 59, 61 n., 89 n., 111 n., 140, 151, 153, 213, 247, 250, 256.
Cazan, 151 n.
Châch, 65 n., 160 n., 165, 166 n., (riv.), 161 n.
Chafièh, 148 n.
Châhâbad (canal de —), vii (localité), 56 n., 137.
Châh Abbas, xiv, 21 n., 23 n., 25, 26 n., 35, 36, 39 n., 40 n., 42, 205 n., 239.
Châh Abdoul Azhim (village), 206.

Châh Hussein 205 n.
Châhidjan, 171, voy. Merv
Châh Ismayl, xiii, 85 n.
Châh Kouh, 200, 202.
Châh Mourad Bek, 160.
Châh Murad Ouïnaq, 215.
Châh Namèh, 253 n.
Châhrek (vallée de —), 56 n.
Châhroud, 9 n., 12 n., 25 n., 205 n.
Châh Roukh, fils de Tamerlan, 162, 174.
Châhroukhièh, voy. Benaket.
Châhroukhièh (fleuve de —), 153, voy. Sihoun.
Châhroukh Khan Qadjar, 156.
Châhroukh Mirza, 165 n., 168 n , 171 n.
Châh Sanem, 68.
Châh Thahmas, 85 n.
Châhy, le — (monnaie), 9 n.
Chahyoun, voy. Emir Khan Chahyoun.
Châh Zadèh Abdoul Azhim, voy. Châh Abdoul Azhim.
Chamar Kend, 157.
Chapour Zoul Ektaf, 171 n.
Chardin, 39 n., 40 n., 61 n.
Charistan (à Boukhara), 255.
Château des Indiens (à Balkh), 169 n.
Chebister, 136 n.
Chehab oud Din (le Vézir —), 273.
Chehab oud Din Aboul Nedjib Abdoul Qahir Souherverdy, 111 n.
Chehaboud Din Mohammed Nessawy, 140 n.
Cheher (à Boukara), 255.
Chehereki nao (vallée de —), 56 n.
Cheheri Sebz, 154, 157, 159, voy. Kech.
Cheheristany Rouiyn (Bikend), 167 n.
Chehinchâh Namèh, 201 n.
Chehristany, 102 n.
Cheïbany Khan, voy. Mohammed Khan Cheïbany.
Cheikh Abou Aly Cheqiq, Cheikh Aboul Fazhl Hassan, etc., etc., voy. Abou Aly Cheqiq, Aboul Fazhl Hassan, etc., etc.
Cheikh Cheref (le tombeau de —), 149.
Cheikh Thabarssy, 26, 27 n.
Chemiran, 10, 79 n., 131.
Chems Abad, 282.
Chems Fakhry, xxiii.
Chems oud Din Mohammed el Mouqadessy, voy. Mouqadessy.

Chems oul Aymmèh, 85 n.
Chems oul Moulk Nasr ibn Ibrahim, 275, 276, 282.
Chera, 261.
Cheref, voy. Cheikh Cheref.
Cheref Namèh, xxiii.
Chibourghan, 169 n., 170, 216.
Chidèh, 121.
Chine, la —, 11, 165 n., 168 n., 224 n., 225, 261, 265. Chinois, les —, 161 n., 168 n.
Chirâbad, 155.
Chir Aly Khan Khoqandy, 163.
Chiraz, xvii, xxi, 28, 55, 201 n.
Chirdarboun, 43 n.
Chirgâh, 23 n., 24-27.
Chiri Kichver, 261.
Chir Kebir, 183 n.
Chirvan, 46, 63, 81 ; Chirvan, le —, 59, 150 n., 256.
Choubekh, 288.
Chouchter, 24 n.
Choudja ous Salthanèh, Hassan Aly Mirza (le Nevvab), xvii, 79, 98.
Clavijo (ambassadeur de Henri III de Castilie), 158 n.
Constantinople, 7, 82, 97.
Conolly, 183 n.
Coste, P., 138 n., 235.
Cureton M. W., 102 n.

D

Dabistan oul Mezahib, 106 n.
Dach Verdy, 65.
Daghestan, le —, 11.
Damas, 169 n.
Damghan, 30, 67 n., 203 n.
Damoan, voy. Demavend.
Dan (tribu de —), 215.
Daniel (le prophète —), 61 n., 158.
Daoulet Abad, 204.
Daoulet Châh, 155 n.
Daoulet Niaz Yuz Bachy, 219.
Daoulet Yar By, 219.
Daqiqy, xxi, 253.
Dara (la cour de —), 188.

INDEX ALPHABÉTIQUE

Darab, 61 n.
Darius, 99.
Darougha, XIII.
Darougha Mahrem, le —, 210.
Dar oul Merz (Mazanderan), 40.
Dary, les —, 63 n.
Dauguendjèh, les —, 58 n.
Dayèh, voy. Nedjm oud Din Razy.
Daz (tribu de —), 62 n.
Dazakh, 159.
Debous, 260.
Dechtek, 280, 281.
Dechti Qiptchaq, le —, III, 159, 162 n., 163.
Defrémery, C., XII.
Dehanèh, les —, 62 n.
Deheky Nao (bazar de —, à Rey), 232.
Dehistan, le —, 30, 64 n., 182 n.
Dèh Nemek, 205.
Dèhqan, les —, 261, 262, 266-269, 295.
Deilemites de Zyad Guilany (dynastie des —), XXI, 30 n.
Dely Tchay, 17, 18.
Demavend (montagne), 12 n., 13 n., 15-17, 36, 239 et suiv.
Demavend (ville), 246, 247.
Denbavend, 239, voy. Demavend (mont).
Derbend, 59, 256.
Derdy Qouly Khan, 185.
Derèh Djez, voy. le suivant.
Derèh guez, 82, 99, 111, 113.
Derghan, IX.
Deri Ahenin, Deri Charistan, Deri Qassaban (portes de Cheheri Sebz), 157 n.
Deri Gharby, Deri Maabed (portes de Boukhara), 279.
Dervazèhi alef fourouchan, Dervazèhi Ghourian, Dervazèhi Maabed (portes de Boukhara), 146 n., 26?, 271, 272.
Dervazèhi Ballathin, Dervazèhi Charistan (portes d'Ousrouchinèh), 161 n.
Dervazèhi Daoulet, 193, 221.
Destan, 157.
Devalou, les —, 97.
Dibavend (Demavend), 16.
Dinar (monnaie), 9 n.
Diodore de Sicile, 234 n.
Divi Sefid, 23 n.
Divs, les —, 16, 21, 23 n., 29, 122, 190.
Divan de Riza Qouly Khan, XIX.

Divan oul Edeb, 166 n.
Dizek, 160 n.
Djadjroud, 9, 11.
Djafer (l'Imam —), 102 n.
Djafer Abad (fort de —), 196, 199.
Djafer Aga, 173.
Djafer Aga Djelaïr, 214, 215.
Djafer Aga de Kelat, 88, 89, 219.
Djafer Bay (tribu des —), 53 n., 54, 58, 62 n., 196, 197.
Djafer el Moustaghfiry, 158 n., 257.
Djafer es Sadiq (l'Imam —), 57 n.
Djafer ibn Mohammed el Moustaghfiry, voy. Djafer el Moustaghfiry.
Djafer ibn Mohammed er Razy, 234.
Djafer Khan, 79 n.
Djafer Khan (de la dynastie des Zend), 103 n.
Djafer Qouly Khan (de Bouzoundjerd), 98.
Djafer Qouly Khan Emiri Pentchèh, 53.
Djafer Qouly Khan, fils de Riza Qouly Khan, XXIII.
Djafer Qouly Khan Qadjar, XVI.
Djafer Qouly Khan Qaradjèh Daghi, 84.
Djafer Qouly Kurd, 109.
Djaghatay, XIII, 177.
Djami out Tewarikh, 140 n., 162 n.
Djamy, les —, 113, 179.
Djamy (Abdour Rahman), 141, 142, 172 n.
Djanbeglou (tribu kurde de —), 26 n.
Djar oullah, voy. Zamakhchary.
Djaroun, 61 n.
Djebèh Nouyan, 110.
Djebrayl ibn Yahya (le Vézir —), 291-294.
Djelaïr (dynastie de —), 162 n.
Djelal Khan, fils de Mohammed Khan, XIII.
Djelal oud Din, 146, voy. Mewlana Djelal Din.
Djelal oud Din Baghdady, 161 n.
Djelal oud Din Mangouberty, (Histoire du Sultan —), XII, 140 n.
Djem, 173.
Djemal oud Din Abou Amr Osman ibn Omar bin Abi Bekr bin Younis, voy. Ibn Hadjib.
Djemal oud Din Châh Cheikh Abou Ishaq Indjou, XXIII.
Djemal oud Din Souheyl, 142.
Djemchid, 89 n.

Djemchidy, les —, 89, 90, 111, 113, 179, 216.
Djend, 166.
Djenguiz Khan, vi, xi, xii, 60, 99, 139, 140, 161 n., 171 n., 255, 273.
Djerdour, le — (canal), viii, 150 n.
Djerib (mesure de surface), 41 n.
Djeri Goulbad, 41, 42.
Djibal, le —, 232, 239.
Djiguerbend, ix.
Djihanguir Khodja, xxiii, 164 n.
Djihan Koucha, 140 n.
Djihan Numa, 81 n., 85 n., 150 n., 157 n., 161 n., 165 n., 166 n., 168 n.
Djihoun, le —, iii, v, vii viii, 66, 69, 121-126, 131, 132, 140, 142, 144, 149 n., 150-156, 166 n. — 169, 176, 180, 208, 223, 245, 256, 259, 261-264, 271, 289.
Djinnet, 7, 8.
Djinn, Sakhrèh, 16.
Djond (le lac du —), 152, voy. mer d'Aral.
Djordjan, 57 n.
Djoudjy, ix n., xii.
Djouhfah, 105 n.
Djouneïd ibn Khalid, 295.
Djourdjan, 30, 46, 47 n., 57 n., 58.
Djourdjanièh, voy. Gourgandj.
Djourgan, 169 n.
Djouy Mevalian, 280, 281.
Djouzdjan (province de —), 123 n.
Doqmèh Persans, les —, 88.
Dormer Cotton (Sir), 239.
Dorn, M., 21 n., 27 n., 47 n.,
Dost Mohammed Khan, 170.
Douâb, 23.
Douchâb, le —, 234.
Douchenbèh, 158.
Doudjy, les —, 62 n.
Doudourqah, les —, 62 n.
Dougouloum (affluent du Gourgan), 56 n.
Doulab, 7, 8.
Dounya Avend, 16.
Druzes (religion des —), 108 n.
Dulaurier, Ed., 241 n.
Dumbavend, 239, voy. Demavend.
Du Plan Carpin, xii.

E

Eastwick, 12 n., 15 n., 40 n., 205 n.
Ebrevy, 260, 261.
Ecbatane, 229.
Echecs (jeu des —), 210.
Echek Sou, voy. Qaraoul-tchay.
Echref, 25, 34-36, 39 n., 40 n. — 42.
Echref (officier d'Abou Mouslim), 293.
Echrefy (monnaie), 9 n.
Ecir oud Din (le poète —), 161.
Ederkout, 159.
Edib Sabir Termizy, 155.
Edjmel out Tewarikh, xxi.
Efchar, (le régiment —), 91, 93, 195, 214.
Efchar (tribu des —), 87.
Efchourèh (mets), 116.
Egypte, 10, 107, 283.
Eïvanek, Eïvani Keïf, Eïvani Key, 205.
Ekber Châh, xxiii.
El açar oul Baqyèh an il qouroun il Khalyèh (ouvr. de Birouny), vi.
Elbourz (mont), 10, 12 n., 25 n., 56 n., 180, 205 n., 235, 239.
Eltchy Khan, Eltchy Bey, 117.
Emin Abad, 18.
Emir ech Chouara (titre de Riza Qouly Khan), xvii.
Emir Gounèh Khan, 98 n.
Emir Husseïn Khan, voy. Husseïn Khan.
Emiri Nizham Mirza Taqy Khan Ferahâny, voy. Mirza Taqy Khan Ferahâny.
Emiri Pentchèh, l' — voy. Aly Qouly Khan Efchar.
Emir Khalif ibn Ahmed, voy. Khalif ibn Ahmed.
Emir Khan Chahyoun, 217.
Emir Khosrau (le poète —), 157 n.
Enbar, 123 n.
Encelade, 239.
Endedjan, 162, 168 n.
Endkouh, 169 n.
Engouri Nik (le jardin d' —, ou d'Enguerik), 92, 92.
Envery d'Abiverd, xxi, 124, 155 n., 161 n., 170.

Enwar oul Vilayèh, xix.
Enzely (port de Recht), 25 n.
Erazh Khan, 214, 219.
Erdjumend, 18 n.
Erechlou, les —, 87 n.
Erkekly, les —, 63 n.
Ery Toumadj, les —, 58 n.
Esferèh, voy. le suivant.
Esfereng, 161.
Eskedjket, 259 n., 261.
Esma, 51.
Essed ibn Abdillah, 268.
Essed oullah Khan, xx n.
Essedy Toussy, xxiii.
Esterâbad, xiv, 25, 30-36, 41-48, 52-54, 58, 59, 62, 66, 67 n., 81, 84, 85, 89 n., 97, 99, 111, 112, 118, 140, 152, 180, 184-200, 207.
Esterâbad (mer d' —), 56, 59.
Esterâbad Roustaq, 59.
Ethé, Dr, 241 n.
Etrek, l' —, 56 n., 58 n., 62 n.-64, 66 n., 67 n., 81 n., 82 n., 183, 184, 209.
Etsiz, 124, 125, 155 n.
Eukuz Souy (nom de la mer d'Aral, voy. ce mot), iii.
Europeas, 230.
Eymer, les —, 62 n.

F

Fadhl ibn Yahya (le Barmécide), 274.
Fakhr Imadouddin (bulouk de —), 62 n.
Fakhri Razy, Fakhr oud Din Abou Abdillah Mohammed Ibn Hassan el Qourachy, 147, 148.
Fakhr oud Din Mahommed ibn Abi Daoud Souleyman, 162 n.
Fakhr oud Din Qoutlouq fils d'Inandj, 149 n. voy. Qoutlouq Sultan.
Farab, 166, 167 n.
Faraby, voy. Abou Nasr Faraby.
Fariab, 123 n., 169 n.
Fars (province du —), xvii, xviii, 31, 61 n., 87 n., 104, 140, 212, 234 n.
Fathimèh, 101 n., 102 n.

Fathimy, les —, 102 n.
Fay-ti, (royaume de —), iv.
Feday, les —, 108 n.
Feïly (tribu des —), 103 n.
Fenaket (fleuve de —), 153, voy. Sihoun
Fenaket (ville), voy. Benaket.
Fenderisk (bulouk de —), 62 n.
Ferah Abad, 39 n.
Ferahan, le —, 87, 216.
Feratekin (village), viii, ix.
Ferber, 257, 268.
Ferdanèh, 260.
Fereny (mets), 116.
Ferganèh, 117, 153, 159-161 n., 165 n., 188, 268.
Ferhengui Endjoumen Aray Naciry, xxii, xxiii.
Ferhengui Rechidy, xxiii.
Ferenghui Djihanguiry, xxiii.
Feridoun, 13 n., 16, 33, 223, 241.
Feridoun Mirza (le Nevvab —), xviii, 212-216, 223.
Ferighouny (le Kharezm Châh —), 123.
Ferkhar, 224.
Ferkhary (le poète —), 224 n.
Ferrach Bachy, le —, 114.
Ferrier, 204 n., 205 n.
Ferroukhy, voy. Aboul Haesan Ferroukhy Sistany.
Ferwan, le —, 169 n.
Feth Aly Châh, xiv, xvii, xx, 10 n., 19, 20, 30, 31, 34 n., 67 n., 79-81 n., 84 n., 93, 97, 98 n., 103, 138 n., 156, 201, 204, 211, 237.
Feth Aly Khan Kachany, 201 n.
Feth Aly Khan Qadjar, 45.
Feth Aly Khan Qadjar Devalou, 97 n., 203.
Feth oullah, 55.
Fezary, 233.
Fihris out Tewarikh, xix, 27 n., 31 n., 66, 67 n., 97 n., 80, 84 n., 98 n.
Fil, 149 n.
Filèh (la plaine de —), 252.
Firdoussy, xxi, 16 n , 29, 223 n., 253 n.
Firouz (le roi Sassanide), 67 n.
Firouz Mirza, xviii.
Firouzkouh, 7 n., 15 n., 17 n., 18-20, 22 n., 23 n.. 30, 207.
Forsyth, Sir Th., 164 n.

Fouchendj, 84 n.
Fourkhas, les —, 58 n.
France, la —, 97,
Fraser, 25 n., 31 n., 40 n., 59, n., 66 n., 81 n., 82 n., 111 n., 170 n., 173 n., 205 n.

G

Gad (tribu de —), 245,
Gao Kharèh (canal de —), vii.
Georges, S*t* —, 158.
Géorgie, la —, 11, 39 n.
Ghabor, 245, 246.
Ghada (plante), iv.
Ghadir Khoumm, 105 n.
Ghandjar el Boukhary, 257.
Ghanghèh Tchachkin, 68, 176.
Gharabchinèh (village), vii.
Ghardeman, ix.
Ghardjistan, le —, 169 n.
Gharib, 63 n,
Ghatqar, 180.
Ghay, les —, 63 n.
Ghazan Khan, 231.
Ghazan Tchay, 18.
Ghaznah, 142, 169 n.
Gaznévides, les —, xvi, 58.
Ghazyâbad (canal de —), vii,
Ghias oud Din Mohammed (le Sultan Ghouride), 147 n.
Ghidèh, iv.
Ghithryf (l'Emir —), 257 n.
Ghithryfièh (dirhem —), 257.
Ghouchid Khan, 214.
Ghoudjevan, 290.
Ghour (les rois du —), 174.
Ghouzz (tribu des —), iii, vi, ix, 152 n., 165 n., 171 n., 256, 273.
Gobineau M. de —, 27 n.
Goeje, M. de —, 47 n., 153 n., 230 n.
Gordon, T. E., 164 n.
Gottwaldt, M., 151 n, 163 n.
Gouchtasp, 174, 222 n., 253 n.
Gouder Tekin, 295.
Gouderz, 172, 223.

Gouklan, les —, 47, 48, 56, 62, 63 n., 84, 85, 178, 181, 191, 197, 216.
Gouklan Bayendir, les —, Gouklan Kerkez, les —, etc., etc., voy. Bayendir, Kerkez, etc., etc.
Gouklan Qouyou, 67.
Goulbad, 41, 43 n., voy. Djeri Goulbad.
Goulcheni Raz, le —, 136.
Goulistani Irem, xix.
Goumbedi-Qabous, 56 n., 63 n.
Gounèh Khan, voy. Emir Gounèh Khan.
Gourgan, ix, 31 n., 34, 42, 44, 47 n., 51, 58, 62, 84, 85, 150 n., 176, 192, 199, 207, 209, 212, 256 (riv.), 56, 57, 60, 63 n., 66, 181-183, 185, 195, 198.
Gourgandj, vii, viii, ix, xiii, 99, 126, 138, 142, 148-150 n., 176, 182, 224.
Gourguin, fils de Milad, 44, 207.
Gouri Sefid, 19.
Gouri Sourkh, 57 n.
Gour Khan, 273.
Gour Neghanoun, 265, 266.
Gozan (riv.), 245.
Guebrâbad, 205 n.
Guèbres, les —, 81 n., 107, 146 n., 283 n.
Guedouk, 21, 23 n.
Guendoum Kân, 72, 77, 113.
Guermâb, 248.
Guerm roud (affluent du Gourgan), 56 n., 62 n.
Guermsyr, 248.
Guerm Tchechmèh, 56 n.
Guerrous, les —, 216.
Guez, 42 n., 45, 47 n.
Guilan, le —, 25 n., 142.
Guilan (mer du —), 56, 59.
Guilany (canal de —, à Rey), 232.
Guilared, 13, 14.
Guil doulab, 42 n.
Guirdek, 290, 293.
Guireily, les —, 31 n.
Guirih (canal de —), vii.
Guiristoni Moughan, 271.
Guit, voy. Kit.
Guiv, 222 n., 223.
Gul Bagh (fort à Kachghar), 161 n.
Gulveran, 166.
Gumuch Tepèh, 47 n., 56 n., 58 n.
Guyard M., 108 n.

H

Haarbrücker, Th., 102 n.
Habib oud Din Mohammed Djerladqany, 123 n.
Habib ous Sier, 165 n., 171 n.
Hachim, 101.
Hachim, fils de Hekim, voy. Mouqannah.
Ha Dervich (désert de —), 162 n.
Hadiqat oul Haqiqah, 142 n.
Hadjib, 98 n.
Hadjib (esclave de Mouqannah), 295.
Hadji Khalfa, 81 n., 157 n., 161 n.
Hadjim, xiii, xiv.
Hadji Mirza Agassy, xviii.
Hadji Mohammed Khan, voy. *Hadjim*.
Hadji Seiyd Abdoullah Téhérany, 7.
Hadji Suleyman Bey Bidgouly, 201 n.
Hadjy Terkhan (Astracan), 32.
Hady Khan, voy. Mohammed Hady Khan.
Hafiz, xvi, xxiii, 129 n., 162 n.
Hafiz Abrou, 285.
Haiyan Nabathy, 205, 206.
Hala, 245, 246.
Halqah Daghly, les —, 61 n., 63 n.
Hamadan, 87 n., 240 n., 241.
Hamd oullah Qazwiny, 240.
Hamid Nouh ibn Nasr bin Ismayl, 276.
Hammer, M. de —, 108 n., 136 n.
Hamouk Ket, 260, 261.
Hamzèh Khan Anezany (Enzany), 42, 198.
Hanway, 25 n., 40 n.
Haqq Nazhar Bin Bachy, 219.
Haqaiq oul Akhbar, xvi n., 215 n.
Haramkan (riv.), 167 n.
Haroun er Rechid (le Khalife), 230, 257 n., 274.
Haroun, fils de Siavech, 268.
Harra, 245.
Hassan, 101, 102 n., 103 n.
Hassan (Sultan), 162 n.
Hassan Aly Mirza, voy. Choudja ous Salthanèh.
Hassan el Basry, 102 n.
Hassan ibn Aly Houmeiry, 108 n.
Hassan ibn Mohammed bin Thalout, 281.
Hassan Khabouchany, 79.
Hassan Khan (Hassan Tchighan), 197.
Hassan Khan Salar, xv, 98 n.
Hassan Khan Sebzvary, 215.
Hassan Khan Turkoman (Hassan Tchoughan), 58, 60.
Hassan Qouly, les —, 58 n.
Hassan Qouly Khan Qadjar, 45.
Hayder (l'Emir —), 159.
Hayder (Seiyd), 26 n.
Hayderâbad, 63 n.
Hayder Amoly (Seiyd), 33.
Hayder Qouly Mirza, xxi.
Hayton, xii, 244.
Hazret, voy. Mohammed Emin Khan.
Hazreti Afaq (tombeau de —), 164 n.
Hazreti Padichâh (tombeau de —), 164 n.
Hazreti Pehlivan, voy. Pehlivan.
Hazreti Pehlivan (canal de —), 132.
Hebelroud, 19.
Hecht Bihicht, 138 n.
Hedjdjadj, 259 n., 264, 266.
Hedjdjadj (porte de —, à Gourgandj), viii.
Heft Iqlym, 84 n., 145 n., 157 n., 165 n., 166 n., 170 n., 171 n., 241.
Heïthel, fils d'Alim, 160 n.
Heïthel, pays de —, vi. voy. Hiathilèh.
Hekim (père de Mouqannah), 287.
Hekim Aboul Hassan Aly, voy. Aboul Hassan Ferroukhy.
Hekim Ahmed, 290, 293.
Hekim âta (le Cheikh), 69, 151 ; (localité), 151.
Hekim âta Hikayety, 151 n.
Hekim Khan (le — des Salour), 89 n.
Hekim Senay, voy. Senay.
Henek Khouda, 265.
Hérât, 84 n., 87, 99, 128 n., 132, 140, 147 n., 169 n., 173-175, 215, 222.
Hérât (l'Emir de —), 294, 296, 297.
Herbelot, d' —, 166 n., 231 n.
Herbert, Th., 239, 241.
Herkhanèh, 160, voy. Ferghanèh.
Hérodote, iv.
Hezar Djerib (arrondissement de —), xvi, 203.
Hezarèh, les —, 27 n.; (montagne de —), 189 n.
Hezaresp, vii, ix, xi xiii, 99, 123-125, 172.

Hiathilèh (pays des —), 160 n.
Hicham (le Khalife —), 268.
Hicham (porte et bazar de —, à Rey), 232
Hidayet Namèh, xix, 141.
Hidayet (surnom de Riza Qouly Khan), xvii.
Hilaleïn (canal de —), vii; (localité), 137.
Hindoustan, l' —, 11.
Hiouen Thsang, iv.
Hissar (à Boukhara), 255.
Hissari Chadman, 150.
Hodje Suare (marchand persan), 245.
Ho-lo-si-ma (roy. de —), iv.
Homeïd ibn Qahtahbah (L'Emir —), 280.
Hommaire de Hell, 32 n., 37 n.
Houcheng, 233.
Houlagou, 81 n., 108 n.
Houman, 222.
Houmay de Merv, xxi
Houssam oud Din, 150 n.
Hugues, Luigi —, 153 n.
Hukoumet Khan, 219.
Humboldt, A. de, 168 n.
Hussam ous Salthanèh Sultan Murad Mirza, 81, 88-90, 98, 99, 110, 113, 172, 213.
Husseïn, 101, 102 n., 103 n.; (Sultan —), 170 n.
Husseïn Aly Mirza, Choudja ous Salthanèh, xvii.
Husseïn, fils de Ma'az (l'Emir —), 200-202.
Husseïn Khan (l'Emir —), 213.
Husseïn Mirza Gouregany (Sultan —), 174.
Husseïn Siavech, 26 n.
Hyde, 210 n.

I

Ibn Batoutah, xii.
Ibn el Athir, 110 n., 285, 287 n.
Ibn el Kelby, 233.
Ibn Hadjib, 148.
Ibn Hauqal, vi, 160 n., 256.
Ibn Hicham, 105 n.

Ibn Khaldoun, 168 n.
Ibn Khallikan, 148 n., 150 n., 166 n.
Ibn Sayd, 168 n.
Ibrahim (auteur de l'*Akhbar Mouqannah*), 286.
Ibrahim (Sultan —), 142 n.
Ibrahim Edhem, 169 n.
Ibrahim Khan (le Nevvab), 159.
Ibrahim Qawwam Serhindy, xxiii.
Ibriqdar, xi, 124 n.
Ichèkèh, les —, 62 n.
Ichqâbad, 89 n., 214.
Ichq Namèh, 142 n.
Idrissy, Abou Sayd el —, 158 n., 256.
Igdir Koutchek, les —, 58 n.
Ihram, l' —, 202.
Ikhan, ix.
Ikhchid (titre), 163.
Ilat Kurdzeban, 82 n.
Ilbars Khan, xiv, 125.
Ildeguiz (l'Atabek), 161 n.
Ilek Khan, xi.
Ilkhany (jardin), xix, (titre), 81 n., 213.
Ilqalmich, 233.
Ilqay, les —, 185.
Iltouzer Khan (de Khiva), xiv, 68 n., 176.
Iltouzer Khan (Turkoman), 194, 197.
Imamièh, les —, 103, 104, 105.
Imam Zadèh Abou Thalib, l' —, 23.
Imam Zadèh de Kharabi Checher, 47 n.
Imam Zadèh de Seiyd Mohammed (près de Limras), 43.
Inaq, les —, xiv.
Inde, l' —, 94, 100, 169 n.
Indiens (en Perse), 107.
In Tchekèh, 61.
Iran, 122, 152.
Iraniens, les —, 121, 172.
Iraq, 16, 20, 87, 93, 161 n., 210, 231, 232, 239.
Irem (mer d' —, près de Barfourouch), 32.
Isfahan, 29 n., 138 n., 173, 205 n.
Isfendiar, 170 n., 222 n.
Ismaïlièh, les —, 102.
Ismaïliens, les Khalifes — d'Egypte), 107.
Ismaïly, les —, 108 n.
Ismayl, fils de Djafer, 102 n.
Ismayl ibn Hammad el Djauhery, 166 n.
Ismayl Kemal, xvi, 203.

INDEX ALPHABÉTIQUE

Ismayl le Samanide (l'Emir —), 270, 275-279, 281.
Ismayl Qasry (le Cheikh —), 141.
Issa Khan Qadjar, 11.
Issiq Koul (lac), 163 n.
Isthakhry, El —, iv, vi, 169 n., 229, 235, 240, 256.
Isvanèh, 260.
Itimad oud Daoulèh, l' —, voy. Mirza Aga Khan Noury.
Itizhad oud Daoulèh, voy. Souleyman Khan Qadjar Devalou.
Ivaz Inaq, 176.
Ivostchinzov (le capitaine), 239, 250.
Iylaq, 165 n.
Izz oud Din Nessay (Seiyd), 171 n
Izz oul Moulk, xi.

J

Jaarowon, 245.
Jadjroud ou Iajeroud, voy. Djadjroud.
Jésus, 287.
Jilard, voy. Guilared.
Juifs, les — (en Perse), 245, 246.
Julien (Stanislas), iv n.

K

Kaboul, 11, 120, 169 n., 188, 189.
Kachan, 131, 162, 205 n.
Kachghar, xi, 119, 163-165, 168 n., 224 n.
Kachmir, le —, 11, 49, 128 n.
Kaempfer, 61 n.
Kafièh fil Nahw, 148 n.
Kal, les —, 58 n.
Kam, les —, 58 n.
Kamil fit Tarikh, 140 n., 287 n., 289 n., 291 n., 294 n., 295 n.
Kani Badam, voy. Kend Badam.
Kaoucer, le —, 65, 208.
Kaoukeb, 160 n.
Kareki Alevyan, 281.

Karesly (affluent du Gourgan), 56 n.
Karevan Bachy, le —, 117, 118.
Kar Namèhi Balkh, 142 n.
Kât, vi, viii, 99, 123, 119, 150, 255.
Katoul (boulouk de —), 62 n.
Kauffmam (Général von —), 114 n.
Kazèh, 286.
Kazergâh, 175.
Kazhim Bek, 194, 197.
Kazwiny, voy. Qazwiny.
Kebir Mohammed Qassim Khan Qadjar Qavanlou, 204.
Keboud Djamèh, 63 n.
Kech (voy. Cheheri Sebz), 154, 160 n., 257, 263, 266, 288, 289, 295, 298.
Kechchaf fi Haqaïq il Tenzil, el —, 150 n.
Kel, 218 n.
Kelat, 88, 89, 123 n., 172, 173 n. 214, 215, 222.
Kelatèh, 203 n., 204.
Kellabagh, 77, 78.
Keltèh, les —, 58 n.
Kemal Khodjendy (le Cheikh), xvi, 162.
Kemal oud Din Abdour Rezzaq, 165 n.
Kend Badam, 162 n.
Kenz oul Haqaïq, 139.
Kerbela, 101.
Kerbelay Mohammed Husseïn, xx n.
Kerbelay Taqy, xx n.
Kerderan Khach (canal de —), vii, (localité), ix.
Kerim Khan, 103 n., 203.
Kerim Khan Vekil, 203, 204.
Kerkez, les —, 63 n.
Kerky, 156.
Kerman, le, xviii, 19, 69, 87 n., 250.
Kermanchâh (province de —), 81 n.
Kerminèh, 156.
Kert (dynastie des —), 171.
Kessik Minarèh, 65, 182.
Keuk-Tach (trône de Timour), 158.
Key Kaous, iv, 121, 157, 169 n., 271.
Key Khosrau, 70, 121, 146 n.
Keyoumers, 170, 233.
Keyqobad, 29, voy. Qobad.
Khabouchan, 64 n., 81.
Khachouy, 290, 293.
Khadjèh Abdoul Khaliq Ghoundjouwany, 116 n.

Khadjèh Aboul Abbas, xxi.
Khadjèh Aboul Véfa, 150 n.
Khadjèh Aly Rametiny, 145, 146.
Khadjèh Arif Riveguirevy, 146 n.
Khadjèhi Azizan, voy. Khadjèh Aly Rametiny.
Khadjèh Mahmoud Faghnèwy, 146.
Khalendj (bois de —), 235.
Khalid (le Barmécide), 169 n.
Khalid ibn Djouneïd, 269.
Khalifes, les —, 100-106, 140.
Khalif ibn Ahmed (l'Emir —), 251, 252.
Khalkhal, 161 n.
Khamsèh, le —, 87 n.
Khanâbad, 137 (canal de —), vii.
Khan Baligh (Pékin), 165.
Khand Hassan, 108 n.
Khanèhi Divi Sefid, 22 n.
Khanikoff, de —, 66 n.
Khankâh, xiv, 123, 125.
Khans (les — de Khiva), 174 et suiv.
Khaqan, 97.
Khaqani Ekber, voy Aga Mohammed Khan.
Khaqâny, 139, 155 n., 161 n., 162 n.
Khar (district de —) voy. Khawar.
Kharezm, iii, vi-xiv, 6, 12, 33, 39, 40, 46, 47, 52-69, 76, 78, 81, 83, 88, 98-100, 108-126, 131, 136-143, 146-156, 159, 162 n., 166, 169 n , 171-181, 200, 207, 208, 214-216, 222, 224, 256, 295.
Kharezm (mer du —, lac du —), 151, 152 n. voy. mer d'Aral.
Kharezm Châh, les —, xi, xv, 122, 124 n., 126, 138, 139, 150 n., 169 n.
Khari choutour, le —, (plante) iv, 68.
Kharidy, les —, 102, 107.
Kharouchour, les —, 63 n.
Kharqan Roud, 260.
Kharthartchy, 158.
Kharvar, le —, 174 n.
Khatlan, le —, 170 Khatly (chevaux), 170.
Khatoun, (la —, souveraine de Boukhara), 259, 261-264, 267.
Khatoun Abad, 205.
Khatyb our Rey, voy. Fakhr oud Din Abou Abdillah.
Khazer (mer de —), voy. mer Caspienne ; (le désert de —), 59.

Khazer (ville), 155.
Khawar (district de —), 205 n.
Khazinet oul Ecfia, 65 n., 151 n.
Khenboun, 264, 265.
Kheyaban, le —, 25 n., 26 n., 38, 42 n., 43.
Khezaïn oul Ouloum, 156 n., 259, 271, 282.
Khirkhiz, 168, voy. Qirghiz.
Khirqan, 30.
Khita (royaume de —), 165.
Khitay, 151.
Khiva, vii, ix, xiii, xiv, xviii, 6, 7, 40, 49, 52, 54, 62, 64, 67, 70-98, 110-120, 123, 125, 126-139, 151, 171-175, 180, 181, 188, 192, 197, 200, 202, 208, 213, 214, 219.
Khiva Abad, 126.
Khivaq, 126.
Khivaqy, les —, 62 n.
Khodja Abdoul Hekim Termizy, 156.
Khodja Abdoullah Ahrar. 158.
Khodja Aboul Berekèh, 157 n.
Khodja Ahmed Yessevy, 151 n.
Khodja Beha oud Din 157 n.
Khodja Ghias oud Din, 165 n.
Khodja Nefes, les —, 58 n.
Khodja Rahmet oullah Ichan de Khoqand, 200-202.
Khodja Saad oud Din Kachghary, 164.
Khodja Zenguy âta, 65.
Khodjend (fleuve de —), voy. Sihoun ; (ville), 160 n., 162, 165 n.
Khodjend Verdy, 193.
Khondemir, xii, 165 n., 285.
Khoqand, 49, 78, 117, 119, 120, 132, 139, 153, 163.
Khoqandy, les —, 34.
Khorassan, 233.
Khorassan, le —, v, vi, ix, x, xiii, xv, xxi, 11, 25 n., 27 n., 30, 31 n., 64 n., 66 n.-68 n., 81 n.-90, 98, 99, 111-113, 126, 143 n., 155 n., 167 n.-169, 171-175, 189 n., 212-219, 232, 256, 257 n., 259, 263, 264, 267, 268, 277, 278, 286-289, 295.
Khosrau, 97, voy. Key Khosrau.
Khoten, 11, 165, 168 n.
Khoudavend Namèh, 201.
Khoudayar By, 219.
Khoudayar Khan. 78, 163.
Khoudjan, 81 n.

Khouldj, les —, 165 n.
Khouldjan, 152 n.
Khoulm, 168 n., 170.
Khoumm, voy. Ghadir Khoumm.
Khourthèh, les —, 62 n.
Khourzad, x.
Khoutlan, le —, 170 n., voy. Khatlan.
Khouzistan, le —, 87 n.
Kich, 157 n., voy: Kech et Cheheri sebz.
Ki-li-sse-mo (roy de —), (Kharezm), iv.
Kini Siavech, les —, 146 n.
Kit (village), vii, ix.
Kitab Messalik oul Memalik, voy. *Messalik oul Memalik*.
Kitab oul Messalik lil Memalik, 167 n.
Kitab oul Milel ouen Nihal, 102 n.
Kitab oul Qand, 158 n.
Kitab oul tefhim fy ilm il tendjim, vi.
Kizil alan (mur de —), 56 n.
Klaproth, J., 163 n.
Kohnèh Ourguendj, 84, 91, 112, 128, 137-136, 147-149, 179, 187.
Kondour, 167 n., voy. Bikend.
Kondoury, voy. Abou Nasr Kondoury.
Koubrawy (les derviches —), 142 n.
Kouchk, 74.
Kouchki Fezil, 200.
Kouchki Khochtouvan, 298.
Kouchki Omer, 298.
Koudjagh, vii.
Kouhek (porte de —, à Rey), 232.
Kouh Ky (plaine de —), 64, 65.
Kouhnèh Goulbad, 41 n.
Kouhsar (boulouk de —), 62 n.
Koukdjèh, les —, 62 n.
Kouktchèh Bay, 54.
Koulab, 170 n.
Koulbad, voy. Goulbad.
Koundlik, les —, 62 n.
Kounsserek, 255, 277.
Kourder, ix.
Koutchan, voy. Khabouchan.
Koutchek, les —, 62 n.
Kouty Medjmen, les —, 63 n.
Kouyouk Khan, 154.
Kulahi Firenguy, 47.
Kurdes, les —, 26 n., 82 n., 216 n.
Kurd Mahallèh, 43, 47 n., 198.

Kurèh. les —, 62 .
Kyndyr Tau (le mont —), 163 n

L

Lalèhzar (jardin de —), xix.
Lamakine (général —), 183 n.
Lane, M. E. W., 51 n.
Langlès, 40 n., 173 n.
Lar, 245.
Lardjan, 30.
Larim, 22 n.
Laristan, le —, 104.
Lasguerd, 205.
Lebey de Batilly, Denis —, 108 n.
Lenguer, 169 n.
Le Quien, 230 n.
Lerch, P. J., 257 n.
Limras, 43 n.
Livassan, 240.
Lohrasp, 169 n., 171.
Loqman Serakhssy (le Cheikh —), 172.
Lottin de Laval, 40 n.
Loubb oul Elbab, xxi.
Lour, le —, 103.
Louthf Aly Khan, 103 n.

M

Ma'az ibn Mouslim (l'Emir —), 294.
Maçoudy, 47 n.
Madanlou (tribu Kurde de —), 26 n.
Maghreb, le —, 107.
Mahmoud (Sultan —), v, 58, 123, 142, 230, 251-253 n., 254.
Mahmoud (Sultan —), fils de Sebektekin Yemin, 279.
Mahmoud Abad, 195.
Mahmoud Chebistery (le Cheikh —), 136
Mahmoud Ghaznevy (Sultan —), xi.
Mahmoud Tourèh (Seiyd —), 79, 178.
Makh (bazar de —, à Boukhara), 282.
Makhdoum, les —, 62 n.

Malik ibn Farim, 292.
Mamoun, voy. Aboul Abbas Mamoun.
Manasses (tribu de —), 245.
Mançour (le Khalife), 230.
Mançour (porte de —, à Boukhara), 279.
Mançourah, 149 n.
Mançour ibn Nouh (l'Emir —), 277, 279, 280.
Manne, la —, 68 n.
Manqit, 151, 160.
Maqamat, les —, 123 n.
Marghinan, 161 n., 162.
Masqate, 107.
Massef (riv.), 259.
Masty, 261.
Mathla ous Saadeïn, 165 n.
Mavera oun Neher, le —, voy. Transoxiane.
Maz (montagne de —), 29, 30.
Mazanderan, le —, 9, 10, 12, 14, 19 n.-22, 25-33, 36, 39 n., 41 n., 43, 46, 47, 53, 56 n., 59, 93, 131, 140, 152, 200, 214 n., 249.
Mechhed, 25 n, 81 n., 90 n., 111 n., 173 n., 183 n., 205 n., 213-215, 221.
Mechhedi Mestan, voy. le suivant.
Mechhedi Missrian, 65, 182, 183 n.
Mechhedi Ser, 23 n., 32.
Medaridj oul Belagah, xix.
Medine, 105 n.
Medjd oud Din Baghdady, 142, 144, 145.
Medjma' oul Fours, xxiii.
Medjma' oul Fousseha, xx, xxii, xxiii, 142 n., 251, 253 n., 254 n.
Medj oud Din ben Adnan, 164 n.
Mefatih oul Ghaïb, 148 n.
Mefazèh (le désert de —), 30.
Mehdy (le Khalife —), 230, 234, 257, 269, 277, 285, 287, 289, 291.
Mehdy Qouly Khan Devalou, 31.
Mehdy Qouly Mirza, 27 n., 28, 46, 216.
Mehemmed Raghib Pacha (le Vezir —), 102 n.
Mehter Aga, le —, 72, 73, 87, 88, 108, 109, 113, 115, 116, 180.
Mehter Yaqoub, le —, 149, 177, 212.
Mehter Youssouf, le —, 88, 149.
Meïdani Sebz, 32.
Meïmenèh, 215, 216, 219.
Mekke, la —, 105 n., 119, 150 n., 170, 202, 206.

Melahy, le —, 234.
Melayr (district de —), 103 n.
Melgunof, 23 n.-27 n., 41 n., 43 n., 47 n., 53 n., 57 n., 58 n., 62 n.
Melik Châh, le Sedjouqide, xi, 57 n., 124.
Melik out Toudjdjar, 117.
Melkatekin, xi, 124.
Men (poids), 174 n.
Mendjik Termizy, xxi.
Menhedj oul Hidayèh, voy. *Hidayèt Namèh*.
Menoutchehr, fils de Qabous, 58, 169. n.
Menoutchehr Khan, xviii, 155 n.
Menoutchehry, xxii, 29, 30 n.
Merdjanos, 171.
Merv, Merv Chahidjan, Merv er Roud, xi, xiii, 71, 83-85, 88-91, 98, 99, 109, 110, 123-125, 152, 155 n., 159, 161 n., 171-175, 212-215, 219, 221, 222, 256, 257, 286-288, 294, 295.
Mesnevy, 142, 146.
Messalik oul Memalik, 16, 58 n., 165 n., 168 n.
Messoud (Sultan —), iv, 58, 142 n.
Messoud Qilidj Thamghadj Khan, 278.
Mestourian, 183 n., voy. Mechhedi Misrian.
Mevlevys (l'ordre des —), 142 n.
Mewlana Beha oud Din Mohammed, 142.
Mewlana Djelal oud Din Mohammed Balkhy, 142, 146, 170 n.
Mewlana Kemal oud Din Husseïn, 150 n.
Mewlana Mohammed Djelal oud Din, voy. Mewlana Djelal oud Din Mohammed Balkhy.
Meyari Djemaly, xxiii.
Mey Khanèh, xxi.
Mian Kalèh, 39 n.
Michk ou Anber, 63 n.
Midra (canal de —), vii.
Miftah oul Kounouz, xix.
Milad, 44.
Mioughil (montagne de —), 162 n.
Miraat oul Bouldani Naciry, xvi, 40 n.
Mir Abdoul Kerim Boukhary, xiv n.
Miradj oud Diraièh, 150 n.
Mir Ahmed Khan Djemchidy, 90, 172, 213, 219.
Mir Aly Chir Nevay, xxi.

INDEX ALPHABÉTIQUE

Miran Châh, de Qandahar (Seiyd —), 200.
Mirkhond, xiii, xiii, 104 n., 285,
Mirza Aboul Hamid Sefa, xix n.
Mirza Abou Bekr, 164 n.
Mirza Aga Khan Noury, 211.
Mirza Aly, les —, 62 n.
Mirza Aly Naqy, xix, 91, 93, 195.
Mirza Bey, 199.
Mirza Djafer Khan, xvi, 215 n.
Mirza Fazhl oullah (Vézir Nizham), 212.
Mirza Hayder Doughlat, xiii, 164 n.
Mirza Ibrahim Khan Khamsèh, 214.
Mirza Ismayl Khan Noury, 50, 54.
Mirza Kazem Bey, 27 n.
Mirza Mohammed Hussein Edib, xxii.
Mirza Mohammed Khan Goulbady, 41.
Mirza Mohammed Khan, Roukn oud Daou-lèh, 98 n.
Mirza Mohammed Naqy Alyâbady, xvii.
Mirza Riza, xv, 108.
Mirza Sadiq Isfahany, xx, xxi.
Mirza Sadiq Mervy, xx. xxi n., 103 n.
Mirza Sipehr, Lissan oul Moulk, xvi, 27 n., 214 n.
Mirza Thahir Nasrâbady, xxi.
Mirza Taqy Khan Ferâhâny, 7 n., 210, 211, 214.
Miss'ar ibn Mouhalhil, 239, 241.
Mitchell, John et Rob. —, 164 n.
Mizrab Khan, 219.
Moaviéh, 101, 107 n., 262.
Moghrib, le —, 150 n.
Mogols, les — ix n., xiii, 60, 66, 120, 122, 138, 140, 144 n., 148, 149 n., 150, 153, 160, 168 n., 170 n , 171 n., 176, 182. 231.
Mohammed (le Prophète—), 1, 100, 101 n., 103 n. — 105 n., 111, 287.
Mohammed Baqir Khan, 198.
Mohammed Châh, (Qadjar) xv, xvii, xviii, xx, 21, 62 n., 93, 97, 103, 195.
Mohammed Cheikh, 219.
Mohammed Chérif Bay, 111, 115, 119, 137, 139, 185, 187, 199, 200, 206, 212.
Mohammed Emin Khan, xiv, xv, 6, 91, 118, 127-130, 149, 176, 187, 206, 212, 214 n. — 221.
Mohammed Emin Khan Behadir, 76.
Mohammed es Sadiq, 102 n.

Mohammed, fils d'Abou Djafer, voy. Abou Bekr Mohammed ibn Djafer.
Mohammed, fils de Bedr Djadjermy, xxi.
Mohammed, fils de Tekich (Sultan —), voy. Mohammed Kharezm Châh.
Mohammed Hachim Khan, 44.
Mohammed Hady Khan, xvi, xvii.
Mohammed Hassan Khan, 45 (Kichver Si-tan), 203.
Mohammed Hassan Khan Ferâhâny, 216.
Mohammed Hassan Khan Seny'oud Daou-lèh, xvi, 40 n., 215 n.
Mohammed Hussein Khan Hezarèh, 217.
Mohammed ibn Abdallah bin Qalhah, 278.
Mohammed ibn Djafer, voy. Abou Bekr Mohammed Nerchakhy.
Mohammed ibn Djerir Thabary, voy. Thabary.
Mohammed ibn Hassan el Kessay, 233.
Mohammed ibn Ibrahim el Dharrab, 242.
Mohammed ibn Mançour bin Hedjid bin Waraq, 278.
Mohammed ibn Zoufer, 146 n., 258, 272.
Mohammediéh (dirhem —), 257.
Mohammediéh (Rey), 230.
Mohammed Ismayl bek, 203, 204.
Mohammed Ismayl Kemal, voy. Ismayl Kemal.
Mohammed Kerim Khan, 191.
Mohammed Khan Cheïbany, xiii, 85 n.
Mohammed Kharezm Châh (Sultan —), xi, xii, 46, 122, 139-146, 162 n., 171 n., 231, 273, 278.
Mohammed Mehdy (le Khalife), voy. Mehdy (le Khalife).
Mohammed Mehdy Khan Chamèh, xvii.
Mohammed Nazar, voy. Molla Mohammed Nazar.
Mohammed Oufy, xxi.
Mohammed Oulouk, les —, 58 n.
Mohammed Qouly Khan, 197.
Mohammed Rehim Khan, xiv, 66, 72, 77, 113, 126, 150, 176.
Mohammed Sadiq, xxii.
Mohammed Soufy, xxi.
Mohammed Tachkendy, 161 n.
Mohammed Tourèh (Seiyd —), fils de Mohammed Rehim Khan, 178.

Mohammed Vely Khan (le Beylerbey —),
  43, 45, 84, 180-185, 191, 195-200.
Mohammed Vely Khan Qadjar, xiv.
Mohammed Youssouf de Hérât, 216.
Mohan Lal, 170 n.
Mohtessib (le — à Boukhara), 279.
Moïse, 287, 288, 295.
Mokhend (fleuve de —), 153, voy. Sihoun.
Molla Hunkiar, voy. Mewlana Mohammed
  Djelal oud Din.
Molla Mohammed Nazar, 114-116.
Molla Moukhtar, le —, 87, 180.
Molla Niaz Mohammed, 163 n.
Molla Pir Nefes, 71.
Moorcroft, 170 n.
Morier, 10 n., 12 n., 13 n., 17 n., 249.
Mouaththil, les —, 102 n.
Mouayyed (le Cheikh —), 166 n.
Moubaiydèh, les —, 289 n., voy. Sefid
  Djamègan.
Moubarekyèh, les —, 102 n.
Mouçalla (le —, de Boukhara), 276, 277.
Moudjem oul Bouldan, v n., 105 n., 140 n.,
  150 n. — 153 n., 161 n, 166 n., 229, 256
Moudjir oul Moulk, 171 n.
Moufazhzhilèh, les —, 106.
Mough, les —, vi, 146 n., 271.
Moutadhad (le Khalife —), 270.
Mouhtedy ibn Hammad bin Amrou el De-
  hely, 278.
Mou'in oud Din Isfizary, 174 n.
Moulhid, les —, 108 n.
Moulla Mohammed, fils de Cheher Achoub,
  26 n.
Moumia, le —, 61.
Mounchy Iskender, 40 n.
Mounchy oul Memalik, xvii.
Mouqadessy, vi, 47 n., 256.
Mouqannah, 154, 269, 285 et suiv.
Mouradja d'Ohsson, 140 n.
Mouravief, 47 n., 68 n.
Mourdestan, le —, 30.
Mourghâb, le —, 89 n., 169 n., 171 n., 172
  (ville), 172.
Mourghzar, 63 n.
Mourouzy, 171 n.
Mourteza Qouly Khan Pernak, xiii.
Moustancir, l'Emir —, xi.
Moussa Tourèh, 178.

Mousseiyb ibn Zoheyr ez Zaby (l'Emir) —,
  257 n., 295.
Mousseiybièh (dirhem), 257.
Moustaghfiry, el —, voy. Djafer el Mousta-
  ghfiry.
Moustafa Khan Seden Roustaqy, 43, 198.
Moustaïn (le Khalife —), 281.
Moutazelèh, les —, ix, 102.
Mouzhaffer oud Din, xviii, xix.
Moyse de Khorène, 241 n.
Mulk Ara, 31, 44, voy. Mehdy Qouly Khan
  Devalou.
Murchid, 141.

N

Nacir (le Khalife —), 140,
Nacir Eddin Qadjar, xv, xviii, 5-7, 14, 75,
  86, 94, 97, 118, 173, 206, 209, 215 n., 221.
Naciri Khosrau, 240.
Nacir oud Din Abdoul Khaliq Firouz
  Châh, xiii.
Nacir oud Din Nouh Arrezy, 150 n.
Nacir oud Din Sebektekin, 253 n.
Nadir Châh, xiv, 39 n., 45, 103 n., 125,
  173, 175.
Naïb ous Salthanèh, le —, voy. Abbas
  Mirza.
Naïb Tourèh, le —, voy. Tangry Qouly
  Tourèh.
Nakhcheb, voy. Qarchy, 154, 257, 263, 266
  286, 288, 289, 295, 298.
Nao Behar (à Balkh), 169 n.
Naokendèh, 42.
Napar, 43.
Naqchbendy, les —, 146, 151, 202.
Naqd Aly Khan Yomout, 193.
Naqib, (le — de Boukhara), voy. Ahmed
  Khodja.
Naryn, le —, 163.
Nasgoun, 61 n.
Nasr (l'Emir —), 252 n., 253 n., 270.
Nasrâbad (bazar de —, à Rey), 232.
Nasr, frère d'Abou Ishaq ibn Ibrahim,
  270.
Nasr ibn Ahmed (le Samanide), xi, 230.

Nasr ibn Seiyar (l'Emir —), 268, 269.
Nasr oullah (l'Emir —), 82, 119, 120, 151, 160.
Nassikh out tewarikh, xvi, 27 n., 214 n.
Naubet, le —, 135.
Naurouz, le —, 271, 280 n.
Naym, fils de Sehl, 291.
Nazarov, Ph., 103 n.
Nazir Mehter Aga, le —, voy. Mehter Aga.
Necir Khan (mosquée de —, à Echref), 39 n.
Nedjaty, 47 n.
Nedjef Qouly, 194.
Nedjm oud Din (l'Imam —), 81 n.
Nedjm oud Din Bakherzy, 142.
Nedjm oud Din Koubra (le Cheikh —), 108, 139-141, 165 n., 209.
Nedjm oud Din Razy, 142.
Nefehat oul Ouns, 141, 144, 172 n.
Neheri Qassarin, 157 n.
Neheri Essoued, 157 n.
Nehrevan, 107.
Nekab Targhay, 157 n.
Nemdjeket, 290.
Népal, le —, 11.
Nephtali (tribu de —), 245.
Nerchakh, 257, 290-294.
Nerchakhy, voy. Abou Bekr Mohammed Nerchakhy.
Nerdjaq, voy. Nerchakh.
Nermachir, 103 n.
Nessa, 64 n.
Nessef, 154, 157 n., voy. Qarchy.
Nestoriens, les —, 230.
Nevvab, le —, voy. Hussam ous Salthanèh, Ibrahim Khan, Feridoun Mirza et Choudja ous Salthanèh.
Niaz Mohammed Bay, 219.
Niaz Qouly Bin Bachy, 219.
Nichabour, viii, 81 n., 84 n., 87 n, 145, 167 n., 215, 232, 289 n.
Nika, 31.
Nil, le —, 10.
Nilèh Kouh (mont —), 56 n.
Nizham oud Din Khamouch (le Cheikh —), 164 n.
Nizham oul Moulk, xi.
Nizham out Tewarikh, 29 n.
Noé, 160 n., 244, 287.
Nouchirevan, 160.

Nouh (l'Emir —), xi, 252 n., 279.
Nouh Efendy, 102 n.
Nouhy (dirhem —), 252.
Noukfagh, ix.
Nour, 260.
Nour Aly, les —, 58 n.
Nour Mehdy, 7, 82.
Nour oud Din Abdour Rahman Esferayny, 142, 145 n.
Nour oud Din Louthf oullah Hafiz Abrou el Hèrèvy, 170 n.
Nousret (le régiment —), 214.
Nouz, 156.
Nouzhet oul Qouloub, 56 n., 57 n., 61 n., 84 n., 240.
Nouz Kât, 150 n.
Nova (village), 245.

O

Ogotay, 154 n.
Ogourch Aly, les —, 58 n., 62 n.
Oman (mer d' —), 107.
Omar (le Khalife —), x, 100 n., 101, 105.
Omar (le Qary —), 119.
Omar ibn Khattab, 104.
Ommiades, les —, 101, 169 n.
Onçory, xxi.
Osman, 102 n.
Osman (le Qary —), 119.
Osman bey, 97.
Ottoman (l'empire —), 96.
Oubeïd oullah, 261-263.
Oubeïd oullah, frère de Qouteïbah, x.
Oubeïd oullah ibn el Haiyany, 275.
Ouchak Qouyoussy, 69.
Ouch Turpan, 168 n., voy. Thourfan.
Oudek, les —, 62 n.
Ouigour (pays des —), 161.
Oulough Beg, 165 n.
Oulousteking Ghartchèh, 124.
Ounlouk, les —, 62 n.
Ounlouk Toumadj, les —, 58 n.
Ourazly, les —, 62 n.
Ourèh, 150.

Ourguendj (voy. Gourgandj), xiii, 122, 126, 139.
Ourguendji Kohnèh, 120, voy. Kohnèh Ourguendj.
Ouseley, 10 n., 15 n., 19 n., 23 n.-26 n , 40 n., 236,
Ousrouchinèh, 160.
Oustad Abou Bekr Kharezmy, 123 n.
Oustad Abou Mançour Mohammed Daqiqy ibn Ahmed Berkhy, voy. Daqiqy.
Oustadjiq, les —, 62 n.
Oustlik, 11.
Oustouwanâ (canton d' —), 81 n.
Outby, 123 n., 279.
Ouynaq, 103 n.
Oxus, l' —, voy. Djihoun.

P

Païyn Qaléh, 203.
Pamir, 27 n.
Pan ou Pan Koutouk, les —, 58 n
Parsis, les —, voy. Guèbres.
Pasquier, J. B , 153.
Pay Quedouk, 21.
Pehlivan âta (canal de —), vii.
Pehlivan Mahmoud Kharezmy, 108, 117, 132-136, 150 n.
Pékin, 165 n.
Pendjchenbèh, 158.
Pentchèh Kint, 159.
Perièh, 103.
Persans, les —, v, 100, 101, 109, 179.
Perse, la —, xiv, xx, 81 n., 90 n., 93, 95, 100-108, 112, 115, 117, 120, 127, 128 n., 131, 160, 169, 187, 211, 229, 244, 245.
Perviz Mirza, 79, 80.
Petermann, A, 183 n.
Pey Chaqry, 70.
Pharazmane, iv.
Pichdadian, les —, xix, 29 n.
Pichkhidmet, le —, 114.
Pietro della Valle, 19 n.
Piran, 222.
Polak, 128 n.
Posidonius, 234 n.

Pouchti Kemer (mont —), 56 n.
Pouchti Kouh, 27 n.
Pouli Nika, 34 n.
Pouli Sefid, 23.
Pour Bay Vely, 117, 133.
Pou-tsou [fleuve), iv.
Pusserek, 67 n.

Q

Qabous (l'Emir —), 58, 207.
Qabous (famille de —), 45.
Qadjars (dynastie des —), xvi, 30, 32, 45, 59, 93, 97, 203, 204.
Qâf, voy. Elbourz.
Qaïs (tribu arabe de —), 170 n.
Qala'ah (château à Rey), 232.
Qalèhi Mour, 29.
Qalèhi Siâh Bâlâ, voy. Siâh Bâlâ.
Qalmaq, les —, 168 n.
Qandjermèh, les —, 58 n.
Qan Iaqmaz, les —, 62 n.
Qanly Tèpèh, 217, 218.
Qanoun oul Edeb, 166 n.
Qaplan Qiry (mont), 67.
Qarabalkhan, les —, 57 n., 63 n.
Qara Beyat, les —, 87 n.
Qara Cheikh, 63 n.
Qarachour, les —, 63 n.
Qaradachlou, les —, 58 n.
Qaradjèh, les —, 58 n.
Qaradjèh Daghy, les —, 62 n.
Qara Djourin Turk, 261.
Qara Eteklik, 66, 67 n.
Qaragueuzlou, les —, 87.
Qara Khan Ata Bay, 54, 58, 184, 185, 192-199.
Qara Khodja, 165.
Qara Koul (ville), 156, (lac), 167 n.
Qaraoul-tchay (affluent du Gourgan), 56 n.
Qara Qalpaq, les —, 149, 151.
Qara Qapy (tombeau de —), 149.
Qara Qoulaq, 69, 70, 112.
Qara Qouldja, 103 n.
Qara Qoum (désert), iii.
Qaraqoum (ville), 168.

Qara Say, 163 n.
Qara Senguer, 58 n.
Qarasou (affluent du Gourgan), 56 n.
Qara Tenghiz (nom de la mer d'Aral, voy. ce mot), III.
Qaratèpèh, 22 n.
Qaratiken, 62 n.
Qaravièh, les —, 62 n.
Qarchy, voy. Nakhcheb, 154, 155, 157, 222.
Qaren, voy. Elbourz.
Qarenâbad, 63 n.
Qarendjik, les —, 58 n.
Qariab, 213 ; Qariaby, les —, 213, 214, 216, 219.
Qarmenta, 163 n.
Qarnas, les —, 63 n.
Qary, le —, voy. Omar et Osman.
Qassimlou, les —, 87 n.
Qathran Tebrizy, XXIII.
Qavanlou, les —, 97.
Qawwam oud Din, 150 n.
Qaza, les —, 58 n.
Qaza Halgah, les —, 58 n.
Qazaq, les —, XIII, 149, 151.
Qazhy Kelan, le —, 130.
Qazwin, 87 n., 108 n., 232, 234.
Qazwiny, VI, 9 n., 143 n., 229, 233, 239, 241, 256, 286.
Qichlaq, 22.
Qichlaq Khar, 205.
Qilidj Khan, 196, 197.
Qiptchaq, 151, les —, 163.
Qir, les —, 58 n.
Qirghiz (ville), 167.
Qiriman âta, 67.
Qiriq, les —, 62 n.
Qirq-Qiz, 168, voy. Qirghiz
Qisqah Aq, les —, 58 n.
Qitaly, 133, voy. Pehlivan Mahmoud.
Qizil, les —, 58 n.
Qizil Alan (mur de —), VI, 150 n.
Qizil Arslan, 161 n.
Qizil Bach, les —, 88-90, 93, 104, 111 112.
Qizil Qoum (désert), III.
Qizil Rebath, 89.
Qizil Sou (riv.), 164 n.
Qizliq (col de —), 200.
Qobad, 47, 97.

Qobaligh, 165.
Qomr (monts), 10.
Qonghourat, 150, 151, 176.
Qonièh, 142 n.
Qonqaly, 151.
Qoubbet el Khadhra, 157 n.
Qoucem ibn Abbas, 158.
Qouch Beguy, le —, 215 (canal du —), VII.
Qouchèh, 204.
Qouchtchy, les —, 63 n.
Qoudan (l'Emir —), XI.
Qoudjouq Tatar, les —, 62 n.
Qouhistan, le —, 30, 108.
Qouimet âta, 67, 181.
Qoullar, les —, 58 n.
Qoulou' (père de Ferroukhy), 251.
Qouly Khan, 184, 193-197.
Qouly Khan Aq, 54, 60.
Qoulzoum (mer de —), 59, voy. mer Caspienne.
Qoum, 131.
Qoum Dervazèh, (porte de Kachghar), 164 n.
Qoumes (province de —), 230, 232.
Qoundouz, 159 (à Boukhara), 255.
Qourban Kel, 218.
Qourt thayfèh, 58 n.
Qouteïbah, fils de Taghchadèh, X, 269, 270.
Qouteïbah ibn Mouslim, 167 n., 258 n., 264-268, 273, 274, 276.
Qouthb oud Din Mohammed, 124, 139, voy. Mohammed Kharezm Châh.
Qoutlouq Sultan, 149, voy. Fakhr oud Din Qoutlouq.
Qouz Aly, les —, 58 n.
Quatremère, M., 165 n.
Qyat, les —, 151.
Qyr, les —, 62 n.

R

Raad, 51.
Rahi Pey Nik, 87.
Rahman Qouly, XIII.
Rahman Qouly Khan, 178.
Rahman Qouly Tourèh, 176.

Rahmet oullah Divan Khan Mehter, 72, 78.
Rahmet oullah Ichan de Khoqand, voy. Khodja Rahmet Oullah.
Rahmet oullah Khan Efchar, 205.
Rametin, 145 n., 259 n., 261, 262.
Ramich, 146 n.
Ramin, 265.
Raoudhat oul Djennat fi aoussaf Herat, 174 n.
Raouʒet ouli il Elbab, 162 n., voy. *Tarikhi Benakety*.
Raouʒet ous Sefa, 101, 114, 214 n.
Raouʒet ous Sefay Naciry, xvi, xx n.
Raouʒet out Thahirin, xx.
Raqqah, 107 n.
Raz (Razy), 233.
Rebab, 51.
Rebath (à Bikend), 166 n.
Rebath d'Emin Abad, 18.
Rebathi Evvel, 201, 202.
Rebathi Sourkh, voy. Sourkh Rebath.
Rebi'ah, fille de Kaab, xix.
Rebi oul ebrar ouè noussous oul akhyar, 159 n.
Rechid Amyd oul Moulk (l'Emir), 279.
Rechid oud Din, 140 n., 162 n.
Rechid oud Din Vathvath, xxi, 124, 125, 155 n., 170 n.
Refnik, 87, 127.
Rehim Qouly Khan, xiv, xv, 176.
Rey, 7-11, 16, 29 n., 70, 80, 87 n. 110, 147 n., 205-207, 229-237, 240, 241.
Rezy oud Din Aly Lalay (le Cheikh —), 142, 143 n., 145 n.
Rhagès, voy. Rey.
Riaʒ oul Arifin, xx, xxii, 135.
Riguistan, le —, 262, 276, 279 (porte du —), 272, 280.
Rissalèh, les —, 143.
Ritter, 9 n., 10 n., 13 n., 20 n., 21 n., 80 n., 90 n.
Riza (l'Imam —), voy. Aly Riza.
Riza Qouly Khan, xv et suiv., 27 n., 30 n., 80 n., 214 n., 217 n, 251.
Riza Qouly Khan, fils de Moustafa Khan Seden Roustaqy, 43, 198.
Riza Qouly Khan (Ilkhany de Khabouchan), 81 n.

Riza Qouly Mirza, fils de Nadir Châh, xiv.
Rizaqy, le —, 231.
Rizvan, 8.
Rosen (baron de —), 27 n.
Roudbar, 108 n.
Roudèh (bazar de —, à Rey), 232, 240.
Roudeky (le poète —), 289 n.
Roudi Hach (riv.), 169 n.
Roudi Pouli Padichâhy, 34.
Roughad, 30.
Roukn oud Din Ala oud Daoulèh (le Cheikh —), 204.
Roukn oud Din Khour Châh, 108 n.
Rouzbehan Misry, 141.
Rouzvend, ix.
Ruben, (tribu de —), 245.
Russes, les —, 32, 45, 47 n., 151, 161 n.
Russie, la —, 69, 76, 96, 97, 100, 132, 159, 164.
Rustem, 124, 157, 170 n., 189 n.
Rustemdar, 30.

S

Saad, 51.
Saad ibn Khalif (Qadi de Boukhara), 278.
Saad oud Din Hamawy, 142, 143 n., 145 n.
Saad oud Din Kachghary, voy. Khodja Saad oud Din.
Saad oud Din Teftazany, 85 n.
Saady (le poète —), xxiv, 251.
Sabath, 160 n.
Sabay Kachany, voy. Feth Aly Khan Kachany.
Sachau, Dr Ed, vi n.
Sacy, Silvestre de —, 108 n.
Sadiq Isfahany, voy. Mirza Sadiq Isfahany.
Sadiq Khan, 103 n.
Sadr oud Din (le Cheikh —), 166 n.
Saffarides les —, xxi.
Saghanian (pays de —), 160 n.
Sahanèh, les —, 58 n.
Sahib Moueyyed, le —, 279.
Sa'id ben Aly el Djourdjany, 16 n., 57 n., 165.

Sa'idèh, fils de Ka'ab, 105 n.
Sainte-Croix, M. de, 234 n.
Sakhr, 241
Salakh, les —, 62 n.
Salmanassar, 245.
Salour, les —, 89, 109, 112, 172, 216.
Saly Kendèh, 43 n.
Sam, 160 n.
Samanides, les —, xi, xxi, 252 n., 259, 279.
Samarqand, xi, 140, 154, 157-160 n., 165, 168 n., 353, 257, 259, 264, 268, 275, 291, 294.
Samedoun (village), 278.
Sam Khan, 213, 214, 216.
Sam Khen (lac), Sam Khas, 167 n., 257.
Sam Mirza, xxi.
Sana'at oul Kitabèh, 57 n.
Saoukend Namèh, 155 n.
Saqally, les —, 58 n.
Saqar, les —, 62 n.
Saqar Beikdily, les —, 63 n.
Saqar Tchèkèh, 69.
Saqifèh, le —. 105 n.
Saqmetin, 261.
Saqsin (pays de —), 59, 222.
Saqy, les —, 58 n.
Sar (désert de —), 61 n.
Saridjly, les —, 58 n.
Sarouq, les —, 89, 90, 109, 112, 216.
Sart, les —, v.
Sary, 9, 25, 27, 29, 31, 33-35, 207.
Sary (district de —), 22 n., 26 n.
Sarydjèh Meyout, les —, 62 n.
Sary Sou (affluent du Gourgan), 56 n.
Sassanides, les —, 230.
Savèh, 29 n., 240.
Sewar oul Aqalym, 256.
Say Bouy, 159.
Sayd, fils d'Ahmed, fils d'Ismayl, 279.
Sayd (l'Emir —), fils de Mohammed, fils d'Ismayl, 275.
Sayd ibn Amr bin el Essoued el Harachy, 296, 298.
Sayd ibn Osman, 263, 264.
Sayd Mohammed Khan, 173.
Schlimmer, 61 n., 68 n., 128 n.
Schomkerker, 239, 249.
Schuyler, Eug., 153 n.

Sebzvar, 215.
Sefer Namèhi Naciri Khosrau, 240 n.
Sèfèvy (les princes —), viii, xx, 32, 39 n., 41, 42, 45, 103, 138 n., 220.
Sefid Djamègan, les —, 269, 270, 289 et suiv.
Sefnèh, 260, 271.
Seghaoul, 165.
Sèh-Bend, 18.
Seïr oul bilad ilal miad, 112.
Seiyah Chirvany, xxi.
Seiyd Abou Djafer Aly, Seiyd Ahmed Naqib, etc., etc., voy., Abou Djafer Aly, Ahmed Naqib, etc.
Seiyds (les — du Khorassan), 155 n.
Seiyds Fathimites, les —, 101.
Sekakend, 168, n.
Selathini Elwarièh, 103 n.
Seldjouqides, les, xi, xxi, 97, 124, 231.
Seleucus Nicator, 230.
Selsebyl, le —, 65, 208.
Semengan, 169 n.
Semetin, 261, 277.
Semnan, 20, 30, 67 n., 204, 205.
Semoulgan, 56 n.
Senay, 142.
Sengui Ainèh (pierre à Esfereng), 161 n.
Sennar, le —, 10.
Sensket, 165 n.
Serakhs, 58 n., 84, 85 n., 88-91, 98, 99, 109-112, 172, 212-219, 221, 222, 224.
Serakhs, fils de Gouderz, 172.
Serakhsy, el —, voy. Abou Abbas Ahmed el Serakhsy.
Serakhsy, les —, 89.
Seray, xii, 162 n., 169 n.
Serbanan (bazar de —, à Rey), 232.
Serbendan, 15, 17.
Serguerdèh, les —, 198.
Seri Guedouk, 21.
Sewad Kouh, 22 (bulouk de —), 23 n., 211 n.
Seyf oud Din el A'radj (le poète —), 161 n.
Shaw, Robert, 164 n.
Siâh Bâlâ, 53, 54.
Siâh Danèh (plante), 175.
Siâh Pouch, les —, 11.
Siâh Roud, 22.
Siâh Roustaq, 30.

Siavech, 121, 146 n., 271.
Siavechek, 57 n.
Siam (mont —), 280.
Siffin, 101, 107.
Sihhah, 166 n.
Sihhat Niaz Khan, 219.
Sihoun, le —, 151, 153, 159, 160 n., 162-166 n.
Sikendjebin, voy. Sirkenguebin.
Sima el Kebir, 281.
Sin (porte et bazar à Rey), 232.
Sind, le —, 169 n., 189 n.
Sindjar (Sultan), 124, 125, 155 n., 171 n., 273.
Siounedj, 271.
Siret our Ressoul, 105 n.
Sirkenguebin, 69 n.
Sistan, le —, 30, 189 n., 251, 252.
Slane, de —, 148 n., 150 n., 166 n., 168 n.
Soghd, le —, vi, 157, 255, 256, 260, 263, 265, 266, 277, 278, 288, 293-295.
Soghdian, 294.
Sôl (chef turk), 57 n.
Soubekh, voy. Choubekh.
Soudan, le —, 10.
Sou Dervazèh (porte de Kachghar), 161 n.
Soufy (ordre des —), 164.
Soufyan, les —, 62 n.
Souherverdy (ordre des —), 141 n.
Souleyman Khan Qadjar Qavanlou, 204.
Soundan Behadir, 140.
Sour (la nuit du —), 280.
Sourkh Rebath, 22.
Sourouch (l'ange —), 209.
Sourqany (canal de —, à Rey), 232.
Souroury, xxiii.
Strabon, 230.
Suleyman (le prophète —), 16, 29, 112, 241.
Suleyman Khan Derèhguèzy, 113.
Suleyman Khan Guireïly, 26 n.
Sultan Abad (fort de —), 196.
Sultan Murad Mirza, voy. Hussam ous Salthanèh.
Sulthan Douïn (plaine de —), 56 n.
Surmèh, le —, 129.
Suse, 229.
Syr Daria, Syr Deria, 153 n., 163 n., voy. Sihoun.
Syrie, la —, 283.

T

Taana, les —, 58 n.
Tach Haouz, 137.
Tachkend, 159, 162, 163 n., 165 n.
Tach Qourghan, 170 n., voy. Khoulm.
Tadj âta, 65 n.
Taghchadèh, 259, 267-269, 281.
Takhti Sefer, 175.
Talar, le —, 22 n., 23, 26 n.
Tangry Qouly Tourèh, 77, 78
Taqouim, 165 n., 168 n.
Tarab, 265.
Tarab Memasty, 261.
Tarantchy, les —, 168 n.
Tarikhi alem âra, 40 n.
Tarikhi Baihaki, v n.
Tarikhi Benakety, 162.
Tarikhi Boukhara, 156 n., 166 n., 167 n, 258.
Tarikhi Munedjdjim Bachy, 164 n.
Tarikhi Rechidy, 161 n.
Tariki Thabery, 21.
Tarikhi Yeminy (oul Yeminy), 47 n., 123 n., 279.
Tarikhi Turkestan, 161 n.
Tât, 83.
Tatars, les —, 122, 142, 143 n., 182, 273, 278.
Taurus, le —, 245, 246.
Taziks, les —, 83.
Tchach (province de), 153.
Tchaker (surnom de Riza Qouly Khan), xvii.
Tchardèh Kelatèh, xvi, 203, 204.
Tchâtch, 165.
Tcheghanian, le —, 252 n.
Tchehar Chèhbaz (tombeau de —, à Khiva), 117.
Tchehar Djouy, 156.
Tchehar Meqalèh, xxi, 252.
Tchehar Tchemen (jardin de —), 138.
Tchehil Soutoun (jardin de —), 39 n.
Tchers, le —, 128.
Tchilau, le —, 115.
Tchilguessy (affluent du Gourgan), 56 n.

Tchinaran, 25 n.
Tchinaz, 163 n.
Tchin Soufy, xiii.
Tchiraghtchy, 155.
Tchirichly, 67, 180.
Tchirtchiq, le —, 163.
Tchitchektou, 169 n.
Tchouder, les —, 178.
Tchoughan, les —, 53 n., 58 n.
Tchouny, fils de Yomout, 58 n.
Tebriz, xvi, xviii, 68 n., 87, 136 n., 162 n., 216 n.
Tebrizy (arbre), 75.
Tedjend, 111 n.
Tedjrich, xviii, 80.
Téhéran, xvi, xviii, xix, 7 n., 9-11, 50, 54, 75, 82, 87 n., 91-94, 98, 103 n., 110, 116, 196, 201 n., 205 n., 206, 209, 213, 214 n., 219, 224, 235, 247.
Tehmouras, 171 n., 204.
Teïmény, les —, 216.
Tekbir, le —, 190.
Tekèh, les —, 82, 84, 89, 90, 98, 109-113, 125, 172, 176, 216, 219.
Tekich Khan, 139, 162 n., 231.
Tekich Kharezm Châh, 149 n., 279.
Temek, les —, 63 n.
Tengtach (pays de —), 11.
Tengui Dehanèh, 19 n.
Tengui Toghâb, 61 n.
Terakhèh, 260.
Teravih, le —, 128.
Termiz, 155, 156, 160 n.
Tewarikhi Châhroukhièh, 163 n.
Tewarikhi Zendièh, 103 n.
Teʒkerèhi Boughra Khan, 164 n.
Teʒkerèhi Mohammed Châhy, xxi.
Teʒkerèhs, les —, xxi, 132, 251.
Teʒkeret ouch Chouara, 155 n.
Thabar, 30.
Thabarestan (mer du —), 59, le —, 11, 20, 29, 30, 230 n., 232, 235, 239.
Thabary, 33, 285, 286.
Thahir ibn Husseïn, l'Emir —, vi.
Thahirides, les —, vi, x, xxi.
Thahirièh, vi, vii.
Thahir Mohammed Sebzvary, xx.
Thahir Nasrâbady, voy. Mirza Thahir Nasrâbady.

Thakharistan, le —, v, 168, 169 n., 252, 264.
Thaliqan, 169 n.
Thammet el Koubra, voy. Nedjm oud Din Koubra.
Thariq oul Tahqiq, 142 n.
Thebbes, 68 n.
Theberek (mont), 233.
Thehmouras Divbend, 29, 33.
Theras, voy. Tiraz.
Therkhoun, 265, 266.
Thibet, le —, 11, 27 n.
Thijen, 90, 111-113, 172.
Thokharistan, voy. Thakharistan.
Thompson, R. F., 239. 248.
Thompson, W. S., 239, 247, 248.
Thourfan, 168.
Thous, 233, 277.
Tien-Chan (plateau des —), 163 n.
Timour, xiii, 157 n., 158, 170 n.
Tiraz, 166, 260.
Tobba (dynastie des —), 157.
Toghroul Bek, 168 n., 231.
Toghroul (Sultan —), 149 n., 161 n.
Tohfèt oul Alem, 25 n.
Top Yatty, 66.
Tornberg, 289.
Touly Khan, 171 n.
Touman (riv.), 164 n.
Touqtamich Khan, 162 n.
Tour, fils de Toudoun, 164.
Tourakina, 155 n.
Touran, le —, 94, 122, 140, 152, 160, 164-166, 168.
Touraniens, les —, 121, 172.
Tourèh (le Naïb —), voy. Tangry Qouly Tourèh.
Tourèh Ataligh, 137.
Tourèh Bay Khanum, 149.
Tourèhs, les —, 177, 178, 217, 222.
Touskayk, 43 n.
Transoxiane, la —, ix, xi, 85 n., 154, 158, 161 n., 165, 167 n., 252 n., 256-259, 262, 268, 285, 286, 289.
Truilhier, 205.
Turkan Khatoun, 140.
Turkestan, le —, 59, 121, 153, 163-166, 169 n., 224, 260, 261, 266, 290.
Turkestan (porte de —, à Cheheri sebz), 157 n.

Turkmen, les —, 63 n.
Turkomans, les—, 26 n., 34, 41 n.—45, 48, 50-65, 70, 81 n., 89 n., 90, 97, 98, 106, 109-112, 138, 172, 181-185, 189-195, 199-201, 209, 212-216, 222, 223, 256.
Turks, les —, vi, 57 n., 64-65, 151, 155, 168 n., 262, 263, 266, 268, 277, 278, 285, 290, 294.
Turquie, la —, 100, 106, 115.

U

Utch Qounly, les —, 63 n.
Uzbeks, les —, xiii, 83, 126, 127, 150, 151, 160, 166 n., 170 n., 176, 179, 201, 202.

V

Vachy, 19.
Vamberg, 158 n., 183 n.
Varseng, 169 n.
Vathvath, voy. Rechid oud Din Vathvath.
Vechmguir, 58.
Vekyly, les —, 62 n.
Velehghouz, 43 n.
Verakhchy, 261, 270.
Veramin, 19, 205.
Verzinèh, 203 n.
Vézir Chehery (district de —), xiii.
Vezvalin, 168 n,
Villoteau, M., 51.
Volga, le —, 59.

W

Wacil ibn Amrou, 268, 269.
Wacil ibn Atha el Ghazzal, 102 n.
Waciq (le Chalife —), 102 n.
Wedavy (canal de —), vii.
Werdanèh, 265.

Werdan Khouda, 265.
Werqa ibn Nasr el Bahily 264.
Witsen, 165 n.
Wood (Major —), 153 n.
Wüstenfeld, v n., 113 n., 241 n.

Y

Yadjoudj, 212.
Yafey, 141.
Yailaq, 22 n.
Yakh Kechy, les —, 40 n.
Yangaq, les —, 63 n.
Yanpey, les —, 58 n.
Yaqoub Bey, 164 n.
Yaqoub ibn Chirin el Djendy (le Qadi —), 166 n.
Yaqout, iv, v, vi, 105 n., 119 n., 150 n., 152 n, 161 n., 166, 167 n., 229, 240 256.
Yaraqtach (l'Emir —), xi.
Yar Aly, 53, 58 n.
Yarkend, 164 n.
Yar Mohammed Khan, 173.
Ya Sin Bay, 219.
Yekèh Bagh, 157.
Yelqay, les —, 62 n.
Yémen, le —, 157.
Yeminy, voy. Tarikhi Yeminy.
Yezid (le Khalife —), 101.
Yezid, fils de Ghourek, 278.
Yezid ibn oul Mohallib, x.
Yezid Selm, fils de Ziad, x.
Yokharou bach, les —, 60.
Yokhary Boïlou, les —, 63 n.
Yomout, les —, 48-50, 53, 54, 58 n., 61, 62, 67, 68 n., 70, 84, 85, 90, 98, 109, 120, 125, 138, 175-178, 180-186, 189, 191, 192, 195-197, 216.
Yomout Badraq, Yomout Doudjy, Yomout Eymer, etc., etc., voy. Badraq, Doudjy, Eymer, etc., etc.
Yomout Djafer Bay, voy. Djafer Bay.
Youhoudich, 123 n.
Youssouf (Vézir du Khan de Khiva), 212.
Youssouf Djan Aga, 71.

Z

Zaboul, le —, 11, 189 n.
Zabulon (tribu de —), 215.
Zakarija ben Mohammed el Kazwîni, voy. Qazwiny.
Zal, 189 n.
Zamakhchar, ix, 150.
Zamakhchary, 150, 166 n.
Zamin, 160 n.
Zarfi Dounya, 16.
Zehir oud Din, 21.
Zekat, le — (impôt), 130.
Zeky Khan Zend, xvi, 203, 204.
Zenbedy (château de —), 230.
Zend (tribu des —), 103 n., (dynastie des —), xx, 103 n., 203.
Zendpitchy, le —, 283.
Zenguy Aly Khalifèh (l'Emir —), 273.
Zenguy âta, 65.
Zerend, 63 n., 87.
Zermaz, 291, 298.
Zeyd, 102 n.
Zeydièh (Seiyds —), 33, les — (secte), 102.
Zeyn oud Din Khâfy (le Cheikh —), 164 n.
Zhehir oud Daoulèh, 173, voy. Yar Mohammed Khan.
Zhehir oud Din, 161 n.
Zia oud Din (le Cheikh —), 157 n.
Zia oud Din (localité), 156.
Zikten, 294.
Zirâb, 22 n., 23.
Zohak, 13 n., 16, 239-241.
Zoubdet out Tewarikh, 170 n.
Zoulfeqar Khan (le Serdar —), 67 n.
Zyad el Harithy, 261, 262.
Zyad Guilany (dynastie des Deilemites de —), 30 n.

CORRECTIONS ET ADDITIONS

Page 21, ligne 28, c'était, *lisez* c'étaient.
— 30, — 17, Damgham, *lisez* Damghan.
— 43, — 3 de la note 1, Touskayck, *lisez* Touskayk,
— 99, — 22, Seraks, *lisez* Serakhs.
— 111, — 25, Derhèguez, *lisez* Derèhguez.
— 125, — 11, Rhiva, *lisez* Khiva.
— 142, — 8, Balky, *lisez* Balkhy.
— 142, — 15, Mejd, *lisez* Medjd.
— 144, — 17, Medj, *lisez* Medjd.
— 144, — 24 Medj, *lisez* Medjd.
— 146, — 34, Zefer, *lisez* Zoufer.
— 149, — 26, Qoutlouq Inandj, *lisez* Qoutlouq fils d'Inandj.
— 176, — 14, Ghanqah, *lisez* Ghanghèh.
— 194, — 9, guide, *lisez* garde.
— 195, — 1, Une femme, *lisez* Cette femme (la sœur de Qara Khan).
— 196, — 30, Ata Khan, *lisez* Ata Bay.
— 198, — 18, Enzany, *lisez* Anezany.
— 222, — 11 et 12, ou, *lisez* et.
— 223, — 31, Fridoussy, *lisez* Firdoussy.
— 270, — 21, Mouhadhad, *lisez* Moutadhad.

TABLE DES MATIÈRES

INTRODUCTION	
RELATION DE L'AMBASSADE AU KHAREZM	1
Récit du voyage; arrivée à Khiva	5
Du mont Elbourz	10
La montagne de Demavend et la province de ce nom	16
Baghi Châh	17
La plaine de Vachy	19
La ville de Firouz Kouh	20
Description du Thabarestan et du Mazanderan	29
La ville de Sary	31
Barfourouch	31
Mechhedi Ser	32
Amol	33
Baghi Echref	36
Djeri Goulbad	42
Esterâbad	44
Abiskoun	46
La rivière du Gourgan	56
La mer d'Esterâbad ou mer Caspienne	59
Les Turkomans Yomout	61
Description du palais du Khan à Khiva	72
Récit de ce qui s'est passé pendant le mois de Chaaban	75
Kellabagh	77
Récit de quelques incidents	77
Hassan Khabouchany	79
Exposé de la situation de l'envoyé de l'Emir de Boukhara auprès de la Cour ottomane. Son retour	82
Récit de quelques faits	84
Mon entrevue et mes entretiens avec Mohammed Emin Khan Uzbek	91
Autres questions du Khan de Khiva	95
Evénements du mois de Chevval	112

Règles observées dans le Kharezm pour les repas	113
Tombeaux qui, dans le Kharezm, sont un but de pèlerinage	117
Vêtement d'honneur donné par le Khan de Khiva	117
Ahmed Khodja, Naqib de Boukhara	119
Description de la province du Kharezm	121
Hezaresp	123
Khankâh	125
Khiva	126
Habillement des Khiviens	130
Biographie de Pehlivan Mahmoud Kharezmy	133
Départ de Khiva pour Kohnèh Ourguendj	137
Récit des événements lamentables du règne de Sultan Mohammed Kharezm Châh	139
Récit de la vie et du martyre de Nedjm oud Din Koubra	141
Fakhr oud Din Abou Abdillah Mohammed Ibn Hassan el Qourachy et Temimy el Bekry	147
Le lac du Djond du Kharezm (mer d'Aral)	152
Notices sur l'état actuel des villes du pays de Boukhara la Noble	154
Généalogie de l'Emir de Boukhara	160
Province de Ferganèh	160
Résumé de l'histoire des Khans de Khiva	175
Règles observées pour l'élection et l'intronisation d'un Khan	177
Exposé de quelques faits	178
Mechhedi Missrian	182
Retour à Esterâbad	197
Description du Bend (barrage) du Gourgan	198
Départ d'Esterâbad	200
Tchardèh Kelatèh	203

APPENDICE :

I. — Rey	229
II. — Le Demavend	239
III. — Ferroukhy	251
IV. — Boukhara	255
La citadelle de Boukhara	271
La grande mosquée de Boukhara	273
Le Mouçalla de Boukhara	276
Muraille de Boukhara, vulgairement appelée Kounsserek	277
Le palais des rois à Boukhara	279
Le bazar de Makh	282
La fabrique de tissus (Beit outh Thiraz) à Boukhara	283
V. — Mouqannah	285
INDEX ALPHABÉTIQUE	303

FIN DE LA TABLE DES MATIÈRES

www.ingramcontent.com/pod-product-compliance
Lightning Source LLC
Chambersburg PA
CBHW070847170426
43202CB00012B/1973